MILENA
Verlag

D1721709

Revisited 16

Auch das war Wien

Roman von
Friedrich Torberg

Mit einem Nachwort
von Edwin Hartl

Milena Verlag

FRIEDRICH TORBERG

1908–1979. Erzähler, Essayist, Kritiker und Übersetzer; bis 1938 als Publizist und Theaterkritiker in Prag und Wien tätig; flüchtete über die Schweiz nach Frankreich und 1940 in die USA, wo er als Drehbuchautor in Hollywood und New York lebte. 1951 Rückkehr nach Wien; 1954 Mitbegründer und bis 1965 Herausgeber der Monatsschrift *Forum*, Herausgeber der Werke von Fritz von Herzmanovsky-Orlando.

Torbergs Bekanntheit gründet sich vor allem auf den Roman *Der Schüler Gerber hat absolviert* und die beiden Erzählbände um die Tante Jolesch. Torberg erhielt 1976 das Österreichische Ehrenzeichen für Wissenschaft und Kunst, 1979 den Großen Österreichischen Staatspreis.

Friedrich Torberg

(1908–1979)

»… daß es mich stets von neuem erstaunt, wie sehr die Anmuth und Liebenswürdigkeit der Menschen aus dieser ihrer Stadt sich zu beziehen und zu erneuern scheint.«

Alexander von Humboldt, Briefe

»Wien muß eine deutsche Stadt werden.«

Adolf Hitler, Reden

Niedergeschrieben von Mai 1938 bis Juni 1939 in Prag, Zürich und Paris

ℳ Inhalt ℳ

SALZBURGER AUFTAKT   11
Flieg, Käfer, flieg   13
Bazar   17
Lächeln und Herzklopfen   27
Panorama   31
Aladins Wunderlampe   41

MELODIE VIENNOISE   49
In Wien sein   51
Theater   63
Abfahrt   77
Signal   84

ZWISCHENSPIEL   97
Preußischer Marsch   99
Böhmische Polka   119

AUFFORDERUNG ZUM TANZ   131
Tusch   133
Einmal hin   145
Noch einmal hin   161
Was ist das: Wien?   184

DER LETZTE WALZER   197
Chronik eines Wunders   199
Improvisation   213
Da capo   223

DANSE MACABRE   235
Stellprobe   237
Döblinger Idylle   246
Kleine Nachtmusik   254

DER HÖLLENREIGEN   275
Verwandlung   277
Im Zeichen des Zeichens   288
Betäubung   297
Untergang   307

Nachwort von Edwin Hartl   343

Salzburger Auftakt

Flieg, Käfer, flieg ...

Ein Sommer ging zu Ende, und der Himmel war wolkenlos blau. Das ist in Salzburg eine große Seltenheit: wolkenlos blauer Himmel. Eine große Seltenheit, und eine große Pracht. Der Sommer des Jahres 1937 ging in großer Pracht zu Ende.

Daß die Stadt Salzburg italienisch wirkt, bekommt man gewöhnlich nur von koketten Reisefeuilletonisten zu hören, oder aus dem Munde gewandter Plauderer, oder man muß, damit man es merke, etwas von Architektur verstehn.

Aber Ende August, wenn die Luft warm ist und der Himmel wolkenlos blau – dann, in der Tat, dann riecht und schmeckt und weht da alles so bezwingend italienisch, als läge Salzburg gar nicht in Österreich ... hm. In Österreich, nahe der bayrischen Grenze, in einer Gegend, die weiter gar nichts Südliches an sich hat, liegt eine Stadt und wirkt italienisch. Sie braucht nur ein bißchen blauen Himmel und Wärme, und schon wirkt sie italienisch. Schon glaubt man etwa in Florenz zu sein, welches doch viele hundert Kilometer entfernt ist und, nichtwahr, eine typisch italienische Stadt. Hm. Sollte man sich auch bei Städten auf typisches Aussehen, auf nationale Eigenart, auf ethnographische und geopolitische Bedingtheiten nicht verlassen können? Hm.

Der diese Überlegung anstellte, kam langsam durch den Nachmittag geschlendert und ließ sich nun, unter mißmutigem Kopfschütteln, auf einer Bank im Mirabellgarten nieder. Es war ihm gar nicht recht, daß er sich unausgesetzt an Italien erinnert fühlte. Es war, fand er, kein reiner Genuß, sich an Italien zu erinnern. Man mußte da gleich auch an Abessinien denken, an Spanien, an dies und jenes – nein, es war ihm gar nicht recht. Und er schüttelte mißmutig den Kopf.

Im übrigen gehörte er weder zur Gilde der Reisefeuilletonisten, noch auch zu jener der gewandten Plauderer (obschon ihm in bösen Stunden manchmal scheinen wollte, daß die Theaterstücke, die er schrieb, nichts andres wären als Feuilletons in Form gewandter Plaudereien), und vollends von Architektur verstand er nicht eben viel. Er verstand es lediglich, sich an schönen Bauwerken innig zu freuen – auch in Unkenntnis ihres Stils und des Jahrhunderts ihrer Entstehung. Wie er überhaupt, was den Ursprung jeglicher Schönheit und jeglicher Freude betraf, nur sehr geringe Wißbegier an den Tag legte. Wie ihn Strauchwerk und Blumenbeete des Mirabellgartens entzückten, weil es Sträucher und Blumen waren, und nicht, weil sie so und so hießen. Von solcherlei Kenntnis versprach er sich keine Steigerung seines Entzückens. »Was ist ein Name? Was uns Rose heißt, wie es auch hieße, würde lieblich duften« – ach, *das* zu wissen war ihm freilich willkommen, und *das* zu kennen bedeutete freilich Entzücken und Steigerung! Wäre es nach ihm gegangen, er hätte nichts lieber getan als im Mirabellgarten sitzen, hätte nichts andres gedacht als an Shakespeare, und am liebsten von gar nichts andrem gewußt. Es ging aber nicht nach ihm, leider nicht, und er war gezwungen, sehr vielerlei andres zu tun und zu denken und zu wissen. So daß am Ende wohl Plan und Absicht ihn leiteten, wenn er sich dort, wo es ihm noch gestattet blieb, in eine nahezu sorgfältige Unkenntnis hüllte, von Blumen nicht mehr zu wissen begehrte als daß sie schön waren, oder vom Salzburger Dom nicht mehr als daß sein Anblick ihn erhob und beglückte.

Ein Käfer kam ihm auf die Hand geflogen, ein Marienkäfer (soviel wußte er immerhin), und das leise, zutrauliche Gekribbel auf seiner Haut rührte ihn mit sonderbarer Wehmut. Er streckte sorglich den Handrücken waagrecht – wenn der Käfer dann wieder fortflöge, mußte man sich etwas wünschen – flieg, Käfer, flieg, dein Vater ist im Krieg, deine Mutter ist in Pommerland, Pommerland ist abgebrannt, flieg, Käfer, flieg ...

Pommerland ist abgebrannt. Pfui Teufel.

Da war nun wieder dieses Unbehagen, und kam von ganz ähnlichem Ursprung. Pfui Teufel.

Sein Gesicht, eben noch lächelnd niedergebeugt, verzerrte sich vor Unwillen. Es war ein offenes Gesicht mit starken Backenknochen und leicht abgeplatteter Nase, mit dunklen Augen und dichten schwarzen Haaren über einer weichen Stirn – das Gesicht eines Mannes im Anfang der Dreißig, beinahe ein slawisches Gesicht, und jedenfalls mußte man ihn nicht unbedingt für einen Juden halten. In früheren Jahren war er – dessen Name zudem recht indifferent lautete: Martin Hoffmann – auch oft genug in diesem Punkt auf Zweifel und Unsicherheit gestoßen. Der Wandel, der sich da ergeben hatte, lag aber nicht etwa an seinem Gesicht (und schmerzte ihn nicht etwa der behobenen Zweifel wegen) – sondern es lag an der aggressiven Schärfung der Blicke, an dem feindselig wachen Instinkt ringsum, es lag am abgebrannten Pommerland eben, Pommerland, ostelbische Junker, Osthilfe, Hindenburg, Papen, pfui Teufel. Kein Käfer und kein Kinderlied, dem nicht sogleich die scheußlichsten Gedanken sich beigesellten. Und nicht nur Pommerland. Ganz Deutschland. Ganz Deutschland, ach, in Schmach und Schmerz – wahrhaftig: kein Lied, kein Land, und gar nichts mehr – doch. Oh doch. Es gibt noch etwas, und das steht noch da.

Er atmete tief, er lehnte sich langsam zurück, mit vorsichtig abgestreckter Hand, auf der noch immer der Marienkäfer krabbelte. Doch: Salzburg. Doch: Wien. Doch: Österreich. Nicht abgebrannt, nein. Bedrohlich unterzündet, das schon, und aus eigener Schuld sogar, und es ist kein reiner Genuß, auch Österreich nicht, wir wollen uns da nichts vormachen – aber wir wollen, weil es doch noch dasteht und weil der Himmel blau ist und die Luft so warm, wir wollen jetzt nicht weiter nachdenken darüber, bitte nicht, an diesem strahlenden Salzburger Augusttag nicht, es gibt doch auch andres zu denken, oh wunderbar andres, flieg, Käfer, flieg –

Und da müßte ich mir also etwas wünschen! sagte sich Martin Hoffmann. Aber was?

Tu doch nicht so! sagte sich Martin Hoffmann. Du weißt ja ganz genau, was du dir wünschst!

Aber ein erwachsener Mensch kann sich doch nicht ernsthaft etwas wünschen, wenn ein Marienkäfer davonfliegt!

Warum nicht? Bitte, ich möchte wissen: warum nicht?

Weil – weil ich entweder daran glauben müßte, daß so ein Wunsch in Erfüllung geht – und das wäre doch lächerlich. Oder ich glaube nicht daran – dann wäre es doch erst recht lächerlich, wenn ich mir trotzdem etwas wünsche.

Immer noch besser, daran zu glauben.

An einen Marienkäfer?

Ja.

An Wunder?

Ja. Du glaubst doch auch an die Liebe –? Also –.

Also hob Martin Hoffmann behutsam seine Hand zum Mund, blies behutsam über die braunroten, gepunkteten Käferflügel – sie sträubten sich leicht aufwärts, verharrten in einem kleinen, ratlosen Zaudern – dann hatten sie sich plötzlich in den Flug hinein gespreizt, in ein atemschnelles Entschwinden.

Und Martin Hoffmann, in dieser Atemschnelle, dachte und wünschte sich vielerlei, und im Grund hieß alles dasselbe, und mit halb geöffneten Lippen, ernsthaft und ein erwachsener Mensch, flüsterte er:

»Carola –«.

Bazar

Wie italienisch Salzburg auch wirken mochte, und wie weit diese Wirkung auch zu Recht bestand –: dem Café Bazar konnte sie beim besten Willen nicht zugebilligt werden. Überhaupt hielte es schwer, da einen bestimmten Stil festzustellen. Es lag vielmehr eine Mischung aller in Salzburg vertretenen Stile vor: denn was immer und irgend die Festspiele mit sich brachten an Qualität und Snobismus, an Zusammenkunft und Mitläuferei, an wahrem und falschem Rang, an Echtheit und Unwert insgesamt: hier floß es zusammen und gerann destilliert, hier war es vereint und zur Schau gestellt, hier fand sich tatsächlich »alles«. Es gab zwar ein paar Starrköpfige, die »aus Prinzip« (und aus einem ebenso anfechtbaren) niemals das Café Bazar aufsuchten; aber das verschlug nichts und auf die kam es nicht mehr an. Und es wurde zwar der Versuch gemacht, in der und jener Hotelhalle ein exklusiveres Territorium zu schaffen; aber solche Versuche scheiterten an der Unfehlbarkeit, mit der binnen kurzem auch hier genau die gleiche Mischung sich ergab. Dem Café Bazar war nicht zu entrinnen: also ging man besser gleich ins Café Bazar. Und weil eine derart vollendete, lückenlose, kontrastsichere Stillosigkeit wohl nirgends anders auf der weiten Welt hätte gedeihen können, weil es soetwas eben nur in Salzburg gab: so war das Café Bazar doch wieder zu einem durchaus organischen Bestandteil der Stadt und der Festspiele geworden, so war aus Beiwerk und Absud der vielen Einzigartigkeiten eine neue und gänzlich eigene entstanden, nicht wegzudenken und rechtens dazugehörig (wie etwa die Tauben zum Markusplatz) – und hiermit, mit der Dazugehörigkeit, rundete sichs in sich selbst zurück. Denn dazuzugehören, dabeizusein: das war die eigentliche Formel der Salzburger Festspiel-Magie, war Motiv und Ergebnis zugleich, Quelle des Lichts und hell erleuchtete Fassade.

Sie leuchtete um diese Zeit viel heller noch, als gewöhnlich sonst in den letzten Augusttagen. Das heißt: es saßen um fünf Uhr nachmittag im Garten des Café Bazar an jedem Tisch mindestens zwei Leute, die mindestens zweien andern an jedem andern Tisch persönlich bekannt waren, und sämtlichen übrigen dem Namen nach. Das heißt: es war fürchterlich.

Martin Hoffmann konstatierte es mit Ingrimm, mit einem wohlvertrauten, fast schon behaglichen Ingrimm. Immer dasselbe! Und *dazu* kam er aus St. Lorenz, aus der zauberischen Stille des Mondsees, aus der würdig verschlossenen Atmosphäre seiner Arbeit, aus der männlich aufgetanen seiner Gespräche mit Toni Drexler, dem Freund und Gefährten – dazu also kam er immer wieder nach Salzburg gefahren!

Oder? Na ja. Jedenfalls konnte ihn niemand hindern, das beim Eintritt ins Café Bazar immer wieder zu konstatieren.

Er schlängelte sich langsam zwischen den Tischreihen hindurch, fest entschlossen, auf unwillkommene Einladungen die bedauernde Antwort zu erteilen, daß er jemand Bestimmten suche. Für alle Fälle faßte er auch zwei Tische ins Auge: an dem einen, dem Journalistentisch, ging es gerade sehr heiter zu, entweder hatte da also der Doktor Weidenmann von der »Presse« einen politischen Witz erzählt, oder Ferry Liebreich, Chef-Reporter des »Echo«, die neueste Festspiel-Anekdote, oder sie waren auf ein Satzmonstrum in der letzten Musikkritik ihres abwesenden Kollegen Gregor Helm gestoßen (der allgemein unter dem Namen »C-Dur-Trottel« bekannt war, weil sein musikalisches Fachwissen angeblich nicht über diese Tonart hinausreichte); an dem andern Tisch hingegen wurde gerade sehr ausführlich gegähnt. Allerdings gähnte da der Maler Andreas Luttenfellner, und allerdings hielt seine jüngste Akquisition, eine unwahrscheinlich schöne Engländerin namens Virginia Cabbot, lachend mit starken Zähnen ihm die Hand vors Gesicht. Martin überlegte. Vor zwei oder drei Tagen hätte er noch fürchten müssen, das Beisammensein der beiden zu stören. Aber jetzt war, seit Andy aus einer großen Abendgesellschaft Arm in Arm mit der Starkzähnigen sich verflüchtigt hatte, schon mehr als eine Woche vergangen – man konnte also sicher sein, daß sie ihn bereits über die Maßen langweilte. Wofür ja auch sein mächtiges Gähnen einen unverkennbaren (und nur von Miss Cabbot verkannten) Beweis lieferte. Wahrscheinlich tat man ihm sogar einen Gefallen, wenn man sich zu ihm setzte.

»Bitte darf ich um ein Autogramm bitten.«

Dicht hinter Martins Rücken klang eine hörbar beklommene Mädchenstimme auf, pausbäckig errötend stand ihre Eigentümerin da, mit einem Autogrammbuch in der Hand – und es galt natürlich nicht ihm.

Ihm galt, da er sich umwandte, von seitwärts nah ein Blick aus großen braunen Augen, ein lächelnder Blick unter lächelnd hochgewölbten Brauen, ein kleines Kopfschütteln dazu, und eine dunkle Stimme, die gekränkt klingen wollte:

»Na endlich. Jetzt stehen Sie schon seit zwei Minuten neben mir, und –«

»Carola! Verzeihen Sie, bitte. Ich hab Sie wirklich nicht gesehn.«

»Eben. Es hat mich nur interessiert, wie lange man Sie anstarren muß, bevor Sie's merken.«

»Denken Sie: und ich hatte es auch jetzt noch nicht gemerkt.«

»Sondern?«

»Bitte darf ich um ein Autogramm bitten!« Das war schon ganz anders gesagt, viel dringlicher als beim ersten Mal, beinahe verärgert – und freilich mit einem noch heftigeren Erröten hinterher.

»Sondern Sie haben das dieser energischen jungen Dame zu verdanken«, sagte Martin. »Das heißt: *ich* hab's ihr zu verdanken. – Danke schön!« Und er machte eine ernsthafte Verbeugung zu der Kleinen hin, die ihn mißbilligend ansah und dann mit einem entschlossenen Ruck ihr Buch auf den Tisch legte.

»Bereiten Sie diesem spritzigen Dialog ein Ende, Herr Hoffmann! Sie müssen sich auch etwas für Ihre armen Figuren aufsparen.«

Gustav Sollnau, erster Dramaturg und Regisseur am Josefstädter Theater, hat das mißmutig zu Martin Hoffmann hinaufgebrummt. Er ist der nahezu ständige Begleiter Carolas, zu der er gleich am Beginn ihres Engagements in jäher Liebe entbrannt war – »entschwelt«, wie er es bald darauf nannte: als nämlich Carola ihn von der Aussichtslosigkeit seines Entbrennens überzeugt hatte. Dennoch blieb er ihr in knurrender Ergebenheit attachiert, und damit sind nun beide zufrieden. Sollnau fühlt sich in der Rolle des »Chaperon« (die ihm, aus andern und bei Carola liegenden Ursachen, manchmal geradezu repräsentative Funktionen zuweist) deutlich genug von Carolas übriger Umgebung abgehoben, und Carola ihrerseits weiß sehr genau und gerne, was sie dem Regisseur Sollnau zu danken hat. Sein Urteil, auch wenn es sich in die bissigsten Formen kleidet, gilt ihr als ein so unbedingt zuverlässiges, daß sie auch jenseits seines eigentlichen Bezirks, des künstlerischen, ihm noch Kredit gibt. Etwas ist immer dran. Oder ließe sich, jetzt zum Beispiel, etwa leugnen, daß dieses

Begrüßungsgeplauder zwischen ihr und Martin Hoffmann von einer schwer zu überbietenden Banalität war, also alles eher als ein »spritziger Dialog«?

Auch Martin Hoffmann kann das keineswegs leugnen. Er könnte höchstens auf möglichst wehrhafte Art replizieren, es wäre ihm wahrscheinlich gelungen oder er hätte es doch versucht – wenn nicht in diesem Augenblick Carola sich über das Buch gebeugt und den Bleistift zur Hand genommen hätte: und da ist ihm innegeworden, daß er zum ersten Mal nun sehn wird wie sie schreibt, ihm will das plötzlich als eine unerhörte Vertraulichkeit erscheinen, es überkommt ihn mit süßer, törichter Beglückung, fast als schriebe Carola jetzt nur für ihn, als wäre ihr das jetzt nur der endliche Anlaß, ihm ihre Handschrift darzubieten und zu offenbaren, in verschwörerischer Intimität, doppelt verschwörerisch und doppelt intim, weil sie inmitten ahnungsloser Gaffer sich begibt – und Carola, wirklich, Carola, da sie schon angesetzt hat: blickt schräg zu ihm auf, mit jenen lächelnd hochgewölbten Brauen wieder und mit einem kleinen Kopfschütteln, ehe sie ihren Namenszug in das Buch setzt, große, leicht nach links geneigte Lettern, Carola Hell, das C läuft unterwärts in einen queren Balken aus, auf dem alle andern Buchstaben bequem Platz haben, es ist eine geräumige und abgeschlossene Unterschrift, es wird einem gut und sicher dabei zumut, und Martin möchte am liebsten aufatmen. Er hat, nun kann er sichs ja eingestehn, er hat ein wenig Angst gehabt, daß Carola vielleicht jene steile, markante Frauenschrift sich zurechtgelegt hätte, vermittels welcher eine nicht vorhandene Persönlichkeit betont werden soll. Jetzt schämt er sich dieser Angst, und ist glücklich, sich ihrer schämen zu dürfen, über alle Maßen glücklich, und sagt:

»Ausgezeichnet.«

»Was?« fragt Carola, und klappt das Buch zu.

»Ihre Schrift.«

»Finden Sie? An einer Unterschrift kann man doch gar nichts erkennen.«

»Ich schon.«

»Und zwar? Das müssen Sie mir dann auch sagen!«

»Geben Sie doch der Kleinen das Buch zurück!« brummt Sollnau – dessen Sorge natürlich nicht so sehr der Kleinen gilt, wie der unabwendbaren Tatsache, daß er nun für längere Zeit von der Unterhaltung ausgeschaltet sein wird: Carola nämlich hat ihren Stuhl zur Seite gerückt, hat den danebenstehenden für Martin freigemacht und kehrt sich nun vollends ihm zu: »Also? Was haben Sie aus meiner Unterschrift gemerkt?«

»Hm und abermals hm«, räuspert Martin mit Nachdruck, er stützt die Stirne in die Hand, er fühlt sich kindisch wohlgelaunt, er wird jetzt wahrhaftig Schabernack treiben, jawohl Schabernack, obwohl das eine grausliche Tätigkeit ist und schon der bloße Ausdruck »Schabernack« von Humorlosigkeit strotzt, egal, jetzt treib ich ihn – und »Hm!« macht Martin noch einmal, und heftet sodann einen tiefen, faltigen Blick auf Carola: »Können Sie die Wahrheit vertragen?«

»Ja –«, haucht Carola, mit halbgeschlossenen Augen und etwartungsvoll vorgerecktem Gesicht.

»Nun denn. Sie heißen Carola Hell, widersprechen Sie nicht, es ist so. Sie sind Schauspielerin. Sie sind sogar eine sehr gute Schauspielerin. Bei den Salzburger Festspielen stellen Sie den ›Glauben‹ im ›Jedermann‹ dar. Erschrecken Sie nicht. Während der Saison sind Sie am Theater in der Josefstadt engagiert. Es interessiert sich aber, erschrecken Sie, auch das Burgtheater für Sie. Ferner ist es so gut wie sicher, daß Sie blondes Haar und braune Augen haben, daß Sie –«

»Genug!« Carola ist erschöpft zurückgesunken, jetzt öffnet sie langsam die Augen und blickt verwirrt um sich. »Sie sind mir unheimlich!«

»Mir auch«, läßt Sollnau mit dumpfer Zustimmung sich vernehmen.

»Dabei ist das noch gar nicht alles, was ich Ihnen sagen wollte!« Es klang übertrieben bedauernd, so sehr übertrieben, daß am Ende ein wenig echtes Bedauern dahinterstecken könnte. Und Carola könnte das am Ende gemerkt haben:

»Aber nicht jetzt!« sagt sie, sagt es leiser als sie müßte und hat leicht leise vorbei nach Martins Hand gefaßt, daß wieder jene kleine törichte Beglückung ihn überkommt. »Jetzt wär's auch gar nicht mehr möglich!«

Das allerdings *mußte* sie schon leise sagen, denn da waren sie schon auf Hörweite herangekommen: Herr Josef Joachim Jessler, Autor verschiedener Biographien, gänzlich verschiedener, und alle über den gleichen Leisten geschlagen – Josef Joachim Jessler, wie er sich denn auch vorzustellen liebt, alle drei Namen prägnant artikulierend und stets aufs neue dem Wohlklang ihrer Alliteration hingegeben; sowie Herr Siegfried Hebenstein, Bankdirektor, dies jedoch nur im Nebenberuf, hauptberuflich bekannt als öffentlicher Auchdabei Nummer I, tot oder lebendig anwesend wo immer jemand Prominenter auftauchte, man erzählt, daß kürzlich drei Herren das Festspielhaus verlassen hätten: Toscanini, Bruno Walter und Direktor Hebenstein – und da wären ihnen drei andre Herren entgegengekommen: Reinhardt, Werner Krauß und Direktor Hebenstein. Jetzt also ist er im Café Bazar erschienen, verschärft durch Josef Joachim Jessler, schon sind sie angelangt und stehngeblieben, schon inszenieren sie lärmende Begrüßung, und nicht ohne Gram muß Josef Joachim Jessler wahrnehmen, daß der Vierte an diesem Tisch ein absolut Fremder und Desinteressierter ist, mit einer riesigen Zeitung vor sich sitzt er da, ein Engländer oder Amerikaner, und jedenfalls ungeeignet zur Entgegennahme wohlartikulierter Namensnennung; also beschränkt sich Josef Joachim Jessler auf je ein Tach Carola, Tach Sollnau und Tach Hoffmännchen, ruft nach dem Kellner Franz und meint den eben vorüberkommenden Ferdinand, bestellt eine Schale Nußgold und meint eine Nußschale Gold, läßt sich mit einem letzten Aufrudern auf den einzigen noch freien Stuhl niederfallen und fragt: »Hebenstein, warum setzen Sie sich nicht?«

Und dann erst erweist sich vollends, wie recht Carola hatte: jedes weitere Gespräch ist unmöglich geworden. Josef Joachim Jessler beherrscht die Unterhaltung, beherrscht den Tisch, und wiegt sich insgeheim wohl in der Überzeugung, den gesamten Kaffeehausgarten zu beherrschen. Er ist ein preußischer Jude, Josef Joachim, er ist ein jüdischer Preuße, er ist hart von Gott geschlagen und weiß es nicht. Erst kürzlich hat er, der aus Deutschland Verjagte, von Deutschland Diffamierte – erst kürzlich hat er mit glutheißer Hingabe zu beweisen versucht, daß die Deutschen im Grunde gar keine Antisemiten wären; und schnaufte unwillig und ahnungslos über Martins abschließende Bemerkung: dies müßte, angesichts einer Erscheinung wie Josef Joachim Jessler, eher gegen die Deutschen ausgelegt werden als für sie. Er wird das nie begreifen, – wie er auch jetzt nicht begreift, warum der Fremde am Tisch schon zum dritten Mal höchst ungehalten aufblickt. Dergleichen begreift er nicht, Josef Joachim Jessler, und als jener sich bald darauf erhebt und den Tisch verläßt, quittiert er das mit der sieghaften Feststellung: »Na also – nu sind wir ja endlich unter uns!«

Aber selbst Josef Joachim Jessler vermag heute Martins Wohlgelauntheit nicht zu verscheuchen. Im Gegenteil bietet selbst er, obschon unwissentlich, abermaligen Anlaß zur Steigerung dieser Wohlgelauntheit: denn Martin hat soeben einen Blick voll tiefsten Einverständnisses mit Carola getauscht, und fühlt sich wieder von kindischem Verschwörerglück durchrieselt, und atmet tief und läßt seine Blicke über das Gewimmel ringsum hinweggleiten und über den Fluß hinüber zu den Kirchen und Kuppeln hin, die vom schrägen Schimmer der Nachmittagssonne überblinkt und übergoldet sind; und holt seine Blicke langsam wieder zum Tisch zurück, knapp heiß über Carolas blondem Haar; und nützt eine Pause in Josef Joachims Redeschwall zu nachdenklichem Kopfwiegen aus: »Ich weiß nicht, Jessler – Sie wirken heute so italienisch auf mich!« Und Jessler hat sich nach kurzem Zurückstutzen rasch gefaßt: »Nun ja – man sagte mir schon häufig, ich sei ein romanischer Typ!«, allen Ernstes gibt er das von sich, Josef Joachim Jessler, er ist ein Greuel vor dem Herrn und er vermag Martins Wohlgelauntheit nicht zu verscheuchen.

Hingegen hat es den Anschein, als wäre Carola Hell dem allen auf die Dauer nicht gewachsen. Schon mehrmals hat sie versucht, mit Sollnau oder mit Hebenstein in ein Gespräch zu kommen, in irgendeines, das nicht von Jessler begonnen und dirigiert wäre. Es ist ihr jedesmal mißglückt. Jedesmal hat Josef Joachim Jessler die Führung alsbald an sich gerissen, zu Carolas immer deutlicherem Mißbehagen. Und da wird es ihr endlich zu bunt.

Hätte Martin Hoffmann besser aufgepaßt, dann wäre er von Carolas jähem Ausfall vielleicht nicht so heftig überrascht und betroffen worden. Aber Martin hat nicht aufgepaßt. Martin hat nicht gemerkt, daß nach jedem ihrer mißglückten Versuche Carolas Blick auf ihn gerichtet war, forschend, fordernd, unwillig fast. Martin hat es nicht gemerkt. Martin hat Carolas Antlitz betrachtet, hat an Carolas Mund sich herangeträumt, ohne den Sinn ihres Mienenspiels, ohne den Sinn ihrer Worte aufzufassen. Und Martin schrickt darum ganz richtig zusammen und starrt Carola ganz richtig verdattert an, als sie sich plötzlich scharf zu ihm herüberwendet:

»Und *Sie*? Warum lassen *Sie* sich das gefallen?«

»Ja aber – *was* denn?!« fragt er da auf. »Ich weiß ja garnicht –«

»Das ist es ja.« Carola lächelt ein wenig, solche Wirkung hat sie wohl nicht vermutet noch beabsichtigt. »Sie sollten sich an Herrn Jessler ein Beispiel nehmen. Der weiß *alles*!«

»Ist ja gar nicht so schlimm«, beschwichtigt Josef Joachim unbeirrt, und legt im nächsten Augenblick aufs neue los: »Übrigens Hoffmann – es würde mich doch sehr interessieren, was Sie von der Furtwängler-Affäre denken? Wie? Ich kann nämlich gar nicht finden, daß der heilige Toscanini sich da so großartig benommen hätte. Wie?«

»Adieu, Kinder.« Carola erhebt sich. »Wenn ihr jetzt auch noch anfangt, von Politik zu reden – das vertrag ich nicht.«

»Aber wieso denn Politik?« fragt Hebenstein bestürzt, er will ein- und ablenken – aber Jessler läßt ihn dazu nicht kommen:

»Nein, das ist schon richtig. Bleiben Sie doch, Carola. Sie haben vollkommen recht, und da sieht mans ja wieder. Politik. Sehr symptomatisch, daß Sie das als Politik empfinden. Ach bitte nehmen Sie doch wieder Platz. Man macht da eben zum Politikum, was in Wahrheit nur ein schlichter Konkurrenzstreit zwischen zwei Musikern ist. Meines Erachtens –«

»Hören Sie, Jessler: Wenn Sie noch *ein* Mal im Zusammenhang mit Toscanini ›schlicht‹ sagen, erscheint Ihr nächstes Buch als Fragment aus dem Nachlaß. Ich warne Sie.« Martin ist tatsächlich wild geworden; ob tatsächlich über Jesslers anmaßendes Geschwätz, ist freilich nicht ganz sicher, und jedenfalls liegt ihm weniger an irgendwelchem Rechtbehalten gegen Jessler, als an Carolas Bleiben.

Doch ließ sich Carola nur noch für kurze Zeit dazu bewegen.

Sie hätte in ein paar Minuten ohnehin schon gehen müssen, behauptet sie, selbst wenn Jessler nicht von Politik und selbst wenn er überhaupt nichts gesprochen hätte.

Sollnau, der schon bei Martins vorangegangener Attacke hämisch zu Jessler hinübergefeixt hat, stöhnt wollüstig auf und direkt in Jesslers Gesicht. Und Josef Joachim weiß tatsächlich nichts zu erwidern.

Das sei doch wirklich verhext, murmelt Hebenstein betrübt.

Nicht einmal an diesem prächtigen Tag und in dieser prächtigen Gesellschaft käme man um die Politik herum.

Josef Joachim schnarrt etwas von »allgemeiner Gehirnvernebelung« und wackelt ärgerlich mit dem Kopf, weil dieser Ansatz zu keiner aphoristischen Prägung gedeiht.

Carola tut einen besorgten Blick nach ihrer Armbanduhr, die Situation ist tatsächlich nicht mehr zu halten.

Er hätte da übrigens eine nette Geschichte gehört, versucht Hebenstein

ein letztes Mal. Von Doktor Feingold, dem bekannten Anwalt, ganz richtig. Der hätte also am Elisabeth-Kai draußen eine Villa gemietet, für den ganzen Sommer, und es wäre ihm von Anfang an aufgefallen, daß Haus- und Gartentür immer versperrt wurden. Auf seine schließliche Erkundigung hätte er von den Hausleuten zunächst die unbestimmte Antwort erhalten: »No ja – es könnt' halt jemand kommen!« Wer denn kommen sollte? hätte Doktor Feingold weitergefragt, und naheliegender Weise fortgesetzt: ob sie sich vielleicht vor den Nazi fürchteten? Und da habe ihn also das biedere Ehepaar mit der Mitteilung beruhigt: »Ah na, dös net. Nazi san mir ja sölber!«

Josef Joachims Auflachen ist ein derart heftiges, daß es ihm den Kopf zurückschleudert, er japst nach Luft, er kann sich überhaupt nicht fassen, und faßt daher nach Hebensteins Arm, auf den er ächzend lospufft. Dabei hält er die Augen geschlossen und sieht also weder Sollnaus schielende Grimasse noch Carolas befremdet hochgewölbte Brauen; wirklich befremdet, weil Carola den Witz der Geschichte wirklich nicht versteht. Zur Kenntnis nimmt sie wieder nur die Tatsache, daß es sich da um irgendetwas Politisches handelt; was das etwa wäre will sie nicht wissen, es ist ihr zuwider, es beleidigt sie, sie versteht es nicht (und vielleicht beleidigt es sie, weil sie es nicht versteht). Und Carola Hell tut abermals einen Blick nach ihrer Uhr und erhebt sich hierauf endgültig.

Nun hätte sie das ja jedenfalls und ohnedies sehr bald getan.

Aber Martin muß dennoch harte Mühe aufwenden, um eine neue Ausfälligkeit gegen Jessler zu unterdrücken, am liebsten wäre er auch auf Hebenstein losgefahren. Er bezwingt sich nur deshalb, weil ihm Sekunden und Gedanken sonst verloren gingen, die er doch für Carola braucht: sie hat ja schon mit dem Abschiednehmen begonnen.

»Vergessen Sie nicht – ich bin mit meinem graphologischen Gutachten nicht fertig geworden«, sagt er als die Reihe an ihn kommt, an ihn als letzten. »Kann ich Sie heute noch sehen?«

»Fahren Sie denn nicht nach St. Lorenz zurück?«

Martins Handbewegung läßt deutlich erkennen, wovon er das abhängig macht.

Allzu deutlich, und er bedauert es im nächsten Augenblick: denn auf solche Deutlichkeit wird ihm Carola doch nicht eingehen können, sie wird sich ahnungslos stellen oder gar abweisend –

»Na ja« sagt Carola, »das ist dann natürlich eine große Verantwortung für mich. Warten Sie einmal – zum Nachtmahl bin ich eingeladen, ziemlich weit draußen – dafür muß ich um zehn schon wieder im Hotel sein, weil ich dort eine Verabredung hab – halloh, da könnten Sie sich sogar nützlich machen! Holen Sie mich so gegen elf aus der Halle heraus, ja?«

Das sagt Carola, leichthin und selbstverständlich sagt sie das, leichthin und selbstverständlich hat sie ihre Überlegungen laut werden lassen, es konnte jeder hören, wie ernsthaft sie nachgedacht hat, um sich für Martin frei zu machen – jeder konnte es hören, es ist gar kein Geheimnis, zum Teufel, nicht das mindeste Geheimnis. Auf Wiedersehn Carola, da geht sie, und jeder weiß, daß ich sie um elf Uhr wiedersehen werde, nur mich allein betrifft's und jeder weiß es, zum Teufel. So höllisch ungeniert hat sie das gemacht, daß es einen beinah verletzen könnte – wenn sie nicht gleichzeitig auch die andern alle verletzt hätte, die sind ja dabeigestanden wie schlecht arrangierte Komparsen, so himmlisch ungeniert hat sie das gemacht. Da geht sie und da ist sie schon verschwunden, auf Wiedersehn Carola, ein Schuft wer weniger nimmt als man ihm gibt, ich hab mir meins genommen.

»'s ist ja doll!« Josef Joachim Jessler prustet unvermittelt in das Schweigen hinein. »'s ist ja doll! Nazi san wia selba!« Und aufs neue schüttelt ihn unbändige Heiterkeit.

Es war aber auch zu komisch.

Lächeln und Herzklopfen

Ein Brief sei abgegeben worden, meldete der Portier, als Carola gegen zehn Uhr abend das Hotel betrat; und in der Halle warteten bereits die Herrschaften.

Weil es aber ziemlich gleichgültige Sommerbekanntschaften waren, die da warteten, entschied Carola, daß sie auch noch ein wenig länger warten könnten. Zuerst wollte sie den Brief lesen. Und sie setzte sich in einer Ecke des Lesezimmers zurecht.

Indessen brauchte sie für die eigentliche Lektüre gar nicht so lange, – der Brief erwies sich als ganz gewöhnlicher Zettel, offenbar aus einem Notizbuch herausgerissen, und sein Inhalt lautete:

»*Nachtrag zum graphologischen Gutachten.* Aus Ihrer Schrift geht eindeutig hervor, daß Sie sehr geliebt werden. Für die Richtigkeit: M. H.«

Carola lächelte. Es war genau das gleiche Lächeln, mit dem sie Martin Hoffmann nachmittags im »Bazar« betrachtet und empfangen hatte. Ein warmes und gutes Lächeln, und wollte fast von selbst in ein nachsichtiges Kopfschütteln übergehen, dann könnte man noch hinzufügen: »Was hast du denn *da* schon wieder angerichtet?«, und dann müßte man eigentlich – halloh.

Wenn Carola Hell sich mit »halloh« anruft, was gewöhnlich halblaut geschieht, dann muß ihr etwas Unerwartetes zugestoßen sein. Unerwartete Wendung eines Gedankengangs, unerwartetes Ergebnis einer Überlegung, ein kleines Erschrecken, ein kleines Aufleuchten – jedenfalls gilt es innezuhalten, halloh.

Halloh, und was war das zum Beispiel jetzt?

Jetzt war es alles zusammen. Aber das kleine Erschrecken überwog und hielt an und wirkte weiter, hatte ein kleines Herzklopfen zur Folge, ein kleines Hämmern in den Schläfen und Handgelenken, und ein kleines Rumoren in der Magengrube, wie wenn man in einem sehr schnellen Lift plötzlich abwärtsfährt, komisch ist das und sonderbar. Komisch und sonderbar auch, daß man gerade jetzt an einen Lift denken muß. Oder sollte man tatsächlich dieses komische und sonderbare Gefühl zuletzt in einem Lift verspürt haben? In einem Lift, und nicht etwa in andrem Zusammenhang, aus andrem Anlaß, von einer andern Regung her?

Könnte schon sein. Denn es ist tatsächlich schon lange, lange her, seit Carola Hell dies kleine Pochen und Rumoren in Gedanken an einen Mann verspürt hat, in Gedanken an einen Kuß. Ach, das will nun nicht heißen, daß Carola etwa seit gar so langer Zeit keinen Mann geküßt hätte. Sie hat es bloß ohne Herzklopfen getan. Ganz und gar ohne Herzklopfen. Weder vorher noch nachher noch mitteninne. Sie wüßte auch nicht, wie ihr das Herz denn hätte klopfen sollen: da es doch gar nicht dabei war? und da sie doch immer gewußt hat, klar und kühl gewußt: es würde nicht dabeisein?

Nein: echt und mit Herzklopfen geküßt hat sie keinen Mann seit langem, keinen seit jenem letzten, an dessen »Ich liebe dich!« sie noch geglaubt hat, oh Kindertraum und undenklich vorbei, oh süßer blauer Wolkenschlaf und kantiges Erwachen, nun gut, man hat ja eines Tages auch entdeckt, daß man nicht einschläft weil der Sandmann kam, sondern weil man müde ist, der Sandmann ist nicht wahr, »Ich liebe dich!« ist nicht wahr, das alles gibt es nicht, nun gut, nun Schluß. Man muß erfahren und lernen, man hat so vieles geglaubt und es war Betrug, fromme Lüge vielleicht, unfrommer Schwindel vielleicht, und vielleicht ist es besser so, vielleicht soll man gar nicht durchs Schlüsselloch gucken – aber wenn man einmal hindurchgeguckt hat, dann weiß man wenigstens, daß nichts verloren ging als ein Traum. Keine Trauer darob, keine Tränen daran, und es gibt noch so vieles andre. Nur das Herzklopfen gibt es nicht mehr.

Und da hat nun einer, den man doch schließlich seit Jahren kennt, ohne ihn sonderlich zu merken; einer, den man vielleicht auch jetzt noch nicht gemerkt haben würde, wenn er's nicht eigens darauf angelegt hätte mit eigens Herkommen und eigens Hierbleiben; einer, von dem man gar nicht recht weiß, was es mit ihm für Bewandtnisse hat – man muß zum Beispiel, wenn man sich in ein Autogrammbuch einträgt, noch schräg zu ihm hinaufblinzeln ob er sich nicht vor Eifersucht verfärbt – und ein paar Minuten später ärgert man sich selber grün und blau, weil er sich von einem wichtigtuerischen Hohlkopf glatt an die Wand schwätzen läßt, und er könnte ihn doch mit zwei Sätzen erledigen (hat ihn ja dann auch erledigt, na also!); einer, den man eigentlich noch kaum daraufhin angesehn hat, ob es vielleicht ohne Herzklopfen mit ihm geschehen könnte –: da hat nun also ein solcher, da hat nun also dieser eine aus seinem Notizbuch ein Blatt Papier herausgerissen und »Ich liebe dich« draufgeschrieben, und plötzlich, halloh, plötzlich und komisch und sonderbar: das Herz hat geklopft. Halloh.

Abermals lächelt Carola. Doch gerät ihr Lächeln jetzt eher mißtrauisch, und nicht mit hochgewölbten Brauen sondern mit zusammengezogenen, und das nachsichtige Kopfschütteln unterbleibt. Denn gegen sich selbst pflegt Carola keine Nachsicht zu üben, und jetzt handelt es sich um sie selbst. Und da will Carola also Klarheit haben, unnachsichtige, restlose Klarheit.

Dies Herzklopfen, dies Pochen und Rumoren, mag es auch nur für ein paar Sekunden gewesen sein – es ist nicht mehr wegzuleugnen. Und daß man keinen Zeugen dafür hat, macht es einem erst recht unmöglich, nun etwa so zu tun als ob nichts geschehn wäre. Es *ist* etwas geschehn, und es fehlt im übrigen gar nicht so vollkommen an – freilich indirekter – Zeugenschaft. Zufällig heißt der Zeuge sogar Martin Hoffmann. Das war an einem der jüngst vergangenen Abende, die er in Salzburg verbrachte, eigentlich schon in der Nacht, eigentlich schon am Morgen – als man endlich doch die Savoy-Bar hatte räumen müssen und endlich doch auseinandergehn. Martin war damals der einzig Nüchterne, und sie selbst, Carola, empfand ihren kleinen Schwips im Morgendämmer und Vogelgezwitscher sehr rasch wie etwas Abgestandenes, Schales. Wahrscheinlich wäre sie damals auch jedem andern gefolgt, der sie zu einem Spaziergang am Salzachufer aufgefordert hätte – nun, und dann war es eben Martin Hoffmann. Es hatte weiter nichts zu bedeuten, und sie sprachen auch weiter nichts Bedeutsames. Bis auf den einen Satz, inmitten beiläufiger Bemerkungen über den Abend, über die Gesellschaft, über die Frauen, und wie manche von ihnen sich plötzlich aller Scham und Haltung entledigt hätten, in Wort und Blick und Gebärde, im Sitzen und Gehen und Tanzen – diesen einen Satz also hatte Carola völlig bewußt ausgesprochen: »Wissen Sie – ich finde es so furchtbar ordinär, einen Mann zu ›reizen‹, mit dem man gar nicht schlafen gehen will.«

Genau entsinnt sich Carola, wie und warum sie das gesagt hat.

Es ist ihr ja nicht erst damals eingefallen. Sie hat es schon oft gedacht, und sie hat Grund und Befugnis dazu. Carola wünscht die Männer – welche ihr durchaus ein Sammelbegriff sind – Carola wünscht die Männer nicht zu »verachten«; viel lieber möchte sie ihnen zuzwinkern: weil sie doch also den Schwindel kennt, und ihr braucht man nichts vorzumachen. Sie ihrerseits tut das ja auch nicht. Es wäre in ihren Augen das perfekte Gegenstück zu jenem als Schwindel und als Mache entlarvten »Ich liebe dich«. Aber solange Frauen es nicht verschmähen, Männer zu »reizen« und sie dann gar nicht ans Ziel zu lassen – solange werden Männer »Ich liebe dich« sagen dürfen, um ans Ziel zu gelangen. Eins ist des andern würdig und wert, und keins eine Kunst, man kann einer jeden »Ich liebe dich« sagen und man kann einen jeden reizen. Wie billig das ist, wie armselig, wie ordinär. Und nein, Carola hat jenen Satz wahrhaftig nicht nur so unverbindlich dahergeredet. Er umfaßt ihre große Meinung und Erfahrung und Überzeugung, und sie würde sich für diesen Satz jedem gegenüber verantwortlich fühlen, zu dem sie ihn geäußert hätte. Zufällig ist es Martin Hoffmann gewesen, und zufällig hat es nichts zu bedeuten gehabt. Jetzt aber hat es etwas zu bedeuten. Auch das. Und überhaupt alles. Für überhaupt alles fühlt Carola sich jetzt verantwortlich, was irgend sie im Zusammenhang mit Martin Hoffmann jemals getan hat oder gesagt oder auch nur gedacht, oder auch nur verspürt, und wäre es nur für Sekunden gewesen, und nur ein Herzklopfen.

Und Carola Hell, nach ein paar kleinen, wilden Gedankensprüngen, zu denen ihr Herz die kleinen, wilden Signale klopft – Carola Hell stellt fest, daß sie rechtens nichts andres tun dürfte, als mit Martin Hoffmann, wenn er um elf Uhr in der Hotelhalle erscheint, sogleich und ohne weitere Umstände schlafen zu gehen.

Weil aber Carola Hell eine Frau war, ging sie mit Martin Hoffmann, als er um elf Uhr in der Hotelhalle erschien, keineswegs schlafen.

Und weil aber Carola Hell eine Frau war, so hatte das keineswegs einen Fluchtversuch oder ein Hinhalten oder sonst ein Manöver zu bedeuten, sondern eine Konzession an eben jenen Tatbestand ihrer Fraulichkeit, eine kleine, gerade noch zulässige, Konzession, die sie sich lächelnd noch gewähren wollte, – wie hoch auf federndem Sprungbrett oben der Springer, ehe er sich ins Wasser hinab schnellt, noch eine kurze Sekunde an- und innehält, daß es fast nach ängstlichem Zurückzaudern aussehen mag: und indessen hat er doch nur die Muskeln gespannt zur letzten straffen Bereitschaft und hat noch ein letztes Mal tiefen Atem geholt –.

Panorama

Am Sonntag, den 29. August, fand die letzte Aufführung von »Jedermann« statt. Am Dienstag, den 31., wurden mit der »Zauberflöte« unter Toscanini die Salzburger Festspiele 1937 geschlossen. Es waren schöne Tage.

Der Nachmittag zumal, der Nachmittag dieses einunddreißigsten August, kam von flaumig leichten Schäferwölkchen zauberisch eingekräuselt über die Mulde heraufgezogen, darin die Stadt Salzburg gebettet lag. Wer etwa von der Gaisbergstraße her an diesem Nachmittag der Stadt Salzburg zustrebte, der mochte beinah erschrecken, wenn bei der großen Serpentine, am Beginn ihrer weich abfallenden Windungen, das Tal seinem Blick sich freigab.

Martin Hoffmann liebte diesen Ausblick über alle andern.

Wann immer es möglich war, richtete er sich's ein, daß er von hier aus nach Salzburg kam; in queren Fußwanderungen, oder er dirigierte ihm befreundete Autobesitzer unnachgiebig dorthin, oder er fuhr mit der Lokalbahn die halbe Stunde nach St. Gilgen zurück und nahm den Autobus über Fuschl. Minuten vor der ersten Kurve begann sein Atem schneller zu gehen, und stockte immer wieder jäh ins Bremsen des Gefährts hinein vor dieser Fernsicht. Sie war keine von den imposanten, keine von den vielfältigen, sie wies den Blick auf eine Richtung an und eine einzige Umfassung. Aber Martin liebte sie über alle andern, und bis in die jüngste Zeit hatte er sich sogar noch einreden können: er käme vor allem ihretwegen nach Salzburg.

Bis in die jüngste Zeit. Dann freilich ließ es sich nicht länger aufrechterhalten, und heute wurde ihm sogar unverblümt zu verstehen gegeben, daß alle weitere Mühe vergeblich wäre.

»Also sag schon endlich, wie sie heißt!« hat Toni Drexler hervorgebrummt, als Martin halblaut und mit verdächtiger Gleichgültigkeit zu überlegen begann: man könnte das schöne, Wetter doch eigentlich zu einem Abstecher nach Salzburg ausnützen – wer weiß, wie oft man heuer noch dazukäme, das Rampen-Panorama in seiner ganzen ungetrübten Pracht zu genießen – und obendrein wäre heute der letzte Festspieltag – und jetzt, um zwei Uhr, wenn er jetzt also losginge, käme er gerade in die schönste Nachmittagssonne hinein, und –

Und an dieser Stelle erfolgte jene unverblümte Zwischenfrage.

Toni Drexler hat dazu nicht einmal die Pfeife aus dem Mund genommen, und blieb reglos in seinen Liegestuhl hingestreckt, hemdärmelig und faul, wie man eben nach ausgiebigem Mittagessen in einem Liegestuhl lümmelt, der im Garten eines kleinen Bauernhauses steht, halb schon nach Westen gerichtet, in die schönste Nachmittagssonne hinein.

Martin daneben hat sich hochgesetzt und blinzelt zu Toni hinüber – dem er jetzt nämlich die verschiedensten Antworten geben könnte. Zum Beispiel: er wisse nicht, wovon Toni eigentlich spräche? Oder: was ihn das denn anginge? Oder: der Name täte doch nichts zur Sache! Oder: das Ganze sei überhaupt bedeutungslos!

»Sie heißt Carola Hell.«

»Die Schauspielerin?« Toni bleibt bei seinem reglos beiläufigen Tonfall, und Martin hat keine Schwierigkeiten, ihm darauf einzugehn:

»Nein, die *Frau*«, antwortet er.

»Trottel«, knurrt Toni. Nun schiebt er endlich die Pfeife in den andern Mundwinkel.

»So. Und warum? Weil sie mit der gleichnamigen Schauspielerin identisch ist? Weil man sich in eine Schauspielerin nicht –«

»Ah was –«. Toni wirft eine geringschätzige Handbewegung dazwischen. »*Wenn* man sich schon verliebt, ist es egal, ob sie dann auch noch eine Schauspielerin ist.«

»Auch noch. Also scheint es die Sache *doch* zu verschlimmern?«

»M – nein. Eigentlich nicht. Schon die Sache selbst ist eine Verschlimmerung.«

Gemächlich hat Toni gesprochen, zwischen langsam gepafften Zügen aus seiner stämmig und dennoch graziös geschweiften Dunhill, welche die schönste aller von ihm in die Ferien mitgeführten Pfeifen ist und darum »Nofretete« heißt – obschon auch unter dem restlichen Halbdutzend noch eine »Lukretia« sich findet und eine »Mona Lisa«. Was jedoch nicht etwa auf eine besondere Vorliebe Toni Drexlers für das weibliche Geschlecht zurückgeht, – mit dessen Vertreterinnen er im Gegenteil nur auf dem Umweg über Pfeifennamen beständigen Kontakt zu halten wünscht (und er legt mitunter in detaillierten Gleichnissen dar, um wie viel besser er da wegkäme). Es hat also Toni Drexler, als er jetzt von einer »Verschlimmerung« sprach, dies keineswegs aus bloßer Opposition, aus bloßer Lust an freundschaftlicher Plänkelei getan. Anderseits ist er sich aber im klaren darüber, daß da nun mit keinem noch so freundschaftlichen Opponieren etwas zu erreichen wäre. Eben dies gilt ihm ja auch als wesentliches Merkmal der eingetretenen Verschlimmerung.

Er bekommt alsbald einen neuerlichen und typischen Beweis dafür geliefert: Martin lenkt ab.

»Möchtest du nicht mitkommen, Toni? Nach Salzburg?«

»Ich bin auf Sommerfrische.«

»Natürlich, ich weiß schon. Aber wenigstens *ein* Mal könntest du doch –«

»Fällt mir gar nicht ein. In ein paar Tagen muß ich sowieso wieder in der Redaktion hocken. – Und dann: ich würde dich heute doch nur stören. – Wie?« fragt er nach einer Pause, da Martin nichts entgegnet.

»Wie?« fragt da auch Martin leicht aufgeschreckt zu ihm herüber.

»Nichts, nichts.« Toni, schmunzelnd in sein wolkiges Paffen, winkt ab. »Es stimmt schon.«

»*Was* stimmt, zum Teufel?«

»Das mit der Verschlimmerung. Ich bitte dich: geh.«

»Warum. Ich hab noch Zeit.«

»Die Nachmittagssonne, Martin! Außerdem will ich jetzt schlafen. Mit dir kann man ja sowieso nichts Vernünftiges reden.« Nofretete, ein paarmal abwärts gegen die hölzerne Armlehne geklopft, wird sanft ins Gras gebettet, und Toni seinerseits dehnt sich nachhaltig im Liegestuhl zurecht.

»Mit *dir* kann man nicht reden!« behauptet Martin unter beträchtlichem Aufwand von Gelassenheit, die nicht so recht zu seinem hastigen Aufstehn passen wollte. »Also. Dann geh ich also. Adieu.«

»Grüß mir das Panorama. Aber gleich bei der ersten Kurve, vergiß nicht!«

Und Toni Drexler drehte schläfrig den Kopf zur Seite. Aus Trotz ist Martin dann mit der Salzkammergut-Lokalbahn gefahren, weit jenseits aller Serpentinen nebst dazugehörigem Panorama. Aus purem Trotz. Doch nicht etwa deshalb, um auf kürzestem und direktestem Weg nach Salzburg zu gelangen. Doch nicht etwa deshalb, um ganz bestimmt pünktlich ins Hotel zu kommen, zum Rendezvous mit Carola, die morgen schon nach Wien zurückfuhr, die ihm diesen letzten Salzburger Nachmittag versprochen hatte, punkt vier im Hotel –: und dann war sie gar nicht da. Läßt sich entschuldigen, mußte zu einer wichtigen Besprechung, und Schluß. Nein, leider – vielleicht beim Johann – Johann, ist eine Nachricht für Herrn Hoffmann zurückgelassen worden – bedaure sehr – jawohl – habedjehre.

Also keine Carola, keine Fernsicht über Salzburg hin, kein Triumph über Toni, nichts, gar nichts, ein verpatzter Nachmittag. Statt zu arbeiten oder wenigstens in der Sonne zu liegen: ein leerer, planloser Nachmittag. Und noch dazu der letzte, den Carola in Salzburg verbrachte, morgen beginnen die Proben am Theater in der Josefstadt, sie kann keinen Tag länger bleiben.

Martin könnte noch, und wird es wohl auch. Zwar ist Toni, mit dem er sich in dem kleinen Bauernhaus bis zum 15. September eingemietet hat, nun schon für den 6. in die Redaktion zurückberufen, und Martin hat schon erwogen, mit ihm gemeinsam wieder nach Wien zu fahren, ja er hat sogar eine *noch* frühere Abreise schon erwogen, beispielsweise am 1. September – aber nun wird er doch bis zum 15. bleiben, zum Teufel ja, das wird er, und vielleicht sogar länger. Am Ende gelingt es ihm doch noch, sein neues Stück so weit zu fördern, daß es zu Weihnachten herauskommen kann. Und wenn nicht, dann will er wenigstens den Sommer möglichst lange erstrecken, den Sommer im Salzkammergut, wenigstens das. Ohnehin ist der September da am schönsten. Ohnehin wüßte er nicht, was er in Wien verloren hätte. Warum er sich mit der Rückreise so sehr beeilen sollte. Oder sie gar schon am 1. September antreten.

Plötzlich, wie Martin Hoffmann da über das nachmittäglich besonnte Pflaster schlendert, nicht achtend der flaumig leichten Schäferwölkchen und nicht des verwirrenden Getriebes in den engen Gassen, verwirrend und schon ein wenig schwindlerisch, weil es sich ganz so gebärdet wie am ersten oder zweiten Tag, indessen doch heute der letzte ist, der garantiert und endgültig letzte, morgen wird alles zerstoben sein und verpufft, morgen ist Salzburg leer – plötzlich, wie er da also geht, merkt er von einem scheußlichen, von einem widerwärtigen Gedanken sich bedroht, merkt ihn langsam und tückisch an sich heranschleichen, ach er kennt ihn ja, es ist ja nicht zum ersten Mal, daß dieser Gedanke ihm kommen will und daß er ihn niederhalten muß mit aller Mühe: den Gedanken, ob hinter Carolas Fern-bleiben heute, wie hinter manchem was sie sonst schon tat, nicht ein ganz bestimmter Beweggrund liegt – vielleicht außerhalb ihres Bewußtseins, vielleicht gegen ihren Willen, aber dennoch von entscheidendem Einfluß: daß sie also »Arierin« ist. Und er, Martin Hoffmann, Jude. Obendrein einer, der als »linksstehend« gilt. Eine Geltung nebstbei, die von den Kreisen, in denen Carola Hell sich bewegt, mit einer läppisch oberflächlichen Bereit-willigkeit verteilt wird, man braucht nur dann und wann in einer Emigran-tenzeitschrift gedruckt zu sein oder einen im Ausland erlassenen Aufruf zu unterschreiben. Anders dokumentiert sich ja sein »Linksstehen« schon seit Jahren nicht mehr, er ist sich dessen mit zwiespältiger Scham bewußt, und der Zwiespalt reicht tiefer, als er ihn jetzt bedenken will. Genug jetzt, daß er also in Deutschland, vom selbstverständlichen Aufführungsverbot seiner Stücke abgesehn, als einer von den sattsam bekannten jüdisch-mar-xistischen Hetz-Literaten und Greuel-Verbreitern gilt. Genug, daß er alles dazutut, um wenigstens *dieser* Geltung halbwegs gerecht und würdig zu bleiben. Genug, daß folglich der Umgang mit ihm für eine arische Schau-spielerin, die ziemlich regelmäßige Gastspiele in Deutschland absolviert, eine Belastung darstellt. Und genug, daß er sich also fragen muß, ob Caro-la dieser Belastung vielleicht zu entgehen wünscht.

Wahrhaftig genug. Übergenug. Das ist doch ein toller Zustand.

Martin Hoffmann ist stehngeblieben, sein Gesicht, ruckartig und über-gangslos, hat sich zu widerwilliger Grimasse verzerrt – der Gedanke, daß es sich mit Carola wirklich so verhielte, ist ihm kaum weniger unerträg-lich, als der Gedanke, daß er ihr Unrecht getan haben könnte, leichtferti-ges und bequemes Unrecht. Mach's dir nicht so bequem! hat Toni Drexler (der ungefähr den Musterfall eines Ariers darstellt) ihn einmal ermahnt. Wenn dir etwas schiefgeht, darfst du dich nicht gleich damit trösten, daß du ein Jud bist; so interessant ist das garnicht … Natürlich nicht. Auch für Carola nicht. Warum denn auch. Und vielleicht aber doch. Und man soll sich eben auf diesen teuflischen Gedanken gar nicht erst einlassen. Genug.

Und Martin Hoffmann, als könnte er dem allen so besser entgehen, setzt sich entschlossen in raschere Bewegung.

»Halloh, Hoffmann!« Das kam vom drübern Trottoir der Linzergasse her – Andreas Luttenfellner stand da und Ferry Liebreich, das trifft sich nicht einmal schlecht. »Wohin so eilig?«

Ja: wohin denn? Ich hatte doch – ich wollte doch eigentlich – Nachmittagssonne und Serpentine und Panorama – hm. Das kann man denen wohl nicht gut sagen?

Aus jenem einmal schon mißglückten Trotz gegen sich selbst, und weil ihm nichts besseres einfällt, sagt er es aber doch.

Liebreich sieht ihn mit pünktlichem Kopfschütteln an und begehrt zu wissen, was er denn gerade an der Gaisbergstraße zu erledigen hätte.

»Nichts«, sagt Martin. »Nur so. Man hat von dort einen besonders schönen Blick über Salzburg.«

»Da schau her!« Der tiefe Baß Andreas Luttenfellners drückt Verwunderung und Anerkennung aus. »Woher wissen S' denn das? I hab immer 'glaubt, sowas sieht nur unsereins.«

Martin tritt sogleich den Gegenbeweis an, er spricht mit Eifer und Ehrgeiz, denn er wünscht auf den Landschaftsmaler Andreas Luttenfellner möglichst überzeugenden Eindruck zu machen. Und Luttenfellner hört ihm auch wirklich mit aufmerksamem Nicken zu und läßt sogar eine kleine, nachdenkliche Pause verstreichen, ehe er sich zu einer Antwort entschließt.

»Das ist also ganz teppert, was Sie da z'sammreden!« sagt er freundlich. »Weil nämlich, wann das so einfach wär mit der ›einen Blickrichtung‹ und daß da ›alles drin‹ is und so – nachher wär mein Bildl kein so ein Mist gewordn. I probier's jedes Jahr, grad von dorten aus. Aber i krieg's net.« Er starrte eine Weile bekümmert vor sich hin – plötzlich, aus einem erleuchteten Impuls, wandte er sich zu Martin: »Wissen S' was? I scheiß drauf!«

Das war durchaus im Tonfall eines ernsthaften und endgültigen Entschlusses gesagt, und Martin zweifelte eine Sekunde lang, ob er in Liebreichs dröhnendes Gelächter einstimmen sollte. Aber dann blieb ihm gar nichts andres übrig. Es hatte wieder einmal »gezündet« – wie immer, wenn Andy Luttenfellner zu einer derben Wendung seine Zuflucht nahm. Unnachahmlich war das, und so saftig, mit so inniger Vollkraft wußte er dergleichen zu äußern, daß selbst das Götzzitat aus seinem Mund wie neu geprägt sich anhörte, wie eben erst entdeckt und aus den Urtiefen menschlicher Ausdrucksfähigkeit hervorgeschöpft. Er war schon ein Kerl, dieser Luttenfellner, ein Kerl aus Fleisch und Blut. Wahrhaftig, es hätte gar nichts Besseres kommen können, um Martin über diesen Nachmittag hinwegzutrösten.

Und wahrhaftig – als hätte sich alles zu solch ersprießlichem Behuf zusammengetan – wahrhaftig, es kam noch etwas Besseres. Es kam den Festspielplatz entlanggetrottet, auf den sie unterdessen geraten waren; stak in einer ausgesucht unmöglichen Touristengewandung, von der auch nicht ein einziges Stück zum andern paßte (die beiden Schuhe etwa ausgenommen); hatte einen schwabbelnden Rucksack aufgepackt, aus dessen Gurten ein Lodenmantel hinabhing und fast am Boden schleifte; blieb, als die drei auf wenige Schritte herangekommen waren, aufseufzend – und als hätte es hierzu erst dieses Zusammentreffens bedurft – an Ort und Stelle stehen, nahm umständlich die Hornbrille ab, und wischte sich mit einem in der Hand zusammengeknüllten Tuch über Gesicht und rote Glatze. Das Ganze aber war der Privatdozent und Professor und Doktor Hubert Bachrach, und höchstens ein Marsbewohner hätte zögern können, ihn augenblicklich als einen repräsentativen Vertreter der mathematischen Philosophie, genauer: der Logistik, und noch genauer: des sogenannten »Wiener Kreises« zu agnoszieren.

»Guten Tag«, sagte er und reichte allen dreien nacheinander die Hand, obgleich er nur Martin kannte. »Ich bin auf einer Fußwanderung begriffen.«

Martin lächelte, breit freudig und ein wenig väterlich – er kannte den Professor Bachrach, er wußte, daß man ihn jetzt langsam und vorsichtig aus seinen Gedanken herauszuholen hatte. Das war ein Vorgang, den es immer wieder zu beobachten galt und der bis in des Professors Redeweise hinein merkbar blieb: die mühsame und ein wenig stockende Art, in der er seine Sätze vorbrachte, hielt ständig den Eindruck wach, daß er sich von den Gletscherhöhen des gekrümmten Raums erst in die plane Welt zurückbesinnen mußte. Dort allerdings fand sich Priv.-Doz. Prof. Dr. Hubert Bachrach erstaunlich gut zurecht, und was er so zu den Geschehnissen dieser planen und ihm eigentlich uninteressanten Welt bemerkte, das war sehr häufig von einer Klarsicht und Treffsicherheit, um die ihn Martin schon beneidete. Vor allem aber liebte und verehrte er ihn, den er aus Kindheitstagen und Vaterhaus als komischen Onkel in Erinnerung hatte und dem er von späterher manch unverlierbare Bereicherung verdankte.

»Also, Herr Professor«, begann er jetzt sehr behutsam. »Das sind zwei gute Freunde von mir – dies der Maler Andreas Luttenfellner, und dies der

Redakteur Liebreich vom ›Echo‹. Wir machen gerade einen kleinen Spaziergang. Das ist aber schön, daß wir Sie getroffen haben. Ich freu mich wirklich sehr. Wie geht es Ihnen, und woher kommen Sie?«

»Freut mich, freut mich.« Bachrach vollführte zwei linkische Verbeugungen und putzte sich abermals die Brille. »Heiß, nicht? Allerdings. – Komm einmal her, Martin. Ich zeig dir was.«

Aus der völlig unübersichtlichen Ausrüstung, mit der Professor Bachrach behangen war, kam ein kleines, sorgfältig mit Luftlöchern durchsiebtes Pappschächtelchen zum Vorschein, wurde geöffnet und Martin unter die Nase gehalten: eine Blume darinnen, mit Wurzel und Wurzelerde. Denn Professor Bachrach erblickte seine wahre Berufung und Bedeutung keineswegs in der mathematischen Philosophie, sondern in der Botanik. Allenfalls noch im Schachspiel, dies jedoch hauptsächlich während der Wintermonate.

»Was sagst du dazu, Martin? Weißt du überhaupt, was das ist?«

»Ein Edelweiß?«

»Edelweiß – ts.« Verächtlich zischend stülpte Professor Bachrach die Schachtel zu und befestigte sie wieder seitlich am Rucksack. »Ts. Ein Dichter, und weiß nicht, was für ein Unterschied – du wirst noch am Galgen enden!« stellte er unvermittelt fest. »Und wohin gehen wir jetzt?«

»Vielleicht was trinken, wenn's dem Herrn Professor recht ist.« Andy Luttenfellner hätte sein Wohlgefallen an der neuen Bekanntschaft kaum deutlicher auszudrücken vermocht.

»Das – ja. Das ist vielleicht die Lösung.« Aus dieser Wendung wiederum (die seinem eigentlichen Arbeitsfeld entstammte) ging unverkennbar Professor Bachrachs Befriedigung hervor. »Sie sind Maler?«

»Er hat gerade jetzt eine Ausstellung hier, Herr Professor. Immer während der Festspielwochen, wissen Sie. Seine Landschaftsbilder vom Salzkammergut sind sehr berühmt.«

»Ja«, brummte Luttenfellner. »Sehr berühmt. Und mit der einen Landschaft da oben spiel i mi schon seit sechs Jahren umeinand, und nix is. Sehr berühmt. Glauben S' ihm kein Wort, Herr Professor.«

Bachrach lächelte, und Luttenfellner lächelte zurück. Ein seltsam rührender Anblick war das: diese Beiden einander zulächeln zu sehen. Es hatte einer vom andern keine Ahnung, und es hatte jeder Respekt noch vor des andern Ahnungslosigkeit. Martin daneben schämte sich seines oberflächlichen Bescheidwissens, empfand es als Mittelmäßigkeit, kam sich vor wie ein allzu fixer Kommis. Aber zwischen zwei Solchen durfte man sich ruhig wie ein Kommis vorkommen, es war keine peinliche Scham, viel eher eine beglückende, und beinahe körperlich spürte er dieses Zusammentreffen in den geheimen Hain seiner Erinnerungen eingehen. Er wußte noch nicht, was ihm gerade an dieser Erinnerung so kostbar sein wird: dies eben würde sich ja erst erspüren lassen, wenn sie Erinnerung geworden ist. Um ihre Eigen- und Einzigartigkeit wußte er aber schon jetzt, und lächelte selbst und war dankbar und glücklich, und dachte: das muß ich Carola erzählen – und war noch immer glücklich, auch jetzt noch: denn er wird es ihr ganz bestimmt erzählen, heute noch, ganz bestimmt.

Sie hatten mittlerweile das Café Tomaselli erreicht, hatten Platz genommen und Getränke bestellt. Langsam, kaum merklich, kam ein kühlerer Wind herauf und über ihr Schweigen hingeweht.

Die Straßen belebten sich in der Richtung zum Festspielhaus, es war der Abend der letzten Aufführung, die Spaliere würden dichter sein als sonst.

Liebreich, bisher der schweigsamste von allen, schnupperte mit gequältem Gesichtsausdruck in die Luft.»Ich weiß nicht –«, sagte er kopfschüttelnd.»Ich hab das Gefühl, wir erleben das heuer zum letzten Mal.«

»Bist teppert 'worden?« Luttenfellner glotzte ihn verständnislos an, es war ihm völlig unklar, was da überhaupt gemeint sein könnte; und glotzte noch verständnisloser, als Martin kurz auflachte – indessen Professor Bachrach dasaß und von dem nichts gehört zu haben schien.

»Nämlich –«, Martin wandte sich erklärend an Luttenfellner, blinzelte aber gleichzeitig zu Liebreich hinüber.»Dieses Gefühl hat der brave Liebreich nämlich jedes Jahr. Und zum Abschluß der Festspiele gibt er es dann der Umwelt bekannt. Stimmt's, Liebreich?«

Liebreich nickte, seine gepeinigten Mienen hellten sich auf:»Gottseidank«, seufzte er.»Und bis jetzt hat es ja auch immer geholfen. Wir Juden, Meister Luttenfellner, sind ein abergläubisches Volk, müssen Sie wissen. Und was ich da mache, ist eine Art Vorbeugungsfluch. Ein sogenannter Kischew. Aber das verstehen Sie nicht.«

»Naa«, bestätigte Luttenfellner nachdrücklich.»Was heißt denn das?«

»Darf ich – wenn ich fragen darf –«, ließ sich plötzlich Professor Bachrach vernehmen, und er hatte von Anfang an genau zugehört.»Weil ich das nicht vertrag – das mit den Nazi. Den Nazischreck. Ich halte das – ja. Für einen Trick vom Schuschnigg. Wegen der Fremdenverkehrswerbung. Jedes Jahr. Damit die Leute glauben: nächstes Jahr sind schon die Nazi da – rasch noch einmal nach Österreich. Wie? Nichtwahr. Das vielleicht die Lösung. – Besonders die Juden!« fügte er scharf hinzu, und sein Zeigefinger stach heftig gegen Luttenfellners Gesicht, gegen das einzige arische in der Runde, und Luttenfellner, ahnungslos wie zuvor, faßte sich rasch und lächelte, Professor Bachrach lächelte wieder, Liebreich nickte befriedigt vor sich und Martin dachte: das muß ich ihr heute noch erzählen, es freut sie bestimmt.

Aladins Wunderlampe

Sie lächelte zwar, aber es schien sie trotzdem nicht besonders zu freuen. »Ich versteh das nicht«, sagte sie. »Und bitte – reden wir nicht von diesen Sachen. Gut?« Ihre Hand legte sich ganz leicht über seinen Arm, und zum Schluß, nach dem »Gut?«, drückte sie ein wenig zu.

Da saßen sie im Restaurationsgarten auf dem Mönchsberg, und es ging da schon gegen halb zwölf. Drinnen im Saal sahen sie noch zwei oder drei Tische besetzt, hier draußen keinen sonst, es war die letzte Augustnacht und der Wind strich kühl von den Kuppen und Höhen ringsher. Ganz vorne saßen sie, auf der vordersten Terrassenstufe, im äußersten Eck und dicht an der Balustrade, – der Blick steilabwärts und über den Fluß und über die Lichter von Salzburg blieb ihnen gänzlich frei. Nah ihrem Tisch, schon halb im beginnenden Gesträuch verborgen, ließ der große Scheinwerfer seinen Lichtkegel über die nächtliche Stadt dahinwandern, von Bauwerk zu Bauwerk, eins nach dem andern faßte er in seine Quere, hielt es strahlend aus der Nacht hervorgebannt, glitt weiter, schob ungewiß verschwimmend durch die Dunkelheit sich hin – bis er auf die nächste Kuppel, den nächsten Turm, die nächste Front und Fassade auftraf zu heller Umfassung und Rast. Martin war oft genug auf der Straße unten oder von sonsteinem Standort diesem Wandern und Innehalten gefolgt, und hatte sich gar nicht recht bekümmert woher es kam; von irgendwo oben her, das genügte ihm. Nun aber saß er hier oben selbst, saß am Ursprung, an der Quelle des Lichts, sah auf Schritte entfernt das Gerüst, daraus der mächtige Kegel seinen Ausgang nahm, sah den gewaltigen Mückenschwarm sogar, der im luftig runden Beginn des gleißenden Balkens sich festgetanzt hatte und vergebens über die flimmernden Ränder auszubrechen versuchte. Den Mann, der den Apparat bediente, sah er nicht und suchte auch nicht nach ihm. Ihm war es so recht, ihm war es zumut wie in den feierlich abgedunkelten Zimmern der lang verwehten Kindertage, wenn die Laterna Magica aus geheimnisvollem Duft und Hintergrund ihre Bilder auf die Wandfläche hinwarf: schon damals hatte er nie zu erspähen begehrt, wie das bewerkstelligt wurde und von wem. Nicht damals noch heute.

Nur weiß er erst heute, daß es damals wohlgetan war. Laterna Magica, Zauberlaterne. Vielleicht der Wunderlampe Aladins verschwistert, und vielleicht ist es Aladin selbst, der sich jetzt hinter der großen Scheibe hier im Gebüsch versteckt hat und Dom und Burg aus dem Dunkel zaubert –

»Martin!«

»Ja – bitte – was gibts?«

»Woran denken Sie? Oder ärgern Sie sich vielleicht, weil ich von diesen Sachen nichts hören mag?«

Welche Sachen? Ach so. Diese Geschichte vorhin, mit dem Nazischreck. Ärgern –. Nein, ärgern ist nicht der richtige Ausdruck.

»Nein, ich ärgere mich nicht. Wie könnte ich das, Carola.«

Auch darüber nicht, daß sie »von diesen Sachen nichts hören mag« – nein, auch da träfe »Ärger« nicht eben zu. Es ist etwas andres, er weiß es ja. Ein dumpfes, schmerzliches Zucken und Zerren, daß man am liebsten eine Grimasse schneiden möchte, ohne Übergang.

Aber plötzlich ist es gar nicht mehr da, ist fortgestoben wie unter magnetischem Strom: Carola, auf Martins verlegen entschuldigenden Blick, hat ihre Hand mit unendlicher Zartheit nochmals über seinen Arm gleiten lassen, aufwärts und wieder zurück, und läßt sie nun ruhen dort – als sollte es an jenem leichten Druck nach jenem »Gut!« doch nicht alles Bewenden haben; als wünschte sie ihm Nachhalt zu verleihen, und kundzugeben, daß es kein Zufall war –.

Es war tatsächlich kein Zufall und Carola wünschte das tatsächlich kundzugeben. Überhaupt ist Carola sehr weich und aufgetan in dieser Nacht. Denn Carola – nun ja, Carola hat ein schlechtes Gewissen. Und sucht es jetzt mit vielerlei kleinen Schlichen zu besänftigen – weil sie zur großen, radikalen Erledigung den Mut nicht findet. Weil sie sich doch jetzt nicht zurechtsetzen kann und ganz einfach sagen: Hören Sie, Martin Hofmann – als Sie heute um vier ins Hotel kamen, war ich natürlich zuhause. Aber ich hatte ein paar Minuten zuvor plötzlich so schreckliches Herzklopfen bekommen und eine so lächerliche Angst – und da hab ich mich also durch den Portier verleugnen lassen. Ich wollte nicht, daß Sie mir die Angst und das Herzklopfen vielleicht anmerken, und noch weniger wollte ich Angst und Herzklopfen hinter einer dummen Arroganz verstecken.

Das war also die »wichtige Besprechung«, zu der ich plötzlich abberufen wurde. Nachher hat es mir natürlich leid getan, und ich ging Sie suchen. Und dann habe ich beim Portier Nachricht gelassen, daß Sie mich von der Vorstellung abholen sollen. Und wenn Sie nicht ins Hotel zurückgekommen wären, so hätte ich Sie jetzt von neuem gesucht. Und wenn ich Sie wieder nicht gefunden hätte – na ja, das hätte ich dann sozusagen als Schicksalswink angesehen. Aber ich bin sehr froh, daß ich Sie nicht suchen mußte, und daß das Schicksal nicht so gewinkt hat. Ich bin sehr froh, daß wir jetzt hier sitzen. Martin – Sie wissen garnicht, wie froh ich bin. Ich könnte Sie küssen vor Freude, Martin. Nein, nicht vor Freude. Anders, oh wie sehr anders. Wirklich küssen. So, wie ich schon lange keinen Mann gelüßt habe. Daran wird es ja auch liegen, das mit der Angst. Ich habe Angst, daß ich nicht mehr küssen kann. Ich habe Angst, daß ich mich blamieren werde, denken Sie nur. Richtige Angst. Eine süße, neugierige Mädchenangst. Komisch, nicht? Mit achtundzwanzig Jahren solche Angst zu haben. Wie eine Jungfrau beinahe. Und das bin ich doch wahrhaftig nicht, und bins auch in diesen ganzen letzten Jahren nicht gewesen. Nur geküßt – geküßt hab ich schon so lange Keinen. Und deshalb ist aus unserm letzten Salzburger Nachmittag nichts geworden. Aber das mache ich doch jetzt wieder gut, Martin? Dafür bin ich doch jetzt sehr lieb zu Ihnen, Martin? Eigentlich müßten Sie doch jetzt sehr glücklich sein?

»Sind Sie eigentlich glücklich, Martin?«

Eine sachliche Erkundigung war das, im gleichen Tonfall hätte sie auch fragen können: »Gefällt Ihnen Salzburg?«

»Wie meinen Sie das?« fragt Martin ebenso sachlich zurück, er ist gar nicht sehr überrascht. »Allgemein? Ob ich im allgemeinen glücklich bin?«

»Nein, das nicht. Das wäre ja dumm, so etwas zu fragen.« Es klingt ein wenig gereizt, wie Carola das sagt. Und ein wenig nach Ablenkung, wie sie hinzufügt: »Wer ist denn schon im allgemeinen glücklich –. Nein, das nicht. Jetzt – ob Sie *jetzt* glücklich sind?«

»Sehr!«

»Weil Sie mit mir hier sitzen?«

»Ja«, antwortet Martin, und fühlt sich mit einem Mal ganz leicht und froh beschwingt von Carolas heiterer Direktheit, nun mag es steuern wohin es will und drauflos: »Und noch aus einem andern Grund. Weil sich dieser verpatzte Nachmittag so einfach aufgeklärt hat!«

»Mhm.«

»Sie müssen nämlich wissen, daß ich mir schon alle möglichen dummen Gedanken gemacht hatte. Den allerdümmsten sag ich Ihnen garnicht. Aber den zweitdümmsten. Schon der war arg genug. Ich hab mir nämlich allen Ernstes gedacht, daß Sie gar nicht so dringend verhindert waren. Daß Sie da nur irgendein kleines Manöver aufgeführt haben. Ein bißchen die umworbene Frau gespielt.«

»Und?«

»Was – und?«

»Ich meine: und wenn es so gewesen wäre?«

»Carola. Aber Carola. Das haben Sie doch nicht notwendig.«

»Woher wissen Sie das?«

»Sie? *Sie* hätten sowas notwendig?!«

»Notwendig – mein Gott. Notwendig vielleicht nicht. Aber ganz gern. Eine Frau –«

»Sie sind eben nicht ›eine Frau‹.«

»Wollen Sie damit sagen, daß ich ganz anders bin als die andern?«

»Ja.«

»Gott sei Dank. Ich hab schon geglaubt, daß Sie mich für eine banale Gans halten.«

»Im Ernst, Carola: wenn Sie also heute nachmittag nicht wirklich und ernstlich verhindert waren – wenn das nur eine Ausrede war, weil Sie nicht mit mir zusammenkommen wollten –«

»Nun? Was ist dann?«

»Dann – dann – Carola: dann wäre es vielleicht besser, wenn Sie mir –«

»Ach ja. Ich soll Ihnen lieber gleich sagen, daß Sie sich vergebliche Hoffnungen machen, und daß es vollkommen aussichtslos ist?«

»J-ja. Allerdings.«

»Hm – wissen Sie – das verlangt ein Mann immer nur dann, wenn er annimmt, daß man es ihm nicht sagen wird. Und wenn man's ihm sagt, so richtet er sich nicht danach. Wie?«

»Ich weiß nicht, Carola. Mir hat man das noch nie gessagt. Ich hab nämlich noch nie darum gebeten. Das käme mir auch sehr läppisch vor.«

»Und jetzt tun Sie es trotzdem?«

»Sie zwingen mich ja dazu.«

»Also?«

»Also –.«

»Wenn Sie es also hören wollen: Sie machen sich ganz vergebliche Hoffnungen. Es ist vollkommen aussichtslos.«

»Carola!«

»Bitte?«

»Carola – das kann ich nicht glauben!«

»Würde ich Ihnen auch nicht geraten haben!« sagt Carola und hält noch eine Sekunde an sich – und dann lacht sie sich frei, silberdunkles, quellenreines Lachen, erschöpft von dem immer schneller gewordenen Gespräch und nun erlöst von dieser Erschöpfung, erlöst in dieses Lachen hinein, und Martin lacht mit: aber bei ihm war es richtige Angst, aus der er sich ins Lachen befreit, er hat wirklich in Augenblicken nicht mehr gewußt woran er ist, nun weiß er's, nun lacht er, nun lachen sie beide –

»Darf ich die Herrschaften bitten.« Der Oberkellner ist unbemerkt herangekommen und präsentiert sich mit leichter Verbeugung.

»Wie?« fragt Martin verdutzt zu ihm auf. »Stören wir vielleicht? Es ist ja niemand da.«

»Eben, die Herrschaften. Es geht auf zwölf. Wir schließen.«

Ein Grund zu neuem Gelächter – sie waren ja wirklich die Letzten, und es war ja wirklich komisch. Und sie durften (infolge reichlichen Trinkgelds wohl auch) die wenigen Minuten bis zur tatsächlichen Sperre noch sitzenbleiben. Den Lift sollten sie dann heraufklingeln, empfahl der Oberkellner, ehe er dienernd hinterwärts verschwand.

Der große Scheinwerfer begann von der Feste Hohensalzburg aus die letzte Wanderung über die Türme und Kuppeln und Fassaden. Die letzte in dieser Nacht, die letzte in diesem Jahr.

Morgen ist mit den Festspielen auch die Scheinwerferbeleuchtung vorüber. Morgen.

»Ich hab Ihnen vorhin nur meinen zweitdümmsten Gedanken eingestanden, Carola. Darf ich Ihnen jetzt noch den dümmsten sagen?«

»Nein.« Carola hat abgewandt den Kopf geschüttelt, ihre Stimme ist sehr leise. »Jetzt nicht. Ich will jetzt nichts wissen.«

Nichts wissen –. Da ist es nun wieder, dieses dumpfe, schmerzliche Zucken und Zerren. Freilich, es pocht und würgt nun auch ein andres dazwischen, pocht in den Hals hinauf und würgt kehlabwärts, daß er die Augen schließen muß vor jäher Übermächtigung und ganz darin versinken möchte – aber er kann dieses erste doch nicht loswerden, scheußlich ist das, scheußlich und ekelhaft, als tränke er Champagner und es wären ihm Schlucke eines eklen Suds dazwischengeraten, oh scheußlich. Und immer noch nicht zu wissen, ob ihr da Unrecht getan ist oder nicht, ob man da neben einer Frau sitzt oder neben einer Arierin, welch ein Zustand, welch ein toller und teuflischer Zustand, und wie das zerrt und zuckt und jenes andre Pochen übertäubt, das wunderbare, darin er ganz versinken möchte mit geschlossenen Augen, und kann doch nicht, und muß die Augen offen halten, und nur sein Atem geht schneller und verhemmt und er kann nicht sprechen.

Hellweiß im Scheinwerferlicht ragt die Kuppel der Kollegien-Kirche aus der nächtlichen Tiefe empor, ein paar Sekunden nur, Aladin hat es eilig, es ist knapp vor zwölf.

»Aber jetzt wird es kühl«, sagt Carola und sitzt regungslos, kein kleinstes Fröstelen in ihrem Körper.

»Wollen wir gehen?« Martin schluckt seine Stimme zurecht. »Wenn ich von meinem dümmsten Gedanken doch nicht sprechen darf?« Und er weiß nicht, ob Carolas stummes Kopfschütteln abermals dem dümmsten Gedanken galt oder dem Aufbruch.

Auch Carola weiß es nicht so genau. Merkt es erst, als sie sich näher an Martin gerückt findet, rücklings an Brust und Schulter ihm gelehnt. Merkt es, und tut nichts dagegen: denn der leise Schauer, der jetzt durch ihren Körper geht, soll doch wohl ihre Bemerkung über die Kühle rechtfertigen.

Aber was soll's, daß sie, als Martins Brust und Schulter immer stärker sich ihr entgegendrücken – was soll's, daß sie es merkt und noch immer nichts tut? Liegt das nun wieder an der Angst, an der süßen, neugierigen Mädchenangst? lähmt diese Angst sie? oder ist sie ihr willentlich hingegeben, sie zu verspüren und auszukosten völlig und bis zum Ende?

»Sagen Sie Herrn Hoffmann, daß ich zu einer wichtigen Besprechung mußte –« Ganz, ganz leise ist Carolas Stimme und liegt auf einem einzigen, silberdunklen Ton, hingedehnt wie aus halbem Schlaf. Dann kehrt an seiner Schulter ihr Gesicht sich zu ihm auf: »Was war Ihr dümmster Gedanke?«

»Jetzt will aber ich nicht davon sprechen –«

Leise und heiß und nah über ihr, sie hat es kaum verstanden, hat nur die Lippen gesehen, die sich nahe bewegten, die Lippen gesehn und den Atem gespürt, Atem und Angst, »denken Sie: ich hab Angst, richtige Angst daß ich mich blamieren könnte, woher wissen Sie daß ich das nicht notwendig hab, ich hab's sehr notwendig, oh wie sehr –«

»Bitte, küssen Sie mich«, sagt Carola. »*Du* sollst mich küssen.«

Aladins Wunderlampe schwamm durch das Dunkel, traf die Feste Hohensalzburg, rastete, und verlosch.

Melodie Viennoise

※

In Wien sein

Wieder in Wien. In Wien sein. Das kann sehr vielerlei bedeuten, und sehr weniges. Daß es nichts bedeutete, nichts weiter als eine Ortsangabe, wird wohl niemand behaupten wollen. Es bedeutet schon etwas. Aber was? Martin Hoffmann, schreitend in der Septembersonne durch Straßen und unter Bäumen, sitzend in der Septembersonne vor den Kaffeehäusern draußen und auf den Bänken im Park, atmend in der Septembersonne die laue Luft, die klamm von den Hügeln ringsher zwischen die Häuser geweht kommt und wieder hinauf um die Spitze des Stephansturms flirrt – Martin Hoffann muß gar nicht lange nachdenken, was es bedeutet, in Wien zu sein. Er ist glücklich, ganz einfach. Und das verquickt sich ihm, ganz einfach, in sehr hohem Maß mit der Tatsache, daß er in Wien ist. Er wüßte sich zum Glücklichsein nichts besseres als Wien. Oh, Salzburg war schön und wunderbar, und zu all der unvergänglichen Geltung und Erinnerung wird ihm nun noch für alle Zeiten hinzukommen, daß seine Liebe zu Carola dort ihren Anfang nahm, daß sein Glück dort begann und wurde. Immerhin, und natürlich ohne Herabsetzung der Stadt Salzburg –: er hätte sich das auch anderswo vorstellen können. Etwa in St. Lorenz selbst, ja überhaupt im ganzen Salzkammergut. Oder in Florenz, in Paris. Im Engadin wohl auch, oder an der südfranzösischen Küste. Denn zweifellos gibt es Städte und Landschaften und Umgebungen, welche dem Keimen der Liebe förderlich sind und dem Werden des Glücks gewogen. Dem *Werden*. Doch daß er anderswo so glücklich *sein* könnte wie in Wien: das also vermag Martin sich absolut nicht vorzustellen. Daß eine Stadt, daß eine Landschaft, daß eine Umgebung dem Zustand »Glück« so innig gemäß wäre wie Wien. Und vielleicht ist es das nun wirklich, das »Besondere«. Glück wiegt doppelt in dieser Stadt, und Unglück nur halb …

Es hat indessen wohl jede europäische Großstadt ihre unvergleichlichen Besonderheiten aufzuweisen; es ist wohl von jeder schon behauptet worden, daß sie die schönste und vortrefflichste, die lebens- und liebenswerteste sei; und es steht wohl jeder eine Reihe literarischer Zeugnisse zu

Gebot, die ihren einmaligen Rang und Reiz bestätigen: so London wie Paris, so Prag wie Budapest, ja selbst Berlin enträt der eingeschworenen Liebhaber nicht. Für irgendeine dieser europäischen Großstädte zu schwärmen, ist also höchst trivial – denn es versteht sich entweder von selbst oder gar nicht. Und ihre Vorzüge gegeneinander auszuspielen, ist höchst sinnlos – denn das Für und Wider, das sich da allenfalls geltend machen ließe, gerät sehr bald an einen Punkt, wo es sich der objektiven Abwägbarkeit entzieht.

Daß Wien am schönsten ist: dies zu behaupten wäre sonach ebenso läppisch, wie es zu leugnen. Man kann nicht sagen: Wien ist die schönste Stadt der Welt. Es ist zwar so, aber man kann es nicht sagen.

Noch weniger kann man es beweisen. Das könnte nämlich nur ein Wiener – und dem würde man's erstens nicht glauben, zweitens jedoch liegt ihm gar nichts daran, daß solcher Beweis überhaupt erbracht werde. Mit einem stillen, von Anmaßung leicht unterspickten Lächeln betrachtet er alle dahingehenden Versuche, und ihr Ergebnis läßt ihn völlig kalt. Egal, was der und jener an Wien zu loben, der und jener hingegen auszusetzen findet. Genau so bereitwillig, wie er eben noch in irgendeinen Talmi-Refrain über die Herrlichkeiten Wiens eingestimmt hat, wird er im nächsten Augenblick auf Wien zu schimpfen beginnen. Beides je nach Wunsch, und beides aus einer tiefen, durchaus aristokratischen Abneigung, sich mit dem und jenem, der zufällig die gleiche oder zufällig die gegenteilige Meinung hat, auf Herzensgespräche einzulassen. Er weiß schon, was wirklich an Wien dran ist, er weiß es, und das genügt. Mögen die Irrtümer, die da in den unterschiedlichen Deutungen und Definitionen begangen werden, noch so groß sein, die unverdrossen geprägten Formeln noch so falsch –: es kann nicht Wien und kann nicht ihn berühren. »Wien«, und was es bedeutet in Wien zu sein – das ist ihm nicht bloß ein fester und eindeutiger Begriff, sondern ein immanentes Bewußtsein. Und ganz gewiß nichts, worüber sich singen und sagen ließe – am allerwenigsten mit andern.

Wien, Wien, nur du. Aber allein, wenn ich bitten darf. –

Eine der gängigsten unter jenen unverdrossenen Formeln lautet dahin, daß der Wiener arbeitsscheu sei. Wolle man sich doch einmal deutlicher ausdrücken. Was heißt das? Es heißt: er arbeitet nicht gern. Nun – dem wäre vor allem entgegenzufragen: wer auf der Welt denn *gerne* arbeitet? so gerne nämlich, daß die Arbeit über alles geht (denn nur dies könnte als

Antithese zugelassen werden)? Für wen die Arbeit den Sinn des Lebens bedeutet? Die Arbeit, und nicht der Genuß ihrer Ergebnisse? Es gibt tatsächlich solche. Sie nehmen neuerdings sogar bedrohlich überhand. Schon haben sich ganze Völkerschaften in ganzen Staatengebilden auf dieses Prinzip einrichten, ja geradezu ausrichten lassen: auf das Prinzip der Arbeit um ihrer selbst willen. Oder? Was wäre das sonst? Denn es geht denen dort, wohl sie doch so herrlich viel zu arbeiten haben; obwohl sie nur so strotzen von »-dienst« und »-kolonnen« und »-lagern« und »-schlachten« und was es da noch alles im Zusammenhang mit »Arbeits-« gibt; obwohl sogar die freie Zeit, die man ihnen zuweist, noch vom Lavoro her bestimmt ist und dopo dieses; obwohl sie also von der Arbeit ausgeübt werden in einer Weise, wie das bisher noch nie und nirgends der Fall war –: es geht ihnen doch keineswegs besser? Und das, sollte man meinen, wäre doch der Übung und des Aufwands Zweck?

Er ist es eben nicht. Und was nun also den Wiener und sein Verhältnis zur Arbeit betrifft, so hat sich ihm ganz einfach die fundamentale Einsicht erschlossen, daß man nicht lebt um zu arbeiten, sondern umgekehrt. Er betrachtet die Arbeit als des erfreulichen Tatbestandes »Leben« minder erfreuliche Voraussetzung (wer auch in aller Welt sähe Erfreuliches gerne an Voraussetzungen gebunden?). Er versucht, dieser Voraussetzung in möglichst angenehmer Weise beizukommen, sie zu besänftigen, sie zufriedenzustellen: auf daß er selbst es dann desto eher sei und desto ausgiebiger. Er ist nicht arbeitsscheu. Er ist nur lebenslustig. Seine Lust am Leben ist größer als seine Lust an der Arbeit. Und diese Zurechtrangierung wirkt sich höchst bekömmlich aus. Sie unterbindet zum Beispiel auf das strikteste eine Art von Wichtignahme und Betriebsamkeit, welche sich in vielfachen Telefongesprächen, in stundenlangem Warten und Wartenlassen zu manifestieren pflegt, in einer künstlichen Zerdehnung und Aufbauschung des Anlasses –: deren ja nur fähig ist, wem der Anlaß übergroße Lust bereitet. Sie verhindert ferner jegliche Überbewertung und Überbetonung der Tatsache, daß man arbeitet, daß also das, was man da vollführt, Arbeit ist und nicht etwa ein Theaterbesuch oder eine Kahnfahrt. Sie macht kurzum, jegliches Pathos der Arbeit unmöglich.

Wer die Stadt Wien, und was es an Wienerischem je und irgend geben mag, sichtbar oder hörbar, bewegt oder steinern, vergänglich oder ewig – wer es begreifen und erfassen will, der wisse, daß es auf unpathetische

Weise entstand; daß es, nun eben, »entstand«; also nicht so sehr »geschaffen« wurde; und schon gar nicht »geschafft«.

Im Betrieb des Bühnenverlags Robert Sovary hatte sich der Mangel an Arbeitspathos zu solchem Umfang ausgewachsen, daß man fast schon von einer Ironie der Arbeit sprechen konnte. Tatsächlich war die Quantität der hier geleisteten Arbeit eine immense, und die Position des Verlags von beherrschender Reichweite: seine orangegelben Einbanddeckel schienen in den amerikanischen Theaterdirektionen und Filmgesellschaften nicht minder häufig auf als in den europäischen.

Dem unscheinbaren Verlagshaus in einer kleinen Seitengasse der Inneren Stadt konnte man das freilich nicht anmerken. Man fühlte sich da am ehesten an das Büro einer mittleren Textilfirma gemahnt, deren Geschäfte obendrein nur mäßig florierten. Zum einen Teil traf dieser Eindruck auch zu: nämlich was den Textil betraf. Sehr viele Stoffe, für den Bühnenverlag Robert Sovary zu fertigen Stücken verarbeitet, waren Konfektion, und es wurde dementsprechend mit ihnen gehandelt. Dafür gab es dann auch eine andre Abteilung, in der man die besten Namen der Weltliteratur finden konnte, und, nebenbei, ein paar ganz Junge, mit denen wohl nicht so bald, und ein paar ganz Abseitige, mit denen wohl niemals ein Geschäft zu machen war. Dennoch wurden sie vom Verlag Robert Sovary gehegt und gepflegt wie nur irgendein serienträchtiges und verfilmungssicheres Autorenpaar. Die es übrigens nicht nur in Paaren gab, – an mancher Sovary-Kombination beteiligten sich bis zu fünf oder sechs Autoren: der erste war mit einem völlig unbrauchbaren Entwurf dahergekommen, den man ihm nur um des zugkräftigen Titels oder des interessanten Grundeinfalls willen abgenommen hatte; der zweite brachte sodann eine aus diesem Titel oder Einfall entwickelte story; sie wurde einem dritten behufs Ausarbeitung des Szenarios übergeben, das ein vierter zu dialogisieren hatte; und nachdem das Ganze von einem fünften umgearbeitet und von einem sechsten auf Hochglanz hergerichtet war, taten sie sich allesamt hinter einem möglichst angelsächsischen Pseudonym zusammen, welches der Eingeweihte daran erkannte, daß der jeweilige Vorname – aus Gründen des internationalen Vertriebs – im Deutschen wie im Englischen gleich lautete (also etwa Alfred, Georg, Peter, Robert, Walter). Auch auf die Zunamen wurde große Sorgfalt verwendet, und wie es unter den Sovary-Autoren Spezialisten für den Szenenbau, für den dramaturgischen Auftrieb, für Dialoge, für Milieus, für Nebenhandlungen, für Gags und für Aktschlüsse gab, so gab es auch einen für die Erfindung von Zunamen. Sein Meisterwerk war wohl die Schöpfung der nachmals so erfolgreichen amerikanischen Dioskuren Noel O'Bradley und Ernö Fish, von denen der erste einen waschechten Iren vorzutäuschen hatte, Landsmann also von Shaw und O'Flaherty, indessen es sich bei Ernö Fish, mit »sh«, offenbar um einen in Amerika naturalisierten ungarischen Juden handelte – eine Zusammensetzung, die in der Tat das Höchstmaß des Erreichbaren darstellte … Natürlich wurde der Verlag Sovary dieser Tarnungsmanöver wegen häufig attackiert, besonders gerne von der »national betonten« Presse. Doch erwies sich zum Schluß immer wieder, daß es für Qualität und Erfolg eines Stückes vollkommen belanglos blieb, ob der Verfasser tatsächlich existierte und tatsächlich so hieß, oder ob er sich in Wahrheit aus den Herren Weissenberg, Presser und Köves zusammensetzte. Denn ob so oder so konnte es ein anspruchslos nettes Stück sein oder ein peinlich mißglücktes. Und ob so oder so blieb es Unterhaltungsware, prätendierte auch gar nichts andres – und war schon deshalb den Produkten der Hannserich Zarnke und Karl Maria Mostdoppler, um derentwillen jene Bodenständigkeits-Bolde in Harnisch gerieten, blindlings vorzuziehen. Davon abgesehen fanden sich, wenn so ein Volkhafter oder Erdverbundener auch nur ein Quentchen Talent besaß, gerade die artfremden Verleger wie Sovary als erste bereit, für ihn einzutreten und ihn zu fördern wo sie nur konnten. Das ist seit jeher und auf allen Gebieten so gewesen, und hat bislang weder den Förderern geholfen noch den Geförderten: weil denen eben nur durch völlige Ausschaltung der Konkurrenz zu helfen ist. Und wahrlich, gegen keinen Gegner behaupten sie dann das Feld so triumphal, daß alle regulären Erfolge dagegen verblassen. – Aber das wird die Sovarys nicht hindern, weiter und immer wieder um die Herbeiführung solcher Erfolge bemüht zu sein, und die Erfolglosen nicht, ihre Erfolglosigkeit weiter und immer wieder den Sovarys anzulasten …

Das Büro des Verlages also, welcher hiefür im Theaterbetrieb als typisch zu gelten hatte, bestand aus vier aneinandergereihten Zimmern, deren jedes vom Korridor einen eigenen Eingang hatte und von denen die ersten drei allen möglichen und wechselnden Zwecken dienten. Stabil war nur die Bestimmung des letzten. Dort saß der Mann, dessen Name sofort und unfehlbar orangegelbe Assoziationen wachrief, saß Robert Sovary in Person – in behäbiger, ein wenig dicklicher, sehr sorgfältig gepflegter Person, und in einer je nach dem Partner sich wandelnden. Schlechtweg Robert Sovary war er im Verkehr mit seinen Wiener Autoren, mit den Wiener Theaterleuten überhaupt. Im Augenblick jedoch, da er zum Beispiel mit Paris telefonierte, gewann er genau so selbstverständlich die denkbar französischeste Ton- und Wesensfärbung, wie er zum Beispiel für London mit leicht gelangweilten »Hello, Robert Sovary speaking« einen vollkommenen Engländer hinlegte (und wobei ihm jeweils der Glücksfall seines schmiegsamen Namens zugutekam). Ungarn präsentierte er sich zweifellos als Ungar, – doch konnte man, obgleich ungarisch wirklich seine Muttersprache war, auch hier den Eindruck einer Verwandlung nicht loswerden; mußte sich jedoch damit abfinden, daß dieser Teil seiner Existenz von einem Geheimnis umwölkt blieb, zu welchem Außenstehende – also magyarischer Art und Sprache Unkundige – niemals Zutritt erlangten. Genug daran, daß Robert Sovary aus Budapest stammte und Jude war, und daß die im gleichen Zimmer angesiedelte Sekretärin, die »Graue Korpulenz«, sein Faktotum seit undenklichen Jahren, Frau Pekarek hieß und ihre pragerische Herkunft in keiner Weise verleugnete. Budapest aber und Prag, in Wien zusammengewirkt mit jüdischem Ferment –: vier Elemente innig gesellt, die den kompletten Begriff des Österreichischen ergaben. Und am Ende ließ sich daraus die unnachahmliche Arbeitsmethode erklären, die im Verlag Robert Sovary mit so fruchtbarem Ergebnis obwaltete.

Manchmal allerdings konnte es in diesem letzten Zimmer auch sehr lebhaft und lärmend zugehen – etwa dann, wenn Robert Sovary, umstellt von dreien vorschußgierigen Autoren, gleichzeitig zwei interurbane Telefonate führte, zwei Stadtgespräche erwartete, und zwischendurch Frau Pekarek anwies, ein Zusammentreffen zwischen dem im zweiten Zimmer wartenden Autor mit dem im dritten Zimmer lauernden Reporter unbedingt zu verhindern, weil sonst die ganze, mühsam aufgebaute Geschichte, derzufolge jener Autor zum Verlag Robert Sovary keinerlei Beziehungen unterhielt, erbarmungslos aufflöge und womöglich dem in zehn Minuten erscheinenden Dramaturgen zu Ohren käme, welcher sodann die so gut wie abgeschlossene Aufführung des zur Hälfte von jenem Autor stammenden historischen Schauspiels noch im letzten Augenblick hintertreiben würde, – denn er, der Dramaturg, war doch an der kürzlich von zwei andern Autoren vorgenommenen Bearbeitung eines ähnlichen Stoffes beteiligt und hatte deren provisorische Zurückstellung nur deshalb hingenommen, weil ihm vom Verlag Robert Sovary versichert worden war, daß die verlegerischerseits forcierte Fassung von einem unantastbaren Schweden stamme, indessen der als Mitautor verdächtigte Wiener dem Verlag überhaupt nicht bekannt wäre – und da könnte also der größte Wirbel herauskommen, was machen wir da, Frau Pekarek – nein, das geht nicht – gut – halloh, ja – sehr gut – halo-halo – ici Robert Sovary – bonjour Monsieur, ça va – also gehen Sie schon zu dem Schlieferl hinaus, Sie alter Trampel – alors, mon cher directeur, c' est tout à fait impossible – le Volkstheater a déjà fixé pour le douze novembre – malheureusement – also bitte die Herren vielleicht nächste Woche, heut weiß ich noch gar nichts – oui, oui, c'est ça – Béla barátom, elöleget nem tudok adni néket – non, je ne quitte pas – erledigt, Frau Pekarek? Sie sind ein Engel – adieu meine Herren – halo? oui? grâce à Dieu – je vous remercie beaucoup, cher ami – oui oui, entièrement – Béla, wart nebenan, ich bekomm jetzt gleich London, sekkier mich nicht – oui – mais non, mais non – Frau Pekarek, weisen Sie diesem Gangster dreihundert Schilling an und werfen Sie ihn hinaus – oui – entendu – absolûment sure – au revoir alors – hinaus, sag ich! So. – Ist noch jemand gekommen, Frau Pekarek?

»Zweie sind da«, meldet die Graue Korpulenz, die diesen Titel nicht bloß ihrer fülligen, stets graugekleideten Gestalt verdankt, sondern ebenso ihrem diplomatischen Einfluß hinter den Kulissen. »Einer von der Druckerei, schon wieder. Soll warten. Und der Hoffmann.« (Frau Pekarek würde auch den amerikanischen Nobelpreisträger, welcher der Stolz des Verlags ist, nicht als »Herrn« anmelden. Ein Herr ist nur Herr Sovary.)

»Der Hoffmann«, nickt Sovary. »So so. Da ist er pünktlich. Haben Sie den Scheck ausgestellt? Geben Sie her.«

Es hatte nämlich Martin Hoffmann erst am Morgen dieses Tages einen Brief bekommen, des Inhalts, daß die englischen Rechte eines seiner früheren Stücke verkauft worden wären und daß man zur Entgegennahme des auf ihn entfallenden Honoraranteils seinen Besuch im Verlagsbüro erwartete.

»Da kommt er natürlich sofort angetanzt.« Knurrend unterschreibt Sovary den Scheck. »Läuten Sie ihn herein, den Hoffmann. Ein feiner Kerl.«

Robert Sovary ist wirklich ein bißchen gekränkt: daß es zu diesem ersten Besuch nach den Sommerferien erst eines Anlasses bedurft hat. Robert Sovary hätte sich wirklich gefreut, Martin auch ohne Anlaß wiederzusehen. Eine Regung freilich, die er kaum sich selbst eingestehen will – geschweige denn ihm, dem sie gilt. Was solche und überhaupt »Regungen« betrifft, steht Herr Sovary durchaus auf dem Gegenpol jenes Prinzips, das er seinen Autoren gegenüber so ehern verficht und das da ausgedrückt ist in der Aufforderung: »Zeigen!« Herr Sovary, ich hätte eine gute Idee für einen Dreiakter – »Zeigen!« Herr Sovary, der Hyperion-Verlag hat mir aber ein viel besseres Angebot gemacht – »Zeigen!« Herr Sovary, ich glaube, daß ich bald fertig bin, die Arbeit geht sehr gut vorwärts – »Zeigen!« Was sich nicht zeigen ließ, dafür hatte Herr Sovary kein Interesse. Es existierte nicht. Mit dem besten Stück ließ sich nichts anfangen, wenn es erst im Kopf des Autors bestand. Aber das schlechteste, sobald man es nur zeigen konnte, war aufführbar. Der Verlag Sovary lieferte dafür dutzendfache Beweise.

Dieser Hoffmann jetzt. Hat sich wieder einmal vertrödelt, Sovary weiß es längst. Er weiß sogar warum und woran. Überhaupt weiß Sovary alles, was seine Autoren betrifft. Manchmal weiß er sogar mehr als sie selbst. Im vorliegenden Fall zum Beispiel: daß die Ursache der Verspätung, daß die Geschichte mit Carola Hell viel notorischer ist, als dieser Hoffmann wahrscheinlich glaubt. Wenn der jetzt etwa versuchen sollte, mir irgendein Märchen zu erzählen –

Robert Sovary kneift das linke Auge zusammen, und ein befriedigtes Leuchten geht über sein Gesicht, in dem sich ohnehin schon allzulange die Gefühle privaten Wohlwollens gespiegelt haben. Jetzt wird es wieder das Gesicht des Verlegers ganz und gar, und: das wäre vielleicht eine Gelegenheit, denkt der Verleger Sovary, heut' könnt ich ihn vielleicht erwischen!

Indessen tut er, da Martin Hoffmann nun das Zimmer betritt, nichts dergleichen, sondern erkundigt sich lediglich nach der Ursache seines langen Fernbleibens.

»Sie sind doch erst gestern aus Paris zurückgekommen, Herr Sovary! Lesen Sie die ausgezeichnet informierte Kunstrubrik des ›Echo‹!«

»Dann müßten Sie auch wissen, daß ich erst vor einer Woche hingefahren bin. Was war bis dahin? Bis Mitte September?«

»Da war ich sehr beschäftigt, Herr Sovary.«

»Mit was, Herr Hoffmann? Zeigen!«

»Sie wissen, Herr Sovary, daß ich –«

»Ich weiß. Sie zeigen also *nicht*, Herr Hoffmann. Sie sind also *nicht* fertig geworden. Mit der Weihnachtspremiere in *nichts*, wie?«

Sovary blinzelt. Auch als Martin die Möglichkeit einer Weihnachtspremiere keinesfalls ausschließen will: –»allerdings mit einem andern Stück, Herr Sovary!« – auch da blinzelt er vollkommen unberührt weiter, obwohl das nun wirklich eine Neuigkeit war.

»Andres Stück?« sagt er nur. »Sehr gut. Zeigen!«

»Aber ich hab Ihnen doch schon gesagt –«

»Dann ist es keine Weihnachtspremiere. Danke. Und was geschieht mit der ›Sonne überm Horizont‹?«

»Werde ich umarbeiten.«

»Vielleicht für die Hell?«

»Vielleicht.« Diesmal ist es Martin Hoffmann, der blinzelt – und tatsächlich: das völlige Ausbleiben jeder Überraschung hat seine Wirkung auf Sovary nicht verfehlt; er wird, für ein paar Sekunden, beinahe unsicher, nämlich ernst:

»Was soll sie denn da spielen, Hoffmann?«

»Den Horizont.«

»Machen Sie mit mir keine blöden Witze, gefälligst!« Sovary lacht kurz und unwillig auf, oder gibt sich doch den Anschein, als ob er's unwillig täte. In Wahrheit tut er es sehr gern; er findet ja im Verkehr mit seinen Autoren nicht eben oft Gelegenheit dazu, einschließlich der Lustspielverfasser. Und daß gerade dieser Hoffmann, der also wirklich Humor hat und sogar Einfälle – jetzt blinzelt der Verleger Sovary nicht länger. Sondern er faltet sein Gesicht zurecht, von der Stirn bis zum Doppelkinn, und stellt seinen Tonfall auf jenes begütigend Seufzerische ein, das er früher einmal bei der Verweigerung von Vorschüssen zu verwenden pflegte (Anfänger der er damals war; heute brüllt er entweder »Nein« und zahlt fünf Minuten später, oder er sagt garnichts und zahlt sofort – denn »Autoren, was man keine Vorschüsse zahlen kann, geschehen einem Verleger ganz recht!« hat Robert Sovary beschlossen und verkündet, und mit solchen Autoren läßt sich Robert Sovary gar nicht erst ein).

»Hören Sie, Hoffmann« hebt er nun also an und seufzt probeweise schon jetzt. »So geht das natürlich nicht. Leider. Sie können Ende September doch nicht mit einem neuen Stück anfangen. Sie nicht. Damit kommen Sie mir dann in den schönsten Saisonschluß hinein, ich kenn Sie doch. Schade, schade. Nein, lassen Sie, es macht mir *gar* nichts, daß Sie mit der ›Sonne überm Horizont‹ nicht fertig geworden sind. Gar nichts, bitte. Sie werden es umarbeiten. Aber *auch* nicht jetzt. Oder haben Sie vielleicht Lust? No sehn Sie. Hm, hm … Wissen Sie, Hoffmann«, – und der Verleger Sovary schlägt nicht etwa auf den Tisch vor jäher Erleuchtung, sondern er nickt trübselig vor sich hin, als wäre dies der letzte und einzige Ausweg, den sein besorgtes Herz zu entdecken vermochte, ein sicherer Ausweg freilich, und ein unendlich gut gemeinter – »wissen Sie, was Sie jetzt machen müßten? Jetzt müßten Sie sich hinsetzen und so eine leichte Sache schreiben – das, sehen Sie, das könnten Sie noch bis Weihnachten fertig bekommen – und damit wir ganz sicher gehen, Hoffmann, geb ich Ihnen fürs Szenario jemanden mit, den Presser oder den Revay – Ihr setzt Euch für vierzehn Tage zusammen auf den Semmering –«

»Das geht nicht, Herr Sovary.«

»Was?« wimmert Sovary auf und breitet in tiefster Kümmernis die Arme auseinander. »Was geht nicht? Warum? Nehmen Sie doch Vernunft an, Hoffmann! Warum wollen Sie nicht –«

»Weil ich keinen einzigen Tag lang von Wien wegbleiben kann.«

»Wegen der Hell?« Sovary fragt das mit halber Stimme, und sehr vorsichtig; als hätte er's mit einem Irren zu tun, dem er nun auf seinen Irrsinn eingeht – in der stillen Hoffnung, daß es doch nicht so schlimm um ihn stünde.

»Richtig«, sagt Martin. »Wegen der Hell.«

»Plumps«, macht Sovary. »Also doch. Na, ich danke.« Aber dann kann er's noch immer nicht glauben und will es ganz genau wissen. »Bittesehr. Fahren Sie meinetwegen *nicht* auf den Semmering und machen Sie's in Wien. Umso besser!«

»Geht *auch* nicht, Herr Sovary. *Auch* wegen der Hell.« Martin lächelt, und das sieht nun wirklich schon ein wenig nach Irrsinn aus.

»Wieso? Ich versteh das nicht, Hoffmann.«

»Es ist aber so, glauben Sie mir!«

Jetzt allerdings stutzt Robert Sovary anders als zuvor. Denn jetzt hat Martin Hoffmann in gewichtigerem Ton gesprochen, als er sonst zwischen ihnen üblich ist, auch bei den ernsthaftesten Anlässen. Eigentlich hat Martin Hoffmann noch nie in so Tonfall zu ihm gesprochen:

»Und glauben Sie mir, Herr Sovary – es ist gut, daß es so ist. Sie werden noch sehen, wie gut. Sie werden es an dem neuen Stück sehen, das ich schreibe. Verstehen Sie jetzt?«

»Jetzt – ja.« Sovary nickt, in kurzer Nachdenklichkeit – dann, entschlossen und völlig im klaren, streckt er seine Hand aus und wendet sich, indessen Martin sie ratlos ergreift, halb um:»Frau Pekarek, telefonieren Sie zu Gebhardt um einen Korb Rosen!« Und wieder zu Martin:»Wann ist denn die Hochzeit, lieber Hoffmann? Und haben Sie schon Ihre Trauzeugen?«

Es war nicht ohne Risiko, was der Verleger Sovary da unternahm, und bei einem weniger gut gelaunten Martin Hoffmann hätte es sehr leicht daneben geraten können. Es geriet jedoch nicht daneben, sondern hatte ein großes Gelächter zur Folge.

»*Wenn* ich mich aber einmal für ein Lustspiel einspannen, lasse, Herr Sovary –: nur mit Ihnen. Ich geb Ihnen eine Option.«

»Zeigen!«

»Nächstens. Heut zeigen *Sie* mir, wie ein Scheck vom Verlag Sovary ausschaut. Ich hab schon lang keinen gesehn.«

»Liegt nicht am Verlag, Herr Hoffmann«, sagte Sovary und schob das vorbereitete Formular zu Martin hinüber.»Mir wäre nichts lieber, als – nein, also das nicht. Stücke ohne Scheck wären mir noch lieber. Adieu, Hoffmann. Melden Sie sich.«

Und er stand auf, um Martin bis zur Tür zu begleiten. Er tätschelte ihm sogar den Rücken.

»Ham S' das im Ernst gemeint?« fragte die Graue Korpulenz, ohne von ihrem Tisch aufzublicken.»Rosen? Von Gebhardt? Ganzen Korb?«

Sovary, auf dem Rückweg zu seinem Schreibtisch, hielt scharf inne: »Sind Sie wahnsinnig?!«

Dann aber, als er schon saß, kniff er plötzlich wieder das linke Auge zusammen:

»Oder doch. Bestellen Sie. Keinen Korb natürlich, ein Bukett genügt. Und sofort hinschicken. Ins Josefstädter Theater, für die Hell.«

»No scheen«, brummte die Graue Korpulenz.

»Das können wir nämlich«, erläuterte der Verleger Sovary,»in das neue Stück vom Hoffmann ruhig investieren. Es wird nämlich ein gutes Stück werden.«

Theater

Mit dem sofortigen Hinschicken war es freilich nicht so gemeint, wie es sich dann tatsächlich zutrug.

Carola probierte da schon seit einigen Tagen die »Heilige Johanna«, probierte auch an diesem Nachmittag, und weil die Blumen gerade in einer Probenpause ankamen, wurden sie ihr sofort übergeben.

Sie schlug das Papier zurück, hatte auf den ersten Blick heraus, daß keine Karte beigefügt war, und lächelte; ein gutes Lächeln mit hochgewölbten Brauen, es ging fast von selbst in ein nachsichtiges Kopfschütteln über.

Sollnau daneben schüttelte gleichfalls den Kopf.

Gesprochen wurde nichts.

Nur einmal, im späteren Verlauf der Probe, als es mit einem szenischen Übergang nicht klappen wollte, als Carola zum zweiten Mal »hing«, fuhr Sollnau jählings und ungewohnt scharf dazwischen:

»Fräulein Hell! Sie sind nicht bei der Sache!!«

»Vollkommen, Herr Sollnau.« Carola sagte das mit einem kaum merklichen Befremden. »Es tut mir leid – aber ich kann's nicht besser.«

Eine kurze, spannungsgeladene Pause entstand – dann kam, wieder völlig im üblichen Ton, Sollnaus Anweisung:

»Bitte weiter.«

»Nicht noch einmal?« Walter Kressold, wie alle jugendlichen Heldendarsteller von höchst unheldischer Beflissenheit dem Regisseur gegenüber, wollte sich ausdrücklich vergewissert haben.

»Nein!« Es klang sehr dezidiert. »Sie hörten ja, daß Fräulein Hell nicht besser kann. Bitte weiter.«

Und bis zum Schluß der Probe wurde die Darstellerin der Heiligen Johanna vom Regiepult her nicht mehr apostrophiert.

Auch nachher war es Carola, die das Wort nahm, und nicht Sollnau. Sollnau schnitt nicht einmal die fällige Grimasse, als Carola ihm das Bukett zu tragen gab. Er begann nur heftig an seiner Oberlippe zu nagen und ging stumm neben Carola einher, minutenlang; bis Carola begann:

»Das wäre kindisch, Sollnau.«

»Was?«

»Wenn Sie eifersüchtig wären.«

»Blödsinn.«

»Eben. Und schade wäre es auch. Sehr schade.« Sie blieb stehen, es fiel ihr nicht leicht was sie sagen wollte, es erschien ihr ein wenig kindisch und allzu vorschriftsmäßig –, aber sie sagte es, weil ihr danach zumut war: »Sollnau – ich möchte so gern, daß zwischen uns beiden alles beim alten bleibt!«

»An mir soll's nicht scheitern.« Sollnau hatte nur kurz angehalten und war dann gleich weitergetrottet, so daß sich Carola zu ein paar rascheren Schritten genötigt fand.

»An mir doch auch nicht, Sollnau!« bekräftigte sie ein wenig atemlos.

»So?! Na, vielleicht. Hoffentlich. Aber dann müssen Sie das da hier abstellen!« Und Sollnau hob das Bukett mit eckiger Gebärde von sich ab.

»Warum?« Nun wird Carola ihre innere Belustigung nicht mehr lange bemeistern können, sie spürt es und beißt sich auf die Lippen. »Darf er mir denn keine Blumen schicken?«

»Ach das – natürlich. So viel er will. Ist ja reizend von ihm. – Aber doch nicht auf die Probe –?!« In der Tat: Sollnau hat das beinahe gefragt. Mindestens klang es ungläubig, zweiflerisch, entschuldigend – als hätte er sie, beispielsweise, erst darauf aufmerksam machen müssen, daß sie selbstverständlich Fisch essen darf: aber doch nicht mit dem Messer –?!

Und in der Tat: Carola horcht auf, Carola spürt jenes innere Kichern, das fast schon am Losbrechen war, wieder versiegen und von einer sonderbaren Beunruhigung überwogt, halloh, da scheint ja wirklich etwas dran zu sein:

»Warum denn nicht –?« fragt sie bedeutend nachgiebiger.

»Passen Sie auf, Hell.« Sollnau war dieser Wirkung so gewiß, daß er schon längst woanders hält. »Wenn Sie *mich* fragen – und vorläufig fragen Sie mich ja noch –, dann sind Sie in spätestens zwei Jahren *ganz* groß draußen und *ganz* weit vorne. Sie haben schon heute ein paar Töne in sich, die Ihnen keine nachmacht. Keine. Aber glauben Sie mir: wer beim Probieren an irgend etwas andres denken kann als ans Probieren – der ist kein Schauspieler, sondern ein Bühnenbeamter. Der wird über kurz oder lang auch beim Spielen an etwas andres denken als ans Spielen, und dann spielt er eben nicht mehr, sondern amtiert. Hell, und glauben Sie mir: Sie *waren* heute nicht bei der Sache – auch wenn Sie's vielleicht nicht gewußt haben. Klappen Sie die braunen Rehaugen zu, es hilft Ihnen nichts. Wissen Sie – wie dieses Gemüse da ankam, hab ich ein Stoßgebet verrichtet, daß Sie es in die Ecke schmeißen – daß Sie einen Wutanfall bekommen – daß Sie es wenigstens nicht anschauen sollen! Na – und dann hätte *ich* am liebsten den Wutanfall bekommen …«

Sollnau schnauft mehrere Kubikmeter Luft ein und aus, seine Selbstbeherrschung ist restlos dahin, und es kommt eine so fürchterliche Grimasse zustande, daß Carola doch noch zu einem kleinen Lächeln findet (zu einem ganz andern indessen, als sie sichs vorgestellt hat):

»Für meinen Appetit waren Sie wütend genug, Sollnau! Aber ich glaube fast, daß Sie recht hatten – ja, ja, Sie haben *immer* recht, ich weiß. Nur eines müssen Sie mir jetzt noch sagen – ehrlich, bitte –: wären Sie auch so wütend gewesen, wenn ich die Blumen von jemand anderm bekommen hätte?«

»Herrgott noch einmal – dann wären doch *Sie* wütend geworden!« faucht Sollnau los und schüttelt das Bukett über seinem Kopf gen Himmel. »Das *ist* es ja gerade! Von jemand anderm ließen Sie sich sowas ja gar nicht bieten!«

»Ich werd's mir auch von ihm nicht mehr bieten lassen, Sollnau.« Carolas Lächeln ist völlig frei geworden und sicher. »Damit ich mir auch von Ihnen sowas nicht mehr bieten lassen muß.«

»Mich lassen Sie in Ruh«, knurrt Sollnau und wechselt das Bukett vom rechten Arm in den linken und wieder zurück. »Ich bin Ihr Regisseur, sonst nichts. Aber er – ihm täten Sie da nur etwas Gutes. – Das verstehen Sie wieder nicht, natürlich.«

»Wollen Sie mir's nicht erklären?«

»Hören Sie, Hell.« Sollnau, emsig seine Oberlippe benagend, ist stehngeblieben und sieht Carola an, es wird nicht ganz klar, ob das, was nun folgt, tatsächlich die gewünschte Erklärung darstellt. »Wenn man außer der Kunst noch ein Leben haben will, dann muß man sich eben zweiteilen können. Sonst gehts nicht. Kombinierte Luxusreisen finden nicht statt. – Da haben Sie Ihren Karfiol, mein Autobus kommt. Nichts zu danken.«

Und schon vom Trittbrett herunter, weil das Verkehrslicht so lange auf rot stand, ließ er sich noch ergänzend vernehmen:

»Übrigens soll Ihnen das der Herr Hoffmann erklären! Er hat mir doch versprochen, daß er ein Dichter ist – da müßte er's eigentlich wissen!«

Wirklich, ich werde Martin fragen! dachte Carola, schon im Taxi zurückgelehnt und die Blumen in ihrem Schoß. Wirklich, ich frag ihn danach. Denn was dieser Sollnau jetzt von sich gegeben hat – das war also *keine* Erklärung, dachte sie.

Die Abendvorstellung im Josefstädter Theater, ein englisches Lustspiel von einem nachweisbar existenten Engländer, dauerte ungefähr bis halb elf. Martin erschien immer schon etwas früher im Hausflur des Bühneneingangs, er liebte es, auf Carola zu warten, auch erheiterte ihn die saftige Gesprächigkeit Herrn Schödels, des Portiers, der vielen als der eigentliche Theaterleiter galt, und schließlich fand er da willkommene Gelegenheit, mit dem und jenem der vorzeitig abgehenden Darsteller noch ein wenig ums Haus zu schlendern, mit den jüngeren zumal, die der gleichen Generation angehörten wie er, manchen kannte er noch von der Schulbank her oder vom Fußballplatz, er mochte sie sehr, sie waren begabt und kampfgelaunt und nicht unterzukriegen, sie schlugen Gagen aus und Engagements, um an irgendeinem der für 49 Zuschauer konzessionierten Theaterchen einen französischen Avantgardisten herauszubringen oder an irgendeiner Kleinkunstbühne einen Einakter von heimlich revolutionärer Tendenz –: die einzigen und letzten, die wenigstens in Katakomben noch ihre Jugend und Lebendigkeit zur Geltung brachten. Martin empfand es wie ein peinliches Mißverständnis, daß seine zwei oder drei »richtigen« Theater-Erfolge ihn ihrer Sphäre eben doch entrückt hatten, und damit nun nicht etwa auch sie selbst einem Mißverständnis anheimfielen, hatte er sie nur desto häufiger in ihren Kaffeehäusern aufgesucht oder bei der Probenarbeit in ihren unterirdischen Lokalen. Es bedurfte schon einer so tief in sein Dasein eingreifenden Veränderung, wie sie jetzt durch Carola geschehen war, damit diese Anteilnahmen und Energien sich wieder in andre, für seine Arbeit und sein Leben wohl gewichtigere Bahnen lenkten. Der private Kontakt mußte sich solcherart mit dem halben Stündchen Wartens auf Carola zufrieden geben, – wobei es freilich oft genug geschah, daß der und jener dann den Rest des Abends mit ihnen verbrachte. Seit aber Carola tagsüber auch noch Proben hat, erwartet Martin sie nicht mehr im Hausflur, sondern in einem kleinen, um die Ecke gelegenen Café:

sie wollen nun wenigstens den Abend ganz für sich allein behalten und keiner Geselligkeit ausgesetzt sein.

Heute, aus echter, kindischer Ungeduld, nimmt Martin das Risiko des Hausflurs auf sich. Denn einen halben Tag lang mit einem überraschenden Scheck in der Tasche herumzulaufen, von dem Carola noch gar nichts weiß – das war ja wirklich keine Kleinigkeit.

Natürlich braucht Carola heute besonders lange. Sogar die alte Forchheim, ihrer pedantischen Langsamkeit wegen landaus und landein als Garderoben-Schreck verrufen, kommt früher die schmale Treppe heruntergestapft und bleibt auf Martins Gruß mit schrägem Kopfgewackel stehen.

»Man läßt Sie warten, lieber Hoffmann.« Das fragt sie nicht etwa, sondern sie stellt es fest, und ein säuerliches Lächeln erscheint auf ihrem unglaubwürdig hergerichteten Gesicht (die Forchheim, man weiß es, macht eigentlich erst nach dem Abschminken Maske).»Wer denn wohl, wer denn wohl ...« Das Gewackel steigert sich, das Lächeln soll jetzt wahrscheinlich neckisch sein, wirkt aber noch boshafter als zuvor.»Ach ja, natürlich ... Unser jüngstes Paar ... Na, die Kleine wird ja bald kommen!« Und unter neuerlich verstärktem Kopfgewackel nimmt Mathilde Forchheim ihren Abgang, blicklos vorbei an Herrn Schödel, der ihr mit einer breiten Handbewegung nachdeutet:

»Schaun S' Ihna *dees* an!« knurrt er dabei zu Martin hinüber.»Kein Grüßdigott, kein Pfiatdigott, kein Leckmimoasch! Meiner Seel, wann die Bisgurn net bald in Pension geht – i mach no an Wirbel auf meine alten Tag.«

Martin schmunzelt, innig erquickt. Er kann die Forchheim nicht ausstehen, vollends seit sie ihm in seinem letzten Stück eine zynisch gemeinte Greisin unerträglich sentimentalisiert hat.

»Wenn' s nach mir ginge, Herr Schödel, hätt' die gar nicht erst anfangen müssen mit dem Theaterspielen. Bitte darf ich um ein Autogramm bitten?«

Da war nämlich Carola schon herangekommen, und diese Autogramm-Formel galt (seit Carola einmal ihren Verdacht aus dem Café Bazar zur Sprache gebracht hat) als Begrüßung bei unvorhergesehenen Anlässen; ein solcher lag ja jetzt vor.

»Gern, mein Herr. Aber doch nicht hier? Warum überfallen Sie mich denn schon im Theatergebäude?«

»Verzeihung. Es hat einen bestimmten Grund. So, und jetzt mach dem Herrn Schödel schön einen Knix – sonst schimpft er dich Forchheim – so wars gut – djehre, Herr Schödel – uff!«

Nun standen sie auf der Straße, und Martin, nach diesem erleichterten Auspuff, konnte endlich den Scheck ziehen und herzeigen.

»Hm«, macht Carola. »Das ist ja viel mehr, als wir fürs Nachtmahl brauchen?«

Ach ja, Martin weiß ganz genau, daß es kindisch ist und unsinnig, was ihm da jetzt durch den Kopf geht. Aber weil er's doch mit der Individualpsychologie hat, mit der »zielgerichteten Einheit« der Persönlichkeit, in *allem* drückt sie sich aus, *alle* ihre Äußerungen sind Abwandlungen der einen Wesensart, die sie besitzt, *alles* »Variationen über ein Thema«, *alles*, selbst eine geringfügige und nur scherzhaft hingeworfene Bemerkung wie diese hier, auch in dieser ist das Thema enthalten, ist Carola, ist ihre Wesensart und ihre Persönlichkeit, ganz und gar –: daß sie sich freut; und daß sie's nicht zeigen mag; und doch wieder nicht gewaltsam es verbergen; und daß sie sogleich aus der Klemme herausfindet (wie aus jeder); und daß sie der Situation gewachsen ist (wie jeder); und Geld nicht überschätzt; und Geld nicht unterschätzt; und daß sie Humor hat; und daß, ganz leise zwischendurch, ihr Sinn auf des Daseins Nüchternheiten gerichtet bleibt, es ist ja auch wirklich schon hohe Zeit zum Nachtmahl –: ach ja, Martin weiß ganz genau, was es mit solcherlei Deutungen auf sich hat, wenn sie ein Liebender an der Geliebten vornimmt. Weiß ganz genau, aus welchen Nichtigkeiten ein Liebender die unwidersprechliche Erkenntnis abzuleiten vermag, daß neben ihm das vollkommenste Geschöpf der Erde wandelt. Er weiß es und kann sich doch nicht helfen, und meint es vollkommen ernst:

»Carola – ich muß dir ein Geständnis machen. Ich hab mich soeben in dich verliebt. Schon wieder.«

»Fein«, sagt Carola, und es ist gar kein Zweifel, daß sie desgleichen mit dieser Antwort um etliches mehr dartun will als »Humor« oder »der Situation gewachsen sein«; um etliches mehr, jetzt sagt sie es auch: »Fein, Martin. Ich freu mich so.« Und dann, leicht vorwärtsgewippt im Gehen, tupft sie auf Martins Wange einen kleinen, atemlosen Kuß, und weil das fast schon zu viel war, folgt ein schweres Aufseufzen nach: »Aber wie ich mich erst freuen würde, wenn ich jetzt etwas zu essen bekäme –!«

Dies ist der Augenblick des »mittelgroßen Kriegsrates«, dessen sämtliche Vorschläge ausnahmslos zur Ablehnung bestimmt sind und nur aus kultischer Tradition dennoch vorgebracht werden: vielleicht zur Schöner in die Siebensterngasse – aber da bekommt man doch nach elf nichts Richtiges mehr; oder zu den »Drei Husaren« – aber das war schon längst kein gutes Lokal, es tat nur noch so, und wirkte demzufolge unerquicklich; oder ein paar Schritte weiter ins Restaurant am Franziskanerplatz, welches keinen weiteren Titel hatte und schlechtweg »Zu den drei Jüdinnen« hieß, denen es gehörte – aber dort ging es wieder allzu vornehm her und außerdem traf man dort todsicher mit Bekannten zusammen; oder zu Charly am Kohlmarkt – aber das Beefsteak oder Rumpsteak, auch wenn man sichs persönlich am Grill aussuchen konnte, war auf die Dauer doch recht langweilig; oder in den »Grünen Anker« – aber dazu war es nun ganz bestimmt schon zu spät und da hätte man ja eher noch bei der Schöner Auswahl gehabt; oder dahin und dorthin, es wurde alles vorgeschlagen und alles abgelehnt –: bis sie schließlich wieder im winzigen Hinterzimmer jenes kleinen Restaurants in der Rotenturmstraße saßen, es war so winzig, daß nur zwei Tische darin Platz hatten, und wer um diese Zeit den einen besetzte, durfte gewiß sein, daß der andre freibleiben würde; außerdem genoß Martin die Protektion des schwerhörigen Oberkellners.

»Wie war denn die Vorstellung, Carola?«

»Na ja. Der Zecki beginnt bereits zu lallen.« (Eine merkwürdige und bislang noch ungeklärte Naturerscheinung: nach der dreißigsten Aufführung eines Stücks schwanden dem Schauspieler Albin Zeckendorf immer größere Partien seines Textes aus dem Gedächtnis.) »Und der Elbert schmiert derart, daß die andern glauben: sie outrieren. Aber das bemerkt niemand. Die Leute unterhalten sich großartig. Heut waren zum Schluß wieder sieben Vorhänge. – Toll, was?!« schließt sie mit Aplomb und Wichtigkeit ab.

»Kolossal!!« sagt Martin unter nicht minder vehementem Einsatz. »Und wie war die Probe, nachmittag?«

»Ganz interessant … hm. Sogar sehr interessant.«

»Ja? wieso denn?«

»Ach nichts. Eigentlich nichts besonderes. Ich erzähl's dir dann.«

Carola hat ein wenig gezögert, und daß gerade in diesem Augenblick die Mahlzeit serviert wird, erleichtert ihr die Ablenkung. Dann erst, zwischen zwei Bissen, hat sie die richtige Fragestellung gefunden:

»Sag einmal, Martin – möchtest du eigentlich, daß ich während der Probe an dich denken soll?«

Es ist die gleiche naive und heitere Direktheit, mit der Carola ihn auch fragen kann ob er glücklich sei, mit der Carola ihn auch auffordern kann sie zu küssen – es ist ihre sehr geliebte Unfähigkeit zu jeglichem Schlich und Umweg, die ihn sekundenlang verwirrt, immer wieder, auch jetzt.

»Wie, bitte?«

Er legt Messer und Gabel hin und lehnt sich ein wenig zurück. Eigentlich war das doch eine sehr schöne und interessante Frage. Eine sehr wichtige Frage, noch dazu. Sonderbar, daß sie niemals bisher darauf zu sprechen kamen. Und daß es Carola nun getan hat, gerade Carola. Hm.

Carola unterdessen kaut ruhig weiter, es scheint das einzige zu sein, woran sie im Augenblick interessiert ist.

»Also –« (er murmelt, und wirklich mehr für sich) »– ob du an mich denken sollst, wenn du auf der Probe bist ... ob ich das möchte ...«

»Ja«, sagt Carola, laut und kräftig.

»Nein«, sagt jetzt Martin, ebenso kräftig, er klopft sogar auf den Tisch. »Nein. Das möchte ich *nicht*. Sonst könnte es nächstens auch passieren, daß du an die Probe denkst wenn du bei mir bist.« Und nochmals, genau im gleichen Tonfall: »Nein. Das möchte ich *nicht*.«

Und da geschieht es zum zweiten Mal an diesem Abend, daß Carola sich vorwärts wippt und Martin auf die Wange küßt, nur muß sie sich diesmal über einen voll bedeckten Tisch hinüberbeugen und muß sehr achtgeben, daß sie nichts umwirft, – wodurch der Wert ihres Kusses sich ganz beträchtlich steigert.

Dann setzt Carola sich wieder hin, und es fällt ihr noch ein, daß also Sollnaus Worte von der »Zweiteilung des Lebens« und von den nicht stattfindenden »kombinierten Luxusreisen« eigentlich *doch* eine Erklärung waren, und daß Martin jetzt im Grund dasselbe gesagt hat. Und sie denkt: ein verdammt gescheiter Bursche, dieser Sollnau! aber das sagt sie nicht. Und denkt: nur daß meiner, der da drüben, mindestens so gescheit ist und außerdem noch sehr viel andres, und er ist mir überhaupt viel lieber, das kann man wohl sagen, und das sagt sie auch:

»Du bist mir viel lieber!«

»Als wer, um Gottes willen?«

»Als alles auf der Welt.« Und weil das zwar ziemlich ernst gemeint war, aber doch nicht so ernst hätte klingen dürfen, erhebt sie ihre Stimme zu abermaligem Schluß-Aplomb: »Toll, was?!«

Und dann wurde von dieser Frage – von dieser sehr wichtigen und interessanten Frage, die zuerst nach gewaltiger Diskussion aussah – nicht weiter gesprochen. Sie war erledigt, gut und überzeugend und in die königliche Gemeinsamkeit des Einverständnisses. Nichts, wahrhaftig nicht das mindeste deutete darauf hin, daß sie nochmals zur Sprache kommen sollte; daß in diesen Abend, der so wundersam angefüllt war mit vielerlei kleinen Seligkeiten, noch ein Fehlton geraten würde wie von falsch gegriffener Harmonie, ein zwiespältiger und untergründiger Fehlton, und verklingen sollte in die Wehmut einer nur halb geglückten Auflösung.

»Übrigens –«, sagte Carola (da hielten sie schon beim Mokka, welcher Espresso hieß und großartig schmeckte, und sie stellten das jedesmal fest) »– übrigens: schick' mir keine Blumen mehr auf die Probe, nein?«

Und schaut auf und zu Martin hinüber, als wären es nur ihre Augen, die Antwort erwarteten, und es hätte ja wirklich ein stummes Nicken genügt.

Aber dieses Nicken bleibt aus, und es erfolgt auch keine Antwort sonst.

Sondern Martin hat den Kopf schiefgelegt, und über sein Gesicht fällt mit jähem Ruck der Vorhang aus Überraschung und Nachdenklichkeit. Was soll das denn heißen? sinnt er heftig in sich hinein, was ist das: keine Blumen mehr auf die Probe? Wer hat denn – Herrgott im Himmel! *Das* also!

Ein klarer, kalter Schreck durchzuckt ihn. Ach nicht, weil er also bisher ganz ahnungslos im Dunkeln getappt hat, und erst jetzt ist ihm ein Licht aufgegangen, und Herrgott im Himmel, das hätte aber leicht schiefgehen können! Ach nein, nicht deshalb. Das belustigt ihn eher, Sovarys wegen, oder vielleicht bekommt die Graue Korpulenz morgen einen fürchterlichen Krach angehängt – nein, das war es nicht. Es war: daß er diese Episode mit Sovary und den Blumen vergessen hat. Nicht: vorsätzlich in seinem Bericht unterschlagen. Glatt vergessen. Und weil man eben nicht »glatt« vergessen kann; weil jeglichem Vergessen geheimer Antrieb und geheime Absicht innewohnt; und weil er Antrieb und Absicht dieses seines Vergessens im Augenblick durchschaut –: deshalb ist Martin jetzt so sehr erschrocken, deshalb. »Wann soll denn die Hochzeit sein, lieber Hoffmann« – da haben wir's. Da liegt des Pudels verdrängter Kern, da liegt der Hund begraben, der Hund, auf den eine Liebe, auf den selbst diese Liebe heutzutage kommen kann, verdammt noch einmal, was ist das für ein Zustand. Was ist das für ein Zustand, daß man sich beeilen muß, den Gedanken an Hochzeit und Ehe zu verdrängen – denn das tut er doch, Martin Hoffmann, das tut er doch! Und tut es keineswegs deshalb, weil vielleicht er oder weil vielleicht Carola nicht heiraten wollte, er würde schon wollen, und Carola sicherlich auch –: aber er *weiß*, was es bedeutet, und Carola weiß es nicht. Das ist es, daran liegt es. Carola, sauber durch und durch, sauber auf eine völlig selbstverständliche Art, nicht absichtsvoll, nicht demonstrativ – Carola macht aus ihrer Verbindung mit Martin Hoffmann kein Hehl und kein Wesen. Sie nimmt kaum zur Kenntnis, daß es ein Jude ist, mit dem sie sich da verbunden hat. Wollte man ihr das »hoch anrechnen«, als einen Beweis von »Anständigkeit« oder »Gesinnung«: sie stünde da ebenso verständnislos, wie wenn man ihr etwa von »Rassenschande« und vom »Verrat am deutschen Volk« zu erzählen begänne. Martin ist der Mann, den sie liebt, Punkt und Schluß. Auf bunterlei Gründen ist diese Liebe gebaut, und bunterlei Gründe ließen sich denken, über denen sie wieder zusammenbrechen könnte: aber daß Martin Jude ist, wie? – das kommt doch von weitesther nicht dazu, nicht so und nicht so. Und überhaupt möge man sie mit diesem ganzen Blödsinn verschonen. Es interessiert sie nicht. Es interessiert sie in gar keiner Weise und in gar keinem Zusammenhang, weder im allgemeinen, noch im besonderen Bezug auf Martin. Die Lähmung, die ihn bisweilen vor der braunen Sintflut befällt, die Atemnot vor dem Pesthauch, den sie verbreitet –: Carola sieht es als das reine Asthma an, eine lächerliche Erscheinung, schäm dich, ein junger gesunder Mensch hat kein Asthma zu haben. Und die Wehmut, mit der Martin bisweilen an Erinnerungen sich hingibt oder an den Gedanken, was alles ihm verlorenging und wo er vielleicht sonst schon stünde –: für Carola bedeute es nichts als Wehleidigkeit, als Schwäche, sie läßt es nicht gelten, sie will davon nichts wissen, es interessiert sie nicht.

Ach ja, man könnte rechten darüber, man könnte vielfach beleuchten und deuten, wie Carola sich da verhält –: auf seine Person jedenfalls, auf seine Arbeit und sein Leben ist es von denkbar heil- und segensreichster Wirkung. Vielleicht dürfte er sich ihr nicht so leichthin ergeben, vielleicht müßte er Carola, der unantastbar sauberen, der strahlend Desinteressierten, doch klarmachen, was es mit solchem Desinteressement für Bewandtnis hat, ihr und sich selbst müßte er das klarmachen, das und manches andre, und er wird es wohl auch noch tun. Nur erst ein wenig Atemholen nach der Atemnot. Nur erst ein wenig sich regen frei und drauflos nach der Lähmung. Nur nicht schon wieder dieses Verbohrt- und Verbissensein, dieses unselige, dem er doch kaum entronnen ist. Mit schlechtem Gewissen entronnen, es rebelliert ja auch schon, und gemach! da wird kein Sonderfrieden geschlossen, und er wird sich von noch so heil- und segensreicher Wirkung nicht betäuben lassen. Indessen: sie besteht. Und sie rührt daher, daß Carola sich für all diese Dinge nicht interessiert, in gar keiner Weise und in gar keinem Zusammenhang. Also auch dort nicht, wo es um *ihre* Person, um *ihre* Arbeit, um *ihr* Leben geht. In der Tat: Carola macht sich keine Gedanken über die etwaigen Folgen einer Eheschließung mit Martin Hoffmann. Ihr stellt sich das bestenfalls als eine Formalität dar, und als eine recht gleichgültige. Sie empfindet, wie gegen jederlei Abhängig-Sein, wie gegen jederlei Hemmnis ihrer Groß- und Freizügigkeit, auch gegen die Ehe eine unleugbare Abneigung. Sie möchte sich an Martin nicht durch amtliche Bescheinigung gebunden wissen, sondern mangels einer solchen. Ja sie fände es nicht einmal sehr erschütternd, ein Kind (das sie von ihm doch haben will und einmal auch haben wird) ohne legitime Sicherung in die Welt zu setzen. Nun, soetwas wird in Wirklichkeit schon nicht passieren, das weiß sie ganz gut, und es liegt ihr ja (hier wie anderswo) durchaus ferne, ihre Mißachtung der Formalität zu einer Pose aufzuplustern. Wenn's drauf ankommt, wird sie Martin natürlich heiraten, sie wäre jederzeit dazu bereit. Vorläufig aber scheint es ihr so ganz und gar nicht darauf anzukommen, daß sie noch nicht einmal darüber nachgedacht hat.

Und da müßte also Martin, der ja nicht bloß für sich allein nachzudenken pflegt, sondern immer auch gleich für Carola dazu – da müßte also *er* ihr zu bedenken geben: was es für sie, die knapp vor dem höchsten Höhepunkt ihrer Karriere stehende deutsche und arische Schauspielerin Carola Hell bedeuten würde, mit ihm, dem von gut drei Vierteln seiner Möglichkeiten abgeschnittenen jüdisch-kulturbolschewistischen Asphaltliteraten verheiratet zu sein. Das müßte er ihr zu bedenken geben, klar und deutlich.

Und dann, Martin weiß es, dann wäre Carola nämlich genau so bereit wie zuvor. Ganz genau so. Nicht etwa »jetzt erst recht« oder weil sie nicht mehr zurückkönnte, sondern ganz genau so. Sie würde an die Gefährdungen, die Martin ihr da verdeutlicht hätte, ganz genau so wenig glauben wie zuvor. Kein Zweifel, so wäre das mit Carola, kein Zweifel, es bleibt ihm nichts andres übrig als diese Taktik des Umgehens und Verschweigens, die doch keinesfalls einwandfrei ist, vielleicht sogar feige, jedenfalls eine Taktik, – und das hätte doch zwischen Liebenden nicht zu existieren, was ist denn das für ein Zustand: daß man zusammenzuckt, wenn irgendwer oder irgendwas da nur antippt, und daß man sogar eine harmlose Bemerkung des Verlegers Sovary eiligst aus dem Gedächtnis drängt, und sich solchermaßen auf Ja und Nein in eine Irrung verstrickt findet, die heillos alles wieder aufreißt. Und dann erschrickt man, und weiß nichts zu sagen, und sitzt da mit nachdenklich schiefgelegtem Kopf – in der kleinen, schäbigen Hoffnung, daß Carola diese Nachdenklichkeit vielleicht mißdeutet und auf ihr eigenes Thema bezieht.

Das ist nun wirklich der Fall, – anders allerdings, ganz anders als Martin es erhofft. Carola nämlich, im Augenblick da sein Nicken ausgeblieben ist und der jähe Vorhang sich über sein Gesicht gesenkt hat – ach, sie liebt diesen ruckartigen Wechsel seines Ausdrucks, sie liebt die ernsthafte Nachdenklichkeit, mit der er sich über den geringfügigsten Anlaß hermacht, es rührt sie immer wieder, es liegt eine sonderbare Hilflosigkeit darin, eine gewaltige Hilflosigkeit, man weiß gar nicht recht wie man das nennen soll, am ehesten vielleicht die Hilflosigkeit der großen Linie, denn Martin, sie hat es oft genug erfahren, Martin überblickt und überdenkt die Dinge alle so klar und weit und völlig bis ans Ende, daß er mit ihren einzelnen Etappen oft gar nichts anzufangen weiß, oft mit der nächstliegenden nicht, und da nützt es auch nicht das mindeste, wenn er den Vorhang über sein Gesicht fallen läßt und sich absperrt und den Kopf schieflegt vor lauter Nachdenklichkeit, es nützt nichts, es wird doch anderswohin geraten, zu andrem Schluß als er jetzt doch nötig wäre und als er ihn wohl auch geplant hat, es ist gewaltig und hilflos zugleich, es rührt sie immer wieder und sie liebt es sehr an ihm –: jetzt aber, wie sein Nicken ausblieb und statt dessen der Vorhang fiel, jetzt und diesmal und zum ersten Mal spürt Carola nichts von Rührung und nichts von Liebe. Sondern sie spürt nur eins, und sie weiß es ganz genau und unfehlbar: die Blumen sind gar nicht von ihm. Es war gar nicht Martin, der ihr die Blumen geschickt hat. Martin hat ihr gar keine Blumen geschickt.

Nun? Und? das ist es doch gerade, wozu sie ihn aufgefordert hat? Das wollte und will sie doch? Sie wollte und will doch nicht, daß er ihr Blumen auf die Probe schickt? Nun hat sich also erwiesen, daß er das ohnehin nicht getan hat – und?

Und Carola ist traurig. Enge, würgerische Trauer umfängt sie, nicht aufzulockern, nicht hinüberzuspielen in die scherzhaft abtuerische Feststellung etwa: so eine Unverschämtheit – schickt mir der Kerl *keine* Blumen auf die Probe – nein, nichts da, so geht es nicht, und Carola ist traurig.

Denn gerade an solchen kleinen, unvermuteten Zärtlichkeiten, deren Sinn in ihrer Sinnlosigkeit, deren Bestätigungskraft in ihrer Überraschung liegt – gerade an solcherlei läßt Martin es fehlen, und hat es fehlen lassen von Anbeginn. Oh, es ist ein klar und prächtig ausgesternter Himmel: die Liebe, die er ihr bereitet. Aber kein Meteor, keine Sternschnuppe weit und breit. Und Carola möchte so gern Sternschnuppen haben, so furchtbar gern, so kindisch gern. Sie möchte schauen wie ein Kind, staunen wie ein Kind, jauchzen wie ein Kind – sie glaubt, seit sie an Liebe wieder glauben darf, fast an den Sandmann auch und alle Wunder aus Kinderland: und wo wäre mehr des Wunders, wo wäre es näher als in der Überraschung?

Nun, vielleicht kann man eben beides zur gleichen Zeit nicht haben. Vielleicht ist das eben die unvermeidliche Kehrseite jener großen Linie und jenes prächtig ausgesternten Himmels. Ein Fehlposten, mit dem man sich abfinden muß. Und das hat Carola auch fast schon zustandegebracht. Fast wollte sie schon glauben, daß dieser eine Fehlposten ihr eigentlich gar nicht gefehlt hat –: da aber, heute, über dem Strauß von roten Rosen auf der Probe, da ist ihr klar, beglückend klar geworden, wie sehr anders sich das doch verhält – nein, sie hat sich nicht damit abgefunden, es *hat* ihr gefehlt – und jetzt fehlt es ihr endlich nicht mehr. Jetzt hat sich Martins große, sternenklare Liebe ihr dargereicht mit allem Glitzern und Glänzen. Sie hat ihm unrecht getan, dem Geliebten! Und wie schön, daß es ein Unrecht überhaupt gab, das sie ihm tun konnte! Wie schön, daß sie's nun nicht mehr kann! Wie schön dies alles, wie gut, es ist gut, Martin, und du sollst mir keine Blumen mehr auf die Probe schicken.

Er hat ihr *keine* Blumen geschickt, sie hat ihm *nicht* unrecht getan, und Carola ist traurig, traurig auf eine Art, die man ganz mit sich allein abmachen muß. Von der niemand erfahren darf. Am allerwenigsten der, den sie angeht.

»Na aber – das ist ja keine solche Affäre!« Leicht und obenauf schaukelt Carolas Stimme, schaukelt und wäre fast gekippt. »Daß du so lange darüber nachdenkst.«

»Ach so – nein – das ist es nicht.« Martin war wieder ganz anderswo und konnte sich nicht sogleich zurechtfinden. »Ich müßte dir sehr viel dazu sagen, weißt du –«

»Sag's lieber nicht. Du schickst mir einfach keine Blumen mehr auf die Probe – und jetzt sprechen wir nicht weiter davon. Ich bin nämlich schon ein bißchen müde.«

Sie sprachen nicht weiter davon, und dachten doch beide darüber, und beide anders, und beide falsch. Es dachte Carola nicht: was es denn mit Martins langer Nachdenklichkeit diesmal auf sich gehabt hätte, und ob nicht doch mehr dahintersteckte als bloß die Blumen. Und es dachte Martin nicht: daß er ihr doch morgen sofort etwas schicken müßte, vielleicht sogar Blumen, vielleicht sogar auf die Probe.

Viel später erst – sie näherten sich da schon dem Arenbergring, wo Carola mit ihrer Mutter wohnte, bis zum 1. Dezember noch, vom 1. Dezember an würden sie schon ihre gemeinsame Wohnung in Oberdöbling haben – viel später, aus halbem Einfall und halber Verlegenheit, wandte sich Martin zu ihr:

»Richtig ja – das muß ich dir doch noch sagen. Der Sovary, dieser Trottel – am Theaterzettel kommt soetwas ganz unten – ein Kavalier: Herr Sovary – also kurz und gut: *der* hat dir die Blumen geschickt. Nicht ich.«

»Nicht?« macht Carola, und: »Ach!« Und erst nach ein paar Schritten, da standen sie schon vor dem Haus: »Eigentlich sehr schön von dir, daß du mir das sagst. Ich wär' sonst nie draufgekommen.« Und hält den Haustorschlüssel in der Hand, hält und behält ihn, anders als sonst: »Gute Nacht, Martin.«

»Gute Nacht –?«

»Ja. Ich hab dir ja schon gesagt, daß ich heute sehr müde bin.« So war das dann, und war zum ersten Male so, der erste Fehlton zwischen ihnen, zwiespältig und untergründig, und ließen ihn verklingen in die Wehmut einer nur halb geglückten Auflösung.

Und ahnten beide nicht, daß dieses hier, dieser Fehlton, und daß es ein Fehlton werden konnte – daß dies einmal ihr höchstes Glück gewesen sein wird; und daß dieses jetzt, die Zeit, in der sich solches begab, und in der es sich darstellen konnte als erste und einzige Trübung – daß dieses jetzt die Zeit ihrer Liebe war und nichts als ihrer Liebe, und Liebe noch im Fehlton: weil doch auch er aus ihrer Liebe kam und nirgends andersher.

Sie ahnten es nicht. Sie erfuhren es bald.

Abfahrt

Der Nachtschnellzug Wien-Berlin, via Breclav – Praha – Podmokly oder auch Lundenburg – Prag – Bodenbach, verläßt den Ostbahnhof um 23.15 Uhr oder auch viertel zwölf. Jetzt war es schon bald elf. Und Martin war noch immer nicht da.

Carola, unter nichtigem Vorwand, entzieht sich dem ebenso nichtigen Bahnsteig-Geplauder, das zwischen ihr und ihrer Mutter und dem alten Onkel Alexander hin und her pendelt. Sie will nochmals in ihrem Schlafwagen-Coupé nachsehen, ob – nein, nicht ob Martin sich dort vielleicht versteckt hielte, sondern ob die Koffer richtig verstaut sind, natürlich sind sie das, jawohl, alles in Ordnung, ich brauch nichts mehr, dankeschön. Nur den Martin brauch ich noch.

Unwillkürlich, da sie wieder ans Fenster tritt, klappt Carola den Kragen ihres gelben Flauschmantels hoch. Fröstelt sie? Von draußen her, in einer plötzlichen Brise, kam kühler Nachtwind in die Halle geweht. Der Oktober geht zu Ende, man merkt es.

Was ist das nur für eine blödsinnige Nervosität! fragt sich Carola, immer noch am Fenster. Warum sollte denn Martin nicht kommen! Er ärgert sich zwar ein bißchen, weil er mir nicht beim Packen helfen durfte und weil wir uns erst am Bahnhof treffen – aber er wird kommen. Und es ist auch gar kein »Unglück« geschehn, was sollte denn für ein »Unglück« geschehn sein! Zu dumm. Das hat mich als Kind immer schon so wütend gemacht, an meiner eigenen Mutter: – diese prompte Besorgnis, diese eilfertige Angst. Und jetzt bin ich ganz genau so. Zu dumm. Reisefieber? Lächerlich. Premierenangst vor Berlin? Genau so lächerlich, erstens, und zweitens wäre es viel zu bald. Außerdem hab ich die Maria Stuart schon gespielt. Von »Premiere« also keine Spur.

Aha. Das wird es sein. Die Premiere besteht nämlich in etwas andrem. Ich fahre nämlich jetzt zum erstenmal weg, seit ich mit ihm beisammen bin. Aha.

Komisch, daß mir das nicht früher eingefallen ist. Als ob ich bis jetzt nicht so recht daran geglaubt hätte. Na ja, man glaubt eben immer erst das, was man sieht. Wenigstens ich. Ich kann mir auch noch gar nicht vorstellen, wie das alles sein wird.

»Willst du nicht noch ein bißchen zu uns herunterkommen, mein Kind?«

»Wie? Ja, Mama. Gern. Ich komm schon.«

Ich komm schon. Er soll nur ja nicht glauben, daß ich vielleicht seinetwegen herunterkomme wenn er dann auftaucht. Wirklich unverschämt. Fünf Minuten vor elf, und er ist noch immer nicht da. Warum kann denn der Alexander pünktlich sein, der alte Onkel Alexander. Der ist schon auf dem Perron gestanden und hat die Mama und mich schon erwartet. Dafür bekommt er auch einen Kuß von mir, jetzt gleich. (Herr Alexander von Jovanovic, Oberst i. P., ist in Wahrheit gar nicht Carolas Onkel, sondern – dies freilich seit Carola denken kann – ein Freund der Familie, und wurde es nach des Vaters Tod erst recht. Bis zu ihrem sechzehnten Geburtstag nannte Carola ihn »Onkel«. Dann, als sie zu dieses sechzehnten Geburtstags Feier ihren ersten Ball besuchte, hatte er ihr angetragen, ihn fortab nur noch beim Vornamen zu rufen. Er war auch der erste Mann, der ihr die Hand geküßt hatte, eben damals. Und überhaupt liebte sie ihn.)

Es trifft sich gut, daß der Oberst ihr vom Trittbrett hilft. Und es wird ein ganz ordentlicher, lippenvoller Kuß auf seine glatte Backe.

»Jja –!« stößt kurz und mächtig verwundert der Oberst hervor. »Da schau! Was krieg ich denn dann zum Abschied?«

»Da kriegst du zwei! Oder ist dir das vielleicht nicht recht?«

Carola hat ihn untergefaßt und mit dem andern Arm die Mutter, sie möchte jetzt soetwas wie eine Einteilung treffen, zum Beispiel bis zum Buffet gehn und wieder zurück, und wenn Martin dann noch immer nicht –

»*Bitte* um Verzeihung!« Es klingt jammervoll flehentlich, und Martin ist auch demütig im Rücken der Drei stehngeblieben.

»Ich hab nämlich –« setzt er stockend fort als sie sich umwenden, »es ist wegen – also hier, bitte.« Und legt mit einer reichlich ungelenken Gebärde den Nelkenstrauß in Carolas Arm, erschöpft und froh, daß er's nun losgeworden ist.

»Blumen –«, sagt Carola leise, und nochmals »Blumen –«, beglückt und erlöst, als hätte sie diese ganzen Wochen lang den Atem dafür angehalten. »Das ist schön von dir, Martin.«

Frau Hell bekräftigt dies mit mütterlich bereitwilligem Entzücken – indessen der alte Oberst ein wenig befremdet die Brauen hochzieht: Na, na, na – was für ein Aufhebens denn? Das ist doch eine Selbstverständlichkeit, diese Blumen! Genau so selbstverständlich, wie er seinerseits *keine* Blumen gebracht hat: weil das ja eben dem jungen Mann obliegt! Na, na, na ... Aber dann beginnt er doch zu schmunzeln und macht sich erbötig, die Blumen im Coupé unterzubringen.

»Wart, Alexander – ich komm mit dir«, sagt Frau Hell und nimmt das Bukett an sich. »Möcht mir doch auch anschaun, wo das Kind heute schlafen wird.«

»Ist sie nicht lieb, Martin?« Carola blickt ihrer Mutter nach, und damit sie's bequemer hat, legt sie den Kopf auf Martins Schulter.

Martin, mit halben Lippen, streift leicht über ihre Schläfe hin. »Denk dir nur, Martin – ich hab schon geglaubt, daß du also *doch* wütend bist, und daß du gar nicht kommen wirst – na ja, wegen der Koffer, tu nicht so – aber das mußt du doch verstehn, Martin! Sie ist es seit vielen Jahren gewohnt, nicht wahr, sie wäre untröstlich, wenn man ihr das auf einmal wegnimmt – und dafür hat sie uns doch jetzt allein gelassen, ich find sie so süß wenn sie taktvoll wird –«.

Carola verstummt, jählings: sie merkt, wie leer und nervös sie einhergeplappert hat, sie schämt sich, sie drückt ihren Kopf von neuem ganz fest gegen Martins Schulter, kuschelt sich an ihm zurecht, daß leicht aus ihren Haaren der blonde Geruch zu ihm aufstäubt, und Martin atmet ihn tief.

»Du sagst garnichts, Martin. Liebst du mich überhaupt? Wirst du überhaupt Sehnsucht nach mir haben?«

»Ich hab noch nicht drüber nachgedacht, Cary. Aber ich glaube schon. Ich lieb dich.«

»Du mußt Sehnsucht nach mir haben, Martin. – Ununterbrochen!«, flüstert sie hastig hinzu, denn da ist schon zum Einsteigen gerufen worden und da braucht sie noch ein paar rasche Worte für die beiden Zurückgekommenen: »Na, wie gefällt euch meine Wohnung? Hübsch, nicht?«, und: »Alexander, paß mir gut auf die Mutti auf, ja?« und: »Bitte nicht winken, auch du nicht, Martin!«, das kam schon rückwärtsgewandt vom Trittbrett, und vom Fenster hinab kam dann noch vieles Adieu! und Lebwohl! und ebenso zum Fenster hinauf, vermehrt um Gute Reise! und Hals- und Beinbruch! und: »Vergiß nicht, die Kritiken zu schicken, hier bekommt man ja keine deutschen Zeitungen!« rief Martin und wollte eigentlich fortsetzen: »Gott sei Dank! Diesen Dreck!« – aber er unterließ das, und unterließ es aus der Überlegung: es könnte, wenn da vielleicht jemand zuhörte, für Carola von üblen Folgen sein.

Eine sehr unbehagliche Überlegung, eine zwiespältige obendrein. Eine von jenen wieder einmal, die man rechtens bis auf den Grund zu durchleuchten und abzuklären hätte, über die man wohl auch mit Carola hätte sprechen müssen, hartnäckiger, nicht bloß andeutend, nicht so leicht bereit, vor Carolas strahlender Geringschätzung das Feld zu räumen. Ich schreib ihr das alles nach Berlin! denkt Martin mit einem Mal – und: ich Trottel! denkt er gleich darauf, mehr fehlt ja nicht, als daß ich ihr das alles nach Berlin schreibe! – und: ein Zustand! denkt er, ein Zustand!!

Und Martin Hoffmann, wie er den letzten Waggon nun ins Dunkel entschwinden sah, konnte tatsächlich nicht verhindern, daß sein klarer Wunsch: wenn sie doch schon wieder bei mir wäre! von einem unklaren Bedürfnis nach Beruhigung getrübt wurde, und daß in seine schmerzlich-sehnsüchtigen Vorstellungen: Carola allein! Carola ohne mich! fast schon die Vorstellung hilflosen Ausgeliefertseins hineinflackerte. Er mußte sich tatsächlich erst besinnen, daß da die Schauspielerin Carola Hell zu einem Gastspiel nach Berlin fuhr, zu einem längst abgeschlossenen, für drei Wochen berechneten Gastspiel am Deutschen Theater, und daß dieses Gastspiel natürlich stinknormal verlaufen und enden würde.

Carola steht noch eine Weile am Fenster, ehe sie sich in ihrem Coupé einzurichten beginnt.

Sie denkt an alles Mögliche, wirr durcheinander, sie will nicht an Martin denken und an die Zeit der Trennung die ihr nun bevorsteht, und vollends daran nicht, daß doch die Zeit der Trennung schon begonnen hat. Dieses eine Gedanken-Thema zu verdrängen, ist ihr jedes andre recht und willkommen, und sie denkt an alles Mögliche, wirr durcheinander – aber dann hilft doch alles nichts, und als sie der Blumen im Gepäcksnetz ansichtig wird, führt sie den aussichtslosen Kampf nicht länger fort. Sondern sie nimmt die Blumen an sich und legt sie auf den Klapptisch am Kopfende der Bettstatt.

Die Blumen. Das war für ihn wahrscheinlich ein tolles Abenteuer, daß ihm das eingefallen ist. Er war so stolz und so verlegen, wie er mit diesen

Blumen in der Hand dastand. Sind sie dadurch nun eigentlich wertvoller geworden oder nicht? Es wäre ganz interessant, das herauszubekommen. Nein, es ist vollkommen uninteressant. Er hat mir eine Freude machen wollen – das entscheidet. Weiter gibt es da gar nichts zu fragen und herauszubekommen.

Aber warum, warum, warum macht er mir nicht öfter so eine Freude? Das denkt Carola nun freilich nicht zum ersten Mal, und es macht keinen wesentlichen Unterschied, daß sie es diesmal nicht aus Enttäuschung denkt. Denn bei manchen Wünschen kommt es nicht darauf an, sie zu erfüllen, sondern darauf, sie gar nicht erst entstehen zu lassen. Zu dieser vertrackten Art gehört Carolas Verlangen nach den kleinen überraschenden »Beweisen«, nach den Sternschnuppen der Liebe. Und wenn sie es als einmalige Sensation empfinden muß, daß Martin ihr Blumen an die Bahn bringt, so ist das eben keine reine Freude mehr, so bleibt ein schaler Nachgeschmack haften, und fast will ihr wieder scheinen, als wäre da alles viel besser beim alten geblieben; als hätte Martin es besser dabei bewenden lassen, daß sie sich also schon abgefunden hat mit seiner – mit seiner – ja mit was denn eigentlich? Unzärtlichkeit? Das wäre wohl komisch, Martin einen unzärtlichen Mann zu nennen. Einfallslosigkeit, Phantasielosigkeit? Noch komischer, und da muß sie schon selber lachen. Bequemlichkeit? Ach, daran liegt es bei weitem nicht, und Martin würde um drei Uhr früh auf den Kobenzl steigen, wenn er wüßte, daß er ihr damit eine Freude macht.

Wenn er es wüßte –: vielleicht liegt es an dem? daß er soetwas also erst wissen, daß man es ihm erst sagen müßte? Man kann sich doch aber nicht hinstellen und sagen: du, bring mir doch manchmal Blumen mit oder ein hölzernes Armband oder einen Schmetterling! Das kann man doch nicht. Dann wäre doch alles ganz falsch.

»Trägheit des Herzens«. Woher hab ich das nur?

Carola schämt sich ein wenig, weil ihr dieser Ausdruck jetzt in den Sinn kam. Es war ein zu ernster und gewichtiger Zusammenhang, aus dem sie sich seiner erinnert: aus einem Aufsatz Martins, der kürzlich in einer Emigrantenzeitschrift erschienen ist, es ging da um die Frage, ob es denn überhaupt noch Sinn und Zweck hätte, zu schreiben, zu appellieren, zu fordern, und es wurde da eben von einer »Trägheit des Herzens« gesprochen und von den kleinen Einzelfällen, für die es sie immer wieder aufzuscheuchen sich lohnte – das war also etwas ganz andres und bitter Ernstes, und Carola schämt sich, und vermag doch nicht davon wegzukommen, es wurmt und stichelt sie, es legt sich ihr so zurecht, als wäre Martin in jenen Zusammenhängen viel aufgeschlossener bereit, als wüßte er da ganz genau und bis in den kleinsten Einzelfall, um was es geht, da schon, und bei ihr nicht –

Das ist doch zu dumm!! In jählings aufsprudelndem Ärger hat Carola sich zur Wand herumgeworfen und knüllt das Kopfkissen heftig zusammen.

Das ist doch zu dumm, und wohin versteig ich mich da! Aber es geschieht ihm ganz recht. Warum gibt er mir diese blöden Artikel zu lesen. Ich versteh nichts davon, ich will gar nichts davon verstehn – halloh.

Halloh! ruft halblaut Carola, und setzt sich wirklich auf und starrt zu der bläulich abgedunkelten Lampe empor. Halloh, das muß ich *auch* schon von jemandem gehört haben.

Von mir! stellt Carola befriedigt fest und legt sich wirklich wieder hin. Von mir persönlich. Nicht bei Gelegenheit dieses Aufsatzes allerdings, sondern bei einer andern: und zwar, wie er mir wieder einmal mit seinen Bedenken dahergekommen ist, meinet- und seinetwegen – und wegen Berlin – daß es mir vielleicht schaden könnte – und daß ich überhaupt vorsichtig sein soll – da bin ich ihm aber über den Mund gefahren! Weil ich das nicht vertragen kann. Dieses lächerliche Gewäsch über Spitzel und Denunzianten und weiß Gott was alles. Ich möchte wissen, was es bei mir schon herauszuspitzeln gibt. Daß ich mit Herrn Martin Hoffmann »liiert« bin? Wirklich erschütternd. Und außerdem so gar kein Geheimnis mehr, daß man mich dazu nicht erst zu »beobachten« braucht. »Beobachten«! Wenn ich das nur höre! Man wird wohl ganz was andres und ganz andre Leute zu »beobachten« haben, als Schauspielerinnen oder Schriftsteller. Von denen weiß man doch ohnehin, was sie treiben! Na, vielleicht tun sie sich gerade deshalb so wichtig. Sonst machts ihnen wahrscheinlich keinen Spaß. Auch im Theater, ein paar von den jüngeren Kollegen – wenn die manchmal eine Sammlung veranstalten: das ist immer die reinste Haupt- und Staatsaktion. Nur unter vier Augen, und »du kannst dich drauf verlassen, daß es ganz geheim bleibt!« – was ist denn so Geheimnisvolles daran, daß jemand für spanische Flüchtlingskinder ein paar Schillinge hergibt? Aber das müssen die schließlich besser wissen, mir kann's recht sein, mich interessiert das alles nicht weiter – und das hab ich dem Martin also ein für alle Mal klargemacht. Es hat auch gewirkt, er hat seit damals nie wieder davon gesprochen. Vielleicht war ich damals sogar ein bißchen grob zu ihm, vielleicht hab ich ihn gekränkt, den Lieben, den Geliebten, ich werde schreckliche Sehnsucht nach ihm haben, und ich darf gar nicht dran denken, was für traurige Augen er damals gemacht hat. Nicht wie sonst, wenn ihm der Vorhang übers Gesicht fällt und wenn er den Kopf schieflegt – ganz große, traurige Augen. Und eigentlich hätte er doch wütend werden müssen, weil ich so frech war! Weil ich ihn doch beinahe angeschrien hab: ich versteh nichts von diesen Sachen, ich will auch gar nichts davon verstehn, in mein Privatleben kann mir niemand etwas dreinreden, und überhaupt kümmere ich mich nicht um Politik! So.

Wie? Wie war das? Was hast du da noch gesagt, bevor du die traurigen Augen bekommen hast?»Es soll sich nur nicht die Politik eines Tags um dich kümmern –«

Na ja. Sehr schön. Sehr elegant. Was es heißen soll weiß ich zwar nicht, aber es war sehr elegant. Wenn dein Freund Heckenbusch vom »Tag« dabeigewesen wäre, dann hätte er wieder einmal festgestellt, daß Martin Hoffmann den Dialog, dieses wesentliche Rüstzeug des Dramatikers, virtuos beherrscht. Und Martin Hoffmann hätte dann wieder einmal gräßlich gemurrt und geschimpft, weil das doch eine vollkommen vertrottelte Behauptung ist, das mit dem Dialog. Weil doch der Dialog, Martin Hoffmann hat es mir ganz genau erklärt, niemals das Wesentliche sein kann. Weil er doch nur eine Funktion der Figuren ist, und nicht die Figuren eine Funktion des Dialogs. Oder umgekehrt, ich kann das leider nicht beschwören, obwohl es mir der Hoffmann erklärt hat. Ich hör nämlich seinen Erklärungen manchmal gar nicht zu – sondern schau nur auf seinen Mund – und es wäre mir manchmal viel wichtiger, daß er mich küßt statt daß er mir was erklärt – meistens küßt er mich dann auch, der Hoffmann – und da versteh ich ihn aber wunderbar – und ich lieb ihn, den Hoffmann, oh Gott wie ich ihn liebe –

Signal

Djehre, Djehre, Djehre …

Dreimal in kurzer Aufeinanderfolge klang es dem Besucher entgegen, kaum daß er das große Verlagsgebäude am Fleischmarkt betreten hatte. »Djehre« sagte der erste Portier aus seiner Loge heraus, »Djehre« aus einer nächsten der eigentliche Redaktions-Portier des »Neuen Wiener Tagblatt«, und bis zum Treppenansatz begegnete man todsicher noch jemandem dritten, der gleichfalls »Djehre« sagte.

In korrektem Schriftdeutsch müßte es eigentlich »Ich habe die Ehre« heißen, und ganz vollständig sogar: »Ich habe die Ehre, Sie zu begrüßen.« Es wird jedoch meistens »Djehre« ausgesprochen, und wird in dieser Verkürzung viel häufiger gebraucht als alle andern Grußformeln, in denen man zum Beispiel das Kompliment macht oder die Verehrung ausdrückt oder sich als jemandes ergebenster Diener zu bekunden wünscht – wovon im allgemeinen »Kompliment!«, »Verehrung!«, und »Ergebenster!« übrigbleibt.

Doch siehe: weil das ja nicht zwecks Zeitersparnis geschieht, sondern aus Gründen der Bequemlichkeit, der Annehmlichkeit, und zwar der wechselseitigen – so sind auch die verkürzten Formen noch immer lang genug, bieten auskömmlichen Spielraum dem Tonfall und der Nuance, laden breiter aus und behaglicher ein als so mancher komplette Gruß, und lassen sich gar nicht vergleichen etwa mit dem zu schnarrigem »Tach!« abgeknappten »Guten Tag«. Wahrlich, nur finstere Böswilligkeit kann behaupten, daß »Tach!« zur selben Sprache gehört wie »Djehre«. Nur nackter Unverstand kann übersehen, daß »Djehre« mit Stamm und Leben der gleichen Wurzel entsproß wie »Má ucta« oder »Alá szolgája«: was ja auch keine bloßen Übersetzungen sind, sondern vollkommene Übereinstimmungen. Und nur barbarische Gefühllosigkeit kann sich der Erkenntnis verschließen, daß es nicht auf »gleichlautend« ankommt, sondern auf »gleichbedeutend«. Es ist ganz einfach ein Aberwitz, aus der papiernen Gleichheit grammatikalischer Grundregeln eine innere, eine Wesens-

Gleichheit abzuleiten; auf die äußeren Ähnlichkeiten eines Verkehrs- und Verständigungsmittels den monströsen Trugschluß zu bauen, daß Wien eine »deutsche Stadt« sei! Ist etwa Olmütz, weil dort die Straßenbahn annähernd so blau lackiert ist wie in Zürich, eine schweizerische Stadt? Was heißt da »deutsch«, und was heißt da überhaupt »Sprache«? Prag oder Budapest sind viel österreichischer, als Wien jemals deutsch sein kann, Brünn und Agram haben viel mehr Gemeinsames als Graz und Leipzig. Welch teuflische Mißdeutung ist hier am Werk! Und welch verhängnisvolle Schlamperei hat verabsäumt, rechtzeitig und wenn es denn schon sein muß den Begriff einer »österreichischen Sprache« zu lancieren! Er wäre – da doch auch ein Begriff wie »nordische Rasse« unleugbar seinen Weg gemacht hat – ohne Schwierigkeit durchgedrungen und man hätte ihn allenthalben freudig begrüßt. In Österreich und vor allem in Wien zweifellos mit »Djehre« ...

Im Vorzimmer der Redaktion ertönte es dann ungefähr zum zehnten Mal, die Redaktion lag im zweiten Stock. »Djehre Herr Hoffmann.«

»Djehre Herr Selböck. Wie geht's?«

»Dankschön und Ihnen. Schon lang nicht das Vergnügen gehabt, Herr Hoffmann. Wo stecken S' denn allerweil?«

»Ja, leider. Ich hab viel zu arbeiten.«

»Kommt bald was Neues, wenn man fragen darf?«

»Hoffentlich.«

»Wär auch schon Zeit!« sagte Herr Selböck vorwurfsvoll. »Daß ich wieder einmal von Ihnen Freikarten krieg!« Denn Herr Selböck, als rangältester und sozusagen Chef-Redaktionsdiener, pflegte nicht erst zu warten, bis irgendwann eine Freikarte, von irgendeinem Lokalreporter verschmäht, gnädigst für ihn abfiele. Herr Selböck liebte es, in solchen Fällen nicht minder gnädig zu verzichten, mit dem leicht befremdeten Hinweis, daß er das Stück natürlich schon längst gesehen habe. Und zu diesem Behuf hielt Herr Selböck alle in Betracht kommenden Personen, die da mehr oder weniger regelmäßig die Redaktion besuchten, genauest in Evidenz. Er war solcherart über die Vorgänge des Wiener Theaterlebens tatsächlich immer auf dem laufenden – eine Art von Interessennahme an der Kunst, die sich von mancher andern, vorgeblich berufeneren im Grunde gar nicht so sehr unterschied.

»Suchen den Herrn Drexler, Herr Hoffmann? Er ist in der Setzerei.

Wird aber gleich wieder da sein. – Bitte vielleicht hier zu warten!« fügte Herr Selböck im deutlich veränderten Tonfall einer Amtshandlung hinzu und öffnete selbst die Türe zu Tonis Zimmer.

In Wahrheit beging Herr Selböck damit das Gegenteil einer Amtshandlung, nämlich etwas ganz und gar Unerlaubtes. Für wartende Besucher gab es ein eigenes Wartezimmer, und notfalls den Vorraum – daß ein Fremder sich allein in einem Redaktionszimmer aufhielt, war strengstens verboten. Erst in der jüngsten Zeit hatte sich wieder ein Fall begeben, der fast schon an Spionage grenzte, mit den peinlichsten Konsequenzen journalistischer und politischer Art, und in dessen weiterer Folge jenes Verbot neuerdings verschärft worden war. Es galt ausnahmslos für jeden, der nicht der Redaktion angehörte, auch wenn man ihn kannte, auch wenn er hoch über jedem Verdacht stand, und auch wenn er mit dem betreffenden Redakteur so intim befreundet war, wie Martin Hoffmann mit Toni Drexler.

Demnach hätte der Redakteur Drexler, als er wenige Minuten später sein Zimmer betrat, mit Herrn Selböck schimpfen sollen und nicht mit Martin Hoffmann – der ihm denn auch nahelegte, sich gefälligst nicht aufzupudeln, worauf der Redakteur Drexler ihn glattweg als Trottel bezeichnete, und woraus insgesamt hervorgeht, daß es sich hier tatsächlich um eine innige Freundschaft handelte – auf die sich Martin, als Toni Drexler ernsthafte Verstimmung erkennen ließ, ebenso ernsthaft berief.

»Trotzdem.« Toni, obwohl die Pfeife namens Mona Lisa noch etlichen Tabak enthält, klopft sie heftig in den Papierkorb aus.

»Trotzdem. Wenn zufällig der Alte zur Tür hereinschaut, hab ich den größten Wirbel. – Mach das nächstens nicht, bitte.«

»Also nächstens schick ich dir durch den Selböck eine Visitkarte herein. Gut?«

»Mäßig«, brummt Toni, doch ist das bereits ein besänftigtes Brummen, und die Mona Lisa wird auch schon wieder gestopft. Übrigens, äußert er währenddessen, übrigens könnte es vielleicht wirklich notwendig werden, daß Martin sich eines Tags erst mittels Visitkarte ausweisen müßte: weil er gar so selten in die Redaktion käme.

Dem vermag Martin die Freikarten-Urgenz Herrn Selböcks entgegenzuhalten: man kenne ihn also noch ganz gut. Ja es ginge ihm sogar ein wenig auf die Nerven, bei jeder Gelegenheit inquiriert zu werden, ob nicht bald »etwas Neues« käme.

Er möge froh sein, empfiehlt ihm Toni, daß sich die Leute dafür noch interessieren. Und er sollte sich also beeilen.

Warum beeilen? Es würde schon rechtzeitig herauskommen.

Gar nicht so sicher. Gar nicht so sicher, ob überhaupt.

Wie? Weshalb? Was das zu bedeuten habe, will Martin wissen. Toni seufzt kurz auf, entpaſſt der Mona Lisa ein paar nachdenkliche Wolken – dann, offenkundig zur Ablenkung entschlossen, fragt er:

»Im Ernst, Martin – arbeitest du wirklich, oder ist das alles die Hell?«

»Ich arbeite wirklich, und es ist alles die Hell.« Martin lächelt wohlgefällig in sich hinein, das war eine gute Antwort, sie hat Substanz, sie drückt etwas aus, noch dazu die vollkommene Wahrheit, und es hätte ihm gar nichts besseres einfallen können. Er ist zufrieden.

Toni ist es nicht. Toni, was hilft's, und wozu es leugnen – Toni hat etwas gegen Carola. Im Grunde genommen nicht gegen Carola allein, sondern auch gegen Martin. Es ist weder aus seinem allgemeinen Mißtrauen gegen das weibliche Geschlecht zu erklären, noch im besonderen aus simpler Eifersüchtelei (die eher wohl auf seiten Carolas zu finden wäre). Bei Toni liegen die Dinge nicht so einfach. Toni ist Martins bester Freund, ist der einzige, der ihm in die immer tiefere Vereinsamung der letzten Jahre hinein zur Seite blieb, Gefährte auf allen Wegen, auch auf den holprigsten und anstrengendsten dieser letzten Jahre. Er hat Martin vor 1933 gekannt und nachher. Er war der nächste und intimste Zeuge jenes fürchterlichen Zusammenbruchs, als nahezu gleichzeitig mit der hitlerdeutschen Katastrophe Martins junge Ehe in die Brüche ging. Er hat ihn erlebt in all seinen vergeblichen Anläufen, in seinen halben Erziehungen und seinen halben Verzichten, im Hin und Her zwischen Selbstbetrug und Erkenntnis, zwischen Umsichschlagen und Resignation, zwischen fanatischer Hingabe an die Politik und bösartiger Absperrung gegen alles, was nicht unmittelbar mit seiner Arbeit zusammenhing –: er hat ihn erlebt in jedem Zustand von Hoffnung und Hoffnungslosigkeit. Und hat schon seit langem gewußt, daß Martin nur durch eine Frau, durch eine Liebe, durch eine große glückliche Liebe wieder auf gleich und in Ordnung zu bringen wäre. Nun ist diese Frau, nun ist diese Liebe da: und Toni, was hilft' s, und wozu es leugnen – Toni ist nicht zufrieden, Toni hat etwas gegen Carola und hat es, im Grunde genommen, auch gegen Martin. Es besteht für ihn kein Zweifel, daß Martin sich einer gewaltigen Überschätzung hingibt:

wenn er allen Ernstes so tut, als hätte erst Carola ihn zum Dasein und zum Schaffen erweckt, als wäre er ohne sie ein Ausgelöschter gewesen und nie vorhanden. Das verhält sich ganz und gar nicht so, Toni weiß es, Toni könnte es ihm jederzeit beweisen. Dennoch wäre er bereit, Martins Exaltationen als eine unvermeidliche Begleiterscheinung jungen Glücks nachsichtig hinzunehmen, wenn – nun, kurzum: wenn normale Zeiten wären. Und hier, in der Tat, beginnen Toni Drexlers Widerstrebungen Grund und Anker zu fassen. Denn die Zeiten sind nicht normal. Sie werden es auch dadurch nicht, daß man vor lauter jungem Glück ihrer gefährlichen Anomalie vergißt. Immerhin: selbst das wäre, für eine vorübergehende Spanne, noch zulässig. Was aber Toni für vollkommen unzulässig und geradezu sträflich hält und wogegen er sich stemmt mit all seinem Einblick und Weitblick, mit allem Aufwand seiner Vernunft und seines Gefühls: das ist des Freundes unverkennbare Bereitschaft, sich Zeit und Bedrängnis überhaupt wegturteln zu lassen. Gewiß, die beiden waren sich dessen bewußt, daß ihre Beziehung, weil es die Beziehung eines Juden zu einer Arierin war, und weil sie beide obendrein in der Öffentlichkeit standen, mit gewissen Fährnissen zu rechnen haben würde – sie waren sich dessen bewußt: nur leider als einer Pikanterie, als eines zusätzlichen Reizes. Nicht als der tödlichen Drohung, die es doch in sich schloß. Mit der kokettierten sie höchstens, und zum Schluß wollten sie sie nicht wahrhaben. Mindestens sie, die Frau, wollte das nicht – und Martin zeigte sich ihr gefügig, gab ihr nach, pries wohl auch *das* noch als Heil und Segen ihr an. Versäumte, was einzig zu tun war: diese Beziehung, wenn also wirklich solches Heil und solcher Segen von ihr ausging, desto klarer und energischer gegen jegliche Gefahr zu sichern. Es grenzte an Hoffart und an Herausforderung, wie er das versäumte. Er dachte gar nicht daran, es war unverkennbar, daß er nicht daran dachte, es war aus jeder seiner Bemerkungen herauszuhören – auch aus dieser jetzt. Und wahrhaftig: Toni Drexler hat es nicht leicht, eine saugrobe und vielleicht verletzende Antwort zu unterdrücken. Denn zu allem andern hat Toni Drexler vor einer Stunde erst jenen Geheimbericht gelesen, der auf kostbar gehüteten Querverbindungen vom Bundeskanzleramt in die Redaktion gelangt war und höchst beunruhigende Mitteilungen enthielt über den Besuch einer österreichischen Industriellen-Delegation in Berlin. Nicht mehr und nicht weniger schien aus diesem Bericht hervorzugehen, als daß die Eroberung Österreichs durch den Nationalsozialismus nur noch eine Frage von Monaten wäre. Und da setzt sich nun eine Stunde später Herr Martin Hoffmann breit auf seinen Hintern, und sagt mit strahlendem Lächeln, dem man es ordentlich ansieht, wie er sich über diesen Ausspruch freut und wie tief er überzeugt ist, daß auch die betreffende Dame, hätte sie ihn nur hören können, sich ebenso freuen würde – sagt: »es ist alles die Hell.«

»Nein«, entgegnet ihm Toni jetzt, sehr ruhig. »Sie ist *nicht* alles.«

»Für mich schon.«

»Auch für dich nicht.«

»Hoppla –?!« macht Martin und beugt sich in jählings angefachter Neugier ein wenig vor. »*Wie* meinen –?«

»Wie ich es sage.« Toni, die neuerlich erkaltete Mona Lisa zwischen den Zähnen, greift nach der großen Papierschere und pickt sie ein paarmal gegen die Schreibtischplatte. Dann, in durchaus beiläufigem Tonfall, und er hebt kaum den Kopf dazu:

»Hast du eigentlich schon darüber nachgedacht, ob ihr nicht lieber von hier weggehen solltet?«

»Nein«, sagt Martin prompt und perplex, und hat vor Überraschung den Kopf sogar sehr heftig gehoben. »Warum?«

»Möglichst weit weg«, kommt es unbeirrt vom Schreibtisch her. »Am besten ist eine Gegend, wo man Worte wie Rassenschande schon deshalb nicht kennt, weil dort nicht deutsch gesprochen wird, sondern zum Beispiel englisch. Was hieltest du davon?« Und jetzt erst wendet er sich zu Martin um.

»Ist etwas geschehn? Hast du einen besonderen Anlaß, mich das zu fragen?« Martins Stimme klingt ein wenig nervös und überscharf – er spürt, daß es zu dieser Frage eigentlich keines besonderen Anlasses bedürfte, daß man sich auch so mit ihr beschäftigen müßte, und weil er das noch nicht getan hat, so will er es eben ohne besonderen Anlaß nicht tun.

Dies, leider, spürt auch Toni, und beharrt daher auf der akademischen Voraussetzung, er hätte Martin ohne besonderen Anlaß gefragt, ganz allgemein.

Ganz allgemein, erwidert Martin mit zunehmender Sicherheit, hielte er Tonis Ratschlag für gut und angebracht, wenn Carola eine engagementslose Schauspielerin wäre und er ein unaufgeführter Dramatiker. Aber nur wegen der Rassenschande wegzugehen? Von hier? Wo dieser Begriff doch gar nicht in Geltung stehe?

Er müßte zugeben, daß man trotzdem allerlei davon zu spüren bekäme, auch hier. Und ob er also nicht schon jetzt –

Nein, unterbricht Martin, nun vollends sicher. Es sei denn, daß Toni sich im Besitz alarmierender Nachrichten befände.

Alarmierend –!, macht Toni, und hebt langsam die Schultern.

Nicht gerade alarmierend. Aber, wie gesagt: wenn man erst auf den Alarm warten wollte ...»Die Hell ist in Berlin?« fragt er unvermittelt hinein, und plant den Vorschlag anzuschließen, daß Martin ihre Abwesenheit zu planmäßiger Überlegung und Vorbereitung ausnützen sollte, für alle Fälle die Möglichkeiten sondieren und die Chancen in Angriff nehmen, mit hiesigen Agenten sprechen, an ausländische schreiben – und was es eben zu tun gäbe, solange man noch Zeit und Ruhe hat.

Martin indessen, weil ihm dieses ganze Gespräch und diese ganze, leicht gespannte Stimmung von Anfang an unbehaglich waren, vermutet hinter Tonis plötzlicher Querfrage eine andere, fast schon feindselige Absicht; befürchtet ernsthaft, daß Tonis sonst so wohltemperiertes Ressentiment gegen Carola sich zu irgendeinem Verdacht oder Anwurf steigern könnte, der dann nicht mehr ohneweiters hinzunehmen wäre, vielleicht gar eine richtige Auseinandersetzung zur Folge hätte – und dazu hat Martin nun gar keine Lust, und antwortet also auf Tonis Frage sehr rasch und abtuerisch:

»Ja ja, sie ist in Berlin, das weißt du doch«, und spricht auch sogleich weiter:»Deshalb bin ich übrigens hier – ich wollte dich fragen, ob du mir die letzten Nummern von der ›B. Z. am Mittag‹ geben kannst – dort ist nämlich ein Interview mit ihr erschienen, sie hat's mir gestern am Telefon gesagt – natürlich nicht in welcher Nummer, und geschickt hat sie mir's natürlich auch nicht – also sei so lieb und laß mich nachschaun – ich geb's dir dann sofort zurück. Damit du keinen Wirbel hast«, fügt er hinzu, und will sich damit der gestrafften Redaktions-Ordnung eingedenk zeigen.

Es kam also weder zu dem vermeintlich drohenden Gespräch, noch zu dem in Wahrheit von Toni geplanten. Es kam aber auch nicht zu den erbetenen B. Z.-Exemplaren, die Toni schon achselzuckend herbeiholen wollte. Sondern es wurde die Türe geöffnet, und im schwarzen Arbeitskittel, der sonderbar um seine hagere Gestalt schlotterte, erschien der Oberfaktor Dembitzky, und tat, nach einem flüchtig gemurmelten »Djehre«, die deutlich akzentuierte und für Martin völlig unverständliche Äußerung: »Alles im Oasch, Herr Drexler!«

Hierauf nickte er stumm vor sich hin, seine Lippen waren schmal, und die Augen hinter den großen runden Brillengläsern, die seinem kahlen Schädel etwas vollends Asketisches verliehen, funkelten böse.

Soviel war immerhin klar, daß da etwas schiefgegangen sein mußte, und alsbald erwies sich auch, was: Toni hatte ein paar Informationen aus eben jenem Berliner Geheimbericht in vorsichtigen Prisen auf andre Meldungen, Glossen und Kommentare verteilt, unauffällig über zwei Seiten hin, hatte sie auch schon umbrochen – und jetzt wäre also vom Pressestaatsanwalt, als ob man dort etwas geahnt hätte, strenge Ordre gekommen: es dürfte, bei sonstiger Konfiskationsgefahr, nirgends auch nur die leiseste Anspielung oder Andeutung aufscheinen, daß zwischen Wien und Berlin irgendetwas nicht in allerschönster Ordnung wäre.

Dies knurrte der Oberfaktor Dembitzky mit schmalen Lippen und böse funkelnden Augen hervor – denn nicht nur tat es ihm um das vergebens aufgewandte journalistische Raffinement und um die beiden bereits umbrochenen Seiten leid, sondern der Oberfaktor Dembitzky galt außerdem als der wütendste Nazifresser im ganzen Betrieb, und die Unverhohlenheit, mit der er sein Mißfallen an den ewigen Zaghaftigkeiten und Vertuschungsmanövern der Regierung Schuschnigg äußerte, fiel bisweilen schon unter den Hochverrats-Paragraphen.

»Nix derf man bringen, alles muß man schlucken«, murmelte und maulte er auch jetzt wieder. »Ich glaub' allerweil: wann der Hitler schon im Bundeskanzleramt sitzt, werden die dorten noch einen Bericht ausgeben, daß er sich nur die Möbel anschaut. Himmel Laudon noch einmal.«

Auch Toni Drexler hatte die Lippen ärgerlich zusammengekniffen und trommelte mit Mona Lisas Mundstück achtlos gegen die noch feuchten Bürstenabzüge. Dann stand er auf, zu Martin gewendet, sichtlich wollte er noch etwas zum unterbrochenen Thema sagen, und sichtlich schien ihm das hoffnungslos.

»Also«, sagte er nur. »Bist du nachher im Herrenhof? Wenn ich Zeit hab, such ich dir die B. Z. heraus und bring sie mit. So gegen halb sieben, gut? Servus.«

»Kommen S', Herr Drexler«, mahnte der Oberfaktor Dembitzky. »Der

Alte wart't schon in der Setzerei.« Und in galligem Hochdeutsch setzte er eine Wendung hinzu, die mit Vorliebe vom offiziellen Pressedienst gebraucht wurde: »Kommen S'. Verweisen wir alle diesbezüglichen Gerüchte lächelnd in das Reich der Fabel!«

Sie verließen das Zimmer, und Martin, an vielfachem Djehre vorbei, das Haus. Er schlug den Weg zum Café Herrenhof ein.

Als er merkte, daß er nicht durch die Durchhäuser gegangen war und dann durch das winklige Gassengeviert zwischen Stephansplatz und Tuchlauben, sondern den geraden, reizlosen Weg über die Rotenturmstraße und den Graben, merkte er auch endgültig seine heftige Übellaune. Die heiteren und wohlgefälligen Erinnerungen an den Redaktionsdiener Selböck und an den Faktor Dembitzky hatten sie nicht lange niederhalten können. Er ärgerte sich. Über sich selbst, über Toni, über die nicht gelesene B. Z., über die nicht zugeschickte B. Z. – am wenigsten noch, wenn er es recht besah, kümmerte ihn diese Meldung aus Berlin, mit der Toni so viel dahergemacht hat. Und die also zweifellos der Anlaß gewesen ist zu seiner hintergründigen Fragerei, zu seinen bedachtsamen Ratschlägen.

Aus Wien weggehen! Unsinn. Lächerlich. Man muß sich nur einmal richtig vorstellen, wie das also im Ernstfall aussähe, man muß sich zum Beispiel Herrn Direktor Waldemar Nehsler vorstellen, wenn Carola plötzlich zu ihm käme mit der Mitteilung, daß sie ihr Engagement am Josefstädter Theater aufgeben und aus Wien weggehen will. Martin, halblaut für sich, äfft Nehslers gezierte Redeweise nach: »Ich verstehe Sie nicht, meine Liebe? Mißfällt Ihnen etwas an dem Institut, das zu leiten ich die Ehre habe? Sagen Sie es mir, bitte – ich werde sogleich um Abhilfe bemüht sein.« Und mit erwartungsvoll vorgeneigtem Kopf, mit leicht aneinandergelegten Fingerspitzen: »Bitte?« Der also, zum Beispiel, würde überhaupt nicht verstehen, was Carola meint; und es war ja auch lächerlich.

Oder man muß sich den Verleger Sovary vorstellen, fragend mit mißtrauisch zusammengekniffenem Auge: »Was ist los, Hoffmann? Haben Sie mit Hollywood Vertrag gemacht? Zeigen! Keinen Vertrag? Nur so? Hm. Gar nicht schlecht. Auf *die* Tour ist bei mir noch niemand gegangen. Frau Pekarek, weisen Sie dem Hoffmann fünfhundert Schilling an.« Denn auch Herr Sovary verstünde nicht, was da los wäre; und gleichfalls mit Recht.

Oder man muß sich vorstellen, daß man die neue Wohnung, die am 1. Dezember bezogen werden soll, nicht bezieht, die gemeinsame Wohnung in der Eroicagasse, in der süßen, schmalen, in der zauberhaftesten Gasse von Döbling und vielleicht von Wien – man muß sich vorstellen, daß man dort nicht nur nicht wohnen, sondern daß man das überhaupt nicht mehr sehn wird. Man muß sich vorstellen, daß man nicht mehr ins Café Herrenhof gehn wird, wo einem der Kellner Alois die Zeitungen bringt, und nicht mehr in die Tagblatt-Redaktion, wo einem der Redakteur Drexler sagt, was nicht in den Zeitungen steht. Man muß sich vorstellen, daß man nicht mehr ins Josefstädter Theater gehn wird, wenn Carola spielt, und nicht mehr mit ihr zusammen in die andern; und nicht mehr mit ihr zusammen in die kleinen Restaurants und manchmal zum Heurigen; nicht mehr über den Ring, und nicht in den Volksgarten mehr und über den Heldenplatz, am Abend nicht, wenn durch den herbstlichen Nebel die goldenen Ziffernblätter matt blinken von den Türmen ringsum, und im Frühling nicht, wenn doldenschwer die Fliedersträuche stehn und rot in grün gegen den blauen Himmel die Kastanienbäume – nicht und nie mehr, man muß sich das alles vorstellen … das alles: ist es denn gar so viel, dies zu begehren? ist es denn gar so verwegen, sein Herz daran zu hängen? ein paar Straßen und Gassen und Plätze, ein paar Menschen und ein paar Dinge, ein paar Theater und ein paar Cafés, und zwei Zimmer in Ober-Döbling: ist es dann gar so viel?

Ach, es ist alles. Wenig oder viel: es ist der Atem, es ist die Luft. Es ist das, was nicht wegzudenken ist, und woraus man sich selbst nicht wegdenken kann, nicht sich allein, nicht die Gemeinsamkeit, nicht Schlaf noch Erwachen, nicht Tun noch Ruhn. Es ist das Leben.

Und dieses Leben, wenig oder viel, dies alles sollte man aufgeben und verlassen, weil eine Nachricht aus Berlin gekommen ist wie ihrer hunderte schon zuvor, seit Jahr und Tag?

Martin, da er vom Kohlmarkt in die Wallnerstraße einschwenkt, mit einem Blick zum Michaelerplatz hin, zur Kuppel des Burgtors im Dämmerlicht – Martin kann überhaupt nicht begreifen, daß er einen solchen Gedanken auch nur sekundenlang ernsthaft erwogen hat. Martin schüttelt den Kopf, und nimmt sich vor, so etwas nie wieder zu tun, oder gar davon zu sprechen, und gar mit Toni.

Und so erlöst, so friedfertig ist ihm zumut, daß er im nächsten Hui auch schon eine Erklärung gefunden hat, welche den letzten, insgeheim noch gegen Toni gehegten Groll hinwegspült, ja fast in Zustimmung verwandelt:»Nimm an«, hat Toni doch gesagt,»daß ich dich ohne besonderen Anlaß frage, ganz allgemein.« Das ist doch nur so zu verstehen, daß er selbst, Toni, den gegebenen Anlaß für keinen ausreichenden hielt, daß er ihn gar nicht konkret behandeln wollte, sondern eben nur prinzipiell, damit auch über diesen Punkt theoretische Klarheit bestünde. Nun, und das wäre ja wirklich ganz interessant, das ist ein lohnendes Thema, das spielt in sehr verwickelte Gebiete menschlicher und männlicher Entscheidung hinein, darüber könnte man einmal nachdenken. Oder vielleicht sogar sprechen. Und vielleicht sogar mit Toni.

»Djehre Herr Hoffmann«, sagte der Oberkellner Alois, wies mit der einen Hand nach dem freigehaltenen Ecktisch links und winkte mit der andern dem Zuträger Josef.»Wie gewöhnlich?«

»Djehre Herr Alois«, sagte Martin Hoffmann.»Wie gewöhnlich.«

»Zeitungen kommen sofort, Herr Hoffmann.« Der Oberkellner Alois entfernte sich, und kehrte nach zwei Minuten spaherischen Schleichens um die anderen Tische, nach geduckten Griffen in habgierig aufgeschichtete Stöße, mit reicher Beute wieder zurück. »Das Prager hat der Herr Doktor Sperling nicht hergeben wollen – nur Moment, ich laß ihn gleich zum Telefon rufen. Und die Basler haben s' vor einer Stunde konfisziert. Bitte unauffällig zu lesen.«

Und aus der Innentasche seines Fracks zog der Oberkellner Alois ein zweites, rechtzeitig gerettetes Exemplar der»Basler National-Zeitung«.

Martin Hoffmann fand das ganz wesentlich bemerkenswerter und entscheidender als die Nachricht, derentwegen die Konfiskation erfolgt sein mochte (und die im übrigen die gleiche war, welche kurz zuvor den Faktor Dembitzky zu der Feststellung veranlaßt hatte, es sei alles im Oasch).

Zwischenspiel

Preußischer Marsch

Da hat man's nun. Da hat man's nun in der Tat und allen Ernstes. Das gibt's also wirklich.

Es waren ganz ähnliche Gedanken, mit denen sie beide zuerst reagierten, Carola wie Martin. Carola als es geschah, Martin als er davon erfuhr. Aber Martin dachte es im Zustand jener bleichen Lähmung, von der man angesichts einer plötzlichen Katastrophe befallen wird und die so vollkommen ist, daß man eben gar nichts andres tun kann als das Eintreten der Katastrophe feststellen, was soll man denn sonst noch tun, man wußte ja, daß es kommen würde – und da hat man's nun.

Carola hingegen dachte es im Zustand einer ehrlichen, unbefangenen, nahezu heiteren Verwunderung, Carola war ganz einfach erstaunt darüber, was ihr da zustieß, nein sowas, das hätte man gar nicht für möglich gehalten – und da hat man's nun.

Wahrhaftig, es fällt ihr auch jetzt noch schwer, daran zu glauben! Wahrhaftig, sie wäre nicht sonderlich überrascht, wenn sich das Ganze als Ulk erwiese, wie er ja unter Kollegen gerne geübt wird – das heitere Bühnenvölkchen ist ja immer zu Possen und Mummenschanz bereit – halloh: wenn sich da nun wirklich ein paar Statisten vom Deutschen Theater verkleidet hätten – und eilen jetzt zum Anstifter und Regisseur des tollen Scherzes, die Löhnung zu kassieren – und in einer halben Stunde erfolgt unter dröhnendem Gelächter die Aufklärung –

Nur ist leider vorher schon Verschiedenes geschehen und war ganz bestimmt nicht scherzhaft gemeint, sondern ernst, tierisch ernst, idiotisch ernst. Und vielleicht von hier aus dann doch wieder zu belächeln. Was Carola auch mit Ausdauer besorgt.

Jene mögen das alles immerzu ernstnehmen – sie, für ihre Person, ist dazu nicht imstande, nicht einmal jetzt.

Übrigens nehmen es auch jene nicht gar so ernst. Oder mindestens: nicht alle nehmen es ernst. Carola hat ihre Erfahrungen, sie weiß was sie weiß, sie sieht was sie sieht, immer wieder, auch diesmal – und wer nicht auf Grund eigener Beobachtungen urteilen kann, der urteilt eben falsch, trotz allem. Der wird sich unbedingt ein falsches Bild machen. Martin zum Beispiel. Wenn man ihn manchmal so reden hört, ihn und noch ein paar andre, mit denen er da in Cafés und Kellerlöchern beisammenhockt – oh, Carola weiß schon ganz gut, warum sie das nicht mag, und er tut es ja auch immer seltener, Gottlob – wenn man die also anhört: dann möchte man beinahe glauben, daß sofort hinter der deutschen Reichsgrenze der Urwald beginnt, daß die deutschen Grenzbeamten, mit Lendenschurz und Lanze bewehrt, ins Coupé eindringen, und daß sie jeden, der ihnen nicht zu Gesicht steht, ohneweiters aufspießen. Das ist nun aber ganz und gar nicht der Fall. Eher das Gegenteil. Jawohl. Carola vermag durchaus nicht einzusehen, warum sie ihre Wahrnehmungen gewaltsam verfälschen sollte. Sie hat für die Nazi weiß Gott nichts übrig, und sie ist vollkommen überzeugt, daß man die Tschechoslowakei als einen freien und demokratischen Staat zu ehren und zu achten hat. Aber das ändert nichts an der Tatsache, daß die tschechischen Kontrollorgane meistens sehr mürrisch sind, den Inhalt der Koffer ganz unnötig durcheinander bringen, und daß man erst lang und breit mit ihnen verhandeln muß, ob man mehr als zwei Parfumflacons zum persönlichen Gebrauch mitführen darf. Indessen deutscherseits die Zollrevision freundlich, rücksichtsvoll und großzügig vorgenommen wird, und die ganze Behandlung überhaupt eine ausgesucht höfliche ist. Und Carola, die ja weder in Deutschland leben will noch in der Tschechoslowakei, will auch nicht wissen, was es mit den verfassungsmäßigen Einrichtungen der beiden Staaten auf sich hat. Sondern sie will höflich behandelt werden.

Ginge Carolas Blick ein wenig weiter über diesen sehr geringfügigen Anlaß hinaus, dann ergäbe sich ihr wohl eine ganz andre Betrachtungsweise; sie käme am Ende sogar zu der erstaunlichen Einsicht, daß das mürrische Gehaben der tschechischen Grenzbeamten einer weitaus großzügigeren Lebensverfassung entsprang als das freundliche der deutschen, und daß die tschechische Unhöflichkeit geradezu eine Kulturtat bedeutet im Vergleich zur deutschen Höflichkeit: die ja in der Tat »ausgesucht« ist, nämlich eigens bestellt zu solchem Zweck und Anschein, eigens hervorgekehrt zur Verdeckung eines höllischen Gegenteils dahinter. Aber Carolas Blick blieb auch hier, wie schon in manchem umfänglicheren Zusammenhang, auf das Vordergründige und Sichtbare gerichtet (eine von Frauen überhaupt mit Vorliebe eingehaltene Blickrichtung, die fälschlich als »gesunder Sinn für das Reale« gedeutet wird) – und was sie merkte und zur Kenntnis nahm, war: daß man sie höflich behandelte.

Dabei blieb es auch in Berlin, und es steigerte sich noch, und sie bekam von Anfang an gar nichts andres zu merken.

Als der Zug in den Anhalter Bahnhof einfuhr, stand Wolfgang Drydenfürth, Intendant des Deutschen Theaters, weit vorne am Perron, grinste ihr aus breitem Gesicht entgegen und lief schlapphutschwenkend neben ihrem Waggon einher. Ihm folgte Helmuth Kleinwege, der in der Drydenfürth'schen Neuinszenierung der »Maria Stuart« den Mortimer gab, und Professor Michael van Buren, Literaturhistoriker und lange Jahre der Stolz der Frankfurter Universität, von der er sich jedoch 1933 freiwillig ins Privatleben zurückgezogen hatte – jetzt war er aus seinem kleinen Häuschen in Dahlem herbeigekommen, damit nur jeder sähe, wie innig er sich immer noch mit Martin Hoffmann, seiner Entdeckung von einst, verbunden fühlte. Zu diesen dreien hatte sich, als Carola ausstieg, noch Peter Zimmermann hinzugesellt, der Berliner Korrespondent des Neuen Wiener Tagblatts, befreundet mit Carola und mit Martin noch von früher her, als sie beide noch gar nicht zusammengehört hatten; ferner Barbara Mertens, die Elisabeth der Aufführung, nebst ihrem »Derzeitigen«, welcher bemerkenswerterweise noch immer derselbe war wie bei ihrem letzten Gastspiel in Wien – ein volles Halbdutzend somit, und es wäre sogar übervoll gewesen, wenn man bei Fräulein Kinz, der stillen, unscheinbaren (und desto unentbehrlicheren) Sekretärin Drydenfürths, von »Überfülle« hätte sprechen können. Da standen sie nun also, sieben insgesamt, Carola kannte fast alle seit vielen Jahren und freute sich sie zu sehen, nur den alten Professor van Buren kannte sie nicht und über den freute sie sich beinahe am meisten. Martin hatte ihr viel von ihm erzählt und sie hätte ihn ganz bestimmt aufgesucht, nun kam der alte Herr gar selbst, das war aber nett. Und nett war auch alles andre. Nicht nur freute sich Carola über den Empfang, sondern es freuten sich ebenso die Empfänger über Carola, freuten sich ehrlich und von Herzen, laut und lärmend freuten sie sich, Fragen und Erkundigungen schwirrten los, kleine Wichtigkeiten und große Unwichtigkeiten, sofort wollte jeder etwas wissen und hatte jeder etwas zu sagen: Barbara Mertens pries überschwenglich Carolas Kostüm, schleuderte dem Anerbieten ihres Derzeitigen, morgen genau das gleiche in Auftrag zu geben, ihr berühmtes, weithin schallendes »Pah!« entgegen, und so etwas bekäme man eben nur in Wien – Peter Zimmermann beeilte sich, nunmehr auch seinen mündlichen Beifall zu der Verbindung Hell-Hoffmann kundzutun (schriftlich hatte er ihn schon vor Wochen ihnen beiden übermittelt, jedem gesondert, aber in vollkommen gleichem Wortlaut) – Professor van Buren desgleichen strahlte vor Vergnügen, fragte nach Martins Arbeit und versprach, zur Premiere des neuen Stücks nach Wien zu kommen – Drydenfürth, den schwarzen Schlapphut mißmutig in die Stirne gezogen, äußerte mit provokanter Vernehmlichkeit seinen Unwillen darüber, daß er dieses Stück nicht würde spielen können, und ob denn Martin Hoffmann sich nicht rasch ein paar Großmütter anschaffen könnte, zum Teufel – und seinem mächtigen Brustkorb entrang sich der gequälte Ausruf »Ach Scheiße!« mit solcher Inbrunst, daß sogar zwei zufällig Vorübergehende in das Gelächter der Gesellschaft miteinstimmten. Es war alles so nett.

Carola, im nächtlichen Telefongespräch mit Martin, hob das auch gebührend hervor. Freilich: nach restlos guter Laune und rosigem Wohlbefinden, wie es dem Sachverhalt ja eigentlich entsprochen hätte, klang es nun nicht, sollte und konnte es auch gar nicht danach klingen. Denn nun, allein in ihrem Zimmer und Martins Stimme dicht am Ohr, bekam sie es eben doch auf eine ganz erbärmliche Weise mit der Sehnsucht. Für die übrige Zeit hatte sie sich schon allerlei Auswege zurechtgetüftelt, da konnte sie sich schon einigermaßen »abstellen«, dachte nicht öfter und nicht anders an ihn als sonst wenn er nicht bei ihr war, es ging schon irgendwie und ließe sich wohl auch für diese ganzen vier Wochen halten. Aber gegen seine klare, nachtnahe Stimme nicht. Und Carola brauchte also durchaus nicht zu fürchten, daß sie ihn etwa durch übermäßige Fröhlichkeit irritierte. Die Frage allerdings, ob es ihr gut ginge und ob sie sich wohl fühlte, konnte sie mit gutem Gewissen, überzeugt und überzeugend bejahen. Ja, alles in Ordnung. Ja, ich bin großartig untergebracht. Ja, die Leute sind reizend zu mir – nur du, du bist nicht da, Martin, du bist nicht da und ich lieb dich so sehr – aber sonst ist es wirklich nett.

Wirklich nett, ungetrübt nett, es war und blieb so. Sie merkte nichts andres und ging auch nicht darauf aus, etwas zu merken. War aber anderseits sich völlig im klaren darüber, wie wenig es zu bedeuten hatte, wenn ihr – von ein paar Hakenkreuzen und Uniformen abgesehn – weiter nichts Auffälliges merkbar wurde; wenn sie, die doch nur ein paar kurze Wochen hier zubrachte, bisweilen fast den Eindruck gewann, als hätte sich nicht bloß gegen ihr letztes Hiersein, sondern auch gegen früher und jeher nichts geändert. Nein, Carola überschätzt solcherlei Eindrücke keineswegs. Nein, die immer wieder selben Straßen, über die sie geht oder fährt, die immer wieder selben Lokale, die sie besucht, und vollends die Menschen, mit denen sie immer wieder zusammenkommt und die ihr seit langem (zum Teil von andernorts her) bekannt und vertraut sind –: dies alles, sie weiß es, ist in keiner Weise maßgebend, in keiner Weise typisch für Berlin oder gar für Deutschland. Aber das war es wohl auch früher nicht. Daß man im Adlon gut wohnte und bei Horcher gut aß, daraus durfte man wohl auch früher keine allgemeinen Rückschlüsse ziehen. Die sie ja auch früher niemals zu ziehen unternahm. Warum also jetzt? Für sie hatte sich in der Tat kaum etwas geändert. Und das einzige, was sich in ihrer unmittelbaren Nähe als Änderung kundtat – daß nämlich die Leute, mit denen sie abends im Restaurant saß, durchwegs Nichtjuden waren –: das fiel ihr nicht auf. So wenig, wie es ihr in Wien etwa auffiele, wenn es durchwegs Juden wären. Es fiel ihr hier wie dort nicht auf, weil es sie hier wie dort nicht interessierte. Sondern was sie interessierte, war hier wie dort: an einem möglichst guten Theater eine möglichst gute Rolle möglichst gut zu spielen.

Soviel sie sehen konnte, verhielt es sich auch bei den andern ganz ebenso, hier wie – nein, eben *nicht* hier wie dort. Halloh. Es schien ihr plötzlich, als gälte das nur für Berlin. Als wäre man in Wien auch noch an manchem andern interessiert, und nicht mehr auf eine rein künstlerische Weise. Hat denn nicht Martin selbst sie auf diesen Gedanken gebracht? Hat er ihr nicht nachzuweisen versucht, daß die künstlerische Verantwortung eines deutschspielenden Theaters oder eines deutschschreibenden Schriftstellers außerhalb Deutschlands eine andre, eine größere wäre? Weil da die Leistung den Beweis zu erbringen habe, daß auch außerhalb Deutschlands – wo man das doch gepachtet zu haben glaubte – Wertvolles entstehen könne? ja eigentlich *nur* außerhalb Deutschlands? Nun, nun. »Auch« wollte sie gelten lassen. »Nur« schon nicht mehr. Das war wieder einmal eine Kaffeehaus-Übertreibung. Denn daß es in Berlin also auch gute Theateraufführungen gab, das stand doch wohl außer Frage; daran war ja sie, Carola Hell, soeben auf das lebendigste beteiligt. Zusammen mit so und so vielen andern, von denen so und so viele auch schon in Wien aufgetreten waren und wieder dort auftreten würden, und von denen keiner, weil er jetzt zufällig in Berlin auftrat, etwa behauptet hätte, daß seine künstlerische Verantwortung größer und seine Leistung ein Beweis für Deutschland sei. Sondern sie wollten, gleich ihr, an einem guten Theater gut spielen, um irgendwelche »Beweise« kümmerten sie sich ganz offenbar einen Schmarren, und ihre künstlerische Verantwortung war vor allem darauf gerichtet, daß sie Erfolg hätten.

Carola hatte ihn. Es wurde sogar ein ganz ungewöhnlicher und rauschender Erfolg, ihr stärkster bisher in Berlin. Nach dem letzten der gezählten einundzwanzig Vorhänge kam Drydenfürth auf sie zugestürzt – beinahe hätte ihr weißes Hinrichtungs-Gewand daran glauben müssen –, begann unter wilden Umarmungen auf alle bisherigen Darstellerinnen der Maria Stuart zu schimpfen und gleich darauf auch auf einige Mitglieder seines »Stabs«, auf diese lächerlichen Schnösel mit ihren lächerlichen »Bedenken«: ob man es denn riskieren sollte, die Stuart erst in die fertig arrangierten Proben hineinzunehmen? und: »Was sagen Sie jetzt, Sie Schnösel?!« brüllte er entlarvend zu seinem Regie-Assistenten hinüber. »Nächstens laß ich die Hell überhaupt erst zur Generalprobe kommen, verstehen Sie?!« Jener machte den Gegenvorschlag, allen derartigen Arrangements dadurch auszuweichen, daß man die Hell ganz einfach nicht mehr wegließe, und überhaupt hätte er sie nur deshalb schon von Anfang an dabeihaben wollen, weil es mit ihr so wunderbar zu arbeiten sei! Helmuth Kleinwege, der dem gleichen Jahrgang des Reinhardt-Seminars entstammte wie Carola, hatte Tränen der Begeisterung in den blauen Augen, er galt allerdings als einer der unverschämtesten Sofort-Schluchzer der deutschen Bühne, aber diesmal war es beinahe Ernst und er freute sich wirklich, daß eine Kollegin aus »seinem« Jahrgang solchen Erfolg hatte – das wäre eben ein wirklich genialer Jahrgang gewesen! rief er ein- übers andre Mal aus, bis alle wußten wie er es meinte. Und mitten im größten Durcheinander ließ Barbara Mertens ein schneidend verächtliches »Pah!« über die Köpfe hinweg erschallen, bezeichnete die Umstehenden samt und sonders als verlogenes Komödiantengesindel, auf dessen Lobsprüche Carola nichts geben sollte – »aber *ich*, Carylein, siehst du: *ich* zerspring! Und *da* kannst du dir was von abschneiden!«, dann pappte sie einen Kuß auf Carolas Wange, schob sich die teuflisch rote Perücke in den Nacken und rauschte ab.

Vor dem Bühnenausgang ging es dann weiter, mit Handküssen und Händedrücken von Bekannten und Unbekannten – es war durchaus der übliche Premieren-Rummel, aber da er sich nicht in der üblichen Umgebung abspielte, hatte er für Carola nun doch etwas faszinierend Unterstrichenes, war lebhafter und belebender als sonst auf sie bezogen, war etwas andres eben und damit schon fast etwas Neues, sie spürte es, spürte, wie es in heftig beglückenden Wogen sie unterkam und wie es sie trug – nur spürte sie auch langsam schon eine leichte Lähmung in den Kiefermuskeln, denn jetzt dauerte es schon zehn Minuten, daß sie ununterbrochen danken mußte und lächeln; und noch dazu aufpassen, daß das herrliche Rosenbukett von Martin (sie trug es als einziges von allen mit sich) in dem Gedränge nicht zu Schaden käme.

Nun hatte, in Peter Zimmermanns Begleitung, auch der alte Professor van Buren sich den Weg zu ihr gebahnt, stand weißhäuptig strahlend ihr gegenüber, äußerte gar nichts und küßte sie auf die Stirn.

»Darf ich doch, wie?« fragte er nachträglich. »Ich könnte ja ganz gut der Papa sein.«

»Und ich der Bruder!« piepste Peter und beeilte sich, die arrogierte Verwandtschaft desgleichen auszunützen. »Du warst herrlich, Cary! Am liebsten möcht' *ich* heute den Martin anrufen, damit ich's ihm sagen kann!«

»Was denn *noch* alles?« Carola, ohne daß sie es wußte, drückte die Blumen zärtlicher an sich. »Grad heute darfst du überhaupt kein Wort mit ihm reden. Heute red' nur ich. – Doktor Drydenfürth! Wohin gehen wir eigentlich?«

»Ja also, Kinder.« Drydenfürth, ohnehin unterwegs zu ihnen, trat nun ganz nahe heran. »Es bleibt beim Kaiserhof. Und die offiziellen Herrschaften, welche die Ehre hatten, der Vorstellung beizuwohnen – oder wie sagt man das, Zimmermann? na? Sie sind doch Journalist – kurz und gut: die sind auch da. Wie? Also. Mal flott jetzt! Keine schleppenden Übergänge!« Und er wandte sich weiter, mit einem leichten Antreiber-Klaps auf Peter Zimmermanns Schulter.

»Sie kommen doch mit, Herr Professor?« Carola meinte das ganz ehrlich, und als sie nicht sogleich Antwort bekam, suchte sie bei Peter Unterstützung: »Der Papa soll mitkommen! Sag's ihm!«

Es schien indessen des Professors Zögern nicht eigentlich seiner Antwort gegolten zu haben, sondern nur ihrem Ausdruck.

»Nee –!« dehnte er jetzt beinahe genießerisch hervor und stülpte mit Entschlossenheit seinen Hut wieder auf. »*Das* nun wieder nicht! Sonst gerne, mein Kind – aber die angesagten Herrschaften – nee, das schmeckt dem alten Michael nicht. – Zu alt!« fügte er kurz und grimmig hinzu, zog neuerlich den Hut und hielt Carola die Hand hin.

»Warum denn, Herr Professor?« Sie verlegte sich richtig aufs Betteln. »Schauen Sie, die stören uns doch gar nicht –«

»Mich schon!« Noch kürzer, noch grimmiger knurrte er das – und besann sich dann zu versöhnlicherem Abschluß: »Na, lassen wir's. Und nichts für ungut, wie? *Sie* müssen da wohl hin – aber ich nicht. Also. Auf bald!« Und jeder Fortsetzung sichtlich abgeneigt, war er nach einem kräftigen Händedruck in dem noch immer nicht abgeflauten Gewühl verschwunden.

»Warum hat denn der alte Herr nicht mitkommen wollen?« fragte Carola, da saßen sie schon im Auto, Carola mit Barbara Mertens im Fond, und vorn Peter Zimmermann mit Barbaras Dazugehörigem, welcher der Eigentümer des schnittigen Wagens sowie eines nicht minder schnittigen Namens war, es klang wie Prittwitz-Zitzewitz und Carola beschloß, ihn ein für allemal Prittenzitz zu nennen. »He, Peter! Hast du nicht gehört, daß man dich etwas gefragt hat? Sie entschuldigen die Störung, Herr Prittenzitz!«

Peter Zimmermann drehte sich um:

»Hast *du* nicht gehört, daß man dir nicht antwortet?«

»Was für'n Ollen?« begehrte da aber Barbara sehr dringend zu wissen.

»Du hast doch keen' Ollen hier, Cary? Ich denke, der ist in Wien?«

»Eben. Das war eben ein Freund von ihm, ein süßer alter Herr, weißt du. Ein Universitätsprofessor.«

»Na und?« Barbara ließ nicht locker. »Was ist mit dem?«

»Der wollte nicht mitkommen.«

»Kann ich ihm nachfühlen. So 'ne offizielle Abfütterung ist ja auch was Ekelhaftes. Womöglich noch mit offiziellen Herrschaften dazu.«

»Aber *genau* das! Die haben auch den Professor so gestört.«

»Der hat leicht gestört sein, der Herr Professor. Aber unsereins muß. Na, im Theater kann man sich ja sein Publikum schließlich auch nicht aussuchen. Und so'n Bankett gehört einfach noch mit zur Premiere. Letzter

Akt, denk ich mir immer. Spielt zwei Stunden später in einem vornehmen Hotel-Restaurant. Da geht es denn schon. Da hab ich manchmal sogar meinen Spaß mit. Du, weißt du – wenn mich so'n offizieller Dussel eines Gespräches huldigt – da komm ich auf *ganz* hohe Touren. Was die für'n Kohl zusammenquatschen, die Brü–«

Mitten im Wort japste Barbara auf: so scharf hatte der Wagen gestoppt. Auch Carola und Peter wurden kurz nach vorne geschleudert. Prittenzitz nahm die Hände vom Volant, aber er rührte sich nicht. Nicht einmal auf Barbaras schallend empörtes »Pah!«. Vielleicht wartete er, ob noch etwas nachkäme.

»Ich muß bitten«, sagte er nach einer kleinen Pause, sehr scharf und starr vor sich hin, »daß dieses Gespräch nicht weitergeführt wird.«

»Watdenn watdenn wat ha' ck denn jesagt?!« In einer vollkommenen Tonskala war Barbaras klangvolles Organ von drohender Tiefe zu wütendem Diskant angestiegen – im übrigen hatte auch sie, genau wie Prittenzitz, ihre Stellung nicht um das mindeste geändert. Es sah zwingend nach Sprungbereitschaft aus, und als wäre dergleichen bei ihnen keine Seltenheit.

»Was du gesagt hast, will ich nicht wiederholen.« Prittenzitz saß nach wie vor unbewegt. »Ich will es nicht einmal gehört haben. Klar? Bitte um Verzeihung –« (jetzt lockerte er sich wenigstens zu einer vagen Gebärde gegen Carola) »– aber das ist nun leider mein neuralgischer Punkt. Barbara weiß das. Wenn sie glaubt, sich dennoch vor andern Leuten produzieren zu müssen –«

»Nu mach mal mal 'n Punkt!« fiel ihm Barbara auf ganz normale Weise ins Wort. »'Nen richtigen, weißt du – keinen neuralgischen! Wer will sich hier wohl produzieren, du Affe? Wer? *Ich* gewiß nicht.«

»Umso besser«, gab Prittenzitz zurück. »Ich auch nicht. Es ist mir auch vollkommen gleichgültig, wie Fräulein Hell und mein Nachbar über diese Dinge denken. Ich wollte bloß klarstellen, wie *ich* denke. Und daß ich derartige Gespräche in meinem Beisein –«

»Na schon gut, schon gut!« unterbrach Barbara neuerdings, und es klang bereits gelangweilt. »Das hatten wir ja schon, nichtwahr. Jetzt gib mal Gas, Bübchen. Sonst verspäten wir uns am Ende, und die Volksgenossen müssen warten. Wär' doch zu peinlich, wie?«

Prittenzitz erwiderte nichts mehr, das Auto fuhr los, und über den Rest der Strecke herrschte Schweigen. Carola, um irgendetwas zu tun, nahm eine Zigarette, bot auch Barbara eine an, und: da schau her! dachte sie, nein sowas! Jetzt hab ich also einen echten Nazi gesehen. – Weiter maß sie dem Zwischenfall keine Bedeutung bei und keine Gedanken zu. Sondern sie verspürte mächtigen Hunger und sie freute sich aufs Essen. Mit den etwa anwesenden »Offiziellen« gedachte sie in keine ausführlichere Berührung zu kommen als sonst: dergleichen hatte sich immer bisher auf Glückwunschfloskeln und Redensarten beschränken lassen, und Carola sah durchaus nicht ein, warum es diesmal anders verlaufen sollte.

Ob da nun bloßer Zufall waltete, oder ob etwa doch jener Prittenzitz seine Hand im Spiel hatte (Barbara, bei späterer Gelegenheit, bestritt das wütend) –: in der Tat verlief es dann also anders.

Da war die eigentliche Tafel schon aufgehoben, man saß und stand in kleineren Gruppen umher, verteilte sich über angrenzende Räumlichkeiten, und suchte überhaupt auf jede Weise dem strengen Zwang des zwanglosen Beisammenseins Genüge zu tun. Carola kam gerade von der Telefonzentrale im Souterrain zurück, sie hatte das Gespräch nach Wien, das Gespräch mit Martin, allein und persönlich anmelden wollen, schon dies gehörte ja zum ganz privaten Bezirk ihres Miteinander, und der sollte eben niemand andrem zugänglich sein. Den Rückweg nahm sie durch die Halle, die luftiger war als der Bankettsaal und angenehm matt beleuchtet, gern hätte sie sich für ein paar Minuten in eine Ecke gesetzt, sie zögerte ein wenig, dann ging sie weiter. Ich hol mir den Peter heraus, beschloß sie, und der Telefonistin sag ich, daß ich hier bin. Hier findet man mich auch leichter als in dem vollen Saal drinnen. Sehr gut. Vielleicht sollte ich gleich umkehren? Und Carola – sie war jetzt ins Grillroom gelangt, wo auch ein paar versprengte Teile der großen Gesellschaft sich aufhielten – blieb abermals unschlüssig stehn.

»Suchen Sie etwas? Kann ich vielleicht behilflich sein?«

Eine sehr wohlklingende Stimme hat das sehr höflich gefragt, Carola hätte am ehesten erwartet, einen Hotelangestellten zu sehen – sieht aber, als sie ein wenig verdutzt aufblickt, keine Livree vor sich, sondern eine schwarze Uniform, eine elegante sogar, und auch die ganze Erscheinung ihres Trägers wirkt unleugbar elegant.

»Nein nein – danke – ich suche nichts.«

»Wie schön!« Das helle Gesicht über der Uniform leuchtet jungenhaft auf. »Dann darf ich Sie vielleicht ein wenig in unsre Runde bitten?« Und er deutet knapp seitwärts, wo an einem kleinen Bartisch noch ein andrer schwarz Uniformierter sitzt, und ein etwas Älterer im Frack. »Ach bitte – machen Sie uns doch die Freude!« Sie gestatten –«

Er nennt einen Namen, den Carola nicht versteht, so wenig wie die Namen der beiden andern, die aus ihren Fauteuils emporgeschnellt sind – hiebei erweist sich der in Uniform als überraschend klein von Wuchs, ein Sitzriese, gedrungen und kurzbeinig – der Frackträger hingegen sieht auf eine undefinierbare Weise schlecht und unpassend aus, als fühlte er sich nicht ganz behaglich in seiner Gewandung – da bin ich ja schön hereingefallen! konstatiert Carola. Wenn einer von denen da mich aufgefordert hätte, wäre *ich* nicht gekommen! Na, es ist ja nur für ein paar Minuten. Und sie gibt es auch unverzüglich kund: nur für ein paar Minuten!

Das sowieso! Der Untersetzte versucht ein galantes Lächeln. Wäre ja gar nicht anders zu erwarten – vom Star des Abends.

Trottel! denkt Carola so intensiv, daß sie beinahe Angst bekommt, man könnte es gehört haben.

Desto höher wüßten sie sich das unverhoffte Glück zu schätzen, sagt der Elegante, und das klingt tatsächlich etwas besser. Sie wären ja schon seit langem begeisterte Hell-Verehrer. Und vollends diese Maria Stuart heute abends – nein, sie könnten sich gar nicht fassen. Und sie hätten die ganze Zeit von nichts andrem gesprochen.

Stimmt! läßt unvermutet der Frack sich vernehmen. Die ganze Zeit. Nur von Carola Hell. Er freue sich außerordentlich, sie kennenzulernen.

Carola stutzt ein wenig und blickt ihn mit fragend hochgewölbten Brauen an.

Doch doch, beharrt der Frack. Und was denn da so verwunderlich sei?

Daß sie ein stundenlanges Gesprächsthema abgeben könne, erläutert Carola. Sie wüßte wirklich nicht –?

»Na hören Sie!« Die Stimme des Eleganten drückt scherzhaften Vorwurf aus. »Das darf Sie doch nicht überraschen, daß wir uns für eine so hervorragende Schauspielerin interessieren. Besonders, wenn sie so selten auf deutschen Bühnen auftritt wie Sie?!«

Hätte der Untersetzte das gesagt oder der Frack, dann wäre Carola vielleicht nicht weiter darauf eingegangen; keinesfalls hätte sie ihre Unbefangenheit so üppig ins Kraut schießen lassen: »Wieso? Ich trete doch *nur* auf deutschen Bühnen auf?«

Der Elegante lacht verlegen, plump stimmt der Untersetzte ein – indessen der Frack plötzlich schmale Lippen macht und eine verärgerte Handbewegung, als hätte er es mit jemand verstockt Leugnendem zu tun:

»Na – darüber denken wir eben anders!«

Jetzt stutzt Carola gar nicht mehr. Sie könnte sich jetzt sogar vorstellen, daß man hier wirklich seit einer Stunde über sie gesprochen hat. Allerdings nicht über ihre Maria Stuart.

»Tja ja –!« Der Elegante lenkt ein, mit dem jungenhaften Lächeln von vorhin. »Die Herren von der Reichskulturkammer sind da ganz unerbittlich. Es ist ihnen eben um jede deutsche Künstlerin leid, die mehrminder ständig im Ausland wirkt. – Im feindlichen Ausland, gewissermaßen!« setzt er auflachend hinzu – aber sein Lachen verstummt unter dem schiefgiftigen Blick, den der Untersetzte auf ihn losschießt.

Und jetzt glaubt Carola endgültig Bescheid zu wissen, jetzt ist ihr alles klar. Es erheitert sie beinahe, wie klar ihr alles ist. Heut hab ich eben Glück, heut ist schon einmal mein Nazi-Tag! Zuerst Herr Prittenzitz, und dann gleich drei auf einmal – die gehen aber ganz anders ins Zeug! Natürlich: Reichskulturkammer. Am Ende irgendein hohes Tier. Soll lieber erst lernen wie man einen Frack trägt, bevor er sich um die Reichskultur kümmert! Na, mir kanns recht sein. Mir kann überhaupt alles recht sein. Ich bin auf alles gefaßt und auf gar nichts neugierig. Und wenn mir der jetzt vielleicht einen Propagandavortrag hält, so wird er leider Pech haben. Ich versteh nichts davon, ich versteh davon, bitteschön, nicht das mindeste. Tut mir leid, aber ich bin nicht verpflichtet, das zu verstehn, und ich versteh's nicht. Die werden sich wundern.

Und Carola setzt sich ganz richtig erwartungsvoll zurecht und hört sich breit und hingegeben an, was der Frack nunmehr verkündet:

»Lassen wir das!« verkündet er schroff, läßt es aber keineswegs und fährt fort: »Wir freuen uns jedenfalls, daß Sie wenigstens hin und wieder auf einer deutschen, nach *unseren* Begriffen deutschen Bühne zu sehen sind. Und wir dürfen wohl annehmen, daß es auch Ihnen Freude macht.«

»Aber natürlich!« bestätigt Carola, des Eifers voll. »Große Freude! Es ist ja ein wirklich gutes Theater!«

»Eben. Und das versteht sich übrigens von selbst. Ein wirklich deutsches Theater *muß* ein wirklich gutes Theater sein. Wenn Sie länger hierblieben, würde Ihnen auch klarwerden, warum.«

»Leider, leider.« Carolas Bedauern ist nicht minder innig als ihre Zustimmung vorher. »Ich hab Vertrag mit der Josefstadt.«

»Ach was!« Wieder diese verärgerte Geste. »Verträge lassen sich lösen.« »Wenn man will!« Das war der Untersetzte, mit klobigem Ruck beugt er sich über die Tischplatte zu ihr.

»Aber meine Herren!« Carola blickt lächelnd in die Runde und breitet in heiterer Bedrängnis ihre Arme aus. »Woher wissen Sie denn, daß ich aus Wien überhaupt weggehen will?«

»Tja –«, macht der Frack, kneift die Lippen aufeinander und stößt kurz den Atem durch die Nase. »Ganz recht. Wir glauben sogar das Gegenteil zu wissen.«

»Na also!« Breit und behaglich hat sie das hingelegt, es befriedigt sie restlos, und: dann könnten wir uns ja Adieu sagen! denkt sie hinzu, sogleich mit einem Blick auf ihre Uhr.

Besorgt erkundigt sich der Elegante, ob sie nicht etwa im Saal vermißt würde? oder ob man irgendetwas für sie besorgen könnte?

Nein, danke, wehrt Carola ab. Oder eigentlich – sie warte auf ein Telefongespräch – wenn man vielleicht so freundlich wäre, die Telefonistin zu verständigen, daß sie also hier im Grillroom säße.

Aber gewiß doch! Der Elegante springt auf. Wird sofort erledigt!

Sowie er den Raum verlassen hat, beginnen die beiden andern zu lachen.

»Dem haben Sie nämlich vollkommen den Kopf verdreht!« Der jähe Vorwärtsruck des Untersetzten wirkt nun fast vertraulich. »Übrigens ist *er* es gewesen, der diese Frage angeschnitten hat.«

»Welche Frage?« Carola, über dem abschließenden »Na also!« und vollends über ihren Gedanken an das Telefon, hat tatsächlich vergessen, wovon die Rede war.

»Na, eben das.« Ein neuerlicher Ruck, noch näher an sie heran. »Wie es denn möglich sei, daß Sie nicht ständig in Deutschland spielen.«

Ach so, das ist es! Die sind noch immer nicht fertig! Na dann plauschen wir halt weiter, meine Herren. Ich höre. Bitte? Wie war das jetzt?

»Sie müssen doch am heutigen Abend gespürt haben, was es bedeutet, auf einer deutschen Bühne zu stehen, vor einem deutschen Publikum!« hat der Frack im suggestiven Tonfall eines Untersuchungsrichters begonnen. »Sie sind eine deutsche Frau, eine deutsche Künstlerin! Sie gehören hieher!«

Wenn es soetwas wie ein innerliches Händereiben gibt, dann hat Carola es soeben vollführt. Nach außenhin ist sie aber ganz Ohr, auf die ernsthafteste Weise.

»Das Bewußtsein«, knödelt der Frack, »am deutschen Kunstschaffen mitzuwirken, würde Ihre künstlerische Persönlichkeit erst so recht zur Entfaltung bringen. Sie würden erst so recht dahinterkommen, wie sehr Sie mit dem Volksganzen verbunden sind. Sie hätten nicht mehr das Gefühl, bloß für irgendein Parkett zu spielen oder für die Kritik, sondern eben: für etwas Größeres. Heute können Sie das vielleicht noch nicht verstehen –«

»Doch doch!« beeilt sich Carola festzustellen. »Vollkommen. Bitte weiter!« Und womöglich etwas von der berühmten Verantwortung, ja? Aber das sagt sie nicht mehr.

Hingegen sagt es der Frack. Tatsächlich und allen Ernstes, Carola muß sich auf die Lippen beißen, damit sie nicht aufjauchzt.

»Nicht doch!« wehrt er vorher noch ab. »Sie können das *nicht* verstehen. Denn Sie sind sich Ihrer Verantwortung dem Volksganzen gegenüber noch nicht bewußt geworden. Sonst hätten Sie schon Posten bezogen. Sonst würden Sie uns nicht länger den Beweis vorenthalten, daß Sie mit Ihrer Leistung teilhaben wollen am Gesamt der größeren Leistung, um die wir alle uns bemühen. Alle!«

»Komplett!« sagt Carola, ganz laut, sie hat sich nicht zurückhalten können. Und hat es natürlich anders gemeint, als der Frack, unverkennbar gereizt, sie versteht: »Jawohl komplett! Und diejenigen, die heute vielleicht noch abseits stehen, werden eines Tags doch ranmüssen. So oder so!«

Das klang schon ein wenig bedrohlich, und Carola ist herzlich froh, daß in diesem Augenblick der Elegante erscheint, um mit strahlend ahnungslosem Lächeln die Erledigung seines Auftrags zu melden; dann setzt er sich hin, kreuzt die Beine und sieht Carola forschend an.

»Da gibt's nichts Neues, mein Junge!« Jetzt scheint die Reihe wieder an dem Untersetzten zu sein – der Frack sitzt so teilnahmslos da, als hätte er die ganze Zeit geschwiegen und gedächte das auch weiter zu tun. »Wir haben, ganz in deinem Sinne, Frau Hell zu überzeugen versucht, daß ihr Platz nur auf einer deutschen Bühne sein kann. Aber wir wissen eigentlich noch nicht –« (und wieder erfolgt ein jäher Ruck nach vorn) »– wie Frau Hell darüber denkt?«

»Ich glaube, mein Gespräch wird bald da sein«, sagt Carola und drückt damit in der Tat ihre augenblicklichen Gedanken aus.

Die Folgen, die sich daraus ergeben, hat sie indessen weder vorausgesehn noch beabsichtigt.

Der Elegante reißt hilflos den Mund auf, die beiden andern straffen sich scharf zurecht, und nachdem eine kleine, lähmende Pause verstrichen ist, sagt mit unverhohlen gesenkter Stimme der Frack:

»Sie scheinen uns ja recht gründlich mißverstanden zu haben, Frau Hell! Vielleicht sollten Sie doch ein wenig vorsichtiger sein?«

»Ja aber – wieso denn?« Carola ist immer noch mehr erstaunt als erschrocken.

»Da Sie ja doch von Zeit zu Zeit nach Deutschland kommen, legen Sie offenbar Wert darauf, hier zu spielen?«

»Ja. Und?« Es beginnt ihr zu dämmern, wo das hinauswill: und damit kann man sie nun freilich nicht schrecken. Schlimmstenfalls wird sie eben *nicht* mehr nach Deutschland kommen. »Und Sie sollten sich die Möglichkeiten, die Sie hier haben, nicht versperren.«

Carola hat ja eigentlich aufstehn wollen – aber aus einer jählings hochzüngelnden, kampflustigen Neugier bleibt sie nun doch noch sitzen und wölbt die Brauen so hoch sie kann:

»Wie meinen Sie das, bitte?«

»Ach, Frau Hell! Erlassen Sie mir doch die Mühe, Ihnen das zu erklären!« Es ist eine erstaunlich glatte Ironie, die dem Frack da gelingt.

Carola, um sie zu übertreffen, muß jetzt beinahe outrieren: »Ich wüßte es aber so gern!« sagt sie mit gefalteten Händen.

»Sie *wissen* es doch wohl.« Der Frack bleibt dem Tonfall gewachsen. »Oder sollen wir annehmen, daß Ihre persönlichen Bindungen nur *uns* bekannt wären, und Ihnen nicht?«

»Hm«, macht Carola, und spielt ein anerkennendes Kopfwiegen aus. »Persönliche Bindungen –. Jedenfalls eine sehr vornehme Umschreibung für den Namen Hoffmann. Um den handelt sich's doch?«

Das knappe Achselzucken daraufhin kann ebensogut ein Ausweichen bedeuten wie eine Abkehr vom Thema. Der Frack schweigt.

»Es handelt sich um *Sie*, Frau Hell«, sagt der Untersetzte, und sein üblicher Vorwärtsruck bleibt aus. »Um Sie, und um Ihre Karriere.«

»Ich glaube, die ist in Wien ziemlich gesichert.« Die selbstkritische

Nachdenklichkeit, mit der Carola das hervorbringt, stellt feinstes Kammertheater dar.

»Das wollen wir erst mal abwarten.« Und nun hat sich der Untersetzte doch vorwärtsgeruckt.

»Gesichert –«. Der Frack macht ganz schmale Lippen. »Das ist allemal ein wenig riskant, heutigentags etwas für gesichert zu halten. Ob es die Karriere ist – oder Wien – oder was immer. Aber daß es für Sie unter allen Umständen sehr vorteilhaft wäre, wenn Sie Ihren Verkehr–«

»Schaun S', meine Herren –!« Carola ist aufgestanden, sie lockert sich zu unvermitteltem Wienerisch, damit hofft sie der unguten Spitze des Gesprächs leichter zu begegnen. »Sie haben vorhin so eine hübsche Umschreibung gebraucht, erinnern Sie sich nur – ›persönliche Bindungen‹ haben Sie gesagt. Da liegt ja schon alles drin. Es ist eben eine persönliche Angelegenheit, nichtwahr. Eine reine Privatsache. Da kann man sich doch nicht gut drüber unterhalten. Also: ich dank Ihnen schön für die liebe Gesellschaft, und machen Sie sich keine Sorgen um meine Karriere – auf Wiedersehn – auf Wiedersehn – auf Wiedersehn!«

Und hat den dreien schon die Hand gereicht, so schnell, daß es bei keinem der Verdutzten bis zu einem Handkuß gedieh; hat zum Abschied nochmals ein freundliches Kopfnicken produziert; und ist auch schon aus dem Grillroom draußen, ohne sich umzuwenden und ohne die mindeste Hast, sehr sicher und sehr beschwingt durchschreitet sie die Halle – und niemand, der sie da sähe, käme auf die Vermutung, daß sie jetzt, plötzlich und wie sie so geht: daß sie am liebsten spucken möchte vor Empörung und am liebsten heulen vor Wut.

»Cary? Endlich! Wie war's, Cary? Ich lieb dich.«

»Es war wunderbar. Danke für die Blumen. Martin, Liebling! Geht's dir gut? Warum hab ich so lange auf das Gespräch warten müssen?«

»Das weiß ich nicht, Cary. Aber jetzt erzähl.«

»Was soll ich dir denn erzählen. Ich kann das doch nicht. Es war halt sehr schön, und ich glaub, daß ich wirklich gut war. Den Leuten hab ich gefallen. Wenigstens tun sie so. Wie geht's dir denn, Martin?«

»Schon besser. Bis jetzt war ich nämlich furchtbar aufgeregt. Ich hab seit acht Uhr ununterbrochen Daumen gehalten.«

»Welchen?«

»Beide.«

»Oh Martin, Geliebter. Liebst du mich noch?«

»Nein. Weil du mir nicht erzählst, wie es war.«

»Das wirst du doch alles lesen. Sag mir lieber, daß du schreckliche Sehnsucht nach mir hast.«

»Erinner mich nicht ans Lesen, Cary! Weißt du, daß ich dir gestern am Telefon eigentlich einen Krach machen wollte?«

»Jöh – schade! Warum hast du's nicht getan?«

»Das hat hundert Gründe.«

»Bitte sagen. Wenigstens fünf.«

»Also erstens, weil ich mich noch rechtzeitig erinnert hab, daß du vor der Premiere stehst. Zweitens, weil ich meinen Bedarf an Krach schon vorher gedeckt hatte, mit dem Toni. Drittens – bemerkst du, daß das erst der dritte Grund ist?– drittens weil ich dich liebe. Viertens – viertens weiß ich nicht. Und fünftens, weil es ja sowieso keinen Zweck hätte.«

»Ja was denn? Jetzt mußt du mir doch langsam sagen, wovon du eigentlich sprichst?«

»Von dem B.Z.-Interview, das du mir noch immer nicht geschickt hast. Und mit den Kritiken wirst du's genau so machen, ich kenn dich doch.«

»Du hast Krach gehabt mit dem Toni? Das ist aber fein.«

»Wir sind schon wieder gut. Etsch. Und jetzt erzähl schon endlich!«

»Na ja – es war halt eine ganze Menge Leute drin –«

»Nicht möööglich.«

»Siehst du, jetzt lachst du mich aus.«

»Aber woher denn, Cary. Viele Bekannte?«

»Oh ja. Dein Professor zum Beispiel – du, der war wieder so reizend! Und natürlich der Peter, den hab ich auch hieher zum Bankett mitgenommen, er läßt dich grüßen.«

»Danke, retour. Wie ist es denn jetzt bei dieser Festlichkeit?«

»Scheußlich. Ich hab mich grad vorhin so geärgert. Weißt du, da waren irgend so ein paar uniformierte T eppen –«

»Halloh, Cary, ich muß dir noch –«

»So warte doch – einer war von der Reichskulturkammer oder wie das heißt – und die wollten mich anscheinend herüberziehen–«

»Halloh, halloh –«

»Und wie sie dann gesehn haben, daß bei mir nichts zu machen ist, sind sie frech geworden – ich weiß gar nicht was sich diese Idioten eigentlich einbilden – das geht sie doch –«

»Halloh Cary, halloh halloh halloh! Mein Apparat schnappt gleich ab, ich muß dir noch rasch etwas sagen. Paß auf. Unsre Wohnung wird doch jetzt bald fertig, und du mußt aufpassen, unter welcher Nummer du mich anrufst. Vielleicht schlaf ich ab morgen schon draußen, du mußt aufpassen, Cary. Hast du verstanden?«

»Ja. Aber von diesen Reichskulturtrotteln laß ich mir trotzdem nicht vorschreiben, mit wem ich –«

»Gib jedenfalls Voranmeldung auf beide Nummern, weißt du. Ein bißchen Vorsicht ist ja immer gut. Immer. Und vergiß die Kritiken nicht! Halloh? Bist du noch da?«

»Halloh? Ja? Was sagst du?«

»Nichts. Ich hab dich nur erinnert, daß du mir die Kritiken schickst.«

»Natürlich. Kannst dich verlassen. Uff, jetzt ist mir ein bißchen leichter. Weißt du, ich –«

»Und noch was, Cary. Bitte, ruf mich morgen ausnahmsweise schon zu Mittag an. Unter der alten Nummer. Gut?«

»Warum? Willst du denn am Abend nicht mit mir telefonieren?«

»Das schon. Wie gewöhnlich. Aber ich möchte außerdem auch zu Mittag mit dir sprechen. Nur ein paar Worte. Ganz kurz, weißt du. Ich möchte nur deine Stimme hören. Ich hab solche Sehnsucht nach deiner Stimme. Also bestimmt, ja?«

»Hast du wirklich Sehnsucht oder tust du nur so?«

»Wirklich, Cary. Rasende Sehnsucht. Ich glaube, ich müßte verrückt werden wenn du mich morgen mittag nicht anrufst. Zwischen zwölf und eins, hörst du? Du Cary: wenn du mich morgen bis ein Uhr nicht angerufen hast, dann passiert was! Versprichst du mir, daß du mich bis ein Uhr anrufen wirst?«

»Was hast du denn, Martin? Du bist auf einmal so –«

»Versprichst du's mir?«

»Ja.«

»Dann ist gut. Und dann hör ich jetzt auf. Also weiter Hals- und Beinbruch, Cary! Ich hab große Sehnsucht nach dir und ich lieb dich. Grüß den Peter, und er soll achtgeben auf dich.«

»Das tut er ohnehin. Du, der ist viel netter als dein Toni. Halloh? Halloh, Martin? Was ist denn schon wieder? Warum – halloh! Hal-looh! Zu dumm, sowas –«

Am Wiener Apparat sei abgehängt worden, meldet auf Carolas wiederholten Gabeldruck das Telefonfräulein; ob sie eine neue Verbindung herstellen solle?

»Nein, danke«, sagt Carola wütend. »Ich hab genug!«

Es könnte da noch jemand andrer »Danke!« gesagt haben – allerdings nicht wütend, sondern befriedigt. Und das müßte nicht gerade einer von jenen Dreien gewesen sein, mit denen Carola zuvor beisammensaß. Obschon es sehr gut denkbar wäre, daß etwa der jugendlich Diensteifrige, gelegentlich seiner Bestellung an die Telefonistin, sich gleich auch ein wenig über das angemeldete Gespräch erkundigt und hernach den beiden andern pflichtgemäße Mitteilung gemacht hätte; worauf die beiden andern, gereizt ohnehin durch Carolas Verhalten, sich kurzerhand entschlossen hätten, das Gespräch abzuhorchen.

Noch besser wäre denkbar, daß die Telefonistin dies besorgt hätte, und zwar von selbst, ohne besonderen Auftrag und Entschluß, einfach deshalb, weil die Überwachung von Auslandsgesprächen zu ihren Obliegenheiten gehört.

Am besten denkbar aber wäre, daß ein Telefongespräch, im November des Jahres 1937 zu später Nachtstunde zwischen Berlin und Wien geführt, von der eigens zu solchem Zweck eingerichteten Stelle abgehört wird. Dazu bedarf es erst gar keiner außergewöhnlichen Voraussetzung, und das ist wahrhaftig nichts, worüber man sich zu wundern hätte. Eher dürfte man sich wundern, wenn es *nicht* geschähe.

Wer freilich gewohnt ist, dergleichen für bloße Wahnvorstellungen erhitzter Seelen zu halten oder für wichtigtuerische Übertreibungen; wer an Dinge wie Überwachung, Bespitzelung und Denunziation gar nicht recht glaubt, und schon gar nicht daran, daß sie aus so geringfügigem Anlaß in Funktion treten könnten–: wird sich im Gegenteil wundern, wenn es dann also doch geschieht. Wird sich wundern, in aller Herrgottsfrüh aus dem Bett herausgeholt und von zwei Gestapobeamten zum Verhör gebracht zu werden. Wird sich wundern, bei diesem Verhör sämtliche im gestrigen Telefongespräch gemachten (und halb schon wieder vergessenen) Äußerungen wortwörtlich vorgehalten zu bekommen, sie als Beleidigungen nationalsozialistischer Partei-Institutionen, als Schmähungen des Deutschen Reichs, als verdächtige und strafbare Handlungen und als weiß Gott was alles qualifiziert zu finden und gefragt zu werden, was man dazu zu sagen hätte? Wird sich, in wachsender Verwunderung, auf die schlichte Antwort beschränken: damit sei doch schon alles gesagt und es wäre dem nichts weiter hinzuzufügen. Wird daraufhin, vor Verwunderung fast schon perplex, den einvernehmenden Beamten sehr höflich abschließen hören:

»Dann müssen wir Sie leider bitten, in einer vorläufigen Schutzhaft darüber nachzudenken« – und wird abgeführt werden, jawohl, in eine Zelle abgeführt, und sitzt dann also auf einer Pritsche zwischen vier kahlen Wänden, und kann vor lauter Verwunderung noch immer nichts andres denken als: da hat man's nun. Da hat man's nun in der Tat und allen Ernstes. Das gibt's also wirklich.

Böhmische Polka

Wer jedoch gewohnt ist, dergleichen ohneweiters für möglich zu halten; wer ganz genau und zum Teil aus Erfahrung weiß, daß es Dinge wie Überwachung, Bespitzelung und Denunziation tatsächlich gibt; wen eben daher schon dämmerige Besorgnis überkam, und wer seit der gestrigen Nacht auf eine Bestätigung dieser Besorgnis geradezu rechnet –: der wird sich also (obschon sein erster Gedanke gleichfalls »Da hat man's nun!« lautet) überhaupt nicht wundern.

Sondern als der Anruf, den er mit gutem Grund für heute spätestens ein Uhr mittag erbeten hat, um halb zwei noch immer nicht erfolgt ist und auch keine andre telefonische oder telegrafische Nachricht eintrifft – saust er in die Redaktion des Neuen Wiener Tagblatts und an sämtlichen »Djehre Herr Hoffmann!« vorbei in das Zimmer des Redakteurs Drexler. Erklärt dem gar nicht sonderlich Verdutzten, warum er gekommen ist und warum in solcher Eile. Bewegt ihn, von der Redaktion aus Carolas Hotel anzurufen, weil er (nun tatsächlich schon ein wenig überängstlich) für den Fall einer Abhorchung oder Rückfrage den Anschein eines unverfänglichen journalistischen Berufsgesprächs für geboten hält. Läßt sich in eine der grün und dick gepolsterten Zellen des Telefonzimmers mitnehmen, nimmt den Nebenhörer, hört mit, hört: »Hier Redaktion Neues Wiener Tagblatt. Bitte Frau Hell.« – »Frau Hell, jawohl ... Halloh? Frau Hell ist nicht zuhause.« – »Sitzt sie nicht in der Halle? Im Café?« – »Augenblick mal, ich lasse nachsehn. Warten Sie bitte ... Halloh? Bedaure, die Dame ist nicht im Hotel.« – »Wissen Sie vielleicht, wann sie weggegangen ist?« – »Bedaure, nein.« – »Können Sie das nicht feststellen? Vielleicht weiß es der Portier?« – »Augenblick mal ... Halloh? Ich kann leider keine Auskunft geben.« – »Ist vielleicht eine Nachricht von ihr da? In der Reception, oder sonstwo?« – »Leider, gar nichts.« – »So. Danke.« – »Bitte.« Saust ab, zur Hauptpost nebenan, schickt zwei dringende Telegramme an beide Adressen Peter Zimmermanns, nachhause und in die Berliner Redaktion: »dringdrahtet maedis befinden toni fleischmarkt – martin.« Reißt dem um halb vier endlich eintretenden Herrn Selböck das Formular aus der Hand, liest: »maedi nur leicht erkrankt stop voellige genesung unmittelbar bevorstehend stop kein anlass zu besorgnis weitere drahtnachricht folgt – peter«. Und klappt nun völlig zusammen, sitzt reglos bleich auf dem Sessel neben Tonis Schreibtisch, und bringt minutenlang nichts andres hervor als unartikulierte Laute.

Toni Drexler findet das Telegramm nicht weiter aufregend: Carola hätte eben im Zusammenhang mit dem gestrigen Telefongespräch ein – gewiß sehr lästiges – Verhör zu bestehen, aus dem man sie zweifellos noch bis zur Abendvorstellung entlassen würde, und Schluß.

Aber wie glaubhaft diese Vermutung auch sein mag (sie kommt übrigens den Tatsachen erstaunlich nahe); wie überzeugend Toni auch nachweist, daß doch Carolas Berliner Freunde schon in voller Aktion wären (was zudem aus Peters Telegramm zur Genüge hervorgeht); wie nachdrücklich er auch erklärt, daß man nötigenfalls von der Redaktion aus die österreichische Gesandtschaft in Berlin um Intervention ersuchen werde –: Martin hört ihm kaum zu, Martin ist taub, Martin ist nun nicht mehr bloß überängstlich, sondern schon rechtschaffen hysterisch, diesen Gangstern dort sei alles zuzutrauen, man kenne genügend Beispiele dafür, die hätten schon ganz andre Gesandtschaften brüskiert als die österreichische, ganz andre Kapazitäten in Haft gehalten als eine Schauspielerin aus Wien – und er könne den Gedanken daran einfach nicht ertragen. Es müsse etwas geschehn.

Toni, sanft und geduldig – ach, er trumpft nicht im mindesten auf, weder insgeheim noch merkbar, und eigentlich könnte er das doch tun, denn was sich da begibt, ist doch ein eklatanter Beweis für seine kürzlich vorgebrachten und von Martin so leichthin abgetanen Bedenken, er wird auch wieder und nochmals von ihnen sprechen, aber natürlich nicht jetzt, jetzt muß er diesen armen Irren zur Vernunft bringen, nur nicht reizen, nur nicht reizen – Toni beginnt von neuem: Carola sei doch in Berlin nicht etwa hilflos und verlassen, man würde dort ganz bestimmt alles tun, was man –

»Man – man – man!« unterbricht hemmungslos Martin. »Wer: man? *Ich* muß etwas tun, *ich*. Erstens halt ich's einfach nicht aus, hier zu sitzen – und dann – auch wegen der Cary – die wird ja sonst genau so verrückt wie ich!« Er ist aufgesprungen, und fegt mit langen Schritten hin und her durch das keineswegs geräumige Zimmer.

Toni indessen sitzt da wie zuvor, nur hat er jetzt den Ellenbogen auf die Schreibtischplatte gestützt, hält liebevoll Nofretetens braungebeizten Kopf umfaßt, und blickt vor sich hin in die dicken blauen Wolken: offenkundig gedenkt er zu warten, bis Martin seine Gedanken wieder zu halbwegs normaler Gangart gezügelt hat.

Dies ist, genau betrachtet, bereits der Fall. Martins Gedanken toben durchaus nicht ungezügelt einher, und sein heftiges Bedürfnis, irgendetwas zu tun, entspringt durchaus keiner blinden Abenteurerlust, treibt ihn durchaus nicht dazu, nun etwa knabenhaft drauflos in unerhörte Verstrickungen sich hineinzugruseln. Obschon es gar nicht leicht für ihn ist: die Vorstellung, wie Carola verhaftet, wie Carola verhört wird – die Vorstellung, daß ihr ein Leid widerfahre – und die Vorstellung noch dazu, wie er dem anderswo entgegenzutreten vermöchte und wie er das hier nicht vermag –: nein, es ist gar nicht leicht für ihn, all diese Vorstellungen qualvoll gegenständlich im Sinn zu haben, und sich dennoch darüber klar zu bleiben, daß Toni natürlich rechthat und daß in Berlin natürlich alles Erdenkliche unternommen wird.

Martin hält im Gehen inne. Es fügt sich einigermaßen unglückselig, daß er sich nun noch jenes Gesprächs erinnert, das er letzthin mit Toni in diesem Zimmer geführt hat, und das da ausging von den Worten:»Carola ist alles.«

Jetzt hat auch Toni den Kopf gehoben und erwidert Martins Blick mit einem fragenden Aufwärtsnicken.

Martin zuckt die Achseln, dann setzt er sich wieder neben den Schreibtisch hin.

Da gäbe es also leider nichts andres als warten, sagt Toni, bestätigend, als schlösse er Martins Überlegungen ab. Und zu tun gäbe es da also gar nichts. Bei nüchterner Betrachtung – die man von Martin jetzt nicht fordern dürfe, und deshalb obliege sie eben ihm, Toni – bei nüchterner Betrachtung erweise sich das Ganze als ein harmloser Zwischenfall, der sich sehr rasch applanieren werde. Was immer man von Wien aus unternähme, könnte dem nur hinderlich sein. Oder ob Martin vielleicht nach Berlin fahren wollte? Dann hätte er allerdings etwas »getan« – und zwar hätte er den dortigen Instanzen damit den denkbar größten Gefallen getan. Ganz abgesehen von allem andern, was eine derartige Unternehmung ohnehin schon als Irrsinn erscheinen ließe. Und er bitte höflich um Entschuldigung, daß er das erst ausdrücklich festgestellt habe, es würde nie wieder vorkommen. – So, und jetzt müsse er leider in die Setzerei, in einer halben Stunde sei er fertig und würde sich, falls Martin das wünsche, für den Rest des Tages beurlauben lassen; oder was Martin sonst für Dispositionen treffen wolle?

»Es ist jetzt vier Uhr«, sagt Martin, er spricht rasch und unbeteiligt, er leiert beinahe, »ich geh jetzt nachhause, vielleicht ist irgendeine Nachricht da, laß dich nicht stören Toni, ich bin dann nach sechs im Herrenhof, danke, servus.«

Es ist vollkommen sinnlos, und es ist das einzige was ich tun kann. Es ist das einzige was ich tun kann, und es ist vollkommen sinnlos.

Hin und her, auf und ab, immer wieder denkt er es in sich hinein, verbissen, verbohrt, idiotisch. Und wie es sich nach und nach dem Rhythmus der Räder angleicht, beginnt es ihn sogar zu beruhigen. Und wie es ihn nach und nach beruhigt, vermag er sich auch wieder loszudenken davon.

Es ist gar nicht so sinnlos, denkt er. Freilich: unternehmen kann ich ja wirklich nichts. Der Gestapo darf ich nicht zu nahe kommen, und überhaupt keinen Behörden. Die werden zwar nicht gerade auf mich warten, so wichtig bin ich ihnen wohl kaum – immerhin: wenn sie mich erst einmal gestellt hätten und nachschauen, wer das denn eigentlich ist, Martin Hoffmann, Schriftsteller, was hat denn der geschrieben – ich muß also doch privat wohnen, beim Peter. Nicht im Hotel. Nicht einmal einen Meldezettel möchte ich ausfüllen. Nein, unternehmen kann ich nichts. – Nichts: als daß ich da bin. Und daß Carola davon erfährt. Spätestens eine Viertelstunde nach meiner Ankunft muß sie es wissen.

Lieber Himmel. Ich trau mich gar nicht daran zu denken, *wie* wichtig das vielleicht für sie sein wird. Ich trau mich gar nicht daran zu denken, in was für einer Verfassung sie sein könnte. Lieber Himmel. Cary, Kind, Geliebte. Kind, das noch nie mit einer Behörde zu tun hatte. Und jetzt gleich mit der Gestapo! Reichskulturtrottel, uniformierte Teppen, frech geworden, Vorschriften machen, Idioten – mehr braucht's ja nicht. Wie? Was? Es wird schon nicht so arg sein? Warum denn nicht?! Man wird es schon nicht zu einem Skandal kommen lassen? Man hat ja schon! Und überhaupt: wieso Skandal? Die heutige Abendvorstellung im Deutschen Theater entfällt wegen einer plötzlichen Erkrankung im Ensemble, das Eintrittsgeld wird an der Kassa zurückerstattet. Ganz einfach. Oder es springt jemand ein. Noch einfacher. Und gar keine Spur von Skandal. Im Gegenteil. Jeder schweigt. Niemand rührt sich. Niemand wagt es, sich zu kompromittieren. Sie ist ganz allein, sie ist ... nein, nein. *Das* wäre nun wirklich sinnlos, wenn ich *darüber* nachzudenken begänne. Aber hinzufahren ist gar nicht sinnlos.

Denn wie immer es verläuft, und ob es sich inzwischen auch schon geregelt hat: daß ich gekommen bin, daß ich ihretwegen nach Berlin gekommen bin, kann niemals und gar keines Falls sinnlos gewesen sein. Es ist vielleicht der letzte Beweis, den ich noch zu erbringen hatte, der letzte und äußerste. Vielleicht hat sie gerade darauf gewartet, vielleicht hat sie sich gerade danach gesehnt: daß ich solchen Beweis einmal erbrächte! Es war alles so einfach bisher, es ging alles so unerlaubt glatt. Wenn man's recht besieht, hab ich noch gar nichts bewiesen, noch gar nichts riskiert. Sondern immer nur sie. Sie hat jetzt ein Recht auf Erwartung, sie hätte ein Recht auf Enttäuschung, sie hat alles Recht. Und ich hätte nie mehr das kleinste. Oh Cary, oh Kind, oh Geliebte. Wie du dich freuen wirst, wie glücklich du wirst, wie stolz. Und wie herrlich dann alles sein wird, vollkommen herrlich! – Nein, es ist gar nicht so sinnlos, denkt Martin Hoffmann aufs neue in sich hinein. Und aufs neue: es ist das einzige was ich tun kann. Doch heißt das nun nicht mehr: das einzige was ich zu tun vermag. Es heißt: das einzige was ich zu tun habe; was ich tun muß. Ich *kann* gar nichts andres tun.

Fernhin, über die dunkel gewölbten Brücken vom einen Herzschlag zum andern, begab sich da geheimnisvolle Zusammenkunft, traf Martins tiefernster und dennoch spielerischer Wunsch, einen Beweis zu erbringen, den Carola vielleicht noch entbehrte, auf Carolas nicht minder spielerische, nicht minder dennoch tiefernste Entbehrung: traf auf jene Sehnsucht nach dem Unerwarteten, auf jenen Traum von der Sternschnuppe, welcher so gering war und so gewaltig, so selbstherrlich und so demütig, daß es ihm gleich galt, ob er seine Erfüllung durch einen Blumenstrauß fände oder durch Lebensgefahr.

Aber das wußte Martin nicht. Er dachte nur immer wieder: es ist nicht sinnlos, nein, es ist das einzige was ich tun kann. Und es wirkte auf ihn nun nicht mehr beruhigend nur, sondern bald schon beglückend, und bald so sehr, daß er es gar nicht mehr dachte. Weil es da nichts mehr zu denken gab.

Die Herren Plohn und Winternitz, die sich gegen viertel zwölf Uhr nachts aus der Redaktion des »Prager Tagblatt« zum Wilsonbahnhof begaben, waren in ihren Erwartungen natürlich vollkommen abhängig von dem Gespräch mit Toni Drexler, dem Wiener Korrespondenten ihres Blattes. Drexler, nach Schluß des täglichen Telefonats (das gegen acht Uhr abend erfolgte), hatte diesmal nicht mit dem üblichen »So, das ist alles, auf Wiederhören!« abgehängt, sondern hatte den Kollegen Winternitz gebeten, ihm noch ein paar Minuten zuzuhören – einer dringenden persönlichen Bitte wegen, deren zuverlässige und bestmögliche Erledigung ihm sehr am Herzen liege.

Winternitz erklärte seine Bereitwilligkeit – nicht ohne Ungeduld freilich, denn in zehn Minuten käme Warschau! (Wohin Kollege Winternitz die eben erhaltenen Nachrichten als Ergebnis seiner eigenen Reporter-Tüchtigkeit durchgab.) Also? Womit könne er dienen?

Es würde mit dem Berliner Nachtschnellzug, der aus Wien um fünf Uhr nachmittag vom Franzjosefsbahnhof abgegangen sei, der bekannte Bühnenschriftsteller Martin Hoffmann durch Prag durchkommen –

No wenn schon! unterbricht Winternitz mit jener unnachahmlichen Geringschätzung, die das repräsentative Organ deutschpragerischen Geistes seit jeher allem entgegenbrachte, was nicht deutschpragerischen Geistes war.

Ob nun der Kollege Winternitz so freundlich wäre, setzt Toni Drexler fort, auf den Wilsonbahnhof zu gehen und –

Vielleicht ein Interview machen?! fährt Winternitz aufs neue dazwischen, mit gesteigertem Mißmut nun schon: denn bei dieser Geschichte schaut rein gar nichts für ihn heraus.

Er möge ihn vor allem nicht ständig unterbrechen! erwidert Drexler, nun seinerseits ein wenig gereizt. Es handle sich um etwas sehr Ernstes. Martin Hoffmann – dessen Stücke, was Winternitz ja sicherlich wisse, in Deutschland schon deshalb nicht gespielt werden dürfen, weil Hoffmann Jude sei – habe sich überdies durch seine Mitarbeit an linksstehenden Zeitschriften politisch gegen die Nazi exponiert. Und man müsse ihn also unbedingt in Prag zurückhalten – er befände sich nämlich unterwegs nach Berlin.

Der Bleedian!! schreit Winternitz auf und greift sich mit beiden Händen an den Kopf. Seine ursprünglich so materialistische Einstellung zu diesem Zusatzgespräch ist jählings geschwunden, er ließe jetzt sogar War-schau hängen.

Ganz richtig: ein Blödian! bestätigt Drexler. Und dann erklärt er in knap-pen Worten (die von Winternitz nur noch durch aufgeregte Zischlaute unterbrochen werden), was da vorgefallen ist und was es nun zu tun gelte. Hss! macht Winternitz auch zum Abschluß wieder. Ein hibscher Auf-trag! No gut. Er selber kenne den Hoffmann leider nur ganz flüchtig – aber der Kollege Plohn vom Feuilleton hätte sich gelegentlich der letzten Pre-miere stark angefreundet mit ihm. Damals, im übrigen, hätte dieser Hoff-mann noch einen ganz normalen Eindruck gemacht! flicht Winternitz ein, behaglich das Gespräch auf Redaktionskosten verlängernd. Also: er würde den Plohn auf die Bahn mitnehmen, der Kollege Drexler sollte sich ganz auf ihn verlassen. Bittesehr, keine Ursache. – Und Winternitz, nach-dem er den Kopfhörer abgestreift hatte, zischte ein letztes »Hss!« vor sich hin und konnte wieder einmal feststellen, daß es sich wirklich so verhielte, wie es von ihm, Winternitz, endgültig formuliert war: *wenn* ein Jud bleed *is*, dann *is* er bleed! Dem pflichtete auch der Feuilletonredakteur Plohn vollinhaltlich bei, und war ebenso wie Winternitz darauf gefaßt, um vier-tel zwölf auf dem Wilsonbahnhof einen exzessiven Beweis für diese These vorzufinden: eben in der Gestalt Martin Hoffmanns.

Und war ebenso wie Winternitz höchlichst überrascht, als Martin Hoff-mann dieser Erwartung auch nicht im allerentferntesten entsprach, auch nicht im mindesten sich betrug wie einer, der zu zweifellos wahnsinnigem Tun entschlossen ist, ja nicht einmal jene Nervosität und Erregung erken-nen ließ, von der Drexler gesprochen hatte. Im Gegenteil stand Martin Hoffmann ganz ruhig und normal am Fenster, begrüßte die beiden lebhaft zu ihm Hinaufwinkenden mit sichtlicher Freude, kam auch sogleich zu ih-nen auf den Perron hinunter, schüttelte herzlich ihre Hände, freute sich, wunderte sich: ob sie wirklich seinetwegen gekommen wären? Und woher sie denn wüßten –? Aha, vom Drexler. Das hätte er sich ja gleich denken können.

»No eben«, nimmt Winternitz das Wort. »Und dann können Sie sich vielleicht auch denken, was er Ihnen sagen läßt?«

»Wahrscheinlich: daß ich nicht nach Berlin fahren soll.«

»Richtig. Der Drexler hat nämlich um sechs Uhr aus Berlin ein Tele-gramm bekommen. Es ist alles in Ordnung.«

So so, macht Martin bedächtig, und bleibt kurz stehen. So so. Interessant. Hm.

»Also machen Sie keine ieberflissigen Bleedheiten«, fordert Winternitz unter sorgfältiger Vermeidung sämtlicher Umlaute, »nehmen Sie sich scheen Ihre Koffer und bleiben Sie in Prag. Wenn Sie nicht mied sind, gehn wir noch ein bissel auf lepši!«

»Das ist furchtbar lieb von Ihnen, Herr Winternitz. Aber ich fürchte –«

»Halloh, Träger!« ruft Winternitz. Und, zu Martin gewendet: »No gut. Dann gehen Sie heechstens schlafen.«

»Nein, wirklich, Hoffmann!« drängt nun auch Plohn. »Ich mische mich sonst prinzipiell nicht in Privatangelegenheiten, wirklich nicht. Aber erstens scheint es mir nicht unbedingt eine Privatangelegenheit zu sein, wenn ein Schriftsteller wie Sie sich der Gestapo ausliefert –«

»Sehr freundlich«, unterbricht Martin, und vermutet hinter dieser Schmeichelei eine taktische Anweisung Tonis. »Nur fahre ich ja nicht als Schriftsteller, sondern eben als Privatmann.«

»Das wissen *Sie*, das weiß *ich* – aber weiß es der Hund?!« erkundigt sich Winternitz unter lebhafter Gestikulation. Plohn indessen holt neuerlich aus: »Ich will Ihnen etwas sagen, Hoffmann. Wenn uns der Drexler nicht telefoniert hätte, daß die Sache bereits applaniert ist, hätte ich vielleicht gar nicht gewagt, Sie zurückzuhalten. Die Sache *ist* doch aber applaniert. Und jetzt wäre es doch wirklich sinnlos, wenn Sie noch hinfahren!«

»Es ist gar nicht sinnlos«, sagt Martin mit sanfter Bestimmtheit, und sagt es wie etwas längst schon Unumstößliches, dessen allgemeine Kenntnis man eigentlich voraussetzen dürfte. »Es ist das einzige, was ich tun kann.«

Und nickt den beiden zu, lächelnd, und hat, da gerade der Ruf zum Einsteigen ertönt, auch schon das Trittbrett erklommen, winkt mit der freien Hand zurück, ein heiteres Winken, das er hinter einer geschlossenen Fensterscheibe nochmals wiederholt, ehe er sich ins Coupé zurückzieht.

Die Herren Plohn und Winternitz sehen einander an, legen die Stirnen in bedenkliche Falten, und wie sie kopfschüttelnd sodann dem langsam aus der Halle rollenden Zug nachblicken, entringt sich ihren Lippen gleichzeitig das gleiche Wort, es ist hebräischen Ursprungs und recht eigentlich unübersetzbar, denn neben seinem tadelnden Sinn drückt es auch noch ein gewisses Verständnis für den Getadelten aus, ein resignier-

tes, ein weises Verständnis, und um diese Weisheit wiegt es nun eben schwerer als alle andern Bezeichnungen für »verrückt« – die Herren Plohn und Winternitz sagten:
»Meschugge –«
Dann wandten sie sich und gingen.

Martin, nun allein in seinem Coupé, hat es sehr bald aufgegeben, die Wahrscheinlichkeit eines tatsächlich eingetroffenen Telegramms gegen die Wahrscheinlichkeit einer bloßen Erfindung Tonis abzuschätzen. Daß er überhaupt mit einer Erfindung rechnen mußte, genügt ihm. Das allein gäbe den Ausschlag – wenn es eines Ausschlags überhaupt noch bedurft hätte. Wenn die Durchführung seines Plans nicht schon so fest gestanden wäre. Wenn Martin nicht schon so weit hielte, daß er seine Reise nach Berlin bereits von einem neuen und nahezu objektiven Blickpunkt für interessant und also gar nicht sinnlos zu halten begann: weil er sich doch nun das alles einmal ansehen könnte – und danach hat es ihn ja schon immer verlangt! Bisher wäre es vielleicht leichtsinnig und noch aus mancherlei andern Gründen nicht zu rechtfertigen gewesen. Jetzt aber durfte er es als einen weiteren sinnvollen Zusatz zum eigentlichen und unantastbaren Sinn seiner Unternehmung buchen, und er tat es mit befriedigtem Lächeln.

Nochmals, des reizvollen Interesses halber, überlegte er, ob es denn überhaupt ein Argument, eine Tatsache oder sonstetwas gäbe, wovon er sich an seiner Weiterreise vielleicht hindern ließe?

Er vermochte nichts derartiges zu entdecken und fand es alsbald reichlich unnütz, sich hierüber den Kopf zu zerbrechen. Das hätte eben Toni tun müssen! stellte er fest, und die Genugtuung, die er dabei empfand, war nahezu lausbübisch und wohl auch ein wenig dumm.

Dann begann er aufs neue an Berlin zu denken, und merkte – kaum noch im klaren Bewußtsein der grotesken Richtung, die seine Gedanken da nahmen –: daß er sich ganz richtig freute, nach Berlin zu kommen.

Das war nun aber nicht bloß dumm, sondern eine arge Leichtfertigkeit.

Sie ließ sich auch dadurch nicht mehr sühnen, daß Martin, je näher die Grenze kam, desto geprickelter wieder an die Risken dachte, die er nun im Verkehr mit den Organen des Dritten Reichs wohl einginge; und daß er die tschechischen voll brüderlicher Zuneigung betrachtete und begrüßte, als letzte Boten und Posten einer annähernd normalen Welt; und daß er auf die Frage des Paßkontrollors:»Wohin reisen Sie?« nicht einfach und sachlich erwiderte:»Nach Deutschland«, sondern noch zutraulich halb und halb entschuldigend hinzufügte:»Weil ich muß.«

»Hm. Weil S' missen.« Es klingt nicht einmal sonderlich interessiert. »Und warum missen S'?«

Martin stutzt. Was fragt der so viel? denkt er irritiert. Was kann der von mir wollen? Und sein Zutrauen ist übergangslos in ängstliche Nervosität umgeschlagen, als er die unbestimmte und schon darum ungeschickte Antwort gibt:

»Ich habe meine Gründe.«

»Was fir Grinde?«

»Das geht Sie nichts an!« sagt Martin, so grob, wie man es eben nur aus einer gänzlich unbegründeten Nervosität heraus sein kann.

»Vielleicht doch.« Der Beamte klappt den noch ungestempelten Paß zusammen und steckt ihn zu sich.»Devisenkontrolle kommt gleich. Und dann Zollrevision. Also werden wir sehn.«

Martin bleibt allein im Coupé zurück. An Devisen besitzt er nicht einmal den vollen Betrag, dessen Ausfuhr erlaubt ist, und sein einziger Handkoffer enthält nur Wäsche und die nötigsten Toilettegegenstände. Somit bestünde für ihn, bei nüchterner Betrachtung, keinerlei Anlaß zur Unsicherheit. Aber von nüchterner Betrachtung ist Martin weit, weit entfernt. Die Lähmung, die ihn befallen hat, ist sogar durchaus wesensverwandt jener nachmittäglichen beim Empfang von Peter Zimmermanns Telegramm:»Da hat man's nun!« denkt er, und:»Das gibt's also wirklich!« Denn wenn sich schon das eine Unwahrscheinliche und Unvorstellbare, das Carolas Verhaftung doch war, in der Tat begeben hat – warum jetzt nicht noch ein andres? warum sollte er jetzt nicht das Opfer einer dieser zoll- und devisenamtlichen Stichproben werden, wie sie eben dann und wann über einen Reisenden hereinbrechen, mit allen Schikanen und Konsequenzen?

Und Martin, als kurz darauf die Coupétür sich öffnet und ein zweifellos informierter Beamter ihn auffordert, unter Mitnahme von Mantel und Koffer ihm ins Zollbüro zu folgen – Martin sieht sich da schon in Bodenbach zurückbleiben, sieht den Zug, der nach sechs Uhr morgens in Berlin eintrifft, ohne ihn die Station verlassen, und sieht sich bereits Erkundigungen einziehen, was für Beförderungsmöglichkeiten es vor dem nächsten Wien-Prag-Berliner Schnellzug noch gäbe. Ja es fehlte nicht viel, und er hätte den wortlos ihm voranschreitenden Beamten schon jetzt danach gefragt.

Er fragte ihn nicht. Er zog auch keinerlei Erkundigungen ein, als er, ungefähr eine Stunde später, nach hochnotpeinlichster Taschen- und Leibes-Visitation und mit einem nur notdürftig wieder zusammengeleimten Koffer auf den Bahnsteig hinaustrat, der sich windoffen und schlecht beleuchtet vor ihm auftat, ein nächtlicher Provinzbahnhof eben, gerade wurde ein Güterzug rangiert, und Martin, in sturer, gehirnleerer Beschauung, verharrte minutenlang und fragte nichts und niemanden.

Das Telegramm jedoch, das ihn jeglicher Frage überhob und das man ihm noch im Zollgebäude eingehändigt hatte, gleich nach Abschluß der Prozedur und, wie ihm jetzt scheinen wollte, unter heimlichem Schmunzeln – dieses Telegramm hatte folgenden Wortlaut:

+ *martin hoffmann bei nachtschnellzug wien berlin bahnhof podmokly musste letzten ausweg waehlen bitte nicht boessein stop weder mir noch prager kollegen stop schwoere dir alle eide dass hell vollkommen in ordnung stop telefonierte bereits mit ihr stop erwarte dich nachmittag redaktion = toni +*

Aufforderung zum Tanz

❧

Tusch

Ursprünglich hätte ja mit dieser Jause die neue Wohnung in der Eroicagasse eingeweiht werden sollen, und Frau Leopoldine Hell hatte sich schon einige Tage vor dem 1. Dezember nach Ober-Döbling begeben, um einmal nachzuschauen, ob alles in Ordnung wäre. »Alles« hieß da zunächst: die Küche – denn Frau Hell plante den Jausenkaffee persönlich zuzubereiten. Was die beiden Zimmer betraf, so waren sie damals von Ordnung noch ziemlich weit entfernt. Indessen versicherten die maßgeblichen Faktoren, daß bis zum Ersten alles fix und fertig sein würde. Man sah auch keinen Grund, daran zu zweifeln.

Und dann war die Couch, die weiche, die wunderbar breite Doppelcouch, das erlesene Prunkstück nicht bloß des einen, für Carola bestimmten Zimmers, sondern der ganzen Wohnung einschließlich Vorraum, Badezimmer und Küche – dann war sie am 30. November noch immer nicht geliefert! Auf den flehentlichen Entschuldigungen des Tischlermeisters Holletschek konnte man aber nicht sitzen, und seinem Schwur, die Couch spätestens bis zum Mittag des folgenden Tages an Ort und Stelle zu schaffen, konnte man nicht mehr trauen.

So fand, nach Carolas Entschluß und Entscheid (und obwohl die Couch um drei Uhr nachmittag tatsächlich eintraf), die Jause in der mütterlichen Wohnung am Arenbergring statt, von einer Eröffnungs- in eine Abschieds-Jause gewandelt, und im übrigen sehr zum Beifall von Frau Leopoldine Hell. Es stellte sich jetzt erst heraus, wie heftig Frau Hell dem blitzblanken elektrischen Patent-Herd der Döblinger Wohnung mißtraute, und daß er ihrer Ansicht nach höchstens zur Zubereitung einer Eierspeis oder eines Kamillentees geeignet wäre, keinesfalls jedoch für einen Jausenkaffee – einen Jausenkaffee, bitte, nicht irgend so ein G'schlader aus Bohnen und Zichorie (was sie natürlich »Zigori« aussprach und womit sie dem ehrfürchtig lauschenden Martin eine lang verschollene Erinnerung aus Kindertagen wachrief: als sich ihm die von Mutter oder Köchin desgleichen so genannte »Zigori« verwirrend mit jener andern identifiziert hatte, welche auch unter dem Namen »Cuba« oder »Trabuco« auftrat und nach beendeter Mahlzeit vom Vater in Brand gesteckt wurde).

Ob nun die mütterlich Hell'sche Beurteilung der neuzeitlichen Kochapparaturen richtig war oder nicht – der mütterlich Hell'sche Kaffee verdiente das Prädikat »richtig« unbedingt. Es war ein richtiger Jausenkaffee, und vielleicht hatte daran, daß er es war, neben der Meisterschaft seiner Bereiterin auch die alterprobte Herdplatte geheimnisvollen Anteil, auch der dunkelgrün tapezierte Salon, der stämmig runde Tisch und die schweren Stühle, das blütenweiße Tischtuch und die kunstvoll gefalteten Servietten, das hauchdünne, edelrandige Porzellanservice und das vielfältige Silberbesteck, dessen jedem Stück gesonderte Verwendung zugewiesen war, für Kaffee und Schlagobers und Butter, für Jam und Gebäck und Gugelhupf. Ja es schien beinahe, als käme noch den am Tisch Versammelten selbst ein solcher Anteil zu, als hätten sie nicht bloß festzustellen, daß dies ein richtiger Jausenkaffee sei, sondern mitzuwirken daran. Die Hausfrau jedenfalls und der alte Herr von Jovanovic taten dem auch in hohem Maß Genüge. Die andern drei, Carola, Martin und Toni Drexler, mußten zusehen, daß sie sich diesen beiden möglichst stilgerecht anpaßten. Und es glückte ihnen durchaus – wobei Carola es am leichtesten hatte und Toni Drexler am schwersten: denn er war zum ersten Mal in dieser Wohnung. Auf Carolas spontane Einladung hin, nicht etwa auf Martins Betreiben. Schon von Berlin aus, sogleich als sie die Bedeutsamkeit seines Eingreifens voll erfassen konnte, hatte sie sich brieflich bei Toni bedankt – nunmehr wünschte sie auch die letzten Reste ihrer einstigen Reserviertheit zu tilgen. Und das war ganz entschieden eine positive Folge des Berliner Zwischenfalls.

Unentschieden blieb, ob auch die übrigen Folgen wirklich so »positiv« waren wie sie sich gaben (oder wie Carola und Martin sie doch nahmen). Gewiß, über mancherlei dachte und sprach Carola nun anders als zuvor. Daß Dinge wie Überwachung und Denunziation, wie Gestapo und Schutzhaft tatsächlich existierten: das wußte sie nun also, und versuchte gar nichts daran zu deuten. Es ließ sie auch keineswegs gleichgültig. Sie war entsetzt und empört darüber. Aber Entsetzen wie Empörung waren falsch, ja fast schon unzulässig: nämlich privat. Nämlich davon bestimmt und darauf beschränkt, daß sie, Carola Hell, von diesen Dingen persönlich betroffen worden war. Nicht galt Carolas Entsetzen der Würdelosigkeit eines Zustands, in dem es geradezu selbstverständlich erschien, daß ein Telefongespräch abgehört wurde. Nicht richtete sich Carolas Empörung gegen die Institution einer Geheimen Staats-Polizei, nicht gegen all die Scheuel und Greuel, die schon das bloße Vorhandensein solch einer Institution bedeutete. Sondern wenn Carola entschlossen war, nie wieder nach Deutschland zu fahren, so hieß das ganz einfach: ich, Carola Hell, wünsche von derlei nie wieder molestiert zu werden, wünsche mich dem nie wieder auszusetzen – ich, Carola Hell, habe das nicht nötig. Und diese abschließende Formel (mehrmals und ausdrücklich von ihr gebraucht) setzte sie auch pünktlich außerstande, zu etwa grundsätzlichen Überlegungen vorzustoßen; etwa: wie es sich denn wohl verhielte, wenn die Frage des »Nötig-Habens« weniger glücklich geregelt wäre; oder etwa über jene ihrer Kollegen nachzudenken, für die zwar gleichfalls keinerlei Nötigung bestand, die aber dennoch in Deutschland spielten – in diesem Deutschland, wo man überwacht und bespitzelt wurde, wo privateste Beziehung von Polizei und Gefängnis bedroht war, wo es irgendwelchen schwarz uniformierten oder plump befrackten Reitknechten oblag, über künstlerische Leistung zu entscheiden – nein, zu derartigen Überlegungen war Carola nach wie vor außerstande. Und war solchermaßen dem gleichen Irrtum anheimgefallen, der es so vielen direkt Betroffenen unmöglich macht, Haltung zu gewinnen und Stellung zu beziehen: sie hielt Herrn Adolf Hitler für ein persönliches Mißgeschick, das ihr widerfahren wäre und andern nicht. Denen es aber nicht widerfahren war – für die bestand doch auch keine Ursache, Konsequenzen daraus zu ziehen?! Es hatte ja in Berlin sogar Stimmen gegeben, die rechtschaffen und gewichtig bestritten, daß sie ihrerseits aus diesem läppischen Zwischenfall Konsequenzen zu ziehen hätte. Jawohl, ein läppischer Zwischenfall! mehr sei es doch nicht gewesen! Hat man sie denn nicht nach ein paar Stunden Haft wieder entlassen, unter vielen Bücklingen und Entschuldigungen? Haben nicht in ihrem Beisein sehr hohe und jenem Frackträger weit vorgesetzte Persönlichkeiten von ihm als von einem »doofen Wichtigtuer« gesprochen, dem man nun einmal gründlich auf die Finger klopfen würde? War nicht in einem offiziellen Entschuldigungsschreiben, das sie tags darauf erhielt, von »Übergriffen untergeordneter Stellen« die Rede gewesen, von einem »allzu großen und allzu durchsichtigen Eifer«, der jedoch, »wie wir Sie versichert zu sein bitten, das gerade Gegenteil seiner mutmaßlichen Absicht bewirken wird«? Und hieß das nicht ganz eindeutig, daß man auf ihr Auftreten in Deutschland nach wie vor den größten Wert legte? War ein einziges Mal noch von ihren privaten Angelegenheiten die Rede? Hat man sie nicht mit aller erdenklichen Höflichkeit behandelt, von Anfang an, und nachher erst recht? Wahrhaftig, es wäre im höchsten Grad kindisch, wenn sie – nun: das aber wollte Carola denn doch als *ihre* Sache betrachtet wissen. Als ihre Sache ganz allein. Und da ließ sie nun keine Debatte zu. Genug daran, daß sie – um nicht nachträglich eine »Affaire« draus zu machen, vor allem Drydenfürths wegen – das Gastspiel zu Ende führte. Dann gefälligst Adieu, und auf Nimmerwiedersehn. – Womit der Fall für Carola restlos erledigt war. Wenn sie jetzt in Wien daran dachte oder davon sprach, dann begann sie sich immer deutlicher darüber lustigzumachen. »Geschehen« war ihr ja wirklich nichts, nicht einmal die allenfalls zu befürchtende Notiznahme durch die Presse war erfolgt, auch Martins Wahnsinnsanfall hatte – dank Tonis, der Prager Kollegen und der Bodenbacher Grenzbeamten Eingreifen – glücklicherweise zu keinen Weiterungen geführt –: warum sollte sie also das Ganze jetzt nicht komisch finden? Das erwies sich auch als bestes und einfachstes Mittel gegen die Aufbauscherei und Sensationsmache, zu der man im »Bau« doch immer neigte. Ach nein, es ist gar nichts passiert. Es war einfach lächerlich, und Schluß.

»Lächerlich«–: auch Martin kommt um solches Fazit nicht herum, (obschon es sich ihm nicht ganz so einfach ergibt). Wenn er sich erinnert, wie er da auf dem nächtlichen Bahnhof in Bodenbach den Gegenzug erwartet hat, bisweilen wohl noch ins zwinkernde Auge gefaßt von einem der Grenzbeamten, denen er also aus Prag als Devisenschmuggler oder als Wahnsinniger oder vielleicht als beides signalisiert war –: wenn er sich daran erinnert, dann wüßte er selbst nicht, welche Bezeichnung da besser zuträfe. Überhaupt muß wohl sein ganzes Unternehmen lächerlich gewesen sein – zu diesem Einbekenntnis versteht sich Martin jedenfalls leichter und findet es immer noch trostreicher, als wenn er mit einem ernsthaften Unternehmen an so lächerlichen Abschluß geraten wäre. Nein, es war lächerlich von Anbeginn. Er bereut es zwar nicht – aber es war lächerlich. Und damit kann Martin schon deshalb sich gut und gern zufriedengeben, weil das einzige, womit es ihm unbedingt und wirklich ernst gewesen ist: jener »Beweis« für Carola – weil Carola ihn auch so gemerkt und akzeptiert hat. Das ist ganz offenkundig, auch ohne daß sie ein Wort darüber gesprochen hätten. Sie werden das wohl gar nicht tun. Wozu denn. Wozu denn über alles reden. Es ist ja alles klar. Carola, seit ihrer Rückkehr, umgibt ihn mit einem solchen Übermaß von Zärtlichkeit, daß es ihm schlechtweg tölpelhaft erschiene, da nun mit sturer Auseinandersetzung hineingetrampelt zu kommen. Eigentlich und im Grunde dürfte er sich gar nichts besseres wünschen, als daß es ihm immer weiter und für alle Zeiten tölpelhaft erscheinen möge! Denn jetzt, da Carola mit eigenen Augen gesehn und am eigenen Leib erfahren hat, wie es um jene »Übertreibungen« bestellt sei – jetzt ist sie sich ja endlich im klaren darüber, daß es etwas besonderes heißt und bedeutet, dem allen entzogen zu sein, außerhalb Deutschlands zu leben, außerhalb Deutschlands zu wirken. Jetzt war alles in Ordnung.

»Alles in Ordnung« –: dies wiederum kann Toni Drexler nicht finden. Es scheint ihm ein wenig gar zu bequem, wie Martin und Carola in diese Deutung sich bescheiden. Bequem und dennoch gewalttätig: als hätte ihr unablässiges Geschnäbel und Gegurre den insgeheimen Zweck, eine wirkliche Klarstellung dieses Zwischenfalls hintanzuhalten. Mochte der nachträglich noch so sehr als Groteske sich darstellen – er trug doch alle Elemente eines tödlichen Ernstfalls in sich! Und nirgends war ihnen verbrieft, daß Verhaftungen immer so glimpflich ablaufen müßten, daß sinnlose Überstürzung immer so rechtzeitig sich bremsen ließe; nirgends auch, daß sie mit solcherlei nie wieder zu tun bekämen! Nein: mit Carolas Entschluß, nicht mehr nach Deutschland zu fahren, und mit Martins Zufriedenheit über ihre »Bekehrung« war die Sache bei weitem nicht erledigt und war bei weitem nicht alles in Ordnung. Aber Toni fragt sich vergebens, wie er das den Beiden beibringen sollte, ja ob es überhaupt einen Sinn hätte, das zu versuchen. »Beweisen« ließ sich da garnichts. »Beweise« gab es in solchen Zusammenhängen immer erst dann, wenn es zu spät war. Und vollends jetzt und heute sahen ihm Martin und Carola ganz danach aus, als hätten sie sogar einen Gegenbeweis in der Hand. Über den Rand seiner Kaffeetasse hinweg streift Toni mit einem unauffälligen Blick nach ihnen hin. Sie waren glücklich, kein Zweifel. Hoffentlich hatten sie recht. Hoffentlich hatte er unrecht.

Ob er vielleicht vergessen hätte, Zucker zu nehmen? erkundigt sich lächelnd Frau Hell. Weil er ein gar so bitteres Gesicht mache! Oder vielleicht schmecke ihm der Kaffee nicht?

Toni, verhältnismäßig rasch gefaßt, beteuert das Gegenteil und erklärt sein bitteres Gesicht mit dem Gedanken: daß man eines Tages auch in Wien so schlechten Kaffee zu trinken bekäme wie in Berlin.

»Haltaus, haltaus, junger Mann!« verwahrt sich da der alte Herr von Jovanovic. »Sie haben ja eine grausliche Phantasie!« Und er schüttelt grimmig den Kopf.

In Deutschland dürfte er so etwas gar nicht sagen! (Carolas Stimme klingt verschwörerisch informiert.) Da würde er sofort verhaftet werden. Als Miesmacher und Kritikaster.

In Deutschland, äußerst wohlgelaunt Martin, käme gar niemand auf die Idee, die Qualität des Kaffees zu bemängeln! Weil sie ja dort nichts besseres gewohnt seien.

Damit erringt er die volle Zustimmung des Oberst, der unter mehrfachem Ja – ja – ja eifrig vor sich hinnickt.

»Ganz richtig«, sagt er dann und lehnt sich breit zurück. »Sehn S': das denk ich mir auch immer, wenn ich was von ›deutschen Brüdern‹ hör, oder so. Ich glaub allerweil, ich bin eher dem letzten Pusztahirten sein Bruder, als denen ihrer. Weil der, wann seine Frau ihm ein flachsiges Gollasch bringt, ist er imstand und schmeißt ihr das Reindel am Kopf. Is net wahr? Na alsdann. Aber die dort, wissen S' – die werden am End' noch draufkommen, daß die Flachsen besonders nahrhaft sind. Die haben ja eh schon mitten im Frieden eine künstliche Hungersnot arrangiert. Die Herren Brüder. – Du sag einmal, Cary: hast du eigentlich in Berlin Schlagobers und Butter gekriegt, soviel als du wollen hast?«

Carola, klarer als sie es vor dieser Reise wahrscheinlich getan hätte, gibt achselzuckend die Auskunft, daß sie ja immer nur in den großen Hotels oder Restaurants gewesen sei. Dort bekäme man natürlich alles.

»Ich finde überhaupt, daß ihr ein bissel übertreibt, Kinder«, lenkt Frau Leopoldine Hell nun ein. Sie ist zwar weit entfernt von Parteinahme oder Urteilsbildung und weit entfernt, ihrer Tochter etwas dreinzureden, überhaupt, und vollends in bezug auf Martin – aber sie will von all diesen Dingen womöglich *noch* weniger wissen als Carola. Um so viel weniger, wie eben einer Mutter das Glück ihres Kindes wichtiger ist, als dem Kind selbst. Frau Leopoldine Hell wäre gewiß bereit, Herrn Hitler eigenhändig zu erwürgen: wenn Carolas Glück davon abhinge. Sie wäre aber unter derselben Voraussetzung gewiß nicht minder bereit, Herrn Hitler auch das

Leben zu retten. Und da sie in der Praxis vor keine derartige Alternative gestellt war, hatte sie im Grund nicht übermäßig viel dagegen, daß Herr Hitler also lebte, in Gottes oder in des Teufels Namen, es blieb ihr schließlich egal. Etwas ähnliches äußerte sie auch, als späterhin das Gespräch darauf zurückkam. Ob es denn, fragte sie schüchtern, nicht egal bliebe, wer irgendwo regiere? Hauptsache, daß die Leute glücklich seien!

Eine kurze, nicht eben behagliche Pause war die Folge, Carola blickte entschuldigend zu Martin hinüber – da war aber Frau Hell schon rot geworden und erklärte bestürzt, sie verstünde ja gar nichts von alledem, und sie hätte ja nur gemeint, daß man mit diesem Hitler eben zu viel dahermache. Österreich würde doch immer Österreich bleiben und Wien doch immer Wien – ob es nun, wie der Herr Redakteur vorhin erklärt hätte, einmal »Gau VIII« heißen würde und einmal wieder anders. Das stünde ja ohnehin nur auf dem Papier, und in Wirklichkeit brauchte man vielleicht gar nichts davon zu merken. Daß die Donau zum Beispiel Donau heißt, merke man ja auch nur auf der Landkarte, und nicht wenn man über die Reichsbrücke geht.

Ein Achselzucken, bescheiden zugleich und von stillem Triumph, folgte diesem letzten Satz, der so vollkommen richtig war und so vollkommen unzutreffend, daß sich nun erst recht nichts darauf erwidern ließ.

»Also weißt, Leopoldin' –!« murmelte ziemlich fassungslos der Oberst. »Vor deinem Gottseligen hätt'st aber nicht so reden dürfen. Der hätt ja schön g'schaut, der Ferdinand ...« Dann lachte er plötzlich brustkorbtief heraus: »Gau acht! Ah da staun' ich! Einen Gau acht wollen s' aus uns machen?« Und damit hatte er sich schon zu Toni Drexler hinübergewendet, nun war das Männergespräch doch wieder im Fluß, und weder Carola noch Frau Hell versuchten es nun noch abzulenken: so konnte ja wenigstens nichts passieren! Außerdem war es gar nicht so uninteressant, was man da erfuhr.

Toni Drexler sah die Dinge reichlich finster. Aufs heftigste bestritt er, daß die österreichische Regierung den Nazi überhaupt ernstlichen Widerstand leisten wolle – sie konterkariere ihn vielmehr selbst, sie täusche gesetzliche Regelungen vor, um gegen die Ungesetzlichkeiten, die sich in jedem Fall begeben würden, nicht einschreiten zu müssen. Tonis Prägnanz (derentwegen seine politischen Glossen neuerdings immer seltener erschienen) formulierte es schließlich so, daß dieses »Siebner-Komitee« in der Teinfaltstraße nicht deshalb installiert worden wäre, weil man die »betont nationalen Kreise« zur Mitarbeit heranziehen wollte. Sondern da die »betont nationalen Kreise« sich zur Mitarbeit nicht heranziehen ließen, machte man eben aus ihrer illegalen Tätigkeit eine legale. So brächte man Anlaß und Konsequenz ja schon seit jeher zu verkehrter Deckung, und seit jeher auf eine höchst verlogene und verhängnisvolle Weise. So hätte man im Februar 34 die Arbeiter nicht deshalb niedergeworfen, weil sie sich widerrechtlich erheben wollten, sondern sie hätten sich erhoben, weil man sie widerrechtlich niederwerfen wollte. Und so würde schließlich, fürchte er, die Regierung Schuschnigg eine entscheidende Aktion der Nazi nicht dadurch herausgefordert haben, daß sie zu viel, sondern daß sie zu wenig gegen sie unternähme.

Der Oberst Alexander von Jovanovic hatte aufmerksam zugehört und seine gelbgerandete Brille mehrmals abgenommen und wieder aufgesetzt. Er war es nicht gewohnt, sich mit präzisen politischen Sachverhalten auseinanderzusetzen, und es bereitete ihm Mühe, ihnen zu folgen. Sichtlich hatte er sich zu alldem einen zentralen Gedanken gemacht, und sichtlich wollte er ihn jetzt anbringen.

»Ich bin kein Politiker, Herr Redakteur«, hob er an, »aber ich glaub' schon, daß Sie recht haben. Das mit den Arbeitern damals im Feber war scheußlich, und das mit dem national betonten Komitee ist eine Blamage, und unsre Regierung ist natürlich lang nicht energisch genug. Nur – ich denk' mir halt – selbst wenn das alles anders wär': zum Schluß sind wir ja doch nur ein kleiner Staat. Ich meine: allein könnten wir ja doch nichts ausrichten, wenn's einmal drauf ankäm! Die Tschechen könnten's ja auch nicht. Und die Ungarn auch nicht. Und dorten unten die Jugoslawen auch nicht. Wissen S' – und da denk ich mir manchmal – es ist vielleicht sehr ausg'fallen, so ein Gedanken, und bittschön: ich bin ja wie gesagt kein Politiker – aber manchmal denk ich mir halt: ob man das nicht alles zusammmtun sollt'? Die Tschechen, die Österreicher, die Ungarn, von unten noch ein bisserl Kroatien dazu und von oben ein bissel Polen – alles zusammm – müßt' doch ein ganz ein hübscher Staat sein, nicht? Und vielleicht pro forma noch irgend so ein Kaiserhaus drüber, am g'scheitsten eins, was schon einen Namen hat und eine Tradition – das wär doch wirklich eine originelle Lösung? Ob man das nicht gelegentlich einmal auf Tapet bringen sollt' – was sagen S' dazu, Herr Redakteur?«

Der Redakteur Toni Drexler sieht sich jedoch nicht in der Lage, etwas zu sagen. Er starrt dem alten Herrn unsicher und fragend ins Gesicht, und wie der nun wieder seine Brille abnimmt und an ihren Gläsern herumzuputzen beginnt, wird er sogar ein wenig bleich und spürt ein leichtes Frösteln in seinem Rücken. Es ist ausweglos und fernher schon unheimlich.

»Nichts?« Unvermittelt in das Schweigen hinein fragt es der Oberst, und hat sich voll zu Toni gekehrt. »Also lassen wir's halt. – Geh, sei so lieb, Leopoldin' – könnt' ich vielleicht noch einen Kaffee kriegen?«

Und wie er nun dasaß, der alte Herr von Jovanovic, ehemaliger Oberst des Vierten Infanterie-Regiments »Hoch- und Deutschmeister« der kaiserlichen und königlichen Armee –: da konnte man beinahe glauben, er hätte wirklich die Habsburger-Monarchie erfunden und wäre mit dieser Erfindung schon in sämtlichen europäischen Regierungskanzleien auf das gleiche verlegene Schweigen gestoßen wie jetzt.

»Diese Mannsbilder …« Frau Hell, während sie den Kaffee eingießt, nickt kummervoll vor sich hin. »Immer mit der verflixten Politik … Warum erzählen Sie uns nicht lieber was von Ihrer Arbeit, Herr Hoffmann?«

»Ich fürchte: da wären wir in ein paar Minuten wieder beim selben Thema.« Und Martins Kopfnicken war nicht minder kummervoll.

»Du lieber Gott!« Frau Hell schlägt wirklich die Hände zusammen. »Ja gibt's denn *gar* nichts andres mehr? Ist das am Ende *auch* was Politisches, was Sie schreiben?«

Martin, auf solches Entsetzen hin, lächelt ein wenig:

»Nein, das nicht. Ich schreibe keine politischen Theaterstücke. Damit täte ich weder der Politik noch dem Theater etwas Gutes.«

»Blödsinn«, knurrt Toni dazwischen. »Alles ist politisch.«

»Ich weiß, mein Sohn.« Befriedigt nimmt Martin die geglückte Provokation zur Kenntnis – »Kunst und Politik« ist ja ein alter Zankapfel zwischen ihm und Toni. »Alles ist politisch. Deshalb tut man manchmal besser daran, die Politik nicht noch extra aufzupfropfen. – Sie sehen, gnädige Frau: wir sind schon mittendrin. Nicht aus meiner Schuld bitte. Ich wollte eigentlich nur sagen, daß mein Stück an sich mit Politik gar nichts zu tun hat. Aber ob man es aufführen wird oder nicht –«

»Ob man es aufführen wird?!« Es war Carola, die ihn mit ungläubiger Betonung unterbrochen hat. »Was heißt denn *das* schon wieder?«

Martins Blicke gehen langsam in die Runde, bleiben schräg an Carola haften – dann fällt der Vorhang über sein Gesicht, der Vorhang aus jäher Nachdenklichkeit.

»Ach nichts«, sagt er. »Nur so. Das hab ich nur so gesagt.« In Wahrheit hat er keineswegs »nur so« gesagt, und wollte sogar noch etwas dazusagen. »Ihr habt leicht reden«, wollte er sagen. »Für euch ist es ja doch keine Lebensfrage, ob die Nazi kommen oder nicht.« Das wollte er sagen, Martin Hoffmann: weil ihm nämlich mit einem Mal und sehr vehement zum Bewußtsein kam, daß er hier der einzige Jude ist.

Nein nein, da hat sich nun nicht etwa ein Gefühl der Fremdheit ihm aufgedrängt, oder der Distanz, oder des Nicht-Dazugehörens, oder gar ein Minderwertigkeits-Gefühl. Vor solcherlei ist er in selten hohem Maß gefeit. Denn Glück und Zufall, Fügung wohl auch und elterliche Vernunft haben seine Kindheit in selten hohem und seltenem Maß von jenen schmählichen Eindrücken freigehalten, aus denen spätere Minderwertigkeitsgefühle entstehen. Martin Hoffmann hat, seit er denken kann, seine Zugehörigkeit zum Judentum immer als etwas so Selbstverständliches und fast schon Unproblematisches betrachtet, wie etwa seinen Namen oder die Farbe seiner Haare. Er hat, als es ans Fußballspielen kam, in einem jüdischen Klub Fußball gespielt: weil er es als das Gegebene empfand. Er hat, als es an die politische Orientierung kam, sich zum Sozialismus hin orientiert: weil er es als das Gegebene empfand. Weder hat er die Tatsache, daß er Jude war, sich oder andern jemals verhehlen wollen, noch hat er sie zur beherrschenden seines Lebens gemacht. So fand, zumindest in diesem Punkt, der Einbruch der deutschen Sintflut ihn ungleich besser vorbereitet als die Vielen und Zahllosen, welche sich plötzlich erst da ihres Judentums besannen oder besinnen mußten. So hat er sich der Sintflut von Anfang an entgegengestellt im vollen Bewußtsein: daß er gar nicht anders konnte, weil er ja Jude war; und hat deshalb versucht, ihr so entgegenzustehen, wie auch jeder andre es hätte tun können. Er wollte den andern in seiner Gegnerschaft nichts voraushaben.

Und merkte langsam, langsam, merkte immer öfter und immer wieder und hat es auch jetzt gemerkt: daß dies nicht angängig war und einfach nicht möglich. Daß er den andern eben doch etwas voraushatte, selbst wenn sie noch so gutwillig und gutgesinnt waren (ja dann erst recht). Für ihn war es eine Lebensfrage – für sie nicht. Sie hatten leicht reden.

Jetzt war es Toni, der sprach, Toni, der Freund und Gefährte, der doch noch am ehesten Bescheid wußte um diese Dinge, Toni, und seine Worte sollten offenbar zu einem Abschluß dienen:

»Natürlich weiß man das immer erst nachher. Wenn wir eines Tags von den Nazi geschluckt werden, dann wird sich bald darauf niemand mehr vorstellen können, daß Österreich jemals *kein* Nazi-Staat war. Daß wir uns überhaupt so lange gewehrt haben. Daß wir uns überhaupt einbilden konnten, wir würden es überstehn. Aber wenn wir es zufällig wirklich überstehn, dann wird man sich genau so wenig vorstellen können, daß wir es *nicht* überstanden hätten. Nachher hat es immer so kommen müssen, wie es gekommen ist.«

Martin, in diesem Augenblick und wahrhaftig zum ersten Mal in seinem Leben, empfand das aggressive Bedürfnis, sich von solch allgemeinen Betrachtungen ausdrücklich auszuschließen, und zwar unter Hinweis darauf, daß einerseits seine Beteiligung viel größer wäre und daß es ihn anderseits gar nichts anginge. Er war also in diesem Augenblick nahe daran, einem ganz ähnlichen Fehler anheimzufallen wie Carola, nämlich dem Gefühl eines persönlichen Mißgeschicks.

Er wäre, in diesem Augenblick, auch leichter als jemals zuvor und jemals später zu einer Erörterung der Frage bereit gewesen, ob er nicht doch aus Wien und aus dieser ganzen Gegend abgehen sollte; leichter als jemals zuvor und jemals später bereit sogar zu der Vorstellung, ohne Carola zu gehen. Überhaupt wäre er in diesem Augenblick zu sehr vielem bereit gewesen, wozu er sonst nicht bereit war. Er sagte auch etwas, was er sonst wohl nicht gesagt hätte. Er sagte: »Du hast leicht reden, Toni.«

Nachts, und es ist die erste Nacht in ihrer Wohnung, die erste Nacht da sie bei sich zuhause sind, ganz und gar in ihrem eigenen Bereich (und mögen sie es auch überlächelt haben und übertrieben ins Kindische oder in die Verbürgerung oder wohin immer: es war eine erste Nacht) – nachts, aus großer feierlicher Stille, aus jener Stille zwischen den beiden dunklen Übermächtigungen, zwischen der halb noch bewußten ganz gemeinsamen ihrer Vereinigung, und der halb noch gemeinsamen ganz unbewußten ihres Schlafs – nachts, plötzlich, schwebt Carolas Stimme durch den Raum, leise und dennoch überklar, überwach:

»Sag – wie hast du das nachmittag gemeint – mit deinem Stück?« Und da er nicht sogleich antwortet, schmiegt sie sich neben ihm hoch und neigt ihr Gesicht über das seine: »Glaubst du, daß es nicht gut wird?«

Es hat ängstlicher geklungen als sie wollte, er kann's an ihren Augen sehn, er kann's an ihrer Stimme hören, und muß zuerst die Augen küssen und die Lippen, ehe er antworten kann.

»Es wird ein sehr gutes Stück, ich lieb dich, und es ist für dich. Da muß es doch gut werden.«

»Eben«, sagt Carola, und nickt. »Das hätte ich mir auch ausgebeten. Und red' nächstens nicht so dumm daher. Dummer Martin.« Indessen sie langsam wieder und lippennah an ihm entlang- und zurückgleitet.

»Dumme Cary«, sagt Martin.

Da hatte sie sich schon ganz neben ihn geschmiegt, nun lagen sie enger als zuvor.

Einmal hin

Es kam Frau Leopoldine Hell und der Oberst von Jovanovic, es kam Toni Drexler, es kam der Regisseur Sollnau und noch andre Vertreter des Theaters in der Josefstadt, es kam der Redakteur Liebreich und noch andre Vertreter der Presse, es kamen vernachlässigte Freundinnen Carolas und vernachlässigte Freunde Martins. Eines Tags, hochbusig und mit böse funkelndem Lorgnon, stand eine nie geahnte Tante in der Tür und schleuderte bitteren Vorwurf gegen die mißratene Nichte, die es also nicht einmal für nötig befände, der einzigen Schwester ihrer Mutter die neue Wohnung zu zeigen – und sie verzichte also darauf, adieu. Eines andern Tags brachte Martin den Dozenten und Professor und Doktor Hubert Bachrach angeschleppt, er hatte ihn unbarmherzig aus dem Schachzimmer des Café Central herausgeholt (denn der Logistiker Bachrach, im Sommer ganz und gar der Botanik verschrieben, erblickte während der Wintermonate seine wahre Berufung im Schachspiel) – da stand er nun, schritt nach kurzem Zögern entschlossen auf eine Türe los und fragte, als sich das Klosett vor ihm auftat, nicht ganz mit Unrecht »Wozu?«, in den Räumen selbst betrachtete er dann die nebensächlichsten Gegenstände mit der größten Aufmerksamkeit, setzte sich schließlich vorsichtig auf die Couch in Carolas Zimmer und äußerte kopfschüttelnd: »Sehr breit. Wie? Aha. Das ist vielleicht die Lösung.« Und es kam noch der und jener oder wurde mitgebracht oder lud sich ein, es telefonierte sogar der Maler Andreas Luttenfellner und kündigte seinen Besuch an, unter der schmackhaften Vorspiegelung zudem, daß er Carola schon seit längster Zeit abmalen wollte, vielleicht ginge das also jetzt – es wurde aber nichts daraus, und ein wenig später erfuhr man, daß der Maler Andreas Luttenfellner tags darauf zum Wintersport auf den Semmering gereist war, mit einer jener Angelsächsinnen wieder, die ihm offenbar zustoben wie Eisenfeilspäne einem Magneten. Und dann kamen oder telefonierten noch ein paar, und dann war es endlich vorüber, dann hatten Carola und Martin ihre Wohnung für sich, und dann erst war es die wirkliche und große Pracht.

Es lag nicht an der Wohnung allein (obwohl die natürlich die Hauptsache blieb), es lag auch am Haus, an der Gasse, an der Umgebung. Sie waren ohnehin, und schon bevor sie es zusammen waren, nie sehr gesellig gewesen – nun kamen sie noch seltener unter Menschen und in die Stadt, noch seltener aus »ihrer Gegend« hinaus. Sie konnten sich nicht sattwohnen, wie Sollnau es mißgünstig nannte und was erst auf dem Umweg über Sovary zu ihnen drang (der nämlich an Martin die dringende Anfrage stellte: ob er denn auch arbeite, oder *nur* noch wohne). Sie entdeckten für sich und erlebten das Geheimnis vierer Wände, und sie hatten in diesen vier Wänden alles, auch was sich scheinbar außerhalb befand. Es waren eben nicht vier Wände bloß, es war die ganze Welt. Sie hatten allen Atem darin, den zaghaften ihrer Vergangenheit, den stürmischen, den heißen ihrer Gegenwart, den verborgenen ihrer Zukunft sogar: denn sie konnten sich nicht vorstellen, daß und warum es sie jemals ankommen sollte, diese Wohnung zu verlassen. Sie hatten den Tag darin und die Nacht, sie hatten ihr Träumen darin und ihr Tun und sie hatten die unendliche Lässigkeit ihrer Pausen. Wenn es dämmerte, so war es ihre eigene Dämmerung ganz und gar. Es dämmerte aber schon bald am Nachmittag, der Winter kam ihnen in die Wohnung gedämmert, mild und verhängt, er machte sich ein onkelhaftes Vergnügen daraus und sie nahmen es kindlich hin. Es geschah fast nie, daß sie mechanisch Licht machten wenn es zu dämmern begann, überhaupt: daß sie Licht machten wenn es zu dämmern begann, sondern da war die breite Couch und viel öfter wußten sie nicht, wie lange sie da schon lagen. Viel öfter geschah es, daß Martin dann oder daß Carola die große Stehlampe anknipste, die behutsam abgeschirmt ihnen zu Häupten stand –: und da war es schon sieben Uhr am Abend, acht Uhr am Abend schon. Und vor einer halben Stunde, als Carola von der Probe kam, vor einer halben Stunde, als Martin aus seinem Arbeitszimmer trat, vor einer halben Stunde ist es doch erst knapp nach vier gewesen – gehn wir jetzt jausnen, was meinst du? m-m, eher nein – oder lassen wir uns von der Frau Schostal einen Kaffee machen? nein, auch nicht, es steht ja gar nicht mehr dafür – weißt du, was ich möchte? Was möchtest du, sags! – ich möchte mich jetzt gern für eine halbe Stunde hinlegen, mit dir zusammen – gut, fein, das möcht' ich auch, genau das! und dann kaufen wir uns ein Nachtmahl ein – und bei der Gelegenheit könnten wir gleich etwas essen – richtig! und dann gehn wir vielleicht in das kleine Kino von neulich, da spielen sie jetzt einen alten Gangsterfilm mit mindestens zwanzig Leichen – wunderbar, das machen wir, ich freu mich schon – und dann war es also plötzlich acht Uhr, und wer gerade das Licht anknipste, sah es mit Unglauben, und wer erst ein paar Sekunden später sich hochsetzte, konnte es desgleichen nur mühsam fassen – nein, sowas! da haben wir also ...? ja ja, das haben wir.

In solchen Fällen – zumal wenn Frau Schostal, die Wirtschafterin, bereits das Haus verlassen hatte – erwies es sich als äußerst segensreich, daß die »Colonial- und Gemischtwaren Handlung« im Nebenhaus unmittelbar mit der Wohnung ihrer Besitzerin (Amalia Kinateder gegr. 1894) zusammenhing. Solange nämlich bei Frau Kinateder noch Licht war, konnte man vom Hausflur aus das Geschäft betreten und selbst am sehr späten Abend noch den nötigen Heurigen-Proviant erstehn, Butter und Salami und Käse, manchmal auch ein paar hartgekochte Eier oder ein gänzlich unmotiviert hiehergeratenes Kaiserfleisch – man war jedenfalls nicht verloren und brauchte sich vor allem keine Sorgen zu machen, ob und wann man des Salamucci und des Brotschani habhaft würde, zu deren Rayon jener kleine Heurige gehörte.

Denn natürlich hatten sie auch schon ihren »eigenen« Heurigen, er war eine Entdeckung Carolas und war ein ganz kleiner, abseits gelegener, durch und durch echter Heuriger, wo also konsequenterweise nichts andres verabreicht wurde als heuriger Wein – wer essen wollte, mußte auf die fliegenden Händler mit ihren Salami- und Brotkörben warten. Und weil die Echtheit eines Heurigen sich nicht bloß durch völligen Mangel an Küche legitimiert, sondern ebenso durch das Fehlen einer ständigen Musik: so erschien auch der alte Zitherspieler im Verlauf des Abends nur zwei- oder dreimal, und immer nur für eine halbe Stunde. Carola und Martin sahen seinem Kommen von Mal zu Mal mit unverminderter Sehnsucht entgegen und hörten ihm mit unverminderter Hingabe zu. Anfangs hatten sie das noch schamhaft zu belächeln versucht, genau wie anfangs ihr Hochgefühl über die eigene Wohnung – dann war es hier desgleichen sehr bald das Lächeln, dessen sie sich schämten. Warum denn, in aller Welt, warum sollten sie denn ihre Köpfe nicht aneinander lehnen, ihre Finger nicht ineinander verschränken, und nicht bei manchem Lied einander leise küssen? Vielleicht wegen der Leute? Denen wäre wohl eher das Gegenteil aufgefallen, die hätten sich dann wohl eher gewundert über das merkwürdige Paar, das nun schon so oft hier beisammensitzt und noch immer so schüchtern ist. Und es war, wenngleich nicht eben die Schüchternheit des Beginns und der ersten Liebe (wie jene wohl vermuten mochten), dennoch und wirklich eine Schüchternheit, die letzte vielleicht, die Martin und Carola noch zu überwinden hatten, und zu ersetzen durch einen letzten Mut: durch den Mut zur Banalität, ja wenn es denn sein müßte zum Kitsch.

Aber es mußte gar nicht sein. Es war gar kein Kitsch. Denn wie angekitscht das alles auch war; wie vielfach schon verzerrt von jedem sentimentalen oder ironischen Belieben; und zu welch fatalem Recht das greuliche Klischee aus Lächeln und Charme, aus Heurigem und Gemütlichkeit, aus Wiener Lied und Wiener Luft auch bestehen mochte –: es gab inmitten des faulen Zaubers einen wirklichen; inmitten vorschriftsmäßig zur Schau gestellten Lächelns ein in sich gekehrtes, echtes; inmitten einer lärmenden, fremdenverkehrsamtlich überwachten Gemütlichkeit die stille Grazie des Herzens; inmitten der großindustriellen Film- und Operetten-Refrains eine träumerisch stockende Strophe; und inmitten der lackierten Nobel-Heurigen mit Lichtreklame und Restaurationsbetrieb und Orchester: eine kleine verborgene Weinhauerstube, in deren einstmals weißgetünchte Wände die vielen Schwaden aus Rauch und Wein schon längst eine dunkle Patina gebeizt hatten, und in deren hinterer Ecke ein alter Zitherspieler saß, und spielte, und manchmal sang, und manchmal nach dem letzten Lied und Absammeln noch eine Viertel-, eine halbe Stunde sitzenblieb, nun das Glas vor sich statt der Zither (die er behutsam in ihr Futteral geborgen hatte) – ein Gast nun wie die übrigen, und wäre in dieser halben Stunde etwa ein andrer Zitherspieler erschienen, er hätte ihm genau so aufmerksam gelauscht, auch wenn der dieselben Lieder gesungen hätte, und das hätte er wahrscheinlich getan: vom Prater hätte er gesungen und von Grinzing, von Petersdorf und von der Lahmgruben, von anno dreißig wohl auch und von der seligen Backhendelzeit, und mittenhinein eine monströse Geschmacklosigkeit aus der neuesten Ufa-Produktion, und dann vielleicht eines, das zwar gleichfalls neueren Datums war, aber es hätte auch schon fünfzig oder hundert Jahre alt sein können oder erst in fünfzig oder hundert Jahren entstehn, und

Erst wann's aus wird sein
Mit einer Musi und mit'n Wein,
Dann packen mir d'sieben Zwetschken ein,
Ehnder net –

und folglich niemals. Und von der schlechthin unerfüllbaren Bedingung, an die sich die Bereitschaft zum Einpacken knüpfte, von der unumstößlichen Gewißheit, daß es mit der Musik und mit dem Wein ja niemals »aus« sein würde, ging in der Tat ein großer Frieden aus und eine große Beruhigung, ja fast schon so etwas wie eine ingrimmige Zuversicht ...

Indessen ist es nicht allein dem häufigen Besuch dieses Heurigen und dem häufigen Anhören dieses Lieds zuzuschreiben, daß Martin Hoffmann voll guter und zuversichtlicher Stimmung ist.

Überhaupt liegt das nicht bloß am privaten Bezirk seiner Glückseligkeiten, sondern es findet entscheidende Stütze im größeren und fundamentalen des politischen Geschehens (zu dem ihm noch jedes Lied eine finstere Brücke schlägt, der Wein und die Musi nicht anders als flieg, Käfer, flieg ...).

Aufs unverkennbarste nämlich mehren sich die Anzeichen, daß die Nazi endgültig »die Überfuhr versäumt« hätten; daß eine Konstellation, die sie in Österreich an die Macht bringen könnte, nicht mehr besteht. Man hört erstaunlich Konkretes von einer kommenden Regierung Ender, also von einem deutlichen Ruck zur demokratischen Verfassung hin. Von einer Fühlungnahme Schuschnigg-Hodža, also von den Anfängen einer föderativen Politik im Donauraum. Von Unterhandlungen zwischen Sozialdemokraten und Legitimisten, ja sogar von einer Reise sozialdemokratischer Funktionäre nach Stenockerzeel. Von den katastrophalen Wirtschaftsschwierigkeiten Mussolinis, von der ständig wachsenden Auflehnung der Reichswehr gegen Hitler, von einer Versteifung der englischen Außenpolitik, von allem möglichen –: nur nicht von einer Bedrohung Österreichs durch die Nazi. Und bekommt man schon etwas über die Tätigkeit der »Illegalen« zu hören, dann höchstens über Streitigkeiten zwischen den einzelnen Richtungen und Cliquen: typische Merkmale für den Zerfall einer allzu lange erfolglosen Bewegung. Aber schon die bloße Tatsache, daß von den Nazi viel weniger gesprochen wird als früher, ist aufschlußreich genug.

Dies wiederum ist kein bloßer Eindruck, den Martin etwa deshalb gewänne, weil er jetzt überhaupt viel seltener über all derlei spricht, viel seltener in die Stadt kommt, zu Toni in die Redaktion, ins Café Herrenhof. Erstens kommt Toni oft genug nach Döbling hinaus, und wenn nicht, dann telefonieren sie jedenfalls miteinander, mindestens zweimal täglich – und außerdem: gerade die fallweise Wahrnehmung, gerade der in Abständen sich bildende Eindruck, ermöglicht weit zuverlässigeres Urteil, als das Mitschwanken im ständigen Auf und Ab der Eindrücke. Das gilt übrigens nicht nur für die stimmungsmäßige Beurteilung der politischen Situation. Auch manches andre, merkt Martin, stellt sich ihm jetzt anders dar, geschlossener, leichter zu überblicken und einzuschätzen. Er könnte ja nicht gerade sagen, daß es ihn nicht mehr freut, im Herrenhof zu sitzen – aber es scheint ihm, sonderbarer Weise, bedeutend langweiliger als zu den Zeiten seines täglichen Besuchs. Nun: wahrscheinlich stellt man an etwas Regelmäßiges, Gewohntes keine besonderen Anforderungen mehr. Wenn man hingegen eigens ins Café Herrenhof kommt, erwartet man eben etwas Außergewöhnliches. Und dann ist es doch nur so wie es immer war, dann hält Ferry Liebreich seine gestrige Reportage im »Echo« genau so für das erschütternd Wichtigste, wie Victor Heckenbusch seinen vorgestrigen Artikel über das Wiener Theater im »Tag«, beide jedoch sind sich vollkommen einig, daß keine Zeile in keiner Zeitung an Unwichtigkeit der letzten Musikkritik des C-Dur-Trottels Gregor Helm gleichkäme – vom Nebentisch wird zwischendurch mit fettigem Aplomb und überlaut eine Stimme vernehmlich, die jeden zweiten Satz mit »Ich finde« oder mit »Meines Erachtens« beginnt, häufig auch »So weit ich unterrichtet bin« sagt, obwohl ihr Inhaber gar nicht weit unterrichtet ist, und häufig »Wenn Sie *mich* fragen«, obwohl ihn gar niemand gefragt hat, und da hält also Josef Joachim Jessler seinen Cercle, kopfnickend sekundiert von Hebenstein, dem öffentlichen Auchdabei nach wie vor Nr. 1, unvermittelt sodann jaulen sie beide nach »den Blättern«, und zwar genau nach jenen, die der Kellner Alois soeben unter Anwendung erprobter Listen für Martin ergattert hat: was freilich ein Trost ist und unter allen Umständen lohnend. Viel mehr aber hat das Café Herrenhof nicht zu bieten, und wäre nun also nicht die konsolidierte Lage, über deren fortschreitende Konsolidierung ja hier am Journalistentisch tatsächlich immer noch Informationen zu haben sind, denen nicht einmal Tonis unverwüstlicher Pessimismus einen gewissen Wahrheitsgehalt absprechen kann – wäre nicht dies, und daß man es doch ganz gerne hört und sieht: Martin würde wohl noch seltener hieherkommen, und vielleicht eine Zeitlang überhaupt nicht. Das könnte tatsächlich von Wert und Nutzen sein, auch in einem andern, gewichtigeren Zusammenhang. Er sollte sich vielleicht ein paar Wochen vollkommen und ohne die mindeste Ablenkung auf seine Arbeit konzentrieren, auf sein Stück. Denn es ist natürlich *nicht* fertiggeworden, genau wie Sovary es vorausgesagt hatte. Martin, um einer ernsthafteren Auseinandersetzung vorzubeugen, hat ihm vor ein paar Tagen einen Brief geschickt, betitelt »Das Märchen vom geduldigen Verleger« und in reich geschnörkelter Handschrift auf kostbares Büttenpapier gemalt: »Weihnachten stand vor der Tür«, fing er an, »die vielen strahlenden Premieren für das Lichterfest waren schon sorgfältig durchgefallen, und kein noch so kleines Stückchen Hoffmann befand sich darunter …« – nun ja, er hat sich mit seinem Stück ein wenig verspielt und vertrödelt. Das ist nicht zu leugnen, und Martin leugnet es auch nicht. Eher unterstreicht und begünstigt er diese Version, und nicht bloß den interessierten Anfragern gegenüber, von Sovary über Toni bis zum Oberkellner Alois, sondern auch vor sich selbst. In Wahrheit nämlich ist es mit der »Spielerei« nicht gar so weit her. In Wahrheit hat er gegen eine sehr ernste, gegen eine verdammt hartnäckige Komplikation anzukämpfen. Eine technische, eine Konstruktions-Schwierigkeit nur – aber dieses »nur« war eben kein »nur«, sondern nicht mehr und nicht weniger als der zentrale Nerv der Handlung. Es lag am Mittelakt, am dritten der insgesamt fünf, und schon das war höchst verwirrend. Gewöhnlich liegt ja die entscheidende Schwierigkeit im letzten Akt, und gewöhnlich gilt es, sie schon im Szenen-Entwurf zu überwinden. Früher, bevor das Ende nicht feststeht, kann man ja gar nicht anfangen, Martin jedenfalls kann das nicht. Diesmal standen sonderbarerweise Ende und Anfang fest, vollkommen fest – nur der Höhepunkt, zu dem es hintrieb und von dem es sich wieder auflöste, entzog sich störrisch dem Zugriff der Klammer. Denn es war eine Klammer, es stimmte alles, und auf so zwingende Art, daß aus den beiden einwandfrei richtigen Faktoren der dritte eigentlich von selbst sich hätte ergeben müssen. Und das würde eines Tags auch geschehen, er wußte es. Er glaubte an dieses Stück, welches »Die Träumerin« hieß und für Carola geschrieben war, er glaubte daran und hat noch keine Sekunde gezweifelt (wie er zuvor an der »Sonne überm Horizont« gezweifelt hatte bis zur Abkehr, bis zum Verzicht). Und wenn der dritte Akt ihm dermaßen zu schaffen machte, so war dadurch doch niemals das Stück in Frage gestellt, sondern eben nur die szenische Struktur des dritten Aktes. Otto Presser allerdings, der anerkannte, auch von Martin und sogar respektvoll anerkannte Meister des dramaturgischen Aufbaus, der Chefkonstrukteur der Sovary-Werke, dessen unbedenkliche Raffgier in der Verwendung szenischer Effekte höchstens von der Schamlosigkeit übertroffen wurde, mit der er sie einbekannte – Otto Presser hatte unlängst, in einem nächtlichen Zufallsgespräch, allerdings die Meinung vertreten, daß man sich nie im voraus auf die Anordnung der einzelnen Akte festlegen sollte, sondern einfach abwarten, für welchen Akt die unlösbaren Probleme übrigblieben – und das wäre dann also der letzte. Wenn Martin es aber wirklich zuwege gebracht habe, sein Stück über keinen Mittelakt hinweg zu Ende zu führen, so handle es sich da entweder um eine Stümperei von polizeiwidrigem Ausmaß – »oder vielleicht«, konzedierte Otto Presser mit der müden Bereitwilligkeit des Vielerfahrenen, den also gar nichts mehr wundert, »– vielleicht sind Sie, Meister Hoffmann, der Avantgardist eines neuen Dramas, das zum Beispiel mit der Peripetie beginnt und mit der Exposition aufhört? Ich wäre Ihnen sehr dankbar! Dieses ewige Exponieren am Anfang ist mir ohnehin schon fad. – Auf Wiedersehn und viel Glück, mein Autobus kommt. Ich fahre jetzt vom Stephansplatz über die Börse in die Porzellangasse – das, sehen Sie, das nenne ich Linienführung!«

Martin, auf dem Heimweg nun an der Börse vorbei, deren dunkelroter Ziegelbau schon in die tiefere Dämmerung zu verfließen begann, erinnert sich nicht ohne Neid der Presser'schen Darlegungen. Der hat's gut! denkt er, der hat's gut und leicht! Und: wer das so könnte! denkt er. Wer nicht von der dreisten Nebenabsicht verwirrt wäre, mit einem Theaterstück noch etwas mehr darzutun als ein richtig durchgeführtes Dramaturgie-Exempel … »Richtig« allerdings waren die Stücke, deren Szenario durch Otto Pressers Hand gegangen war, im höchsten Maß. Geradezu mörderisch richtig. Es saß alles so unerbittlich genau und bis aufs letzte i-Tüpfelchen, daß man hinter jedem Auftritt, hinter jedem Wort das Schnarren der technischen Maschinerie zu hören meinte. Und da ist es doch wohl besser und reizvoller, wenn sie einmal aussetzt. Oder wenn man einmal völlig auf sie verzichtet. Vielleicht schreib ich überhaupt keinen dritten Akt! erwägt Martin in plötzlichem Mutwillen. Vielleicht brauch ich ihn gar nicht, vielleicht genügt der Zeitraum zwischen den beiden Teilen …

und das hat Martin nun schon so ernsthaft überlegt, daß er sich schleunigst zur Ordnung rufen muß und zurück von dieser sträflichen Versuchung, aus Opposition gegen Otto Presser sich um den dritten Akt zu drücken.

Es wird ein dritter Akt werden und ein Stück, oh ein Stück –! Martin, vor einer Litfaß-Säule, ist in kindisch heißer Zuversicht stehngeblieben und vertieft sich in die dicht affichierten Theaterzettel, der Reihe nach, bis er zum Josefstädter Theater kommt. Die Besetzung seines Stücks entwirft er, sie ist nicht sehr groß und von der Josefstadt ideal zu bewältigen, Sollnau wird Regie führen, Professor Merz, weil er der rangälteste Regisseur ist, wird ihm dreinreden, Nehsler, weil er Direktor ist, wird kürzen wollen, ich, weil ich der Autor bin, werde mir nichts gefallen lassen, Cary, weil sie meine Frau ist, wird allen rechtgeben nur mir nicht, es wird ein Sauhaufen sein und ein Durcheinander, es wird herrlich sein, und bald, bald –!

Im Jänner bin ich fertig, im Feber beginnen die Proben, im März kommt es heraus. Sehr gut. Hat ein Stück Premiere im Jänner, schimpft der Laie und der Kenner. Hat ein Stück Premiere im Feber, greift's dem Laien an die Leber. Hat ein Stück Premiere im März, greift es allen an das Herz. Alte Bauernregeln für das Theater, überliefert von Xaver Maria Guggitz im »Wiener Theater-Almanach auf das Jahr 1844«, soeben erfunden von mir. Ausgezeichnet.

Und Martin, obgleich er eigentlich noch ein wenig hatte zu Fuß gehen wollen, besteigt die nächste Straßenbahn und fährt los, nachhause, er wird sofort zu arbeiten beginnen, Cary, heut kann ich nicht zu dir auf die Couch kommen, ich muß arbeiten, vielleicht krieg ich jetzt langsam den dritten Akt heraus, und dann, weißt du, dann bin ich sehr bald fertig.

Über der Endstation des Siebenunddreißigers ruht, als Martin aussteigt, schon Dunkelheit tief und gesättigt. Hier draußen ist sie vollkommener, der Nacht und dem Nachthimmel näher als drin in der Stadt, nicht von den vielen Signalen durchblinkt, von Leuchtbändern nicht zerschnitten, und nicht von Neonröhren verätzt. Hier gibt es noch wirklichen Abend und wirkliche Ruhe, hier ist, wenn es dunkel wird, der Tag vorbei und zu Ende. Zwei Lampen am Wartehäuschen der Endstation, ein paar Laternen verstreut fernhin – aber der kleine Park, der zur Grinzingerstraße hin abfällt, breitet so innig sich in die Finsternis ein, daß man sehr genau Bescheid wissen muß um Pfad und Krümmung, damit man sich zurecht- und hinunterfinde.

Es ist ein geringfügiger, ein dürftiger Park – wer weiß, ob er überhaupt einen Namen hat. Martin, weil ganz in der Nähe der Wertheimsteinpark liegt, nennt ihn den »falschen Wertheimsteinpark« und meint das keineswegs ehrend. Den »richtigen« nämlich hat er in unguter Erinnerung. Der gehörte zu jenen Kindheits-Orten, die vor allem dadurch gekennzeichnet waren, daß man sie aufsuchen mußte, ob man wollte oder nicht. Und meistens wollte man schon deshalb nicht, weil man eben mußte. »Du mußt ein bißchen an die Luft gehn, mein Kind« – ach, als es vorbei und zu spät war, klang dieser Zuspruch, der mütterlich unentwegte, ihm freilich gut und liebreich in den Sinn ... aber damals? Damals hieß das nur: du mußt jetzt mit dem Fräulein gehn, wohin es ihr beliebt! Und beliebt hat ihr gewöhnlich der Wertheimsteinpark, die Türkenschanze, oder (wenn nur wenig Zeit zur Verfügung stand) der Volksgarten. Inbegriffe des fremden Zwangs, Inbegriffe der eignen Hilflosigkeit, und wenig hätte gefehlt, daß selbst Schönbrunn und selbst der Prater durch derlei Nötigung ihm verleidet worden wären. Nun, so weit ist es dann aber doch nicht gekommen – weil »Prater« zum Beispiel sich bald darauf mit »Jesuitenwiese« zu identifizieren begann und »Jesuitenwiese« mit Fußballspielen, also mit einem Inbegriff von gänzlich andrer Art. Die Wahrheit zu gestehen, gefällt ihm heute aber auch der Wertheimsteinpark schon ganz gut, und die Türkenschanze erst recht. Wie er ja auch sehr gerne Rindfleisch ißt, mit Spinat, was man ihm doch vor noch nicht allzulanger Zeit, es mögen knappe dreißig Jahre her sein, ganz vergebens hatte aufschwatzen wollen als besonders schmackhaft und bekömmlich, manchmal gar unter Aufwendung des läppischen Hohns: er wisse eben nicht, was gut sei! Desgleichen vermag er Kammermusik anzuhören, ohne das feierliche Schweigen der andern Lauschenden komisch zu finden, ja er wäre wohl seinerseits arg empört, wenn da jemand mittenhinein loszulachen begänne. Er ist, kurzum, ein rettungslos erwachsener Mensch – und höchstens daß er jetzt, wie er an eine abschüssige Stelle des Parkwegs gerät, ganz einfach zu laufen beginnt: höchstens dies mag einem atavistischen Trieb entspringen, der noch in jenen Zeiten wurzelt.

Außerdem hat er es ja wirklich eilig, nachhause und an den Schreibtisch zu kommen. Immer mächtiger durchpulst ihn die Gewißheit, daß ihm heute mit diesem dritten Akt etwas Entscheidendes gelingen könnte – und solche Gewißheit ist fast schon so viel wert wie das Gelingen selbst. In einem bestimmten Stadium schöpferischer Arbeit – und zwar einer jeden schöpferischen Arbeit – also auch (Martin findet es gar nicht ablenkend, daran zu denken) also auch der politischen –: kommt es tatsächlich nur darauf an, sich des Gelingens gewiß zu sein. Das hat mit Inspiration oder Intuition oder dergleichen Nebelhaftigkeiten nichts zu schaffen. Das erfordert im Gegenteil strenge Kontrolle und eisig klaren Überblick über die gesamte Konzeption. Wann »innere Gewißheit« als ganz realer Faktor eingesetzt werden kann, hat man nicht zu spüren sondern zu wissen. Beispielsweise, denkt Martin in eigentlich grotesker Wohlgelauntheit, indessen er langsam und atemholend die neue Böschung zum Pfarrplatz hinan steigt, beispielsweise spürt zwar die Regierung, daß sie das gesamte »Siebnerkomitee« in der Teinfaltstraße jetzt sofort einsperren und vor ein Standgericht stellen müßte – aber sie wird das mangels innerer Gewißheit nicht tun. Ich hingegen bin mir vollkommen gewiß, daß ich heute den dritten Akt fertigbekommen werde. Das ist der Unterschied, und nicht der einzige …

Vom Pfarrplatz aus – den lediglich die im Vorjahr neu angebrachte Straßentafel als »Herma von Schuschnigg-Platz« bezeichnet, sonst niemand – zweigt einseitig nach rechts die Eroicagasse ab. Das Haus, in dem ein säumiger Mieter (auch den Heurigenwirten dieser Gegend vor allem als schlechter Zahler bekannt) seine dritte Symphonie komponiert hat, bildet die Ecke. Martin strebt meistens gleich auf die linke Seite hinüber, welche die eigentliche Häuserzeile ist und somit über ein durchgehendes Trottoir verfügt. Ein streckenweise sehr schmales Trottoir, wirklich kaum mehr als ein »Gehsteig« – aber das verschlägt nicht viel. Denn die Eroicagasse ist zum Glück keine Kommunikationsader, und wenn da schon einmal Passanten aus entgegengesetzten Richtungen aufeinandertreffen, dann regelt sich das eben durchaus eroicagassengemäß, also still und friedlich. Jene Behauptungs- und Beharrungstendenzen, zu denen der verkehrsausübende Städter sich bisweilen gereizt fühlt, würden ja hier nicht so sehr eine Attacke auf den Mit- oder Gegenpassanten bedeuten, als auf die Eroicagasse selbst. Und wer wollte der Eroicagasse wehtun!

Nun: es wollte einer. Vermutlich gab es sogar sehr viele, die das ebenso gewollt hätten. Ganz zweifellos gab es sie. Und zweifellos waren sie alle überzeugt, dieses ihr Wollen ausschließlich und in kämpferischer Weise auf den respektiven Passanten ausgerichtet zu haben. Daß sie damit auch eine Feindseligkeit gegen die Gasse begingen; gegen alles, was diese Gasse so hatte entstehen lassen wie sie war, und so erhalten hatte bis auf den heutigen Tag; gegen alles, was dieser Gasse an Begriffen sich irgend beigesellen konnte, von Eroica und Beethoven über Musik und Stille bis überhaupt zur abendländischen Kultur –: dies also wäre ihnen schwerlich beizubringen gewesen. Dafür hatten sie, infolge organischer Verkümmerung, kein Organ. Sondern – *wenn* sie allenfalls schon begriffen hätten, was da gemeint war – einen Revolver. Welchen sie bei dem Wort »Kultur« vorbilds- und auftragsgemäß zu entsichern hätten. Denn nein, sie wollten das alles nicht. Denn jawohl, sie wollten es attackieren. Jawohl, sie hätten – wären sie nur geschult worden, daß man auch eine Gasse verletzen kann – sie hätten es sofort getan. Daß man es mit Menschen tun kann, wußten sie aber. Und das wollten sie. Und solchen Willen uniform zu bekunden, trugen sie weiße Wadenstrümpfe.

Weiße Wadenstrümpfe waren auch das erste, was Martin in die Augen fiel, als er nach einer Krümmung des Trottoirs, an einer besonders schmalen Stelle, jene Gestalt auf sich zukommen sah; und waren der Grund, warum er auf- und ihr entgegenblickte. Er dachte da just sehr intensiv an den dritten Akt und ging sehr langsam und gerade vor sich hin. Und es hätte ihn in jedem Fall gestört, seine Gehrichtung ändern zu müssen. Wäre ihm ein unauffälliger (und von ihm dann vermutlich auch nicht bemerkter) Fußgänger entgegengekommen, so würde es wohl einen Zusammenstoß gegeben haben – oder es wäre, eher wohl, der andre ausgewichen. Dieser hier, daran ließ die Art seines Herannahens kaum einen Zweifel, plante *nicht* auszuweichen, ja er schien sogar das Gegenteil zu planen – die friedfertige Hoffnung, daß dem nicht so wäre, daß der ihn vielleicht noch gar nicht gesehn hätte, gab Martin alsbald und ärgerlich auf: angesichts des Blicks, der ihn nun schon aus kurzer Entfernung traf, angesichts der gleichfalls und genießerisch sich verlangsamenden Schritte, und angesichts der beiläufigen und darum doppelt herausfordernden Erwartung, mit der jener knapp rechtzeitig anhielt. Eine letzte Regung, die Freigabe des Wegs wenigstens anzudeuten, muß Martin noch rasch unterdrücken – dann hat auch er schon innegehalten und steht auch er schon da.

Und stehen so beide einander gegenüber, stumm, reglos, ausdruckslos. Der andre – er ist von ungefähr gleicher Größe wie Martin – hat keinen Hut, und zur Verdeutlichung seiner weißen Strümpfe trägt er eine Windjacke. Das Gesicht ist in der spärlich verschwimmenden Beleuchtung nicht genau zu erkennen, es wirkt gemergelt und verkniffen, schmal ist es jedenfalls, und finnig allem Anschein nach. Irgendwelches Mienenspiel hat es noch nicht verraten, es ist ein starres Gesicht, starr, nicht angespannt, man könnte es beinahe nachdenklich nennen, wenn man so ein Gesicht eben nachdenklich nennen könnte. Aber das kann man nicht. Man kann nur versuchen, starr desgleichen keine Anspannung erkennen zu lassen.

Starr, stumm, reglos, ausdruckslos. So stehen sie einander gegenüber. Martin ist links gegangen, den Häusermauern entlang. Die Verkehrsordnung bestimmt, daß man rechts auszuweichen hat. Er könnte sich also auf die Verkehrsordnung berufen, in der Tat, das könnte er. Denn hier, in der Tat, handelt es sich nicht bloß um eine Frage der Höflichkeit. Sondern er ist im Recht und der andre ist im Unrecht.

Doch kommt ihm da auch schon die Lächerlichkeit dieser Überlegung zu Bewußtsein, die abgründige, die tödliche Lächerlichkeit: kein Mensch in der Nähe, kein Gesetz weit und breit, nicht Regel noch Recht – und er will sich auf eine »Verkehrsordnung« berufen! Auf eine zivilisatorische Übereinkunft, auf eine Gepflogenheit, auf etwas, das zu beobachten man sich geeinigt hat – auf eine Ordnung eben.

Aber so ist das. So ist das immer und überall, und es ist die fundamentale Schwäche: daß man sich auf eine »Ordnung« beruft selbst jenen gegenüber, welche ausgezogen sind, sie zu vernichten ganz und gar. »Ordnung«! Wie grotesk, an Ordnung auch nur zu denken in einer solchen Situation.

Noch immer kein Wort. Und die Sekunden, in denen noch etwas hätte gesagt werden können, sind wohl schon vorbei. Jetzt muß etwas getan werden. Jetzt muß etwas geschehn.

Martin verspürt Herzklopfen, ein gar nicht sehr starkes, beinahe wohliges Herzklopfen, verursacht von einem wirren Gemisch aus Neugier, Erregung und Unsicherheit. Die Unsicherheit gilt dem völlig Fremdartigen, das ihm nun unter allen Umständen bevorsteht. Er hat dergleichen noch nie erlebt, er weiß nicht wie sowas weitergeht, und das irritiert ihn. Körperliche, persönliche Angst empfindet er nicht. Angst, vielleicht und immerhin, mag es gewesen sein, als er jene ausweichende Geste machen wollte. Da er sie nicht gemacht und da auch der andre nichts unternommen hat, ist seither die Situation mindestens ausgeglichen. Das heißt, daß der andre so viel und so wenig Angst hat wie er. Eben. Eben, wiederholt Martin bei sich. Ist ja auch ganz klar. Wie einer, der sich ohneweiters anrempeln läßt, seh ich ja nicht aus. Eben.

Aber *wenn* ich so aussähe – oh du Hund! Oh du erbärmliche Sau! Wenn ich zufällig so ein kleiner Jud wäre, womöglich mit Brille und hängenden Schultern – da wärst du in mich hineingerannt, was?! Du Hund. Du Sau. Du Feigling.

Die krampfige Empörung, mit der er das denkt, hat ihn die Lippen schmal aufeinanderpressen lassen, er merkt es jetzt – und merkt auch gleich dazu, daß der andre den Kopf ein wenig schieflegt, erwartungsvoll.

Ganz, ganz kleine Schweißtropfen sind auf Martins Stirne getreten: weil er nicht mehr kann. Weil er jetzt nicht mehr hinhauen *kann*, da hilft nichts. Weil jetzt auch die Sekunden, in denen noch etwas hätte getan werden können, schon vorbei sind. Er weiß es unfehlbar. Er weiß, daß jetzt nichts mehr geschehen wird. Daß es bei dem andern genau so die nackte Ratlosigkeit ist, wenn er den Kopf noch immer ein wenig schiefgelegt hält. Er richtet ihn auch schon wieder auf.

Und ich hätte hinhauen *müssen*! Dazu braucht es gar keinen Anlaß und gar keine Erklärung. Die braucht es höchstens dafür, warum ich nicht hingehaut hab, sofort –: das ist es ja. Sofort. Weil ich *nicht* sofort hingehaut hab. Und jetzt steh ich da. Und hab noch immer nichts getan. Und tu noch immer nichts. Ich muß doch etwas tun.

Kindisch und unsinnig, aus einem Antrieb, der ihm gleich darauf wieder verlorengeht, ziellos, planlos – und was er dabei denkt, ist: siehst du, Cary, du schimpfst immer mit mir weil ich meine Handschuhe nicht anhab, siehst du, jetzt ist es vielleicht ganz gut – zieht Martin dicht überm Mantel die Hände hoch, bis zur Brust: und verschränkt die Arme. So.

Das Dümmste! denkt er sogleich, als er wieder zu denken beginnt. Etwas Dümmeres gibt es garnicht. Wenn der jetzt ausholt, bin ich geliefert. Mit verschränkten Armen muß ich die erste Ohrfeige einstecken, und wer die erste Ohrfeige eingesteckt hat verloren. Das weiß jeder Volksschüler.

Nur dieser finnige Wegelagerer da scheint es nicht zu wissen. Das heißt:

er weiß es natürlich, aber er macht keinen Gebrauch davon. Diese Wimmerlkreatur. Dieses Wimmerl. Dieses Hämorrhoid. Na, na, na. Tun Sie sich gefälligst nichts an, Herr Hoffmann. Wenn schon, dann muß man das alles sagen. Nicht denken, sondern sagen.

Und Martin Hoffmann, immer noch mit verschränkten Armen, öffnet den Mund und sagt:

»Nach der Gehordnung hat man rechts auszuweichen. Also bitte –«

Und löst die Arme aus ihrer Verschränkung, und beschreibt mit der rechten Hand eine einladende Gebärde nach rechts, und hat das ärgerliche Gefühl, daß sie um ein ganz klein weniges zu elegant geraten ist, um ein ganz klein weniges zu höflich, wie schon seine Worte zuvor – tröstet sich aber sogleich mit dem Gedanken, daß der andre, wenn er also darauf aus wäre, sich ja gerade dadurch provoziert fühlen müßte.

Der andre indessen, nach einem sekundenlangen Blick aus der verkniffenen Visage, gleitet vom Trottoir hinunter, macht einen deutlichen Bogen nach rechts – dann bleibt er stehn und spuckt aus, starr vor sich hin: »Saujud!« Und geht weiter, mit sehr raschen Schritten.

»Gut gut«, winkt Martin ab, desgleichen schon im Gehen und ohne sich umzuwenden. »Das hab ich schon irgendwo gehört.«

Und erst ein wenig später hält er inne und erinnert sich fernher, wie einer Etikette-Formel, daß »Saujud« doch eigentlich eine Beleidigung ist, auf die man doch eigentlich mit Ohrfeigen zu reagieren hat. Aber die Versäumnis diesmal kränkt ihn nicht.

»Warum hast du ihm denn keine Ohrfeige heruntergehaut?« fragt Carola und schüttelt den Kopf.

»Ja: warum. Warum wohl. Hm.« Auch Martin gibt sich ausführlichem Kopfschütteln hin – es erheitert ihn ein wenig, daß er nun wirklich erklären soll, worin da also Wert und Sieg bestanden. Und es bestürzt ihn ein wenig, daß Carola das nicht von selbst begreift.

Es bestürzt ihn sogar immer mehr, je länger er darüber nachdenkt: und je klarer ihm wird, daß Carola natürlich recht hat. Daß er, auf jenes »Saujud« hin, hätte kehrtmachen müssen und handgreiflich werden. Daß Ohrfeigen für so einen das einzige Argument sind, und daß die größere Blamage – nämlich *ohne* Ohrfeigen den kürzeren gezogen haben – auf so einen gar nicht wirkt.

Und das hieße zum Schluß nicht mehr und nicht weniger, als daß man denen also *doch* nur mit ihren eigenen Mitteln und Beweisen beikommen kann.

Nein, es ist nichts mit dem Triumph der Gehordnung. Ohne Faust kann keine Ordnung triumphieren. Über die Weißstrümpfe nicht.

»Aber es war schon richtig.« Carolas Worte lassen ihn erst merken, daß er ihr noch gar nicht geantwortet hat. »Wozu soll man sich mit so einem Rowdy auf der Gasse herumprügeln.«

»Es war *nicht* richtig«, sagt Martin und sagt es mehr für sich. »Es war vollkommen falsch. – Lernst du?«

»Ja. Diese fade englische Ziege. Ich hätte sie ihnen hinschmeißen sollen. Sie kotzt mich an.«

»Aber Cary –. Komm, wir arbeiten es ein bißchen durch. Vielleicht entdecken wir etwas Tolles.«

»Wolltest du denn nicht selbst arbeiten?«

»Nein«, antwortet Martin.

Noch einmal hin

Die Weihnachtstage sind vorbei, Sylvester ist vorbei, das Jahr 1938 hat begonnen und macht sich zunächst, wie jedes neue Jahr, durch Neujahrs-Postkarten bemerkbar. Allerdings bekommen Martin und Carola sie zum Großteil noch von ihren alten Adressen nachgeschickt – also doch ein Unterschied, und kein bedeutungsloser.

Unter den Absendern, die das verbilligte Drucksachenporto verschmäht hatten, befand sich auch Herr Robert Sovary. Er hatte an die vorgedruckten »besten Wünsche zum neuen Jahr« handschriftlich angefügt: »und für die Weihnachtspremiere 1938«. – Das war gewiß nicht besonders witzig, aber auch ganz gewiß nicht so übel, wie Martin es aufnahm.

Ihn befiel da im Augenblick wieder eine gallige und disziplinlose Gereiztheit, etwas ganz Ungewohntes bis vor kurzem, und leider etwas sehr Häufiges in der letzten Zeit: nämlich seit jenem Erlebnis mit dem Weißbestrumpften, das sich nachträglich zu einem richtigen Choque ausgewachsen hatte und jedenfalls auf seine ganze Stimmung und Verfassung, auf seinen Arbeits-Elan vor allem so nachhaltig störend einwirkte, daß es fast schon nach einem Vorwand aussah, dessen er für eine ohnehin fällige »schlechte Strähne« bedurft hätte. Er ging jetzt auch wieder öfter ins Kaffeehaus und öfter zu Toni in die Redaktion, er war den Bedrückungen von außenher, an denen wahrhaftig kein Mangel herrschte, wieder mit all der labilen Empfänglichkeit ausgesetzt, die wohl nicht zu den schlechten menschlichen Eigenschaften zählt, aber unter den guten die nutzloseste und unfruchtbarste ist. Denn es war ja nichts getan damit und niemandem geholfen, niemandem, nicht einmal ihm, wenn er über einen francophilen Kriegsbericht aus Spanien vor Wut zu zittern begann, oder wenn in der Filmwochenschau die Bilder vom Einzug der Japaner in Nanking ihm dermaßen auf die Nerven fielen, daß er das Kino verließ. Es war ihm nicht geholfen damit – aber er wußte sich auch keine andre Hilfe. Schlimmer noch: er wußte sie, aber sie stand ihm nicht zu Gebot. Und die Ventile, die er seiner Gereiztheit dennoch schuf, erkannte er selbst als kläglich und fragwürdig.

Oder ließ es sich anders bezeichnen, wie er jetzt, nachdem Frau Scho-stal die Post an den Frühstückstisch gebracht hat, Sovarys Neujahrskarte ärgerlich von sich wegschnippt und zu Carola hinüber: »Dieser Sovary. Soll lieber etwas weniger Humor produzieren, und et-was mehr Abrechnungen.«

Was wollte er sich, was wollte er Carola mit solch verlogener Großtue-rei beweisen? Denn natürlich gibt es schon längst nichts »abzurechnen«, und so viel Tantiemen, so viel Vorschüsse auf Auslandsrechte, so viel An-teile an Übersetzungen können in absehbarer Zeit gar nicht eingehen, daß das Konto Hoffmann nicht immer noch erheblich belastet bliebe.

»Der Sovary denkt sich wieder, daß dieser Hoffmann mehr Stücke pro-duzieren soll«, äußert achselzuckend Carola. »Und ich finde: er hat nicht ganz unrecht.«

Es ist kein gutes Zeichen, wenn Carola »ich finde« sagt. Sie gebraucht diese etwas hochfahrende und aus ihrem Mund geradezu geschraubte Wendung stets nur in negativen Zusammenhängen. Ziemlich unvorstell-bar, daß sie etwa sagen würde: »Ich finde, daß du heute so gut aussiehst.« Sondern das heißt dann eben: »Du siehst heute so gut aus, Martin.« Hin-gegen kann es sehr wohl heißen: »Ich finde, daß du dich heute widerlich benimmst«, oder ganz einfach: »Ich finde dich heute widerlich«.

Und jetzt also »fand« Carola, daß Sovary recht hatte. So.

Mehr brauchte es nicht. (Denn daß Sovary wirklich rechthat, und Caro-la auch rechthatte das zu finden – das macht es ja nur noch schlimmer.)

»So«, sagt Martin, »findest du. Wo du doch ganz genau weißt, warum ich nicht ›produziere‹. Wo du doch gerade bei diesem Stück alles, was mir da-zwischenkommt, kennst und mitansiehst und miterlebst, aus nächster Nähe. Ich wollte schon sagen: an meiner Seite. Na ja. Von Herrn Sovary darf ich schließlich kein Verständnis dafür verlangen. Ich dachte: von dir schon?«

»Du darfst. Und ich versteh ja auch vollkommen, daß du mit deiner Ar-beit nicht fertig wirst. Aber deshalb brauchst du mich noch nicht dafür verantwortlich zu machen!«

»Mach ich ja garnicht.«

»Was denn hast du jetzt gemacht?«

»Eine ganz nebensächliche Bemerkung über Herrn Sovary. Weil ich mich ganz nebensächlich darüber geärgert habe, daß man mich bei jeder Gelegenheit –«

»Ja kann denn *ich* etwas dafür?«

»Nein. Gewiß nicht. Sei nicht gleich so gereizt. *Ich* kann ja schließlich *auch* nichts dafür, daß ›Full Hand‹ durchgefallen ist.«

»Ich finde dich heute widerlich«, sagt Carola.

Und hierauf verfielen sie beide in ein hingebungsvolles Schweigen. Aber so arg stand es mit ihnen nun wieder nicht, daß sie nicht nach wenigen Minuten einander angesehn und schallend losgelacht hätten, und Martin stand auf um die Karte in den Papierkorb zu werfen, und wußte sich hiebei so weltmännisch raffiniert über den Tisch zu beugen, daß er Carola ins Haar küssen konnte, und Carola sagte:

»Du – ich glaub – jetzt müssen wir aber bald heiraten! Wenn *das* jetzt kein Ehezwist war –! Und noch dazu am Frühstückstisch. Also ganz vorschriftsmäßig.« Und da Martin zur Antwort nur wieder einen Kuß hatte: »Siehst du: *so* müßte ein Stück einmal anfangen. Vorhang hoch – Liebespaar auf der Szene – und *schon* geht ein Krach los, ohne jeden Grund!«

»Hm. Glaubst du, daß es sowas in Wirklichkeit gibt?«

»Nein«, sagt Carola mit Überzeugung. »Das glaub ich nicht.«

Und dann lachten sie beide aufs neue. –

Indessen war auch Carolas ins gesamte Verfassung nicht ganz so zum Lachen, und ihre Bereitschaft zur Übellaune nicht etwa von Martin verursacht. Vielmehr hatte sich die Komödie »Full Hand« tatsächlich als rechtschaffene Niete entpuppt, und Carola hat also diese »fade englische Ziege« tatsächlich nicht ohne Grund hinschmeißen wollen. Es war eine Frechheit, daß man ihr knapp nach ihrem Berliner Erfolg so ein Stück zu spielen gab! Mochte es auch (wie man sie damals beschwichtigt hatte) »nicht schlechter« sein als so und so viele andre: Carola, und hier mit begreiflichem Fug – Carola »fand«, daß sie jetzt eben Anspruch auf ein Stück gehabt hätte, das nicht bloß »nicht schlechter« wäre, sondern besser. Und seit sich nun noch erwiesen hat, daß »Full Hand«, obschon es vielleicht nicht schlechter war, jedenfalls schlechter wirkte, besitzt also auch Carola ihre auskömmliche Basis für jede Art von Mißstimmung.

Es ist aber noch etwas hinzugekommen, und das war vollends bitter.

Da nämlich »Full Hand« nur ganz knapp und mit schwachen Lungen den »Fünfundzwanziger« erreichte, mußte die nächste Premiere (in der Carola nichts zu tun hatte) erheblich vorverlegt werden; und da somit ein unvorhergesehenes »Loch« in der Repertoirebildung entstand, eröffneten sich neue Möglichkeiten für eine gleichfalls nicht vorhergesehene Einschiebung, für ein Stück, welches durch besonders gute Rollen oder durch besonderes literarisches Interesse oder durch sonstwelche Besonderheiten eine Ansetzung ad hoc rechtfertigt hätte. Erst war es Sollnau, der sich (nach einer ausnehmend schlecht besuchten Vorstellung von »Full Hand«) unvermittelt und mit griesgrämiger Beiläufigkeit an Carola wandte: »Sagen Sie – dieser Herr da, mit dem man Sie manchmal sieht – so ein großer schwarzer – Hoffmann oder wie – der schreibt doch angeblich Theaterstücke? Hat der nicht zufällig was fertig? Jetzt wäre eine geeignete Zeit dafür, glaub ich.« Das nahm Carola noch nicht recht ernst und es schien ihr so vage, daß sie es – aus gutem, schonungsvollem Vorsatz noch – vor Martin verschwieg. Aber wenige Tage später erfolgte eine ganz ähnliche Äußerung von seiten jener Persönlichkeit, welche die unablässig betonte Ehre hatte, das Theater in der Josefstadt zu leiten: es fand Direktor Doktor Waldemar Nehsler höchstselbst Gelegenheit, sich nach den Fortschritten zu erkundigen, die Herrn Hoffmanns Arbeit in der letzten Zeit genommen habe? und er würde es außerordentlich zu schätzen wissen, das Ergebnis dieser Arbeit recht bald kennen zu lernen – es bestünden da gewisse Möglichkeiten für den Spielplan des Instituts, das zu leiten ... und kurzum: Herr Hoffmann möge ihn doch in der nächsten Zeit einmal besuchen! Dies hatte Carola nun freilich weitergeben müssen. Sie tat es sehr vorsichtig, und sie war eigentlich überrascht, wie freudig Martin es aufnahm. (So freudig, daß sie sich nicht einmal mehr kränken konnte über die gelinde Interesselosigkeit, mit der er da ihr eigenes Geschick, die vorzeitige Absetzung von »Full Hand«, überging.) Das wäre ja prachtvoll! rief er vergnügt, und er hätte schon gefürchtet, daß sich in der Frühjahrssaison wirklich kein Termin mehr freimachen ließe. Jetzt würde er das natürlich ausnützen – nichts andres als so ein Auftrieb hätte ihm ja gefehlt – spätestens nächste Woche – nein: in dieser Woche noch könnte Nehsler das Manuskript haben! Und er hatte dann auch sofort bei Sovary angerufen, um ihn von diesem nun also endgültig feststehenden Ablieferungstermin in Kenntnis zu setzen.

Seither ist nicht bloß die eine Woche vergangen sondern eine zweite und dritte dazu, die Herren Nehsler und Sovary haben es nach je zwei telefonischen Anrufen wieder aufgegeben, Carola spielt nicht mehr und probiert noch nicht, ja schlimmer: sie weiß noch gar nicht, wann und was sie probieren wird, und Martin hat vor kurzem die dritte Umarbeitung der »Träumerin« beendet, ja schlimmer: er hat eine vierte begonnen.

Dies war, im großen und herben Umriß, die Situation, in der aus dem puren Nichts, zum Beispiel auf Grund einer Neujahrskarte, die mit 12 statt mit 3 Groschen frankiert war, Zank und Hader ausbrechen konnten zwischen Martin und Carola. Dies war die Situation, in der sich, anderseits, schon nach wenigen Minuten so heitere Bereinigung dieses »Ehezwistes« vollzog, daß Carola ihn sogar als erste Szene eines Lustspiels in Vorschlag brachte. Und dies war die Situation, in der Martin, aus Übermut und aus Mißmut, aus Aberglauben und Hoffnung, aus Müdigkeit und weil er doch arbeiten wollte, aus Gleichgültigkeit und weil er langsam wieder Geld brauchte – dies war die Situation, in der Martin den Entschluß faßte, tatsächlich ein Lustspiel zu schreiben und es tatsächlich mit einer solchen Szene beginnen zu lassen.

»Dilettantisch«, sagte Otto Presser, eisig und reglos – er hätte genau so eisig und reglos auch »großartig« gesagt, aber er sagte »dilettantisch« (und seine sämtlichen Mitarbeiter wußten, daß ein von Otto Presser als »dilettantisch« bezeichneter Vorschlag unter gar keinen Umständen mehr durchzusetzen war).»Dilettantisch. Ohne mich. Aber jetzt wundert mich gar nichts mehr.«

»Was, bitte?« Martin fragt das mit nahezu schülerhaftem Interesse, das er Otto Presser gegenüber auch ferner beizubehalten gedenkt.

»Daß Sie mit Ihrem Stück nicht fertigwerden. – Herr! Und mit diesem da fangen Sie gar nicht erst an! Es wäre eine verbrecherische Zeitvergeudung!« Otto Pressers Stimme klingt priesterlich beschwörend.

»Na hören Sie? Ich halte das sogar für sehr reizvoll. Die ganzen drei Akte hindurch geht es um nichts andres als um den Nachweis, daß dieser Krach zu Beginn vollkommen sinnlos war. Und zum Schluß, wenn der Nachweis endlich geglückt und von Beiden anerkannt ist – zum Schluß haben sie wieder genau denselben Krach. Genügt für ein pseudonymes Lustspiel vollkommen.«

»Was Sie da vorbringen, Herr Hoffmann –« (Presser lehnt sich zurück und blickt starr geradeaus, er hat tatsächlich etwas von einem Hohepriester der Dramaturgie an sich) – ist ein szenischer Einfall, nicht mehr. Damit können Sie sich vielleicht in einem Seminar etablieren, als aufstrebendes Regie-Talent. Aber ein Theaterstück, Herr Hoffmann, läßt sich aus so-was nicht machen.«

»Sie haben also keine Lust?«

»Lust?« Otto Presser macht eine vehement erstaunte Kopfbewegung. »Lust hab ich nie. Ich hab immer nur Vorschuß. – Aber jetzt sagen Sie, Hoffmann: wie kommen Sie überhaupt darauf? Sie *müssen* doch nicht?«

»Tragen Sie es ihm bitte nicht nach: unser aller Herr und Sovary will mich schon die längste Zeit in eine Kombination einspannen. Und da hab ich mir eben gedacht, daß Sie –«

»*Das* ist dann natürlich etwas andres.« Mit unverhohlener Geschwindigkeit lenkt Otto Presser ein. Er wüßte auch nicht, was es da zu verhehlen gäbe. Eigentlich und genau genommen hat ja jenes »dilettantisch« nicht so sehr dem Thema gegolten, als vielmehr dem monströsen Ansinnen, ohne Auftrag und Vorschuß ein Stück zu schreiben. Wenn das nun aber gar nicht so liegt? Und wenn obendrein, was ja sehr leicht der Fall sein könnte, eine Koppelung mit Martin Hoffmann höher bevorschußt würde?

»Dann müssen Sie natürlich zu Sovary hinaufgehn. Sofort! Es ist keine Sekunde zu verlieren!« Otto Presser reckt sich zu prophetischer Größe, wie er nun die abgestandensten Phrasen deklamiert: »Glauben Sie mir: das zeitgenössische Theater lechzt nach einer Komödie, die nicht schablonenmäßig hergestellt ist, sondern bei aller Bühnensicherheit auch wirklich dichterische Töne anklingen läßt. Wer anders, frage ich, wer anders als Martin Hoffmann wäre geeignet – eilen Sie, eilen Sie! Wenn Sie sich jetzt ein Taxi nehmen, erwischen Sie den Boß noch im Verlag – ich ruf dann nachmittag noch selbst bei ihm an, für alle Fälle – sagen wir einmal: um drei Uhr – und um halb vier bei Ihnen – also *gehen* Sie schon!«

Und er drängt Martin ungeduldig zum Aufbruch, und zweifellos war es dieser rabiate Umschwung Otto Pressers, aus dem Martin seinerseits den Schwung und die Wohlgelauntheit bezog, um tatsächlich sofort bei Sovary vorzufahren und ihm nicht minder sofort den eben besprochenen Plan zu unterbreiten.

So gewiß das vom Standpunkt einer allgemeinen Autoren-Taktik fehlerhaft war, so gewiß hätte ein solcher Fehler, von Martin Hoffmann begangen, bei Herrn Robert Sovary unter normalen Umständen nichts verschlagen. Es schienen jedoch, wie ringsumher und nicht zuletzt bei Martin Hoffmann, auch bei Herrn Robert Sovary keine normalen Umstände obzuwalten. Otto Presser wollte späterhin wissen, daß Herrn Sovarys schlechte Stimmung an diesem Vormittag von einem Telegramm herrührte, des lapidaren Wortlauts:»dringsendet vorschuß – bela«. Da nun aber nicht weniger als vier Autoren des Sovary-Verlags den Vornamen Bela trugen, und zwar gerade die vier zugkräftigsten, von denen auch kein einziger durch Verweigerung eines Vorschusses erzürnt werden durfte, so hätte Sovary, wiewohl nur ein einziger Bela es verlangt hatte, allen vieren Geld schicken müssen – was also für einen Verleger zweifellos ein Grund zur Verbitterung wäre ... Ob es sich hier zur Gänze um eine jener unverschämten Lügengeschichten handelte, die Otto Presser bisweilen mit reglosem Gesicht vorzubringen liebte, oder ob wirklich etwas dran war, und wie viel, oder was sonst –: dies blieb unergründlich und recht eigentlich auch belanglos. Belanglos für die Tatsache, daß der Verleger Sovary seinem Autor Martin Hoffmann bis ans Ende zuhörte, also ihn nicht mit dem üblichen Zwischenruf:»Zeigen!« unterbrach, und auch nachher nicht etwa ein Exposé zu sehen verlangte, sondern erklärte: er wolle sich die Sache überlegen, und Martin möge ihm bitte nicht böse sein, wenn darüber noch ein paar Tage vergehen sollten – im Augenblick sei er gerade mit der Zusammenstellung seines Frühjahrsprogramms beschäftigt, die sich leider nicht ganz erwartungsgemäß abwickeln ließe; das würde, fügte er unter flüchtigem Achselzucken hinzu, das würde Martin ja ganz gewiß begreifen.

Wäre der Nachsatz unterblieben: wahrhaftig, Martin Hoffmann hätte geglaubt, dem Verleger Sovary zum ersten Mal gegenüberzusitzen. Wahrhaftig, es wurde zu Martin Hoffmanns einzigem Trost, daß der Verleger Sovary wenigstens in einem Nachsatz Bezug nahm auf ihre immerhin bestehende Verbindung, obschon er sie gleichzeitig als eine durchaus negative kennzeichnete. Wahrhaftig, es wäre ihm lieber gewesen, wenn der Verleger Sovary, unter möglichst häufigem Durchbruch ungarischer Akzentuierungen, ihn rüde angefahren und ihm mitgeteilt hätte, daß er, solange die »Träumerin« nicht abgeliefert sei, nichts hören und nichts wissen wolle, weil er sich nicht aufs neue und nun schon zum dritten Mal nasführen lasse. Jawohl, das wäre ihm lieber gewesen, viel, viel lieber. Denn dieses hier, diese Nüchternheit und Zurückhaltung, dieser kühl formelle Bescheid, aus dem sich nur mit knapper Mühe eine beziehungsvolle Andeutung herausdestillieren ließ – wahrhaftig, das war das Ärgste, was ihm jetzt passieren konnte. Gerade ihm gerade jetzt.

Er wartete noch sekundenlang, ob nicht plötzlich ein breites Grinsen sich über Sovarys Gesicht legte, gefolgt von einem behäbigen Auflachen, und dann vielleicht von einem Kommentar: Sehen Sie, Hoffmann – so hätte ich jetzt mit Ihnen reden müssen! Weil es nämlich ein Skandal ist, was Sie treiben. Aber umgekehrt, sehen Sie, hab ich Ihnen doch schon immer gesagt, daß Sie einmal ein Lustspiel machen sollen ... Ungefähr so.

Weil aber nichts dergleichen geschah; und weil Herrn Sovarys Erkundigung nach Martins sonstigem Befinden und nach Carolas nächster Rolle wohl nur unterstreichen wollte, daß das »Geschäftliche« also erledigt wäre –: stand Martin auf und verabschiedete sich mit so frostiger Reserviertheit, wie er sie Herrn Sovary gegenüber noch nie zuvor an den Tag gelegt hatte; und von der er natürlich ganz genau empfand, daß sie ein restloses Einbekenntnis der eben erlittenen Abfuhr war.

Auf dem Heimweg, inmitten der schlaffen und lahmen Gedanken, die ihn umklommen hielten, überkam es ihn wie eine wehmütige Erinnerung an gute alte Zeiten, an unerhörte, strotzende Lebensfülle: es fiel ihm Sovarys Neujahrskarte ein und der tolle Luxus einer Verärgerung, den er sich damals aus solchem Anlaß noch hatte leisten können. Ach ja, damals. Heute? Heute mahnt er mich nicht einmal mehr, heute ist er nicht einmal mehr auf ein Lustspiel neugierig, heute müßte ich eigentlich toben und kann mich nicht einmal ärgern.

Und zuhause, denkt Martin mit reichlich makabrem Humor, zuhause erwartet mich ein künstlerisch unbefriedigtes Weib. Ich hab's ganz fesch beisammen.

Indessen erwartete ihn Carola nicht. Sie hatte, wie Frau Schostal angab, knapp zuvor das Haus verlassen, auf einen telefonischen Anruf hin und in großer Eile. Es könnte aber nichts Schlimmes gewesen sein, denn die Gnäfrau wäre sehr gut aufgelegt gewesen – »wahrscheinlich was vom Theater«, vermutet Frau Schostal. »Und die Gnäfrau laßt sagen, der Gnäherr soll bittschön allein essen gehn, sie wird vor drei – vier Uhr nicht heimkommen. – Soll i Ihna was kochen?« fragt sie nähertretend, und hat nach Erledigung des offiziellen Auftrags nicht bloß den dazugehörigen Tonfall geändert, sondern ihre ganze Persönlichkeit: Frau Schostal ist nicht länger eine Beauftragte der Hausfrau, sondern deren Vertreterin, und folgerichtig ist der Gnäherr kein Gnäherr mehr (was er im übrigen auch vorzieht).

»Nein, dankeschön. Ich hab keinen Hunger.«

»Bissel was Leichtes? Eierspeis? Omelette? Spinat mit Spiegelei?«
Frau Schostal hat zu jedem Speisenvorschlag immer lockender den
Kopf schiefgelegt, und die Besorgnis, die schon aus ihrem ersten Anerbieten klang, wird immer deutlicher. »Was haben Sie denn, Frau Schostal? Warum soll ich denn unbedingt
etwas essen?«

»Weil's Mittag is!« Frau Schostal wüßte in der Tat nichts Triftigeres anzugeben. Zu der Verläßlichkeit, mit der sie den überkommenen Kreis ihrer Obliegenheiten verwaltet, gehört durchaus auch die Einhaltung aller
vorgeschriebenen Essenszeiten: was sie für ihre Person eben als Pflicht
auffaßt, und wofür die vielfach unterspickte Rundlichkeit dieser ihrer Person einen eindrucksvollen Nachweis liefert. »Zum Mittag tut man essen!«
wiederholt sie tadelnd, und geradezu grob kommt ihr abschließendes:
»Alsdann was?«

»Ich möcht lieber ein bißehen schlafen«, sagt Martin schüchtern. »Mir
ist nicht ganz gut.«

»Sehn S' – schaun S' – da haben S' es!« Frau Schostal triumphiert. »Weil
S' noch nix 'gessen haben! I sag's ja.«

Und Martin mußte ihr in die Küche nachlaufen, um sie von ihrem tyrannischen Vorhaben abzubringen.

Er hatte wirklich keinen Hunger, und er wollte wirklich nichts als schlafen.

Und glaubte eben erst eingeschlafen zu sein, als das Telefon ihn weckte
– vielleicht läutet es draußen, dachte er – aber die Cary hat doch ihren
Schlüssel – dann sah er verdutzt, daß es schon halb vier war – und am Telefon meldete sich Otto Presser: mit der übergangslosen Mitteilung, daß
also heute abend die erste Besprechung zwischen ihm, Martin und Tibor
Köves stattfände, um neun Uhr im Herrenhof.

Moment, macht Martin. Halloh? Moment bitte –. Er hält den Hörer ein
paar Sekunden lang vor sich hin, betrachtet ihn eindringlich, und fragt
hierauf, nur um weniges klüger: Presser? Wieso?

Wieso: wieso? begehrt Presser seinerseits zu wissen. Hier Otto Presser.

»Ich meine«, sagt Martin, und nun ist wenigstens seine Stimme völlig
wach geworden, »wieso Köves?«

»Weil er eine Story hat.«

»Aha. Und wieso dann trotzdem ich?«

»Wenn Sie mich jetzt noch fragen: wieso *ich*, Presser? – dann erhöht sich mein Tantiemenanteil automatisch um zehn Prozent.«

»Hören Sie, Presser – ich war doch vormittag selbst bei Sovary –«

»Wem sagen Sie das. Aber nachmittag war *ich* oben. Verstehen Sie?«

»Nein«.

»Es ist ja auch unverständlich. Ich hab nämlich dem Sovary Ihre kindische Regiebemerkung so erzählt, daß es beinah wie ein wirklicher Einfall ausgeschaut hat – beruhigen Sie sich, der wirkliche Einfall ist vom Köves. Der Sovary war sehr erstaunt: angeblich haben Sie ihm das vormittag ganz anders erzählt. Daraufhin war *ich* sehr erstaunt: ob er denn nicht weiß, daß Dichter nicht erzählen können. Ich habe ihm gesagt, daß er wahnsinnig wäre, wenn er sich diese Kombination entgehen läßt. Ich habe ihm gesagt, daß ich es für sehr reizvoll halte, wenn ein Stück mit einem Krach beginnt, und dann, Sie wissen schon, mit genau demselben Krach aufhört. Ich habe ihm gesagt, daß der Tibi Köves Feuer und Flamme ist und das Stück unbedingt mit Ihnen machen will – vorausgesetzt natürlich, daß ich dabei bin. Also: ich *bin* dabei. – Und jetzt hab ich leider keine Zeit mehr, ich muß den Köves anrufen, der weiß nämlich noch nichts davon. Bleibt's bei neun im Herrenhof?«

»Was soll ich denn da überhaupt machen, Presser?«

»Kümmern Sie sich nicht«, erwiderte Otto Presser, und jeder seiner Mitarbeiter wußte, daß man sich sodann bei dem angefragten Punkt nicht weiter aufzuhalten brauchte, nicht einmal wenn er von finsterster Unklarheit war, nicht einmal wenn ein zu Beginn des Stücks Ermordeter im zweiten Akt plötzlich wieder auftrat – es ging dann eben nicht anders, er konnte eben erst am Schluß des zweiten Akts ermordet werden, das mit der Exposition hab ich schon umgebaut, es ist alles in Ordnung, kümmern Sie sich nicht.

»Ich möchte aber doch gerne –«

»Um neun im Herrenhof. Adieu.«

Abermals hielt Martin, bevor er endgültig auflegte, ein paar Sekunden lang den Hörer vor sich hin.

»Hn«, machte er dann und nickte. »Tja. Und dafür muß ich jetzt noch Dankeschön sagen –«.

Dann, immerhin, begann ihn die Vorstellung, wie er nun mit diesen auserlesenen Literatur-Briganten zusammenarbeiten würde, nach und nach zu trösten und zu erheitern. Beinahe freute er sich schon darauf.

Die alte Taktik, Zuckerbrot und Peitsche als Lockmittel zu verwenden, die Taktik des einprägsamen Versleins: »Und willst du nicht mein Bruder sein, dann schlag ich dir den Schädel ein« – dies alles ist von unsrer raschlebigen Zeit längst überholt. Andre, schmiegsamere Methoden beginnen sich durchzusetzen und kehren die erprobtesten Reihenfolgen in ihr Gegenteil um. Ohneweiters kann es geschehen, daß man jemandem zuerst den Schädel einschlägt und ihm hierauf das freundliche Anerbieten stellt, sein Bruder zu sein. Oder daß man die Lockung mit der Peitsche beginnt und das Zuckerbrot dann dennoch und so treuherzig offeriert, als wäre die Peitsche ein Irrtum gewesen. Denn wahrhaft unbegrenzt sind die Möglichkeiten eines Systems, das seine innere Linie schon deshalb nicht aufgeben kann, weil es gar keine besitzt. Es besitzt lediglich eine äußere. Sie heißt: Erfolg haben. (Wobei auch der Begriff des »Erfolgs« durchaus kein feststehender ist.)

Was die Schauspielerin Carola Hell betraf, so hatte ihr Berliner Zwischenfall in den beteiligten Kreisen eine nicht sehr voluminöse, jedoch ganz unzweifelhaft peinliche Erinnerung zurückgelassen. Natürlich handelte es sich da um keinerlei betretenes Nachdenken und schamhafte Erkenntnis. Das Peinliche lag vielmehr in der Tatsache, daß die Schauspielerin Carola Hell aus diesem Zwischenfall tatsächlich völlig kompromißlos und ungebeugt hervorgegangen war. Ja noch mehr: daß sie zu jenen negativen Konsequenzen entschlossen schien, die doch eigentlich Sache der offiziellen Kunstbetriebsführung gewesen wären. Somit erhielt die ganze Geschichte, wann immer man ihrer Erwähnung tat und gerade je seltener das geschah, desto eindeutiger den Anstrich einer reichskulturbehördlichen Blamage. Daß solches aber aller Peinlichkeiten Krönung bedeutete – darüber wußte man in den betreffenden Kammern immerhin Bescheid. Und man zögerte nicht, die Abhilfe, die man in diesem Fall für nötig und angebracht hielt, auch zu schaffen.

Dies also war der eigentliche Anlaß, warum Carola an diesem Tag so unerwartet das Haus verlassen hatte. Zunächst blieben seine Hintergründe freilich undurchsichtig, Carola jedenfalls ahnte sie nicht, und vielleicht hatte man nicht einmal die agierenden Filmdirektoren und Produktionsleiter informiert, was da gespielt wurde. (Wenn es dann doch nicht wunschgemäß zu Ende gespielt werden konnte, so lag das an der – allerdings völlig wunschgemäßen – Abwicklung eines bedeutungsvolleren Spiels.)

Auch Martin, als Carola gegen vier Uhr nachmittag ins Zimmer gestürmt kam, und noch in Mantel und Hut, unter stilloser Verwendung inka-kultischer Tanzmotive, mit ihrem wirren Bericht loslegte – auch Martin war von Verdacht und mißtrauischer Analyse denkbar weit entfernt. Auch Martin freute sich, und nicht an Carolas Freude bloß, sondern genau wie sie über den künstlerischen Erfolg ihrer »Entdeckung« für den Tonfilm, genau wie sie über den Zuwachs an Prestige und Popularität, und schließlich – es wäre kindisch gewesen, wenn sie das sich und einander verhehlt hätten, sie versuchten es gar nicht erst – schließlich genau wie sie über die sehr ansehnliche Gage. Obgleich ihn gerade bei diesem Punkt ein leises Unbehagen zu kribbeln begann, so leise, daß er es nur scherzhaft äußerte:

»Mir scheint, die wollen dich kaufen!«

»Wieso? Ja. Natürlich wollen sie mich kaufen. Und natürlich müssen sie für mich zahlen.«

»Aber gleich so viel?«

»Siehst du, siehst du. Weit hab ich's gebracht. Daß mich ein ixbeliebiger Filmproduzent höher einschätzt als mein eigener Gemahl!«

»Tu nicht gleich murren. So hoch, wie ich dich einschätze, können dich alle Filmproduzenten der Welt nicht bezahlen.«

»Eben. Und ich denk mir ja auch die ganze Zeit: ich hätte noch mehr verlangen müssen!«

»Du hast schon abgeschlossen?« Abermals verspürte er Unbehagen – aber das war nun zweifellos nichts andres als ein Gefühl der Zurücksetzung, weil Carola ihn vorher nicht gefragt hatte.

»Ja.« Carola zog ein Papier hervor und fuchtelte ihm damit vor der Nase herum. »Der Film geht nämlich schon in zehn Tagen ins Atelier, und die wollten unbedingt sofort Vertrag machen.«

»Und Nehsler?« Es juckte ihn immer wieder, gerade hier einzuhaken.

»Bevor wir den erwischt haben! Deshalb komm ich ja so spät. Puh!« Sie seufzte ihre ganze Erschöpfung hervor, legte nun endlich Hut und Mantel ab und ließ sich in ein Fauteuil plumpsen. Es wäre dann alles ganz glatt ge-

gangen, gab sie zwischendurch bekannt – Nehsler brauchte sie ja jetzt ohnehin nicht – sie hätte Urlaub bis ersten März – und natürlich freute er
sich außerordentlich, wenn nun ein weiteres Mitglied des Instituts, das zu
leiten er die Ehre hat –»du kennst ja die Walze, Martin. – Martin! Ich bin
so glücklich!«

Und dann ging es wild durcheinander von neuem los, und als es sich
langsam zu ordnen begann, schien so viel doch festzustehen, daß es sich da
um eine verhältnismäßig gute und saubere Sache handelte: der Film wurde von einer österreichischen Produktionsgesellschaft in Wien gedreht,
nach einem erfolgreichen Gesellschaftsroman, dessen Autor zwar in
Deutschland zugelassen, aber durch keine wie immer gearteten»Fleißaufgaben« hervorgetreten war, im Gegenteil hielt er sich für seine Person und
mit den Stoffen seiner nicht eben bedeutenden, nur sehr angenehm und
kultiviert geschriebenen Bücher beinahe demonstrativ abseits und hatte
wohl eben deshalb Erfolg. Die Hauptrollen waren fast ausschließlich mit
Wiener Schauspielern besetzt, auch der Regisseur war Wiener, allerdings
seit vielen Jahren in Deutschland tätig – allerdings seit so vielen Jahren
schon, daß er anderseits wieder als ein Überbleibsel aus normalen Zeiten
galt, als ein höchst repräsentatives Überbleibsel, und tatsächlich machte er
seine Filme im wesentlichen nicht anders, als er sie bis 1933 gemacht hatte. Zumindest bemühte er sich darum, und weil er ein sehr guter Regisseur
war, eine Art Drydenfürth des Tonfilms, konnte man ihm nicht viel dreinreden.

Kein Zweifel: unter den nun einmal gegebenen Umständen ließ sich
insgesamt nichts Besseres wünschen.

Dennoch ist Martin, je länger er darüber nachdenkt, desto weniger in
der Lage, seines Unbehagens Herr zu werden. Selbst wenn er alles abstra-
hiert, was ihn an kleinlichen und persönlichen Motiven bewegen mag,
mitsamt seinem nun wohl definitiven Ausscheiden aus allen Josefstädter
Kombinationen – selbst dann vermag er sich in keine ruhige oder gar be-
friedigte Kenntnisnahme des Tatbestands hineinzufinden. Eine»gute und
saubere Sache«? Eigentlich grotesk, daß solche Bezeichnungen in solchem
Zusammenhang ihm überhaupt hatten einfallen können! Und kein»verhältnismäßig« milderte diese Groteske! Es war, trotz Wiener Produktion,
trotz Wiener Atelier und Regisseur und Besetzung, trotz aller Hervorkeh-
rung der»österreichischen Note« –: es war zum Schluß natürlich ein Nazi-

Film, der da gedreht werden sollte, ein Film, der bis ins kleinste Detail den Nazi-Vorschriften entsprechen mußte, ein Film, der für Deutschland bestimmt war und daher von Deutschland bestimmt wurde –

An dieser Stelle seiner Überlegungen ist Martin dem Kern- und Angelpunkt schon hart in die Nähe geraten. Aber er hat sich bald wieder von ihm entfernt. Aus Eitelkeit zum Teil: weil er Carolas Engagement vor allem doch als einen künstlerischen Erfolg wahrhaben wollte; aus einer halbschlächtigen Abneigung, der Sache ganz und ehrlich auf den Grund zu kommen; und aus einem ungefähren Mangel an Vorstellungskraft: die ihm eben bis zur Erwägung aller hier denkbaren Praktiken nicht ausreichte. Erstaunlich! dachte er bloß, erstaunlich und beachtlich, daß man Carola nach ihrem Berliner Eklat überhaupt engagiert hat! Na, das scheint eben doch liquidiert zu sein, und wahrscheinlich schon vergessen. Und wenn nicht, dann ist dieses Engagement ja erst recht ein Erfolg für sie. Dann darf sie ja erst recht darauf stolz sein.

Und ich, dachte er weiter und dachte es nun schon beschämt, ich sollte ihr diesen Stolz, diese Freude, diesen ganzen vielfältigen Zuwachs und Gewinn verderben? Mit welchem Recht? Was hab ich ihr statt dessen zu bieten? Wo ist der Ersatz, auf den sie vertröstet werden könnte? Vielleicht die »unabhängige« Produktion, die mit Ach und Krach und Krampf jährlich einen Film herausbringt, einen schlechten obendrein, und deren einzige »Sauberkeit« darin besteht, daß sie nicht unter Arierparagraph arbeitet? (Denn sonst machen die doch wirklich *alle* Schweinereien, die man im Filmbetrieb irgend machen kann: und deren sind viele!) Soll ich ihr vielleicht zumuten, *das* als Ersatz zu nehmen? Oder soll ich ihr zumuten, überhaupt nicht zu filmen? Statt froh zu sein, daß sie unter den denkbar günstigsten und anständigsten Voraussetzungen starten kann! Daß sie endlich aus den Depressionen dieser letzten Wochen herauskommt! Daß sie wieder Arbeit hat, und eine reizvoll neuartige dazu!

Schade, denkt Martin zum Schluß, schade, daß ich das Drehbuch nicht mit ihr zusammen durcharbeiten kann. Ich hab ja jetzt selbst zu tun. Auch nicht gerade ideal – aber: zu tun. Das ist das wichtigste. Oder möchte ich jetzt lieber mit einer fünften Umarbeitung der »Träumerin« anfangen? und möchte ich, daß Carola diesem durchgefallenen Bockmist nachbrüten soll, ohne zu wissen, wann sie wieder drankommt, und womit? Nein nein, es ist schon ganz gut so. Es geht schon. Ein wenig anders, als ich es mir gewünscht hätte – aber das wäre nun wirklich zu viel verlangt: daß es gleich wieder vollkommen wunschgemäß gehen soll. Wenn Carola mit dem Film fertig ist und ich mit dem Lustspiel, fahren wir zusammen weg. Sie nimmt dann eben noch einen Monat Urlaub, das kann sie sich ja dann erlauben, und ich hoffentlich auch. Es geht schon. Es geht sogar, wenn man es richtig betrachtet, viel besser als seit langem.

Dennoch vermochte Martin diese Betrachtungsweise nicht immer aufrecht zu erhalten, und sie nicht immer ihn. Das rührte aber keineswegs von seiner Zusammenarbeit mit Presser und Köves her, wie er mitunter argwöhnte. Weit öfter mußte er sich eingestehen, daß es ihm Trost und Anregung bot, die beiden führenden Sovary-Routiniers nun aus nächster Nähe in Aktion zu sehen: Otto Presser unter ungeheuerlichem Aufwand von Mokka, Zigaretten und dramaturgischen Theorien, die er mit einer beispiellosen Apodiktik vorzubringen und einzusetzen wußte; er sagte nicht: »Jetzt muß der frühere Liebhaber der Frau auftreten, der den Mann geschäftlich hereinlegt, ohne daß sie es weiß«, sondern er sagte: »Die Haupt- und Staatsaktion muß vor dem Höhepunkt des Liebeskonflikts exponiert werden, daher hat jetzt …« – und siehe da: es hatte jetzt und es mußte. Daneben, mißmutig und mit gerunzelter Stirn, saß in sich zusammengekauert Tibor Köves, schien halbe Stunden lang nicht einmal zuzuhören, und entwarf dann plötzlich mit ein paar Worten die schwierigste Szenenverflechtung, stellte Figuren hin, daß man die Bretter krachen hörte, brachte durch einen winzigen Einfall ganze Abläufe in Fluß und Richtung – magyarisch singenden Tonfalls, fragend und erstaunt, daß solche Selbstverständlichkeiten überhaupt erst gesagt werden müßten: »Warum nicht läßt du Dienstmann auf Bühne, Prässär? Was Blumen gebracht hat?« – »Weil man«, versuchte Presser aus dem reichen Born seiner Grundsätze ihn zu widerlegen, »mit möglichst wenig Personen auskommen muß. Das Stück soll ja auch in Troppau gespielt werden.« – »Jó – már tudom«, intonierte Köves molto con brio, »aber Dienstmann sehr bequem kann Verwirrung machen – sonst du brauchst dafür ganzes Bild extra. Komisch ist auch. Dienstmann ist immer komisch.« Und in der Tat: der Dienstmann schuf bequem die nötige Verwirrung, ein ganzes Bild war überflüssig geworden und eine komische Episode gewonnen … Nein, daher also rührten Martins flau und vag unterhöhlte Stimmungen keineswegs. Nicht einmal daher, daß ihm nun zwischen den Dioskuren Presser und Köves nur noch der Dialog übrigblieb. Das verschlug nicht mehr viel, wenn er sich auf diese Sache schon einmal eingelassen hatte. Das war es nicht.

Eher schon mochte es daran liegen, daß er Carola jetzt immer nur für ganz kurze Zeit zu Gesicht bekam. Das ließ sich nicht ändern, und darauf hatte er ja gefaßt sein müssen. Wenigstens richtete er sich's so ein, daß sie einander sofort nach der (um sieben Uhr beendeten) Atelierarbeit trafen, wenigstens wollte er mit ihr zusammen nachtmahlen – dann mußte Carola, damit sie morgens wieder frisch wäre, ohnehin nach Hause und schlafen. Er konnte sie häufig nicht einmal begleiten, und niemals noch hatte er sie vom Atelier abholen können: es war keine Zeit, es war noch immer oder schon wieder etwas zu tun, sie standen beide so voll und mittendrin im Hochbetrieb. Ach ja und gewiß, das hatte auch sein Schönes. Carola besonders sah es ganz offenbar von dieser Seite, sie fand sich belebt und beansprucht, es war ihr vieles neu und vieles nicht recht, aber es war etwas los und sie sprudelte über davon – bis sie dann plötzlich, beim Essen noch oder beim Mokka nachher, ein blasses, schlaffes Gesicht bekam und rasch in ein Taxi verfrachtet werden mußte … Das ergab also keinen sehr angenehmen Zustand, und wenn bisweilen, trotz aller Vorsorge beiderseits, ihrer beider Erschöpfungen grau aufeinandertrafen, so fügte es sich vollends ungut zusammen. Aber auch das war es nicht, und jedenfalls nicht zur Gänze.

Martin wußte nicht, was es eigentlich war, und suchte es auch nicht zu erforschen. Er lebte in einer sonderbaren Gewichtlosigkeit dahin, die doch wohl nur provisorisch sein konnte und die es ihm unnütz erscheinen ließ, sich um inneres Gleichgewicht zu bemühen. Das hätte klaren Blick gekostet, Umblick und Einblick. Und danach gelüstete es ihn jetzt ganz und gar nicht.

Als gegen Ende Januar in den Räumen des »Siebener-Komitees« in der Teinfaltstraße ein nationalsozialistischer Putschplan entdeckt wurde, schrak Martin auf: er hatte sich in der letzten Zeit um all derlei kaum noch gekümmert. Früher als sonst machte er sich auf den Weg in die Stadt (sie arbeiteten am Nachmittag neuerdings in Otto Pressers Wohnung) – er ging zu Toni in die Redaktion, er wollte wissen was da geschehen war. Aber Toni wußte es selbst noch nicht genau, brachte nur wieder seine alte Umkehrungs-Theorie vor: dieser Putschplan wäre nicht deshalb entdeckt worden, weil man eine Hausdurchsuchung gemacht hätte, sondern man hätte die Hausdurchsuchung deshalb gemacht, weil man über das längst bekannte Vorhandensein nationalsozialistischer Putschpläne nicht länger hinweggehen konnte. Oder vielleicht: wollte! räumte er ein, mit marklosem Optimismus; vielleicht plante man jetzt wirklich einen entscheidenden Schlag gegen die Illegalen, vielleicht sei es auch wirklich noch nicht zu spät – das würden ja die nächsten Tage zeigen. Und mit einem merkwürdig unpassenden Achselzucken – denn eigentlich sollte das doch ein Zuspruch sein – fügte Toni hinzu: Martin möge sich weiter nicht stören lassen, er könne nach wie vor und jetzt erst recht nichts besseres tun, als intensiv arbeiten.

Nein, dachte Martin im Fortgehen, nein, ich kann nichts besseres tun, und ich laß mich nicht stören. Und: nur gut, dachte Martin, wieder nur gut, daß ich die »Träumerin« ein bißchen zur Seite gelegt hab. *Da* hätte ich mich nämlich stören lassen. Und Wie.

Plötzlich, mit der irren Gewißheits-Trächtigkeit, die abergläubischen Regungen innewohnt – plötzlich befiel ihn dumpfe Angst, daß die »nächsten Tage« ganz andres bringen würden als die von Toni schwach konzedierte Wendung; und eine dumpfe Gefaßtheit dazu: daß es auch ganz mit Recht so geschähe, daß ihm persönlich gar nichts andres gebührte. Wie soll denn, stellte er mit einer fast schon abschlüssigen Befriedigung fest, wie soll das denn anders enden? Ich schreibe mit Presser und Köves ein pseudonymes Lustspiel, und Carola dreht einen Nazi-Film –

Die nächsten Tage brachten: nichts. Man las zwar von den bedenklichen Funden in der Teinfaltstraße, aber man las von keinen Konsequenzen. Und da also nichts geschah, verwandte Martin auch kein weiteres Augenmerk darauf.

Als bald nachher, Anfang Februar, in der Auslandspresse von einem schweren Zerwürfnis zwischen Hitler und der deutschen Generalität berichtet wurde, ertappte sich Martin allen Ernstes bei jener unerlaubt süßen und unerlaubt vertrottelten Vorstellung, welche im wesentlichen darauf hinauslief, daß plötzlich im Kaffeehaus der Oberkellner an den Tisch träte: »Wissen S' schon das Neueste? Der Hitler is g'stürzt, und in Deutschland haben s' jetzt eine Reichswehrdiktatur!« Er nannte das, weil solcherlei ja tatsächlich in den sozusagen Gehirnen älterer und meistens bridge-spielender Jüdinnen herumspukte, den Bridgetanten-Traum, und es erbo-ste ihn weidlich. – Diesmal ging er gar nicht erst zu Toni in die Redaktion hinauf. Es würde schon nichts geschehen.

Hingegen geschah es an einem der folgenden Nachmittage, daß die vom Verlag Sovary in Auftrag gegebene Komödie »Zwei vernünftige Men-schen« von den beauftragten Autoren Hoffmann, Presser und Köves tat-sächlich beendet wurde, sogar der Name des pseudonymen Verfassers stand bereits fest: Georg F. Tinkler, sowohl deutsch wie englisch auszu-sprechen. Man kam überein, daß jetzt also von Martin Hoffmann die end-gültige Dialogfassung auszuarbeiten sei, worauf das Stück, nochmals von ihnen dreien »geschneuzt und gebadet«, in die Maschine diktiert und auf den Tisch des Hauses Sovary gelegt werden könnte – nicht ohne daß zuvor der Verlag Sovary auf den Tisch des Hauses Tinkler einen Scheck gelegt hätte, der sich, wie Otto Presser erklärte, nicht unbedingt gebadet, aber je-denfalls gewaschen haben müßte.

Die nahe Aussicht auf diesen überaus erquicklichen Vorgang bewog die Herren Hoffmann, Presser und Köves, sogleich an diesem Nachmittag be-deutende Mengen Alkohols zu sich zu nehmen, wodurch sich Tibor Köves alsbald zur Absingung schwermütiger Pusztaweisen veranlaßt sah und Otto Presser zu einer eindringlichen Ansprache an Martin Hoffmann: be-treffend die Sinnlosigkeit literarischer Ambitionen auf der Schaubühne im allgemeinen, und auf dem deutschen Theater der Gegenwart im beson-deren; händeringend beschwor er ihn, sich durch seine bisherigen Zufalls-erfolge nicht länger beirren zu lassen und seine wenngleich begrenzte Be-gabung in den Dienst lukrativerer Unternehmungen zu stellen, lukrativer nicht bloß auf dem Theater selbst, sondern vor allem durch die weit größe-ren Möglichkeiten im Film –

»Film«, warf Martin Hoffmann da mit befremdlich leichter Zunge ein, »Film ist eine gute Sache. Warum haben wir nicht lieber einen Film ge-schrieben? Meine Schande wäre nicht größer gewesen. – Nein, nein, nein!« beharrte er, obwohl niemand ihm widersprach, und stülpte den In-halt eines mit purem Whisky gefüllten Wasserglases entschlossen kehlab-wärts.

Aus dem Fauteuil hervor, in dem Tibor Köves versunken war, ertönte ein unverständliches Wimmern vermutlich ungarischen Wortlauts.

»Außerdem«, fuhr Presser mit dozierendem Zeigefinger fort, »müßten Sie sich auf die dramaturgischen Gesetze des Films gar nicht erst umstellen, weil Sie ja von den dramaturgischen Gesetzen der Bühne Gottlob keine Ahnung haben. Sie sind ja, wenn ich das so sagen darf, ein Autodidakt. Ein gänzlich unverbildetes Talent. Ein Naturbursche. Ein Wandervogel. Wo ist Ihr Rucksack, Herr? Ihren Rucksack will ich sehn!«

»Sagten Sie Autodidakt? Autodidakt? Au-to-di-dakt?« Martin fand mächtigen Gefallen an diesem Wort, er hätte es noch zehnmal mit der gleichen Inbrunst wiederholen können – aber da war ihm schon etwas andres, nicht minder Beglückendes eingefallen. »Unschwer«, hob er an, »unschwer ergibt sich mir von Autodidakt die Assoziation zu Automobil. Und unschwer von Film zu Carola. Es ist jetzt halb sechs. Was schließen Sie daraus, Presser?«

Anstelle des Gefragten, der plötzlich angestrengt zur Decke hinaufglotzte, antwortete Tibor Köves mit einem dreimaligen, schmerzlich lang gezogenen »joj-joj-joj-!«.

»Richtig«, sagte Martin zufrieden. »Und kein Wort weiter über diesen Gegenstand! Ich fahre jetzt ins Filmatelier, um Carola abzuholen. Mit einem Autodidakt. Meine Herren –« Er stand auf, und verließ – zuinnerst erschüttert über die Sicherheit seiner Schritte – das Zimmer, ohne daß die beiden andern hievon im mindesten berührt schienen. Nur Otto Presser deutete ihm nach und stellte höhnisch fest, daß er noch immer keinen Rucksack hätte.

Martin, kaum zur Türe draußen, begann sich seines Entschlusses kindisch zu freuen, vor lauter Eile geriet er sogar ins Stolpern. Dabei war es, wie er sich dann schon im Taxi überzeugte, wirklich erst kurz nach halb sechs, er würde also ganz bestimmt zurechtkommen, selbst wenn Carola heute etwas früher Schluß machte. Die wird aber schauen! dachte er vergnügt, daß es mir doch noch geglückt ist, sie wenigstens einmal abzuholen! Die wird aber jauchzen! Und: es ist ja auch reizend von mir, klassifizierte er mit anerkennendem Kopfnicken. Das soll mir jemand nachmachen. In einer vollkommen besoffenen Gesellschaft als einziger nüchtern zu bleiben.

Schwank und schattenhaft, somit von allen Seiten her der Situation gemäß, erschien ihm in die Vorstellung des nunmehr Kommenden ein amerikanischer Komiker, der in einer bestimmten Gattung von Filmlustspielen unweigerlich zu sehen war, und unweigerlich als Betrunkener durch die Handlung torkelte – mit keiner andern Aufgabe betraut, als in eben diesem Zustand bei den unmöglichsten Gelegenheiten aufzutauchen, rasch irgend ein Unheil zu stiften und wieder zu verschwinden, man brauchte ihn sonst zu gar nichts, es ergaben sich auch gar keine Folgen für den weiteren Ablauf – und gerade darum wirkte sein Dazwischentreten so unwiderstehlich erheiternd: weil es jeglichen Motivs und jeglichen Zwecks entriet, weil es die reine Komik war. Den müßte ich jetzt, überlegte Martin, eigentlich mithaben. Der würde zum Beispiel, wenn vor der Tür des Aufnahmeraums gerade das rote Lichtsignal erschiene, die Worte: »Achtung Aufnahme! Ruhe!« schallend laut herunterlesen, und hierauf kehrtmachen und abgehn. Schluß, aus. Seine Funktion ist erfüllt, die Aufnahme ist verpatzt und muß noch einmal begonnen werden. Weiter nichts. Und Martin, zurückgelümmelt im Fond des nun schon schneller durch die Vorstadtstraßen fahrenden Wagens, schmunzelt sich so innig in die Ausgestaltung dieses Zwischenfalls hinein, daß er, als das Auto dann vor dem Atelier haltmacht, beinahe erstaunt ist, den Helden seiner Alkohol-Gespinste nicht neben sich zu finden.

»Harren Sie meiner!« bedeutet er mit königlicher Geste dem Chauffeur, ist jedoch genötigt, auf dessen verwirrtes »Wie meinen, bittschön?« sich deutlicher auszudrücken: »Sie sollen auf mich warten. Und zwar *mit* Ihrem Wagen. Als Einzelperson sind Sie mir uninteressant.«

Und entschreitet in einer indignierten, etwas steifen Haltung, dem großen Eingangstor zu: das er vergebens aufzuklinken versucht. Erst nach einem Druck auf die elektrische Klingel, die er endlich doch entdeckt hat, öffnet es sich surrend.

»Wohin bitte?«

Von der Portiersloge rechter Hand tönt ihm die Frage entgegen, ein Mann steht dort, auf den Martin entschieden nicht gefaßt war. Eigentlich und genau besehen war er überhaupt nicht darauf gefaßt, hier irgendjemand andrem zu begegnen als Carola; weder gefaßt noch neugierig darauf. Es verstimmt ihn, sich nun mit dem Vorhandensein dennoch andrer abfinden, ja gar noch mit ihnen sich abgeben zu müssen. Es verstimmt und ernüchtert ihn.

»Ich komme Frau Hell abholen«, wirft er hin; und schon im Ansatz zum Weitergehen, halb rückwärtsgewandt: »Wo find' ich sie denn?«

»Einen Augenblick, bitte«, sagt höflich der Portier, und macht an Martin vorbei ein paar Schritte nach hinten zu, als wollte er von dort aus, vom Ansatz der Korridore und Treppen, Ausschau halten. Indessen gelangt er gar nicht bis dorthin. Es erweist sich vielmehr, daß sein Manöver nur bezweckt hat, Martin den Weg zu verstellen. »Hat der Herr einen Passierschein, bitte?« Das klang nun schon bedeutend amtlicher.

»Ich habe *keinen* Passierschein«, antwortet Martin, desgleichen nicht gerade werbend. »Ich sagte Ihnen doch, daß ich Frau Hell abholen komme. Wenn Ihnen das nicht genügt, dann melden Sie mich bitte an und fragen Sie, ob Frau Hell mich empfangen will.« Er ist in immer schrofferen Ton verfallen: aus der ärgerlichen Erkenntnis, daß jener doch eigentlich rechthat, und daß nun die ganze, so prächtig ausgedachte Überraschung an diesem sturen »Rechthaben« zu scheitern droht. Eigensinnig, in einem letzten Rettungsbestreben, ist er entschlossen, wenigstens seinen Namen zu verschweigen. Und da kommt auch pünktlich die Frage des Portiers: »Herr Hell vielleicht?«

»Wollen Sie, bitte«, akzentuiert Martin mit übertriebener Langsamkeit, »Frau Hell mitteilen, daß ein Herr da ist, der sie zum Nachtmahl abholen kommt. Wenn Frau Hell gerade Aufnahme hat, so werde ich vor der Türe warten. Ich bin nicht zum ersten Mal in einem Filmatelier.«

»Das ist schon möglich.« Die Stimme des Portiers, wie sein Gesichtsausdruck, wie seine ganze Haltung, strafft sich zu einer Feindseligkeit von unverkennbarer und unverwechselbarer Schattierung, scharf und kalt und hämisch abgekantet: »Aber vielleicht in einem andern Atelier. In diesem Atelier ist Juden der Eintritt verboten.«

Martin, mit kurz zusammengekniffenen Augen, macht eine jähe Kopfbewegung, die etwas von ihm abschütteln soll – vielleicht einen letzten Zweifel, ob er auch schon ganz nüchtern sei:

»*Was* sagen Sie?« Und da jener einen Schritt zurückgewichen ist, wiederholt er es nochmals und näher schon und duckt sich knapp ins Genick: »*Was* haben Sie da gesagt?!«

»Pardon – entschuldigen –« dienert unsicher und hilflos der Portier, in neuerlichem Retirieren. »Wenn der Herr natürlich kein Jud sind, dann –«

»Ich *bin's* aber!!« brüllt Martin, indessen ihm Hals und Schläfen so dick schon angelaufen sind, daß er sie nur durch immer wilderes Brüllen vor dem Zerplatzen retten kann. »Und das geht Sie einen Dreck an, verstanden?! Wir sind hier nicht in Deutschland, verstanden?! Hier werden keine Nazi-Methoden eingeführt, verstanden?! Verstanden?!« Und ist dem schrittweis Zurückweichenden schrittweis nachgerückt, und sieht durch rote Schleier quer verzerrt die bleiche Fratze dicht vor sich, und diesmal, oh er spürt es sprengend in allen Fasern und will es auskosten ganz und gar, diesmal wird er nicht, wie ein andres unvergessenes Mal zuvor, die kostbaren Sekunden vorübergehen lassen, nein nein, diesmal nicht, und hat schon seitwärts die Faust geballt und schon nach hinten ausgeschwungen –

»Martin! Um Gottes willen, Martin!«

Vielleicht wäre es auch sonst nicht mehr dazu gekommen. Es haben schon zu viele sich zwischen sie gestaut, haben ihn selbst zurückgerissen und jenen auch, und drängen immer neu von den Gängen und Treppen her und aus den Türen hervor, in weißen Kitteln wie Ärzte einige, und andre dahinter in sonderlichem Aufzug, in ihren Kostümen noch, da müßte ich ja, denkt er mit komischer Genugtuung und schlaff in dreier Erregten Arm und Knäuel, da müßte ich ja so laut gebrüllt haben, daß es bis in den Aufnahmeraum zu hören war, na fein, nur ist das leider nicht möglich, es werden wohl eher die Aufnahmen schon zu Ende gewesen sein, vielleicht war da gerade eine Regiesitzung oder sowas, interessant interessant, und jetzt müßte dieser Besoffene kommen und das Lichtsignal »Achtung Aufnahme« andrehen, das wäre kein schlechter Gag, Schluß, aus, abblenden …

»So komm doch, Martin. Komm doch. Ich bitte dich.« Es ist Carola, und es hat sich Raum und Luft um sie gebildet, was sehr zum Verwundern ist, und Martin schüttelt den Kopf.

»Also bitte – bitte –!« sagt schärfer eine Männerstimme daneben, es gilt aber nicht ihm, die weißen Arme bewegen sich fuchtelnd anderswohin, und das ist schier noch mehr verwunderlich: wenn ein Arzt Hühner verscheucht. »Bitte, meine Herrschaften!«

»Du mußt jetzt mit mir kommen, Martin.« Nah und drängend flüstert es Carola auf ihn ein, sie ist sehr bleich, und ihre Hand, ganz lose nur an seinem Arm, zittert ein wenig.

»Ja ja. Natürlich.« Martin macht sich frei, setzt seinen Hut zurecht, zupft und tupft noch ein wenig an sich herum, er überlegt ob es jetzt nicht ein paar Worte der Entschuldigung zu sagen gälte – und sagt, mit lauter

Stimme: »Aber vielleicht möchte man sich bei mir entschuldigen? Wie?«
»Das wird man sicherlich tun, Martin. Später. Verlaß dich drauf.« Er
spürt ihren zittrig-nervösen Druck an seinem Handgelenk und ist mit einem Mal auf heitere und wehmutsvolle Art gerührt davon, daß sie ihn wie
ein schwachsinniges Kind behandelt. Willig und lächelnd läßt er sich von
ihr dem Ausgang zuführen. »Jetzt mußt du noch ein bißchen auf mich
warten, weißt du. So. Ist das dein Taxi? Ja? Das ist gescheit. – Bitte warten
Sie mit diesem Herrn dort an der Ecke, ich bin gleich wieder da. – Ich hol
mir nur meinen Mantel, Martin. Gut? Also.«

Und wandte im Abgehen noch zweimal sich um, winkte noch zweimal
zu ihm zurück, schlaff, verlegen, sie wußte auch garnicht ob er es sähe.

Er sah es nicht. In die Ecke des Wagens gelehnt, mit geschlossenen Augen, steif und schmal saß er da, und seine Zähne waren in harter Abwehr
aufeinandergepreßt. Aber er hatte die Schultern so krampfhaft hochgezo-
gen, daß der Schüttelfrost ihn dann doch überfiel.

Was ist das: Wien?

Nun ist die Woche zu Ende und es ist Samstag, der zwölfte Februar – jene Verlegenheit aber, die Carola vor Tagen schon in ihrem schlaffen Winken verspürt hat, ist nicht von ihr gewichen. Sie hat sich sogar gesteigert, zu einem Schuldgefühl beinahe, zu einem schlechten Gewissen, das sich mit sonderbarer Emsigkeit regt: als wollte Carola nun alles nachholen, alles, was ihr zuvor schon hätte ein schlechtes Gewissen verursachen können.

Können? denkt Carola. Müssen! Müssen! Und am liebsten möchte sie auch noch schuld sein, daß diese Szene im Atelier so geendet hat. Sie kann sich ja vorstellen und sie sieht es ja, wie Martin daran kaut und würgt.

Natürlich hat der Portier seine Pflicht getan, natürlich. Einen völlig Fremden, der keinen Ausweis besitzt und nicht einmal seinen Namen nennen will, darf er natürlich nicht passieren lassen, das verlangen die Vorschriften und das weiß auch Carola. Aber daß zu diesen Vorschriften ein Atelier-Verbot für Juden gehört: *das* hat sie nicht gewußt. Sie hat überhaupt nicht bedacht, daß es soetwas geben könnte. Weil es sie ja nicht interessiert.

Und daran liegt es eben, von da aus beginnt ihr schlechtes Gewissen sich zu regen: daß sie dies alles einfach nicht wahrhaben wollte, bis jetzt. Immer noch nicht wahrhaben. Aus Eigensinn, aus Überheblichkeit, aus – jawohl: aus Egoismus. Es war ihr einfach bequemer, dies alles mit einer großartigen Geste abzutun und beiseite zu schieben. Jawohl: bequemer. Keine politischen Gespräche am Tisch zu dulden, ist bequemer als sie anzuhören und womöglich zu kapieren. In einer offiziellen Eheschließung kein Problem zu erblicken, ist bequemer als sich zu fragen, ob das denn auch wirklich so unproblematisch sei. Ein Renkontre mit den Nazibehörden komisch zu finden, ist bequemer als es ernst zu nehmen. Nicht mehr nach Deutschland zu fahren und die Sache damit gutsein zu lassen, ist bequemer als darüber nachzudenken, ob solches denn nicht auch in Österreich möglich wäre oder möglich werden könnte. Ganz unbekümmert zu sagen: »Warum hast du ihm keine Ohrfeige gegeben?« und die Nachwirkungen dieser nicht gegebenen Ohrfeige wieder einmal für übertriebene Empfindlichkeit zu halten, ist bequemer als dem wahren Grund solcher Empfindlichkeiten nachzuspüren. Und vollends ein Filmengagement anzunehmen, ohne sich weiter darum zu kümmern, unter welchen Voraussetzungen und Begleiterscheinungen man da eigentlich ins Atelier geht – dies vollends, entscheidet Carola, hat das Ausmaß ihrer Bequemlichkeit übervoll gemacht und schuldvoll. Daß auch Martin an all dieser Schuld einen nicht geringen Anteil trägt, bedenkt Carola nicht. Sie bedenkt jetzt überhaupt nichts, was etwa gegen ihn spräche. Sie würde es ihm nicht einmal übelnehmen, wenn er ihrem Verhalten geradezu ein System unterschöbe; wenn er – und in manchen verzweifelten Augenblicken will es ihr fast so scheinen – wenn er sie zum Beispiel verdächtigte, daß sie von diesem »Judenverbot« gewußt und es ihm nur deshalb verschwiegen hat, weil ja ohnehin keine Möglichkeit bestand, daß er ins Atelier käme. Was sollte sie ihm denn auch antworten auf die Frage etwa: »Und *wenn* du es gewußt hättest, und ich *hätte* Zeit gehabt, ins Atelier zu kommen – was dann? was wäre dann geschehn?!«

Aber Martin fragt es nicht und fragt nichts dergleichen und spricht überhaupt von all diesen Dingen nicht, seit Tagen schon, seit dem Auftritt im Atelier, kein Wort davon – und sie hätte, auf ein einziges hin, sinn- und bedenkenlos auch knapp vor Schluß ihre Filmarbeit abgebrochen (und vielleicht sagte er es gerade deshalb nicht) – kein Wort, und kein Wort von all diesen Dingen, für die sie sich so lange nicht interessiert hat, von denen sie so lange nichts wissen wollte: und das hat sich doch jetzt geändert. Jetzt würde es sie doch sehr interessieren. Besonders heute – was geht denn da eigentlich vor? Der Bundeskanzler Schuschnigg ist plötzlich nach Berchtesgaden gefahren, die Meinungen und Prophezeiungen schwirren nur so durch die Luft, von jedem Zweiten, gefragt oder ungefragt, geheimnisvoll oder ganz selbstverständlich, konnte man zu hören bekommen, was es also mit dieser Reise auf sich habe –: aber Martin spricht nicht davon, kein Wort, auch heute nicht. Und Carola, auch heute, empfindet dieses Schweigen als gälte es nur ihr, als hielte er es stumm gegen sie gekehrt (indessen er in Wahrheit auch zu niemandem andern sprechen kann, seit Tagen schon, kein Wort, nicht einmal zu Toni: der nun wahrhaftig der Gegebene wäre)– es ist ein Schweigen, das hinter jedem seiner lächerlich leichthin sich gebärdenden Worte hervorlugt und hervorlangt, würgerisch nach ihrer

Kehle, nicht anders als es vielleicht ihn selber würgt, und Carola wird es nicht ertragen, heute nicht mehr. Sie ist entschlossen, diesem Schweigen nicht länger ausgeliefert zu bleiben. Sie wird sich diesem Schweigen entreißen, sich und ihn. Sie wird es zur Sprache bringen.

Martin hat sie in dem kleinen Restaurant in der Rotenturmstraße erwartet, hat mit unnachgiebiger Sorgfalt ihr Menu zusammengestellt – es war ihr vollkommen gleichgültig was sie aß, aber sie mochte es ihm nicht verwehren, vielleicht freute es ihn wirklich –, und hat sogleich und vielerlei gefragt und gesagt, leichthin und lächerlich, nur um sein Schweigen zu übertäuben, dazu ist ihm alles recht, jetzt beginnt er gar von einem Film zu erzählen, den das Schwedenkino ankündigt und den er unbedingt sehen will, diese phantastische Tänzerin tritt da auf, die Eleanor Powell, weißt du – nächste Woche ist Premiere, und wenn du dann schon fertig bist, so gehen wir gleich am ersten Abend hinein, gut? Wann seid ihr denn endlich fertig? Wirklich in drei Tagen? Na wunderbar, ich schon morgen, wir müssen nur noch eine Szene umarbeiten, und dann hat der Ferry Liebreich auch schon sein Interview fürs »Echo«. Georg F. Tinkler, der bekannte englische Bühnenautor, weilt nämlich vorübergehend in Wien.

»Und *du*, Martin? Was wirst *du* dann machen?«

»Ich? Wann? Ach so. Ich weiß nicht. Zuerst einmal gehn wir ins Schwedenkino. Oder magst du nicht?«

»Bitte, Martin –« Sie hat den Kopf um ein kleines gesenkt und spricht ganz leise, er muß sich vorbeugen um sie genau zu verstehn. »Quäl mich doch nicht, bitte.«

Ach, sie hatte sich das anders vorgestellt, ganz anders, am ehesten wohl so, daß sie sich räuspern würde und anheben mit entschiedener Stimme: »Hör einmal, Martin« – und jetzt hat sie so leise gesprochen, daß er sie kaum gehört hat, jetzt sitzt sie mit gesenktem Kopf, und hebt ihn langsam wieder hoch: und erschrickt.

Denn auch *das* hat sie nicht erwartet. Dieses jählings verfallene, kalkbleiche Gesicht, mit dem Martin dasitzt. Und diese brüchig verstörte Stimme:

»Quälen –? *Dich* quälen?«

Sie nickt, zweimal, kurz und hastig. Dann aber, hilflos hinein in die schnürende Traurigkeit, die sie beide umfangen hält, hilflos und rührend und mit einem halb schon beglückten Lächeln: legt sie den Zeigefinger auf ihre Lippen, als wäre ihr jetzt erst eingefallen, daß er zu laut gesprochen hat, und das soll er bitte nicht wieder tun.

Er täte es ohnehin nicht. Er könnte jetzt ohnehin nicht sprechen, weder laut noch leise. Er sitzt und starrt vor sich hin, die Augen brennen ihm und sein Unterkiefer hängt schwer hinab, er sitzt und begreift es nicht: daß er Carola gequält haben soll, Carola, nicht sich, Carola – aber *wenn* das so war, dann muß es fürchterlich gewesen sein, oh fürchterlich – und immer noch nicht halb so fürchterlich wie wenn er ihr alles gesagt hätte, alles: daß er so nicht mehr leben kann, hier nicht mehr leben kann, daß sie mit ihm zusammen weggehn muß oder allein hier zurückbleiben – jetzt ist er endlich dort, wo Toni ihn längst schon haben wollte – dazu hat ihn erst ein Portier hinauswerfen müssen: damit er endlich merkt, daß man so nicht leben kann – dazu hat erst Herr Doktor Schuschnigg nach Berchtesgaden fahren müssen – dazu hat Carola erst sagen müssen:»Quäl mich nicht!« – damit ihm das alles endlich klar wird, endlich wieder klar wird: denn er hat es ja schon gewußt, er hat ja nicht auf dem Mond gelebt – oder vielleicht doch – und wie soll das nun weitergehn – wie soll das nun werden und enden – er weiß es nicht. Er sitzt und starrt vor sich hin, immer noch. Und wäre noch länger so gesessen – aber da spürt er sanft Carolas Hand auf der seinen, blickt auf, sieht ihr knappes Schlucken, und wie sie ihm zunickt jetzt, und wie ihr Mund sich bewegt:

»Es ist schon gut, Martin. Es ist schon gut.«

Dann deutet sie mit einem kleinen Zwinkern nach den beiden andern Tischen – heute ist Samstag und erst wenig nach acht, heute sitzen sie hier nicht allein, wie schon oft zuvor, wie damals auch, als es zum ersten Mal einen Mißton gab zwischen ihnen, ach einen heiteren Mißton, Blumen und Proben und Sollnau und Sovary, und selbst die Trübung, die damals noch zurückblieb, ist eine heitere gewesen – heiterer, weltenfern und unendlich heiterer, als ihr Zusammenklang jetzt.

»Und jetzt sag endlich, was du willst.« Sie hantiert mit Besteck und Platten, als hätte sie das Fleisch gemeint oder den Salat.

»Weg«, sagt Martin, leise zuerst und kaum hörbar, zaghaft zuerst und ein wenig unsicher – er kann sich so geschwind nicht zurechtfinden, es ist doch erst ein paar Minuten her, seit er fassungslos des Gegenübers seiner eignen Pein gewahr wurde: und nun soll beides sich wahrhaftig schon wieder erledigen lassen, nun hat Carola schon die großartige Bereitschaft ih-

res Abtuns wieder, und die großartige Direktheit ihres Fragens –»Weg!«
sagt er nochmals und lauter, und zweimal noch, scharf abgehackt, es geht
eben nicht mit einem Schlag, man muß da eben ein paarmal hinhacken,
um völlig sich loszutrennen:»Weg. Weg.«

»Und wohin?« Sie hat von beidem genommen, Fleisch und Salat, und
sie könnte jetzt ebenso nach dem Kino gefragt haben, das sie nachher aufsuchen wollen.

»Irgendwohin. Nach Amerika. Nach Honolulu. Auf den Gaurisankar.
Nur weg.«

»Also nach Amerika.« Sie hält das Vorleg-Besteck noch immer in der
Hand, ihre Stimme hat freundlich geschäftigen Klang.»Wir werden jetzt
heiraten und nach Amerika fahren, gut? Möchtest du Gemüse haben? Ob
du Gemüse haben willst, Martin?«

Ihre Gesichter sind aufeinander zugekommen, so nah als sie über den
Tisch hinweg es konnten, starr stehen ihre Blicke voreinander still, starr in
bedrohlichem Glimmen, es wird nicht lange mehr anhalten können und
Maßloses wird geschehn, sie werden ineinanderstürzen ganz und gar –

»Ja –« sagt Martin, reglos und er muß seine Stimme zusammenpressen.
»Noch Gemüse. Ich lieb dich, Cary, ich lieb dich, ich –«

»Pst! Das braucht kein Mensch zu hören –« Halboffen ihre Lippen und
ihre Stimme dunkel verhängt – aber aus dem kleinen Kopfschütteln, das
ihr Gesicht noch näher dem seinen entgegentrug, hat sie sich langsam
dann doch entspannt und läßt sich langsam wieder zurücksinken, nur ihr
Atem zweidreimal geht heiß noch und schwer.»Du darfst nicht so laut
sprechen, Martin. Du darfst jetzt überhaupt nicht so sprechen. Wir sind ja
nicht allein.« Und das war nun schon ein Seufzer der Erschöpfung.

»Wenn ich dich aber so sehr, so furchtbar sehr –«

»Ich weiß es ja. Jetzt weiß ich es ja. Und ich bin so froh, daß das alles vorbei ist.«

Nun hat auch Martin sich endlich zurückgelehnt, und endlich nun
kommt die Leichtigkeit über sie beide, die große, trunkene Leichtigkeit,
die sie entbehrt haben wer weiß wie lange schon, Wind und geschwellte
Segel zugleich, Strecke und Gleiten und volle Fahrt.

»Vorbei«, sagt Martin,»vorbei und zu Ende, und am Montag fangen wir
an. Rathaus, Reisebüro, Konsulat –«

»Schwedenkino –«

»Auch Schwedenkino. Warum nicht?«

»W eil uns keine Zeit mehr bleibt.«

»Ja glaubst du denn, daß man das amerikanische Visum sofort bekommt? Da muß man mindestens eine Woche warten!«

»So lange?! Ich hab mir vorgestellt, daß wir einfach nach Amerika durchbrennen!«

»Es wird noch immer reichlich durchgebrannt sein, was wir da machen. Und heiraten, bitteschön, können wir auch nicht von heute auf morgen. Jetzt muß ich uns erst einmal beim Standesamt anmelden, und dann –«

»Dann gehn wir also *doch* noch ins Schwedenkino«, unterbricht Carola mit Nachdruck, weil nämlich der Oberkellner an den Tisch getreten ist: ob Apfelstrudel gewünscht werde, die Herrschaften, oder Mokka. Es wurde beides gewünscht. Und sie sahen dem Kellner gründlich nach, ob er auch wirklich verschwände.

Als Martin sich wieder umwandte, fand er Carolas Blick auf sich gerichtet, ihren lächelnden Blick unter lächelnd hoch gewölbten Brauen, den Blick, der fast von selbst in ein nachsichtiges Kopfschütteln überging:

»Wenn du das weiter so diskret behandelst, dann weiß es spätestens übermorgen halb Wien.«

»Was bitte?« fragte er da.»Halb was?«

»Wien –!«

»Wien? Was ist das: Wien?« Martin Hoffmanns Stirnfalten waren angestrengt zusammengerunzelt, und wie er zum Abschluß noch ein Achselzucken produzierte, bot er durchaus den Anblick eines Menschen, der sich nun wirklich nicht besinnen kann und alle weitere Bemühung aufgibt.

Wien? Was ist das: Wien?

Ein trüber Sonntag brach an, in einen trüben Morgen zurück kehrte der Kanzler des Landes, in einen trüben Morgen hinein erwachte die Stadt. Träg zog die Dämmerung sich hin, immer noch hin, obgleich doch etwas andres schon hätte werden müssen und entstehn. Tag oder Nacht, egal. Nur nicht dieses Zwiespältige, Halbschlächtige, Widerwillige.

Wien? Was ist das: Wien?

Über dem Stadtteil Döbling lagerte undichter Nebel, es sah nicht danach aus, als ob er jemals steigen könnte oder fallen, oder zerreißen; dazu war er zu schwach. Dünn im kahlen Geäst, schwank über Strauchwerk und Pfad – aber wenn man näherkam, war er gar nicht da. Nur nach Südwesten zu, die Hänge zur Heiligenstädter Straße hinab, schien es zäh und milchig zu schwimmen.

Wien? Was ist das: Wien?

Im »Türkenloch«, dem abschüssig engen Gäßchen, zwischen den rissigen Feuermauern nistete noch am späten Vormittag die Nacht, klebte in grauen Resten noch Schnee, dösten halb schon verkrustete Pfützen leblos dahin. Quer unten die Heiligenstädter Straße öffnete sich unsinnig breit, mit protzig überhöhtem Fahrdamm für die Straßenbahn, wozu war das alles gut. Die Kindertage, da man der hohen Geleise noch froh werden konnte und stolz, weil man dann fast in einem richtigen Eisenbahnzug zu fahren glaubte – die Tage sind lang vorbei, die Tage kommen nicht wieder. Wozu. Und wozu soll es gut sein, sich daran zu erinnern.

Wien? Was ist das: Wien?

Wer keine Erinnerung mit sich trüge. Wem keine Bilder eingeprägt wären, längst veränderte Bilder in längst veränderte Augen. Wer nicht in der Heiligenstädter Straße sogleich an Sonntagsausflug und Kahlenberg denken müßte, an Zahnradbahn und Schmetterlingsnetz. Was hilft es, daß der Kahlenberg dasteht, als wäre nichts weiter geschehn! Was ist das für eine klägliche Ausrede: sich damit zu trösten, daß es den Kahlenberg gibt! Aber die Zahnradbahn gibt es nicht mehr.

Wien? Was ist das: Wien?

Martin Hoffmann, in der Heiligenstädter Straße, an diesem Sonntag vormittag, wartet auf eine Straßenbahn Richtung Innere Stadt. Er hat um halb zwölf mit den Herren Presser und Köves Rendezvous, im Hotel Bristol, irgendein Filmmensch interessiert sich angeblich für ihren neuen Stoff. Carola schläft noch, sie wird ihn gegen eins abholen. Hoffentlich ist die Besprechung dann schon zu Ende. Und hoffentlich wird etwas draus. Das wäre ihm in zweifacher Hinsicht sehr recht: er kann einen Filmabschluß brauchen, und er kann das Geld brauchen. Es ist besser, mit einem Filmabschluß und mit Geld nach Amerika zu kommen. Wo nur der D-Wagen bleibt. Warum muß man denn immer so lange auf die Straßenbahn warten, wenn man es eilig hat. Und warum muß man sich denn immer diese idiotische Frage vorlegen, wenn man auf die Straßenbahn wartet …

Martin hat eine neue Zigarette angezündet, sein Blick verfängt sich an der Straßentafel nächst dem Wartehäuschen: Barawitzkagasse. Was hat es nun wieder mit der Barawitzkagasse für eine Bewandtnis – richtig: »Zugang Barawitzkagasse«. Das stand auf einer bestimmten Kategorie von Eintrittskarten zur »Hohen Warte«, die Jahre hindurch der größte Fußballplatz Wiens gewesen ist – es bedeutete einen Unterschied von guten zehn Minuten, ob man »Zugang Barawitzkagasse« zu nehmen hatte oder »Zugang Perntergasse«. Damals hat Martin sich inbrünstig gewünscht, in Döbling zu wohnen. Jetzt wohnt er in Döbling und geht zu keinem Fußballmatch. Es freut ihn nicht mehr. Und war doch einst nicht wegzudenken aus seinem Leben.

Wien? Was ist das: Wien?

Der D-Wagen scheint heute überhaupt nicht zu verkehren. Auch aus der Gegenrichtung ist noch keiner gekommen.

Generalstreik –! denkt Martin jählings auf, sinnlos, rechenschaftslos, todtraurig im nächsten Augenblick. Generalstreik –. Es ist zum Heulen. »Schuschnigg fährt zu Hitler – Generalstreik in Wien«. Das wäre doch eine gute Zeitungsüberschrift. Es ist zum Heulen. Auch *das* noch. Auch *das* muß einem jetzt noch einfallen: daß es keinen Generalstreik mehr gibt. Und daß es zuvor einen mißglückten gegeben hat. Und noch weiter zuvor einen nicht stattgefundenen. Den mißglückten damals, im Februar 1934, hat Martin nämlich im zufällig gleichen Zusammenhang gemerkt: weil so lange keine Straßenbahn kam; ein paar Straßen weiter sah er die Wagen dann stehn, und dann sah er sie wieder fahren, und seither gibt es keinen Generalstreik mehr. Auch an den andern, an den nicht stattgefundenen, bewahrt er eine quälend eigene Erinnerung: weil er gerade an jenem 30. Januar 1933, am Tag da die deutsche Sintflut losbrach, in einem sozialdemokratischen Bildungsverein eine längst angesetzte Vorlesung abhielt; und weil nachher, als er mit ein paar Funktionären noch beisammensaß, sehr gewichtig und überzeugt die Worte fielen: »Passen S' auf – morgen machen s' in Berlin einen Generalstreik – und der Herr Hitler ist erledigt!« Der Generalstreik fand nicht statt, die Erledigung fand nicht statt, und Vortragsabende in Arbeiterheimen finden auch nicht mehr statt. – Und dort kommt schon der D-Wagen.

Wien? Was ist das: Wien?

Martin steigt ein, bleibt auf der Plattform, löst stumm den Fahrschein beim stumm herzutretenden Schaffner. Der kehrt sich sogleich wieder ab, blickt schweigend durch die trüb angelaufenen Glasscheiben, auf die

Strecke, die er unzählige Male schon durchfahren hat, die er auswendig kennt bis zum Überdruß, auf die reizlose, scheußliche Strecke – die Nußdorferstraße ist das, jawohl Nußdorf – da fahr'mer halt nach Nußdorf 'naus, dort gibt's a Hetz, a G'stanz – öde Häuserzeilen gibt es und Viadukte und die Rangiergeleise der Franzjosefsbahn, so sieht das in Wirklichkeit aus, so und nicht anders.

Wien? Was ist das: Wien?

Noch immer starrt der Schaffner durch die Glasscheiben.

Vielleicht, denkt Martin, ist ihm genau so zumut wie mir, vielleicht ist er traurig und niedergeschlagen, oder wütend und flucht in sich hinein: weil man uns also gestern in Berchtesgaden endgültig verkauft hat, ihn genau so wie mich. Ich möchte ganz gerne mit ihm sprechen. Und bei dieser Gelegenheit könnte sich dann vielleicht herausstellen, daß er ein Nazi ist. Warum denn nicht? Warum sollen nicht auch die Leute im Wagen drinnen lauter Nazi sein? Weil man es ihnen nicht anmerkt? Sie lassen sich ja, obwohl das ganz leicht wäre, auch das Gegenteil nicht anmerken. Schweigend und mürrisch sitzen sie da, keiner schimpft, keiner liest in der Zeitung und sagt dann etwas dazu – na ja, wozu sollten sie auch Zeitungen lesen. Es steht ja sowieso nichts drin. Man muß ja, wenn man erfahren will was hier bei uns vorgeht, sowieso auf die ausländischen Blätter warten. In den ausländischen Blättern darf man es lesen, in den inländischen nicht. Allerdings: wer liest schon ausländische Zeitungen? Höchstens ein paar Kaffeehausjuden, und das schadet nichts.

Wien? Was ist das: Wien?

Wien an der Donau, die Hauptstadt von – ja Schmarr'n, und schon hier beginnt der Schwindel. Wien liegt am Donaukanal und nicht an der Donau. Die übrigens gar nicht schön und gar nicht blau ist. Wieder ein Schwindel. Und so geht der Schwindel weiter, immer weiter. Hauptstadt! Was für eine Hauptstadt? Vielleicht früher einmal – aber jetzt? Es ist einfach lächerlich. Hauptstadt von was? Hauptstadt von Österreich? Was hat dieses Österreich noch mit Wien zu tun und dieses Wien noch mit Österreich? Man müßte Wien zur freien Stadt erklären, und die Mostschädel, die kropferten, sollen sich anschließen an wen sie wollen. Das ist vielleicht die Lösung! würde der Professor Bachrach sagen, den hab ich schon lang nicht gesehn, ich muß ihn wieder einmal besuchen. Hauptstadt von Österreich? Republik Österreich, bitte? Nein, Bundesstaat Österreich. Was ist das für ein Unterschied, bitte? Das weiß leider kein Mensch. »Republik« ist eben eine anstößige Bezeichnung, man denkt dabei unwillkürlich an Demokratie, weg damit und her damit, denn zum Beispiel heißt das »Neue Wiener Tagblatt« im Untertitel noch immer »Demokratisches Organ«, und überhaupt verkörpert der autoritäre Ständestaat die wahre Demokratie. Natürlich. Wer denn sonst. Das haben noch alle von sich behauptet. Wenn sie lang genug drauf geschimpft haben, geben sie eines Tages bekannt, daß sie und niemand andrer die wahre Demokratie sind. Autoritär, korporativ, total, diktatorisch – man kennt sich vor lauter wahrer Demokratie gar nicht mehr aus, jede ist die einzig wahre, und *wir* haben sie aber *wirklich*. Wir haben ja auch die österreichische Sendung, den österreichischen Gedanken, das österreichische Wesen, alles mögliche haben wir österreichisch – nur, leider, kaprizieren wir uns gleichzeitig darauf, der »zweite deutsche Staat« zu sein. Und das ist immer und überall eine bedenkliche Sache: zweiter sein. Im Volksmund, im österreichischen Volksmund (nicht etwa im Nationalmund) heißt »zweiter sein« soviel wie »verlieren«. Daß wir bis jetzt noch nicht verloren haben, verdanken wir lediglich der unlösbaren, naturbedingten Freundschaft eines mächtigen Volkes, des italienischen. Welches in Wahrheit so ziemlich das einzige Volk ist, für das wir *keine* Freundschaft empfinden, das wir sogar mit einem verächtlichen Spitznamen zu benennen lieben: die Katzelmacher. Und mit verächtlichem Spitznamen benennen wir sonst nur noch unsre gleichfalls unlösbaren und naturbedingten deutschen Brüder: die Piefkes. Wir haben die Wahl zwischen Katzelmachern und Piefkes, unlösbar mit Italien verbunden und zweiter deutscher Staat, sei gesegnet ohne Ende – so heißt das doch, so geht doch die neue österreichische Hymne, ein falscher Text auf eine echte Melodie, der ganze Text ist falsch, alles ist falsch, Schwindel, nichts als Schwindel …

»Jetzt wird der häßliche Vogel bald kommen.« Otto Presser sieht nach der Uhr. »Um zwölf.«

»Wen meinen Sie? Köves?«

»Nein. Ich meine Herrn Direktor Vogel von der Prag-Pariser Film A.G., falls Sie den kompletten Namen dieser leichtfertigen Firma noch nicht kennen. – Köves kommt gar nicht. Er ist heute früh nach Budapest gefahren.«

»So. Warum.«

»Ich weiß nicht«, sagt Otto Presser achselzuckend. »Er hat wahrscheinlich das Gefühl, daß diese leichte antisemitische Welle, die in der letzten Zeit durch Deutschland geht, demnächst auch hierher übergreifen könnte. Man hört ja so Verschiedenes.«

»Sie meinen –?«

»Ich? Ich meine: es ist jedenfalls sehr gut, daß wir gestern mit unserm Stück endgültig fertig geworden sind.«

»Sind wir denn schon endgültig fertig, Presser? Gestern haben Sie noch gesagt, daß wir das fünfte Bild also doch in einem Nachtlokal spielen lassen müssen, damit die Frau –«

»Kümmern Sie sich nicht!« unterbricht Otto Presser mit aller Strenge, die er in diese Aufforderung irgend hineinzulegen vermag. »Ich weiß was Sie sagen wollen, und es freut mich, daß Sie sich's gemerkt haben. Gewiß: in normalen Zeiten soll die Salondame vor der großen Pause unbedingt im Abendkleid erscheinen, damit der weibliche Teil des Publikums während der Pause einen Gesprächsstoff hat. Von dieser Regel sind jedoch laut Konvention der Sovary-Autoren vom Jahre 1936 gewisse Ausnahmen zugelassen, zum Beispiel für den Fall des Zusammentreffens von Staatsoberhäuptern in Berchtesgaden. Wann fahren Sie?« fragt er übergangslos hinzu.

»Wer? Ich? Wohin? Ach so. Das ist noch unbestimmt, wann. Wir wollen ja schon seit einiger Zeit nach Amerika.«

»Das wollen seit gestern sehr viele seit einiger Zeit. Aber wieso: wir?«

»Die Hell und ich. Was fragen Sie so blöd.«

»Die Hell will nach Amerika? Warum will die Hell nach Amerika? Ist sie wahnsinnig?«

»Sie ist meine Frau.«

»Also doch wahnsinnig«, konstatiert Presser kopfschüttelnd. »Die hat doch gerade jetzt eine tolle Karriere vor sich! Lassen Sie sie ruhig hier und fahren Sie zuerst allein. Die Hell kann Ihnen immer noch nachkommen. Oder vielleicht können Sie wieder zurück. Hat sie schon gekündigt?«

»Nein. Wahrscheinlich wird sie auch gar nicht kündigen. Es würde nur Aufsehen machen und hat gar keinen Sinn. Wir bereiten jetzt alles vor, damit wir notfalls von einem Tag auf den andern wegkommen – und dann wäre es ja gleichgültig, ob sie formell gekündigt hat oder nicht.« Er hält inne, blickt überrascht zu Presser auf – soviel hat er dem doch gar nicht sagen und gestehen wollen? Und endet sein unsicheres Schweigen mit einer vagen Handbewegung:»Na – wir werden ja alles sehn.«

Auch Presser, überraschender und eigentlich dankenswerter Weise, läßt schweigsam ein paar Sekunden verstreichen, ehe er, und in ernsthaft verständnisvollem Ton, antwortet: »Natürlich werden wir alles sehn. Aber womöglich in einer ausländischen Wochenschau, da bekommt man einen viel besseren Überblick. Und jetzt hören Sie, Hoffmann. Sollte dieser Vogel nicht binnen fünf Minuten erscheinen, so wird er, hier spricht Presser, nicht bloß für das Sujet mehr bezahlen müssen – sondern ich werde auch noch selbst das Drehbuch machen. Wenn Sie wollen, kann ich Sie da mit hineinnehmen. Wir setzen uns schön nach Prag oder nach Paris, etwas mehr als die Spesen wird dabei auch für Sie herausschauen, und streiten uns dort so lange über jede einzelne Einstellung, bis – hören Sie mir eigentlich zu oder nicht?«

»Entschuldigen Sie.« Martin ist aufgestanden, und strafft sich planlos zurecht. »Ich danke Ihnen sehr, aber ich kann jetzt nicht länger warten. Wenn Herr Vogel kommt – Sie haben jede gewünschte Vollmacht von mir. Also dankeschön, nochmals. Auf Wiedersehn.«

Draußen vor dem Hotel blieb er stehn. Ein schläfriger Windstoß stäubte ihm dünnen Regen ins Gesicht, trostlos grau lag die Ringstraße, lehmig der Sand in ihren Alleen.

Martin macht ein paar unschlüssige Schritte. Nein, er wird nicht in die Halle zurückgehn. Nein, er hat keine Lust, sich mit Otto Presser über seine künftige Lebensgestaltung zu beraten. Wenn überhaupt mit jemandem, dann mit Toni (dessen Triumph man eben in Kauf nehmen muß). Ich ruf ihn jetzt sofort an, beschließt Martin. Zuerst Carola, und dann ihn. Oder doch ihn zuerst, er soll mit uns zu Mittag essen und –

»Brauchen der Herr einen Wagen?«

Ein schlecht gekleideter Mensch stand vor ihm, in unangenehm beflissener Positur. Die Dienstleistung, zu der er sich erbot, hätte darin bestanden, daß er vom Parkplatz an der Ecke ein Taxi herbeigewinkt und sodann, die freie Hand dem Trinkgeld entgegenhaltend, noch den Wagenschlag geöffnet hätte –: also nicht bloß eine unerbetene, sondern eine vollkommen überflüssige Dienstleistung. Aber da sie mit keiner Mühe verbunden war, bedeutete auch ihr Risiko – nämlich das immerhin mögliche

Ausbleiben des Trinkgelds – keine Abschreckung, und in der Tat stellte das zudringliche Öffnen von Wagentüren eine sehr gesuchte Beschäftigung dar, einen Beruf beinahe, der in den Straßen der Stadt Wien vielfältig ausgeübt wurde. Die Ausübenden, die sogenannten Türlschnapper, waren geradezu ein Begriff, geradezu die Verkörperung jener Servilität, welche die plumpe, plebejische Kehrseite aller guten Eigenschaften des Wieners ist, und die Wurzel all seiner üblen.

Martin, als dieser Türlschnapper jetzt ihm in den Weg trat, fühlte sich peinlich aufgestört. Derlei Erscheinungen bereiteten ihm noch heftigeren Widerwillen als bloße Bettler, derlei Trinkgelder waren ihm widerwärtiger als bloße Almosen. Zu den primitiven Regungen des schlechten Gewissens, der Scham, des Zorns, zu den komplizierteren der Entwürdigung und der Ohnmacht überkam ihn da immer noch ein unabweisbares Gefühl von Hoffnungslosigkeit, ein sonderbar nüchternes, fast theoretisches Gefühl – als wären die Türlschnapper nicht bloß eine Gattung, sondern eine eigene Klasse mit einem eigenen Klassenbewußtsein: dem Türlschnapper-Instinkt. Wenn irgendwo dann hier schienen die verkümmerten Wurzeln sozialer Revolution ihm bloßzuliegen. Denn nicht daß es Bettler gab, war das Übel, und nicht daß man ihnen Almosen schenkte, war die Ausrede und die Ablenkung. Sondern das Übel sind die Türlschnapper, und die Revolution scheitert am Trinkgeld.

»No, no, no –!« In bösartig übertriebener Devotion buckelte sich der Mann von ihm weg. »Was schaun S' denn so? I hab Ihna ja nur g'fragt!« Und schnitt noch eine schäbige Grimasse, ehe er sich entfernte.

Martin sah ihm nach. Langsam kam ihm zum Bewußtsein, daß er diese Jammergestalt mit einem richtig haßerfüllten Blick betrachtet haben mußte. Er biß sich auf die Lippen, überlegte, ob er den träg Dahinschlurfenden nicht einholen sollte und ihm ein Geldstück zustecken – aber es graute ihm vor der Vorstellung, wie jener sofort dann wieder in seine vorige Unterwürfigkeit verfiele, mit Dankschön und Küßdiehand Gnäherr.

Und plötzlich graute ihm noch vor einer andern Vorstellung, die flackerig und nebeldumpf an ihn herangedrängt kam, nah, beklemmend – und da er sie dennoch nicht zu fassen vermochte, schüttelte er sich und holte tiefen Atem.

Der letzte Walzer

***

Chronik eines Wunders

Daß Wunder noch geschehen! Daß solches Wunder noch geschehen kann! Daß noch geschehen kann: Heilung des Gelähmten – und er geht aufrecht wie nie zuvor; Erfüllung kühnsten Traums – und es ist schier zum Jammern, daß man sich nicht *noch* mehr erträumt hat (denn sicherlich wäre alles erfüllt worden); Befreiung von ermeßlichem Druck – und jetzt erst, da er gewichen ist, jetzt merkt und spürt man erst, wie unermeßlich schwer er gelastet hat, wie sehr man ihm schon unterwunden war, wie sehr schon gefaßt darauf, ihn weiter zu schleppen und immer weiter wer weiß wie lang. Und jetzt –

Heilung, Erfüllung, Befreiung: dies alles konnte geschehen, dies alles geschah. Es geschah am Abend des 24. Februar 1938, lies, sage und schreibe: vierundzwanzigster Februar neunzehnhundertachtunddreißig. Ein wichtiges Datum, und man muß es sich merken für alle Zeit. Manche vielleicht werden es nicht für gar so wichtig ansehen wollen, nichteinmal für das wichtigste in diesem Zusammenhang; werden vielleicht dem 4. oder dem 12. Februar, dem 11. oder dem 13. März in diesem Zusammenhang größere Wichtigkeit beimessen. Habeant sua data libelli! Und mögen sie sich immerzu darauf berufen, daß da jeweils bedeutend Realeres geschehen ist und bedeutend schwerere Folgen nach sich zog, klar zu fassende, historisch nachweisbare Folgen: das ist es ja gerade. Darum gerade sind es ja bloße Schock- und Dutzend-Daten, von denen so nüchtern und lesebuchgerecht wie von zahllosen andern ausgesagt werden kann, was da also geschah. Am 4. Februar 1938 fand eine Auseinandersetzung zwischen einem Diktator und seinen Generälen statt (bemerkenswert höchstens dadurch, daß selten noch ein Diktator so unwahrscheinlich hochgekommen und selten noch Generäle so unwahrscheinlich herabgekommen waren). Am 12. Februar 1938 zwang der Machthaber eines großen Staats den Machthaber eines kleinen zum völligen Nachgeben (bemerkenswert höchstens dadurch, daß im friedlichen Verkehr zwischen Staatsoberhäuptern noch selten so monströse Mittel der Erpressung angewendet wurden). Am 11. März 1938 erfolgte die Demission eines Staatsoberhauptes (bemerkenswert höchstens als ein Beispiel von Wortbruch und Verantwortungsflucht, vielleicht auch als ein Beispiel von verantwortungsvoller Einsicht, jedenfalls aber als ein tragisches Beispiel). Und am 13. März 1938 wurde ein wehrloses Land von fremder Heeresmacht besetzt und annektiert (bemerkenswert höchstens dadurch, daß eine schlotternde Welt diesen doch gleichfalls schlotternd verübten Gewaltakt hinnahm und anerkannte). Dies also waren die Geschehnisse dieser Daten. Und mögen also die Historiker, die auf Nachweis und Faßbarkeit Erpichten, die nur das Reale verzeichnen und seine klaren Folgen, mögen sie diesen Daten immerzu die größere Wichtigkeit beimessen –: was am 24. Februar 1938 geschah, zeichnet sich eben *nicht* durch Realität und Klarheit der Folgen aus, die eben *nicht* historisch nachzuweisen und zu fassen sind. Am 24. Februar 1938 geschah ein Wunder.

Es wurde bewirkt von einer Rede des österreichischen Bundeskanzlers Schuschnigg, und ausschließlich darin, daß sie ein Wunder bewirkte, liegt ihre Bedeutung und ihre Besonderheit. Keineswegs etwa in ihrer politischen Konzeption, die sich ja alsbald als fehlerhaft erwies. Keineswegs etwa in ihrem sachlichen Gehalt, der ja auf dürftigen Unterlagen ruhte. Und auch ganz gewiß nicht in ihrem oratorischen Niveau. Sondern allein und ausschließlich in ihrer Wunderwirkung.

Tatsächlich: es war alles da, was zu einem Wunder gehört, es war ein vollständiges Wunder. Hatte man denn nicht eben erst vernommen, daß der Bundeskanzler diese Rede dazu benutzen würde, um seinen Rücktritt mitzuteilen? daß die Bildung einer nationalsozialistischen Regierung bevorstünde, ja insgeheim schon vollzogen sei? daß jener dort drüben, der Arrangeur der deutschen Sintflut, der Wasserpantomimiker, der Jahrmarktsausrufer – daß er die Übertragung dieser Rede auf die Sender seines Machtgebietes nur deshalb zugelassen habe, weil ihr Inhalt ja schon von ihm bestimmt war? Daß da ein abgekartetes Spiel vor sich ginge, abgekartet zwischen den beiden Haupt- und Staatsakteuren sowohl, wie zwischen ihnen beiden und den andern in Europa rings, von deren Mit- oder Einwirken man also gar nichts mehr erwarten dürfe? daß diese Rede, kurzum, nichts andres sein würde als der offizielle Schlußpunkt hinter dem längst beschlossenen »Finis Austriae« –: hatte man das alles, und noch vieles mehr, nicht eben erst vernommen und geglaubt, im gleichen

Augenblick geglaubt – im nächsten schon für ganz natürlich, für selbstverständlich, für das einzig mögliche gehalten – und im übernächsten sich schon gewundert, wie man denn hatte wähnen können, daß es nicht so kommen würde und daß es sich anders verhielte?! War das nicht alles ganz klar und eindeutig so gewesen, eben erst, eben noch?!

Und jetzt:

Jetzt ist es also *doch* nicht so gekommen, nein, jetzt verhält es sich also *doch* anders, oh ganz anders, oh wirklich und wahrhaftig.

Gar keine Spur von Rücktritt! Im Gegenteil: der da gesprochen hat, der Kanzler, scheint überhaupt jetzt erst richtig angetreten zu sein, und aufgetreten, und vorgetreten, und da steht er nun, aber wie! man erkennt ihn kaum wieder!

Gar keine Spur von nationalsozialistischer Regierung! Im Gegenteil, verschiedene Anzeichen sprechen dafür, daß der »Linken« in Zukunft neuer, stärkerer Einfluß und Anteil zukommen wird, und was die Nazi betrifft, so war es wohl in jeder Hinsicht deutlich genug gesagt: bis hierher und nicht weiter! wörtlich so!

Gar keine Spur von vorgeschriebenem Text! Im Gegenteil, es wird jenen dort drüben bitter verdrießen, daß er die Rede übertragen ließ – denn sie enthielt, von allem andern abgesehn, ein paar artig zugeschliffene Spitzen, richtige Meisterwerke der Spitzenkunst; ein paar mit so unerbittlich hartem »t« ausgesprochene »Tonnen«, daß jeder, der den Zahlenkünstler unlängst von »Donnen« hatte bellen hören, vor dieser Härte schier zusammenschrak; und noch ein paar andre Kleinigkeiten, die einem wohlig ins Ohr gerieselt kamen, durch den Äther und jeder konnte es hören, ach endlich!

Gar keine Spur von abgekartetem Spiel! Im Gegenteil, oder *wenn* da etwas abgekartet ist: dann also *gegen* ihn, dann gibt es also Garantien und geheime Vereinbarungen, von denen ihm, weil er bisher sich nichts dergleichen hat träumen lassen, nun doppelt schauerlich träumen mag, gute Nacht!

Gar keine Spur von »Finis Austriae«! Im Gegenteil, jetzt fängt es erst an, jetzt hat es erst Sinn bekommen, großen, kaum noch erhofften Sinn, alles hat Sinn jetzt, alles ist klar – unbegreiflich, daß man dies alles bezweifeln wollte und fast schon aufgeben – das war ein finstrer, böser Alb – aber jetzt ist das Wunder geschehn und jetzt ist man ihn los, auf einen Schlag, mit einem Mal, an einem Abend! Es ist beinahe unnatürlich, beinahe ungesund: solch jähe, unvermutete Erlösung.

Und so ist auch der Taumel, in den die Menschen geraten sind, beinahe körperhaft zu erspüren: wie eben Menschen, von denen plötzlich schwerste Last genommen wurde, zu taumeln beginnen und zu torkeln; zu lachen wohl auch und zu lallen; und dann zu rufen, zu singen, zu schluchzen vielleicht, wirr durcheinander, und dennoch eingeordnet dem rätselhaften Rhythmus der Gemeinsamkeit, welcher des Einen Lachen zusammenfügt mit des Andern Ruf, des Einen Schluchzen mit des Andern Gesang, und das Taumeln Aller zu einem einzigen großen Taumel: so taumeln sie dahin vom Parlament über den Ring zum äußeren Burgtor, an der Burg vorbei auf den Ballhausplatz, und vom Ballhausplatz weiter durch die Straßen der Stadt, durch die breiten Straßen, die schmalen Gassen, über die großen und kleinen Plätze dahin, die neuen Fassaden entlang, um die alten Paläste und Kirchen, St. Stephan und St. Peter, Minoriten und Augustiner, Kanzler und Kanzel, Abraham a Sancta Clara hat wider die Pest gepredigt, es wäre die Pest gewesen, wir bleiben vor ihr bewahrt, vielleicht hat der und jener gar nicht gewußt, daß es die Pest gewesen wäre, aber wie nun die andern so taumeln vor Glück, weil sie von ihr verschont bleiben sollen: da wird es wohl, denkt er, da wird es wohl doch die Pest gewesen sein, und da ist es wohl, denkt er, da ist es wohl so viel besser, und da taumelt er eben mit, lacht mit, singt mit, ruft mit, Namen ruft er, Österreich! ruft er, Schuschnigg! ruft er, irgendetwas ruft er, Sinnloses ruft er, drauflos wie derlei Rufe gerufen werden, es ruft sich so leicht und angenehm und es reimt sich sogar, bis in den Tod rot-weiß-rot! und sie rufen es alle mit, und lachen und singen und taumeln –

Martin Hoffmann, am Abend dieses vierundzwanzigsten Februar, vermag sich nicht so geschwind zurechtzufinden. Der Alb, der nun gewichen ist, die Last, die er nun los wurde, war schon zu einzelfältig ihm aufgeprägt, er hat schon zu genau bedacht und vorgesorgt, wie alles zu regeln sei, und er ist beinahe ein bißchen böse, weil er dies alles nun vergebens bedacht und vorgesorgt haben soll. Die zwölf Tage, die er seit jenem ungewissen Sonntagvormittag, seit jener ungewissen Begegnung mit dem Türlschnapper durchlebt hat, erscheinen ihm als eine so unendlich lange Zeit, daß er sich gar nicht recht damit abfinden kann, sie nun von einem einzigen Abend, von einer einzigen Stunde null und nichtig gemacht zu sehen. Er fühlt sich blamiert und genasführt, und soetwas ist immer ärgerlich – auch wenn es auf gutmütige Art geschieht, mit einem breitspurigen Schulterklopfen hernach: »Na siehst du! Du hast dich ganz unnötig angestrengt!« Und angestrengt hat er sich ja wirklich, Martin Hoffmann. Es ist sogar eine zweifache Anstrengung gewesen, eine äußere nämlich und eine innere zugleich. Und es war sogar die innere, die er schwerer zu spüren bekam, es wurde von innen her seine Entschlossenheit gehemmt und sein klarer Wille getrübt. Freilich: er hat Überblick und Ziel niemals verloren, er stünde, wenn das Wunder heute *nicht* geschehen wäre, keineswegs hilflos da, sondern durchaus gefaßt und gerüstet. Aber ehe es so weit kam, und daß es so weit gekommen ist: das war von einer Scheußlichkeit, die erst einmal verdaut sein wollte.

Es hatte noch am selben Sonntag Vormittag begonnen, eine halbe Stunde nach jenem üblen Zusammenstoß mit dem Türlschnapper – eine halbe Stunde später saß er mit Toni Drexler beisammen (schon in dem Restaurant, wo sie auf Carola warteten). Toni zeigte sich weit entfernt davon zu »triumphieren«, er schien nicht einmal zu merken, daß er nun also »recht behielt«, und schien überhaupt vom privaten Drum und Dran der ganzen Sache nichts zu merken. Er hatte zwei Pfeifen mitgebracht, rauchte ohne Unterbrechung, rauchte an der einen und putzte die andre, nickte und hörte zu, stellte zum Schluß ein paar kleine Fragen –: und dann war auch Toni der Meinung, daß Martin und Carola unabhängig voneinander vorgehen sollten. Zwar wußte er das bei weitem sachlicher zu begründen und zu stützen als Otto Presser – aber darum wirkte es auf Martin nur doppelt verwirrend und ließ sich doppelt schwer als Ding der Unmöglichkeit erweisen: das es doch war und sein mußte. Eine Stunde später, als Carola hinzukam, wäre das schon leichter gewesen und hätte jedem, auch Toni, eingeleuchtet; nachmittag wieder, als Martin allein darüber nachdachte, schien es ihm eine lächerliche Sentimentalität zu sein; und nachts, als er Carola in seinen Armen hielt, begriff er nicht, was es da überhaupt nachzudenken gäbe. Vollends am nächsten Tag war alles ganz anders, weil da die englischen und französischen, die tschechischen und die schweizer Blätter übereinstimmend und überzeugend berichteten, daß die Zusammenkunft von Berchtesgaden einen Triumph für Schuschnigg ergeben habe, eine gewaltige Stärkung seiner Position und der Unabhängigkeit

Österreichs. Auch in Wien selbst sah es ganz danach aus. Die Hochstimmung der Nazi, am Sonntag noch unverkennbar, war einer nicht minder unverkennbaren Niedergeschlagenheit gewichen, man wollte von einer Palastrevolution der Reichswehrgeneräle wissen, von einem hysterischen Zusammenklappen Hitlers, und jetzt, so hieß es, jetzt hätte er also die österreichischen Brüder endgültig preisgegeben, wie schon zuvor die Brüder in Deutschsüdtirol, und wer weiß, wer weiß ...

Tags darauf wußte man, und wußte es neuerlich anders: es war natürlich ein Triumph Hitlers, nicht Schuschniggs. Es kursierten sogar authentische Redewendungen aus dem Berchtesgadener Gespräch, die das veranschaulichten. Es kursierte ferner eine am Salzburger Bahnhof hergestellte Aufnahme, auf der Schuschnigg den Eindruck eines völlig verzweifelten, vom Irrsinn nicht mehr weit entfernten Menschen machte – jeder behauptete das, obgleich keiner die Fotografie gesehen hatte, sondern nur von ihrem Vorhandensein und Verbot gehört. Toni Drexler, den Martin mehrmals am Tag in der Redaktion aufsuchte, saß bleich und mit hängendem Unterkiefer, die beiden Pfeifen, die er wieder bei sich hatte, lagen erkaltet und unausgeputzt auf dem Tisch, er rauchte wenig und sprach noch weniger, schweigend schob er die neu einlangenden Nachrichten zu Martin hinüber, und seine einzigen Kommentare bestanden aus Blicken und Gebärden, halb und lahm; nur auf die dicke Schlagzeile einer sehr angesehenen ausländischen Zeitung klopfte er mehrmals nachdrücklich mit dem Finger: »Finis Austriae« stand da. Und nachts wurde tatsächlich eine ultimative Forderung Deutschlands gemeldet, lautend auf sofortige Durchführung der in Berchtesgaden verlangten Maßnahmen. Finis Austriae –. Toni verließ das Zimmer, kehrte nach einer Viertelstunde in krampfhafter Aufgeräumtheit zurück: »Bist du Skifahrer?« – »Gelegentlich«, gab Martin zur Antwort, zögernd und sonderbar erschrocken. »Warum fragst du?« – »Gelegentlich. Sehr gut. Ganz wie der italienische Regierungschef. Der fährt auch nur gelegentlich Ski. Und dann ist er telefonisch nicht zu sprechen. Nicht einmal für den österreichischen Regierungschef. Im Bundeskanzleramt hängen sie seit fünf Stunden am Telefon und können den Herrn Mussolini nicht erreichen. Weil er gelegentlich Ski fährt.« – »Weißt du, was ich zuerst geglaubt hab?« Martin spürte immer noch Herzklopfen und versuchte es jetzt wegzulächeln. »Daß die Deutschen schon einmarschiert sind und daß ich rasch auf Skiern über die Grenze muß.« – »Na, na, na«, wies Toni ihn zurecht. »Nur nicht so romantisch! Einmarschieren –. Was du für mittelalterliche Vorstellungen hast! Mach dir nur ja keine Hoffnungen auf irgendeine Gewaltaktion. Das wäre nämlich ein Risiko – und wann hat der jemals etwas riskiert? Wo er doch alles, was er will, auch legal haben kann!« – Am nächsten Tag war ein Vertrauensmann der Nationalsozialisten (mit dem für Österreicher wenig vertrauten Namen Seyß-Inquart) Innenminister im Kabinett Schuschnigg.

Es hatte ferner Carola, bei der Schlußzahlung im Atelier, eine unbehagliche Auseinandersetzung: man fragte sie unter freundlichem Lächeln, ob sie den Rest ihrer Gage nicht lieber in Reichsmark deponiert haben wollte, das könnte ihr vielleicht demnächst sehr zustatten kommen. – Es rief ferner Otto Presser an: er stünde also vor dem Abschluß mit der Prag-Pariser, allerdings, mangels weiterer Direktiven von Martin, nur für sich allein und obendrein zu miserablen Bedingungen. Immerhin: die Hauptsache wäre jetzt, daß man wegkäme, und Martin sollte das auch gegen bloßen Spesenersatz unbedingt machen! Martin dankte mehrmals – nur könne er jetzt gar nicht mehr weg, weil er die amerikanischen Visa betreiben müßte, er sei gestern bereits am Konsulat oben gewesen. Das klang, als ob die Prozedur sich schon im besten Fluß befände – indessen dieser gestrige Besuch doch völlig ergebnislos verlaufen war, Räumlichkeiten und Korridore des Konsulats quollen über von Wartenden, es ließ sich gar nicht absehen, wann man da etwa vorgelassen würde; und da er schon zuvor am Rathaus erst nach langwierigem Hin und Her erfahren hatte, welche Dokumente von seiner ersten Eheschließung und Scheidung noch herbeizuschaffen, welche lästigen und zeitraubenden Formalitäten für das Aufgebot zu erledigen waren – da er sich also für Warten und Gefragtwerden, für Auskunftgeben und Auskunfterhalten nicht eben in der wünschenswertesten Verfassung befand –: hatte er das Konsulat bald wieder verlassen. Heute, am frühen Morgen, war er besser dran – und zog dann erst recht verzweifelt und niedergeschlagen ab. Es erwies sich nämlich, daß die Zahl der Einreisegesuche seit ein paar Tagen unheimlich angeschwollen war, und offenbar wuchs auch im gleichen Maß die Fülle der Schwierigkeiten und Bedingungen. Mit zusammengebissenen Zähnen machte sich Martin an die Entwirrung des trostlosen Knäuels, begann zu ordnen und zu sichten und einzuteilen, für Carola und für sich selbst, sonderte aus, wo Schriftstellerorganisationen und Künstlerklubs in Funktion zu treten hätten, schrieb

die nötigen Briefe und erbat die nötigen Antworten, kam zu der unabweis-
lichen Erkenntnis, daß bei der Bewältigung sehr zentraler Punkte ausschließlich Sovary ihm helfen konnte, zum Beispiel um das erforderliche
Gelddepot herbeizuschaffen, was teils nur formell zu geschehen hätte, teils
durch tatsächlichen Erlag der fällig gewordenen Zahlung und durch einen
neuen Vorschuß – er rief im Verlag an: und Sovary war verreist. Wohin?
Paris und London. Für wie lange? Unbestimmt. Ob er keine Nachrichten
oder Anweisungen zurückgelassen hätte? Nichts. – Dies ungefähr waren
die Resultate eines Tags. Und als Abschluß verspätete er sich zum Rendezvous mit Carola, telefonierte eine Viertelstunde lang, ehe er sie endlich bei
ihrer Mutter am Arenbergring erreichte, mußte sich rasch entschließen,
den Abend dort zu verbringen, unter betont nebensächlichen Gesprächen
(es roch penetrant nach einer Verabredung zwischen Frau Hell und Herrn
von Jovanovic), dann wieder konnte er Toni nicht ans Telefon bekommen,
wollte spät abends wenigstens im Café de l'Europe nachsehen, ob dort jemand von den Journalisten säße, die er nachmittags im Herrenhof versäumt hatte – aber als er mit Carola zur Kärntnerstraße kam, gerieten sie
in eine Nazi-Demonstration vor dem Deutschen Verkehrsbüro, es war
nicht vorwärtszukommen und sie fuhren nachhause.

Sie fuhren nachhause, weil Carola es so wollte, weil sie es kindisch und
unsinnig fand, sich durch die festgekeilten Rudel aus Weißstrümpfen und
Polizisten hindurchzuzwängen. Und sie fand das ganz mit Recht. Martin –
zu schlapp und zu nervös, um vielleicht einen andern Weg ausfindig zu
machen – war ein paar Minuten später heilfroh darüber. Er bewunderte
und beneidete sie um diese letzte, unanfechtbare Distanz, in der sie sich zu
all dem Widerwärtigen hielt (das eben für sie zum Schluß nur etwas
Widerwärtiges war, ohne jede symbolische oder gar weltgeschichtliche
Bedeutung). Er bewunderte und er liebte sie, er liebte sie um ein Inbrün-
stiges mehr als je zuvor, um ein wehmutsvoll von Abschied und Ende
Durchtränktes, von Niedergang und Auflösung, der doch alles ringsum
sich anheimzugeben schien, alles – und dagegen in wilden, störrischen
Intervallen immer aufs neue sein Trotz sich erhob, dem desgleichen alles
willkommen war als Stütze und Halt, alles: wenn es nur die kleine, verzweifelte Hoffnung auf irgendein »bis dahin …« zu nähren vermochte,
wenn es nur nicht die Endgültigkeit des Abschieds näher herantrug.

Dies nämlich war es, was Martin Hoffmann am schwersten bedrückte:

die Endgültigkeit. Dies auch, was er an Carola bisweilen nicht mehr ganz begriff: wie leicht sie sich mit dieser Endgültigkeit abfand. Sonst war ja alles klar, beglückend klar, und stand so fest, daß kaum noch darüber gesprochen wurde. Unbedingt und unter allen Umständen würden sie gleichzeitig und gemeinsam aus Wien weggehen – Umstände etwa, unter denen nur Martin dazu gezwungen wäre und Carola vielleicht noch bis Saisonschluß bleiben könnte, zogen sie gar nicht erst in Betracht. Ob das nun klug war oder nicht, notwendig oder nicht: es war jedenfalls nichts, worüber sich hätte diskutieren lassen, und Martins einziger Versuch, es dennoch zur Diskussion zu stellen, brach an Carolas nahezu feindseliger Ablehnung zusammen. Sie hatte, wie einstmals für seine Aufklärungen, nun wieder nichts für Vernebelungen übrig: und was auch nur von fern den eindeutigen Sachverhalt ihrer Gemeinsamkeit anfechten wollte, war eben in Carolas Augen eine Vernebelung. Es mußte, da sie von Schmollen und Schmeicheln und derlei drolligen Mätzchen gar keinen Gebrauch zu machen verstand – es mußte ihr wohl völlig ernst gewesen sein, als sie auf jenen Ansatz Martins mit einem kurzen Nachdenken reagiert hatte und mit der langsamen Frage dann (deren unerbittliche Direktheit fast schmerzlicher gegen sie selbst gerichtet war als gegen ihn): »Willst du nicht, daß ich mit dir komme? Denk doch nach! Vielleicht liebst du mich nicht genug?« Ach, da gab es nichts zu erwidern, da würgte es ihn nur noch heiß in der Kehle, er schämte sich, er spürte sich sonderbar erschüttert von diesem: »nicht genug« – sie hätte ja auch sagen können: »Vielleicht liebst du mich nicht« oder »nicht mehr« – das wäre dann wohl nichts als eine pünktliche Platitüde gewesen – aber dieses hier, dieses »nicht genug«, kam von tiefer her und aus einer so ernsthaften Bereitschaft, daß jedwede Richtigstellung und jedwede Erläuterung oberflächlich geblieben wäre. Noch in die Umarmung hinein zuckte ihm wirr der Gedanke, ob sie das nun nicht für einen »Beweis« ansähe, den er zu erbringen unternahm – aber dann schämte er sich solch schändlichen Verdachts noch mehr, und er wollte dem allen nie wieder in die Nähe kommen.

Auch Carola wollte das nicht, in keinem noch so losen Zusammenhang, und ihr Wille trat unnachsichtig zutag. Als sie einmal mit vorweggenommenem Galgenhumor sich ausmalten, wie es denn wohl an einem Josefstädter Theater unter Nazi-Regime zugehen würde, und als Martin sagte: »Du darfst dir das nicht gar zu wild vorstellen – man wird weiter probieren und weiter spielen, Theater bleibt Theater. Das hast du ja auch in Berlin gemerkt!« – sah ihn Carola von der Seite an, und es war kein Lächeln, zu dem sie die Brauen hochzog, es war, als säße sie nur auf der Lauer, um beim leisesten Anzeichen einer »Vernebelung« dazwischenzufahren: »Ich denke, in Berlin hab ich doch gerade das Gegenteil gemerkt?!« Sie wußte, daß er es anders gemeint hatte, sie wußte, daß sie dergleichen ihm gegenüber nicht festzustellen brauchte – aber sie stellte es dennoch fest, sofort und für alle Fälle. Sie hatte abgeschlossen, endgültig, und sie vermochte (nicht anders als Martin ihre Leichtigkeit) die Hemmnisse und Ablenkungen nicht zu begreifen, die ihm da offenbar zu schaffen machten. Für sie gab es nichts mehr zu deuten, sie überblickte die Dinge jetzt mit einer rückwirkenden Klarheit, und mindestens von jenem Berliner Intermezzo an. Es schien ihr jetzt, als wäre sie gerade deshalb so leicht darüber hinweggekommen, weil es sich in Berlin zugetragen hatte, im Ausland, in der Fremde. Da mußte man eben auf alles Mögliche gefaßt sein, hatte sich das zum Schluß wohl auch selber zuzuschreiben, wärst net auffig'stiegen wärst net abig'fallen, und jetzt mach daß du nachhauskommst! Wenn es aber kein Zuhause mehr gäbe? keine Heimat mehr, in der man vor solcher Bedrängnis gesichert wäre? Tatsächlich: die Vorstellung eines Nazi-Österreich, eines Wiener Theaterbetriebs, in dem ihr dasselbe zustoßen könnte wie in Berlin, identifizierte sich für Carola fast kurzschlußartig mit Ausland und Fremde. Denn Carola – wie jeder, dem Heimat oder Sprache, Rasse oder Religion nie zum Problem geworden ist – besaß ein sehr starkes Heimatgefühl und »Heimat« war ihr ein unantastbarer Begriff. Wenn dieser Begriff nun dennoch angetastet wurde, schien er ihr auch schon gänzlich in Frage zu stehen. Es entsprach durchaus ihrem lapidaren Bedürfnis nach Sauberkeit und reinlicher Scheidung, daß sie, sowie »Heimat« nur im geringsten mit »Fremde« zu tun bekam, dann lieber gleich die wirkliche Fremde vorzog: von der man wenigstens wußte, daß sie es war. Die Möglichkeit, in der Fremde eine neue Heimat zu finden, beschäftigte sie kaum; aber die Möglichkeit, daß die Heimat ihr fremd werden könnte, bestürzte sie über alle Maßen. Ob sie sich dabei der innigen Verknüpfung bewußt war, die sich ihr zwischen »Heimat« und »Martin« schon längst ergeben hatte; ob eine Heimat ohne Martin für sie überhaupt noch Heimat, eine Fremde ohne Martin für sie überhaupt etwas Vorstellbares gewesen wäre –: darauf kam es gar nicht mehr an und so weit dachte sie gar nicht. Sie ging um keinen Schritt weiter, als sie geradewegs gelangt war, und sie ging um keinen Schritt zurück.

Was aber Martin Hoffmann betraf: so liegen eben für einen, bei dem es mit Heimat und Sprache, mit Rasse und Religion keine so unkomplizierte Bewandtnis hat, auch die Wege zu endgültiger Entschließung nicht so gerade, und die Leichtigkeit des Abschieds ist ihm verwehrt – nicht obwohl sondern weil er Jude ist. Das dürfte nicht weiter Wunder nehmen, und überhaupt sollte nicht länger mißdeutet werden, daß es so häufig Juden sind, die an Heimatland und Muttersprache so leidenschaftlich hängen. Sie hängen daran als an immer wieder neu gewonnenem Gut, sie haben, was andre mit lässiger Selbstverständlichkeit besitzen, sich immer wieder erst erwerben müssen, hart und schwer und gegen vielerlei Anfechtung, immer und überall. Es ist ihr unausweichliches Geschick, unausweichlich selbst in ihrer einzigen Heimat, wo sie auf Land und Sprache ihr einziges Recht besitzen. Es ist das Los, das ihnen zufiel, ein Los mehr als allen andern, und es macht sie ärmer als alle andern und reicher. Denn es ist keiner »nur« Jude – er ist es immer »auch«, weil er immer auch etwas andres ist. (Noch weniger freilich und nirgends könnte er »nur« etwas andres sein.) Möge doch niemand vergessen, daß Jude zu sein keine einfache Sache ist, sondern eine zweifache immer und überall, eine Doppelaufgabe, die nur bewältigt werden kann, wenn keinem ihrer beiden Teile ein Abbruch geschieht durch den andern. Möge das niemand vergessen. Und ein Jude am allerwenigsten. – Martin Hoffmann, weil er sich also von solcherlei Täuschung frei glaubte, wollte auch nicht von der andern Seite her sich täuschen, nicht über die Schwere des Abschieds hinweg, nicht über die kleine, verzweifelte Hoffnung, daß »bis dahin« vielleicht noch dies und jenes geschehen könnte, nicht über den immer wieder störrisch sich aufbäumenden Trotz, der in allem und jedem für diese Hoffnung einen Halt entdeckte. Gewiß, die Nazi demonstrierten unentwegt vor dem Deutschen Verkehrsbüro – aber das hatten sie ja schon immer getan und manchmal sogar bedrohlicher. Gewiß, der Herr Innenminister mit dem unvertrauten Namen war zur Entgegennahme von Instruktionen nach Berlin gefahren – aber die Durchführung dieser Instruktionen wirkte sich nicht annähernd so pompös aus, wie sie angekündigt war. Gewiß, es wurde eine große politische Amnestie verfügt, die ganze Haufen von Nazi-Häftlingen freisetzte – aber sie erstreckte sich, erstmals im gleichen Maß, auch auf die

Illegalen der Linken. Gewiß, es wurden ein paar reichsdeutsche Zeitungen für den Straßenverkauf zugelassen – aber die wenigen Kolporteure mußten sich heiser brüllen, ehe sie ein Exemplar an den (vielleicht eigens beorderten) Mann brachten. Und im übrigen ging alles seinen Gang. Einen schleppenden, leicht geduckten Gang – aber daß es nach und nach zum Aufrichten käme, ließ sich mindestens so gut vorstellen wie der Zusammenbruch. Man mußte eben warten.

Daneben freilich wurden Dinge merkbar und traten Neuerungen in Erscheinung, für die sich nicht so leicht ein tröstliches Gegengewicht entdecken ließ. Und mochte Martin auch die Neigung haben, seine sonstige Entdecker-Bereitschaft nun durch übertriebene Wichtignahme der negativen »Stimmungsmomente« und »Anzeichen« zu kompensieren –: es blieb doch unverkennbar, daß etwa der Standesbeamte, an den er geraten war, ihn auf besonders tendenziöse Art schikanierte, als wollte er das Aufgebot planmäßig verschleppen; oder daß der Anwalt, mit dem er es in diesem Zusammenhang nun wieder zu tun bekam, mehrmals ganz ausdrücklich betonte, welch geringes Interesse er an der raschen Herbeischaffung jenes einen, boshaft geforderten Dokuments habe – nicht etwa weil er der einstmals gegnerische, sondern weil er ein »deutscher und arischer« Anwalt sei und als solcher keine neuerliche »Mischehe« zu erleichtern plane. Das waren immerhin Vorkommnisse, die es bis vor kurzem wohl nicht gegeben oder auf die man doch anders geantwortet hätte. Und von solchermaßen sich verschiebender Sachlage zeugte noch manches und zwang sich gebieterisch in Martins Wahrnehmung. Der und jener, dem er sonst regelmäßig begegnete, war plötzlich verreist. Der und jener hatte den Flackerblick der panischen Angst, die in der nächsten Sekunde tobsüchtig auszubrechen drohte: und meistens dann in ein Achselzucken erschlaffte oder in ein Kopfschütteln. Der und jener starrte glasig und gelähmt vor sich hin, sah nichts, wollte vielleicht nichts sehen, wollte die andern gehässigen Blicke nicht aufnehmen, die ihn trafen, unverhohlener als je, in höhnischer Gewißheit auftrumpfend, erbarmungslos siegessichere Blicke, und die sie aussandten, trugen jetzt nicht mehr bloß die weißen Wadenstrümpfe, sondern trugen das Hakenkreuz am Rockaufschlag und begrüßten einander mit erhobener Hand – denn beides, Abzeichen und Hitler-gruß, gehörten nun schon zum offiziell Erlaubten ... Aber wie bedenklich und vielleicht bedrohlich das alles war: es war nichts Entscheidendes.

Etwas Entscheidendes war noch nicht geschehen und geschah auch weiterhin nicht. Man mußte eben warten.

Und Martin wartete. Manchmal schauderte ihm vor der Möglichkeit eines Zustands, in dem sich immer so warten und weiterwurschteln ließe – und manchmal schauderte ihm davor, nicht einmal diese Möglichkeit mehr zu haben. Er wollte manchmal so weit und endgültig weg, daß er nie wieder zurück könnte, und manchmal gerade nur weit genug, um sofort wieder zurück zu können. Nach wie vor bemühte er sich um die verläßlichsten Informationen und blieb zugleich den wildesten Gerüchten aufgetan, dann wieder fand er Trost und Vergnügen an dem resoluten Fatalismus, mit dem eines Tags Frau Schostal sich zur Lage äußerte: daß nämlich, ah was, die Türken auch wieder abgezogen wären! – und war bitterlich enttäuscht, als nachmittag der Oberkellner Alois den gleichen Ausspruch tat: der also schon in allgemeinem Umlauf sein mußte und also verdächtig dafür zu sprechen schien, daß man sich mit den Türken des zwanzigsten Jahrhunderts schon allgemein abgefunden hatte. Nach wie vor verbrachte er Stunden und Stunden mit allen möglichen Lauferein und Korrespondenzen und Anwaltsbesuchen, setzte endlich das Aufgebot durch, förderte die Visa-Formalitäten in ein Stadium, dessen definitive Erledigung notfalls auch im Ausland zu erlangen war – und kam mit Carola überein, daß sie in diesem Notfall nicht (wie ursprünglich geplant) nach Prag gehen würden, dem Nächsten und Heimatlichsten noch, sondern gleich nach London, weniger um der größeren Sicherheit willen, als weil Carola dort ihr Englisch vervollkommnen könnte. Sie waren so weit, sie waren entschlossen.

Was sich am nächsten Tag zutrug, konnte nur noch die Vermutung nahelegen, daß sie gerade rechtzeitig so weit gekommen wären: es traf der fällige Scheck von Sovary ein und lautete auf das Doppelte der vereinbarten Höhe. Martin stutzte, rief im Verlag an –: nein, Herr Sovary wäre nicht nach Wien zurückgekehrt, er hätte lediglich Auftrag zur sofortigen Liquidierung aller laufenden Auszahlungen gegeben, jawohl, die Summe wäre richtig. Und weiteres war nicht bekannt, nicht einmal der Grauen Korpulenz, mit der Martin sich eigens verbinden ließ. Zur Sicherheit wollte er noch mit Presser sprechen, dem vielleicht ein Teil des Geldes zukommen sollte – das ließe sich ja bei einer dermaßen »sofortigen« Liquidierung ohneweiters denken; und andernfalls hätte Martin erst recht das Bedürfnis gehabt, mit einem verständnisvollen Partner wehmütig über Sovarys Grandezza zu lobsingen. Aber bei Presser war ununterbrochen besetzt, und als die Verbindung später dann zustandekam, erfuhr Martin nur noch von Pressers vor einer Stunde erfolgten Abreise. – Übrigens hatte er an diesem Tag noch weiteres Pech mit dem Telefon: er seinerseits vermochte Toni nicht zu erreichen (und für einen Besuch am Fleischmarkt langte ihm die Zeit nicht aus) – dafür berichtete Frau Schostal, als er gegen sieben Uhr nachhause kam, daß der Herr Redakteur vier- oder fünfmal angerufen hätte und ihn dringend bitten ließe, im Lauf der Nacht unbedingt in die Redaktion zu kommen.

Das war die Nacht auf den vierundzwanzigsten Februar, die Nacht vor dem Wunder, die Nacht des letzten und schwersten Albs. Was Toni ihm in der Redaktion eröffnete, hastig und schon mit gedämpfter Stimme, hieß im wesentlichen: daß es sinnlos wäre, von der morgigen Schuschnigg-Rede überhaupt noch etwas zu erwarten. Nach den letzten Informationen könne sie die Situation gar nicht bessern – hingegen sei eine unmittelbare Verschlechterung sehr wahrscheinlich. Das paßte auch durchaus zu den nachmittäglichen Gerüchten von einem bereits nominierten Nazi-Kabinett, das morgen im Bundestag offiziell vorgestellt werden sollte. Gerade darauf versteifte sich Toni indessen nicht, es gäbe zu viele Versionen, meinte er, und leider lägen sie alle zu sehr im Bereich der Möglichkeit, als daß es wesentlich wäre, für welche man sich entscheiden wollte. Keine einzige Version aber ginge dahin, daß Schuschnigg morgen etwa die Gleichberechtigung der Juden verkünden würde oder die Wiederheranziehung der Linken und überhaupt seine entschiedene Abneigung, von dem Analphabeten nebenan noch weitere Vorschriften entgegenzunehmen.

Tatsächlich: in diesen Wendungen drückte Toni sich aus, in diesen absurden Wendungen – damit man auch recht ersähe, wie es um jede derartige Hoffnung bestellt war. Tatsächlich: wer jetzt noch hoffen wollte, durfte eben nur noch auf Absurdes hoffen, auf ein Wunder. Und tatsächlich: die Schwere des Albs in dieser letzten Nacht, in diesen letzten Stunden war so ins Enorme, so ins kaum noch Erträgliche, kaum noch Faßbare gesteigert, daß sie die Hoffnung auf das Wunder fast schon zulässig machte. Weil es die einzige Hoffnung war, die da überhaupt noch gehegt werden konnte. Man mußte sich nur immer im klaren darüber sein, daß es sich da also um eine absurde Hoffnung handelte.

Improvisation

»Auf jeden einzelnen Punkt, Toni!«

Martin schwenkt sein glücklicherweise schon geleertes Kognakglas gegen Toni, der eben erst das Lokal betreten hat und suchend noch im Türrahmen steht. Doch hat ihn Martin sofort erspäht, und hat sich sofort auch erhoben, um ihm entgegenzugehn. Und das ist gar nicht leicht. Denn der »Guckkasten« – von den gleichartigen Lokalen der Inneren Stadt lediglich durch seine Biedermeier-Einrichtung unterschieden, sonst aber durchaus jenem Typ zugehörig, der sich in den letzten Jahren zwischen Nobelbar und Nachtcafé entwickelt hat, einem wenig geräumigen Typ also – der »Guckkasten« weist an diesem Abend (wie übrigens alle andern Lokale auch) so strotzende Besucherfülle auf, daß selbst die leidgewohnten Kellner, die Routiniers der doppelten Balance, bisweilen seufzend kehrt machen. Dennoch ist Martin erstaunlich weit vorwärtsgekommen, auf halbem Weg trifft er mit Toni zusammen, und begehrt nun abermals und sofort, auf jeden einzelnen Punkt je einen Kognak zu trinken.

Damit vermag er Toni freilich nicht zu erschüttern: weil ja schon in der Redaktion seit Schluß der Rede ziemlich pausenlos getrunken wurde und wohl noch getrunken wird (und hier dürfte der wahre Anlaß für Tonis Verspätung liegen – nicht in den vorgeblichen Anstrengungen des heutigen Nachtdienstes). Auch über Sinn und Hintergrund von Martins Begehr ist Toni sich augenblicks im klaren: mit den »einzelnen Punkten« können nur jene gemeint sein, die er, Toni Drexler, gestern noch so höhnisch absurd formuliert hat, daß man einfach wahnsinnig sein mußte, um auf ihre Verwirklichung zu hoffen. Nun ist aber in der großen Kanzlerrede tatsächlich ein demonstrativer Hinweis auf die Verfassung erfolgt und auf die Gleichberechtigung aller Staatsbürger (also auch der jüdischen); es sind ferner sehr entschiedene und manchmal geradezu naiv gutartige Worte über die künftige Besserstellung der Arbeiterschaft gefallen; und es hat ja schließlich die ganze Rede, mit ihrem eindeutig ausgesprochenen »Bis hierher und nicht weiter!«, den benachbarten Analphabeten tatsächlich in seine Schranken zurückgewiesen –: so daß also jeder einzelne Punkt als verwirklicht gelten durfte, und Toni gibt das auch unumwunden zu, und schlängelt sich folgsam an Martins Hand zur Theke, woselbst sie also je dreier einzelner Kognaks genießen, auf jeden einzelnen Punkt. Dann erst begeben sie sich an den Tisch, in dessen Runde sie sich alsbald eingezwängt haben.

Um diese mitternächtige Stunde saß da schon eine reichlich bunte und mächtig angewachsene Gesellschaft, von der sich längst nicht mehr entscheiden ließ, wer eigentlich den Kern darstellte und wer den Anwachs. Carola ist mit Sollnau und zwei andern Josefstädtern gekommen, vom Gemeinschaftsempfang im Theater – es haben nämlich auf Nehslers strikte Ordre die Mitglieder des Instituts, das zu leiten er die Ehre hatte, der Übertragung vollzählig beigewohnt (was späterhin, als die Gesichter einiger betont nationaler Mimen sich betont national umdüsterten, sogar zu einer pikanten Bereicherung des Programms gedieh). Martin war nachher mit einem vom Ballhausplatz abgedrängten Rudel in die Herrengasse geraten, er wollte das schon als willkommenen Fingerzeig zu einem Besuch des Café Herrenhof nehmen – stieß da aber auf den Privatdozenten Professor Doktor Hubert Bachrach, der soeben das Café Central verließ, sichtlich degoutiert und bitterlich klagend über die Störung seiner Schachpartie durch den Lautsprecher, und jetzt wieder über die Lärmentfaltung der »regellos fluktuierenden Menge«; zu Zwecken der Labung hatte Martin dem Professor ein halbwegs ruhiges Restaurant ausfindig gemacht und hatte ihn hierauf in den »Guckkasten« mitgeschleppt, wo dann auch Carola und Toni hinkommen sollten. Zunächst fand sich dort an einem sonst noch leeren Tisch (und somit als Urzelle des jetzt so überfüllten) lediglich Ferry Liebreich vor mit seiner erstaunlich hübschen Freundin – erstaunlich deshalb, weil man sie nie zu Gesicht bekam und hieraus zu schließen geneigt war, daß es sich da um eine ausgesucht häßliche Ziege handeln müsse (indessen erwies sich noch an diesem Abend, daß Fräulein Steffi Krahl aus einem andern und achtenswerten Grund so verborgen blieb: sie war Krankenschwester in einem städtischen Spital, von dem sie nur wenig Freizeit bekam). Etwas später erschienen die Josefstädter, und bis zu Tonis Eintreffen hatten sich nach und nach hinzugesellt: Lilli Brendel und Wladimir Bock, Mitglieder der Kleinkunstbühne »Zum sauern Apfel«, in trauter Gemeinschaft mit dem Polizei-Inspektor Baron Kusmansky, welcher der heutigen Vorstellung als Zensor beigewohnt hatte; der Komponist Walter Fürth, entlaufener Schönberg-Schüler, den man in Kreisen dieser Schule für einen ausgezeichneten Schlagerkomponisten hielt, indessen die Schlagerzunft ihn eben deshalb scheel und verachtungsvoll ansah; weiteres eine herrschaftslose Gymnastik-Lehrerin, von ihren Freunden offenbar sitzengelassen und kurzerhand an der Seite der beiden (ihr nur flüchtig bekannten) Kleinkünstler untergeschlüpft, dazu trug sie knallrotes Haar und ließ sich Mirjam nennen; und schließlich ein völlig unmotivierter Herr Doktor, den man die ganze Zeit für einen Rechtsanwalt gehalten hatte, bis gelegentlich Tonis Ankunft und der respektvollen Begrüßung, die er dem Fremdling angedeihen ließ, wenigstens den Zunächstbefindlichen klar wurde, daß sie neben dem sehr bekannten Nervenarzt und Psychoanalytiker Cornel Graubarth saßen. Wie er hieher geraten war, wußten sie aber noch immer nicht.

Durchaus unklar blieb ferner, und mit schöner Beständigkeit den ganzen Abend hindurch: wer jeweils zu wem sprach, und worüber. Weil jedoch das Leitmotiv aller Gespräche stets dasselbe blieb, konnte es niemals an sofortiger Anknüpfung fehlen: es mochte sich wer immer an wen immer wenden, so hatte jener gerade über die Schuschnigg-Rede gesprochen, und was dieser sagen wollte, paßte gerade dazu. Dessen durfte man allgemein sicher sein, und brauchte also keinen besonderen Wert darauf zu legen, auch noch gehört und verstanden zu werden. Wahrlich, Martin hat gut daran getan, die Kognak-Buße mit Toni gesondert vorzunehmen; hier am Tisch wäre dergleichen nicht durchführbar.

Hier am Tisch aber trifft ihn jetzt ein großer Blick aus braunen Augen, ein lächelnder Blick unter lächelnd hochgewölbten Brauen, und geht fast von selbst in ein Kopfschütteln über, oh das hat er schon lang nicht gesehn, Blick und Lächeln und Kopfschütteln, fast will es ihm scheinen, als wäre es zuletzt in Salzburg gewesen und gestern erst, in Salzburg, im sommerlichen Garten des Café Bazar – oder am Mönchsberg oben – schon liegt auch Carolas Hand auf der seinen und drückt und umspannt sie gut und stark:

»Martin. Lieber.«

»Cary.«

»Aber du sollst nicht so viel trinken.«

»Ich lieb dich.«

»Trotzdem. Ich lieb dich ja auch, und trink nicht so viel.«

»Wann soll ich denn trinken, Cary, wenn nicht heute?«

»Ich möchte nur nicht, daß dann wieder sowas passiert. Du weißt schon.«

Das hat sie ganz nahe an seinem Ohr geflüstert, und mit so ängstlich besorgter Stimme, daß Martin sich im Augenblick erinnert und besinnt – aber da braucht sie nun wirklich keine Angst zu haben – »sowas« wie damals im Atelier *kann* heute gar nicht passieren –

»Da brauchst du wirklich keine Angst zu haben, Cary. Das gibt's ja gar nicht mehr. Paß nur auf, wie die jetzt vom Erdboden verschwinden, alle. Wie die sich in ihre Schlupflöcher verkriechen. Und dorthin kriech ich ihnen bestimmt nicht nach. – Bist du jetzt beruhigt?« fragt er in ihr schon halb gesenktes Lächeln hinein. »Ist jetzt alles gut?«

»Alles.«

»Überhaupt alles?«

»Ja.«

»Fein. Dann geh ich morgen aufs amerikanische Konsulat und verzichte feierlich auf das Visum. Amerika scheint ja keinen Wert darauf zu legen.«

Weil aber Martin diese letzten Worte schon etwas lauter gesprochen hat, ist es nicht weiter verwunderlich, daß von schräg gegenüber Ferry Liebreich ihm antwortet: Amerika lege im Gegenteil sehr großen Wert auf die Erhaltung der österreichischen Unabhängigkeit, und das würde sich zweifellos sehr bald zeigen. Vor allem auf wirtschaftlichem Gebiet.

»Großartig!« pflichtet der Schauspieler Wildenberg bei.

»Diese Stelle über den wirtschaftlichen Aufschwung – großartig. Wie hat er das doch gesagt? ›Hohes Haus – ganz ordentlich für Österreich!‹ Ha – ha – ha – he – he – hm – hm –.« Und der Schauspieler Wildenberg läßt jenes sonore Glucksen aufschwellen und sanft wieder verklingen, mit dem er sich sonst als alter, diskret-vorlauter Kammerdiener von der Szene zurückzuziehen pflegt.

»Ich habe etwas andres gemeint!« versucht Liebreich, hartnäckig wie Reporter schon sind, ihn aufzuklären. »Nämlich die Aufträge aus dem Ausland, verstehen Sie?« Doch hört ihm Wildenberg längst nicht mehr zu – hingegen rektifiziert Baron Kusmansky, daß man die Abhängigkeit Österreichs vom Ausland nicht so sehr überschätzen dürfe; die befreundeten Mächte, zum Beispiel Italien, erteilen Schuschnigg natürlich keine »Aufträge«, sondern höchstens Ratschläge. Doktor Cornel Graubarth nimmt das befriedigt zur Kenntnis.

Martin mittlerweile ist in ein Gespräch mit Steffi Krahl geraten, ein beinahe reguläres Gespräch, sie haben schon vier oder fünf Sätze gewechselt, ohne daß man sie unterbrochen hätte. Es zeigt sich, daß Steffi Krahl nicht bloß erstaunlich hübsch und nett ist, sondern von einer sanften, sympathischen Klugheit obendrein; mit ganz wenigen Worten hat sie ihm einen klaren Begriff davon gegeben, wie unerquicklich es während der letzten Tage bei ihr im Spital zugegangen sei, wie die Kranken einander hemmungslos angepöbelt hätten, und wie sie sich nun freue, weil es mit dem allen endlich vorbei sein soll. Und es geschieht da eigentlich zum ersten Mal, daß Martin diese Dinge von einem andern, nämlich schlackenlos menschlichen Standpunkt aufgefaßt findet; daß da jemand des heutigen Triumphs nicht aus (noch so einleuchtenden) persönlichen Motiven froh wird, nicht aus (noch so billigenswerten) politischen, und nicht aus dem oder jenem Grund, der immer noch Grund genug wäre: sondern weil es jetzt in einem Krankenzimmer zu keinen häßlich erregten Szenen mehr kommen wird. Merkwürdig, denkt Martin, merkwürdig, und beschämend. Und viel sinnvoller als die ganze Jubelstimmung ringsumher ... allerdings: was sollen denn schließlich die Leute machen, die *nicht* im Spital zu tun haben?! fragt er sich nach einem entschlossen hinabgestülpten Kognak, und hätte diese Frage auch noch an Steffi Krahl gerichtet – aber da wird er von Professor Bachrach, der sinnend vor seinem längst kaltgewordenen Glühwein sitzt und eine Insel für sich bildet, heftig am Ärmel gezupft:

»Du solltest, lieber Martin, dem Alkohol nicht so intensiv zusprechen. Man sieht es ungern!«

»Wer: man? Ach so. Cary, das ist nicht schön von dir, daß du jetzt sogar den Professor auf mich hetzt!«

Carola hat aber gar nichts dergleichen getan, und es dürfte sich eher wohl so verhalten, daß der Professor seine Mahnung schon vor geraumer Zeit vorbringen wollte, in unmittelbarem Anschluß an jene einzelnen Kognaks – nur ist ihm der Anschluß dann leider verloren gegangen und er hat ihn erst jetzt gefunden; was sich im übrigen niemals aufklären wird, denn Professor Bachrach sitzt schon wieder völlig abgekehrt da, eine Insel für sich, umspült von vielfacher Brandung; aus der sich allgemach die Stimme Wladimir Bocks herausarbeitet, des gefürchteten Prägers weithin sinnloser Aphorismen, und er hat für Martin eine trostreiche Verkündigung bereit: Alkohol, mäßig genossen, sei auch in größeren Mengen unschädlich! Und verbeugt sich wichtig vor dem Gelächter der Runde, und niemand, der ihn da hört und sieht, würde glauben, daß Wladimir Bock noch vor wenigen Tagen wegen illegaler kommunistischer Betätigung in Haft saß, niemand würde es glauben, niemand außer seiner Freundin Lilli Brendel weiß es, auch Baron Kusmansky nicht, obwohl er bei der Polizei ist, sogar in hoher Stellung; und seinerseits äußert Baron Kusmansky auf die soeben von Sollnau vorgebrachte Anregung, man sollte als Gegenmaßnahme gegen das riesige Hitler-Bild im Deutschen Verkehrsbüro, das doch ausschließlich zu Demonstrationszwecken diene, im Österreichischen Verkehrsbüro in Berlin ein gleich großes Dollfuß-Bild anbringen und dazu die Aufschrift »Ermordet am 25. Juli 1934« – auf diese Anregung also äußert Baron Kusmansky mit dem gleichen konzilianten Lächeln, mit dem er sonst aus den Programmen der Wiener Kleinkunstbühnen allzu deutliche politische Anspielungen entfernt: »Ja ja, das wär' schon sehr gut, was Sie da vorschlagen, Herr Oberregisseur. Es hat nur leider einen Haken. Die Deutschen, wissen S', die würden sowas nicht erlauben.« Dies sagt er, obwohl er bei der Polizei ist, sogar in hoher Stellung, und obwohl er so hohe Stellung innehat, weiß er nicht, daß er neben einem illegalen Kommunisten sitzt – vielleicht weiß er es aber und kümmert sich nicht darum – ja vielleicht kümmert er sich nicht darum weil er es gar nicht wissen will – und jedenfalls werden erst künftige Geschichtsschreiber zu entscheiden haben, ob ein Staat, in dem all solches möglich war, nicht eben deshalb hat untergehen müssen, oder ob er nicht eben deshalb, im Gegenteil, der einzig lebensberechtigte Staat gewesen ist.

»Ruhe! Bitte um Ruhe! Pst! Ruhe!!«

Von den beiden Klavieren her hat es sich durch das ganze Lokal fortgepflanzt und ist nun endlich, nach mehrfachem Tusch, zur gewünschten Wirkung gediehen. Teddy Lewitt, der erste Pianist des »Guckkasten«, steht auf dem schmalen Steg vor seinem überhöhten Flügel – dem er im übrigen Vortreffliches zu entlocken versteht, auch fügen sich ihm ab und zu sehr nette Melodien, und er ist zweifellos in seinem Fach der Allerbesten einer. Unglücklicherweise zwingt ihn die Direktion des »Guckkasten«, über sein Fach hinaus die Funktionen eines Conferenciers zu versehen: und da entwickelt Teddy Lewitt nun freilich einen derart lähmenden Humor, daß der Starrkrampf des Publikums erst wieder auf musikalische Einwirkung hin zu weichen beginnt. Von diesem Humor rücksichtslos dampfend, bittet Teddy Lewitt nunmehr um Aufmerksamkeit für ein eben entstandenes Lied – entstanden unter dem Eindruck der heutigen Rede – also sozusagen das erste Ergebnis des angekündigten Produktions-Aufschwungs – zwar nur ein kleines Lied, aber etwas immerhin – ein kleines Lied vom kleinen Österreicher – danke danke – der Textdichter wünscht ungenannt zu bleiben, seine Anfangsbuchstaben sind Hans Langer – danke danke – die Musik ist mir selbst eingefallen, unter Mithilfe meines Freundes Walter Fürth – danke danke – unter wessen Mithilfe sie dem Walter Fürth eingefallen ist, wird sich ja demnächst beim Plagiatsprozeß herausstellen – also bitte um Aufmerksamkeit für: Das Lied vom kleinen Österreicher.

Und da ist auch am andern Flügel schon Walter Fürth aufgetaucht (dessen längst erfolgter Abgang aus seiner Tischrunde erst jetzt von ihr bemerkt wird), da sitzen Teddy Lewitt und Walter Fürth am Doppelflügel, da ist das Händeklatschen verebbt, und da herrscht nun, als sie beginnen, tatsächlich vollkommene Stille.

Es war nicht sehr bedeutend, was die beiden vorbrachten. Eine leichtflüssige Melodie, ein ohrengängig gereimter Text, der seinen Witz auf die Vorstrophen beschränkte, im Refrain wurden nicht mehr viele Worte und Ansprüche gemacht, den sollte jeder bald und bequem singen können –: eben ein kleines Lied, nichts weiter.

Dennoch hätte es völliger Unempfindlichkeit oder bösartig verkniffenen Vorsatzes bedurft, um seiner Wirkung entzogen zu bleiben. Ach gewiß:

Ich bin ein kleiner Österreicher,
Und will nur meine Ruh;
Ich bin ein kleiner Österreicher,
Und schau am liebsten zu –

– es war gewiß keine erschütternd neue Entdeckung, es war gewiß kein Programm, mit dem man Staat machen konnte. Aber wie die Dinge nun einmal lagen, wollte man in der Tat so sehr seine Ruh und am liebsten nur zuschauen, daß der Wunsch, das Staatmachen hiemit bewenden zu lassen, sich allen Ernstes zu regen begann und träumerisch in die freundliche Reimnis hinüberglitt, die ihm geboten wurde; und daß die Wehmut über dieses Wunsches fatale Aussichtslosigkeit, der Ärger über den plumpen Zugriff einer ziffernprotzerischen Realität in eine Bescheidung gerann, die im Mittelmotiv zu hämischem Kontrast aufbockte:

Ich will ein'n Platz beim Heurigen,
und keinen an der Sonne,
Ich will ein Glas Nußberger hab'n,
ein Glas und keine Tonne –

(wobei die Tonne, was ja auch ihre Absicht war, »Donne« ausgesprochen wurde), und für den Fall einer Bedrohung dieser heiligsten Güter den schlüssigen Trotz in Aussicht stellte:

Dann setzt der kleine Österreicher
Sich endlich doch zur Wehr!
Dann sagt der kleine Österreicher:
»Nicht weiter als bis her!«

Nein, es war nicht sehr bedeutend, es war ein kleines Lied, nichts weiter, und als zum dritten Mal der Refrain anhob, kannten schon alle den Text und sangen alle ihn mit. Ein bißchen stolz, ein bißchen verlegen, ohne die mindeste Feierlichkeit, und es folgten auch keinerlei Rütlischwüre, sondern höchstens neuerliche Erlustigung über die »Donnen«, über die des Liedertextes sowohl wie über die des Originaltextes, über den Zahlenrausch des Jahrmarkt-Ausrufers, Donnen und abermals Donnen, dausend Donnen, hunderddausend Donnen, einemillionsechshundertachdunddreißigdausendvierhunderdsiebzehngommaneun, und noch und noch – man sollte ihm, plädierte in jäher Wirklichkeitsnähe Professor Bachrach, man sollte ihm nächstens ganz einfach einen Fahrplan zum Vorlesen geben, da kämen so viele Zahlen vor, daß sich eine ganze Reichstagsrede damit bestreiten ließe, und das wäre vielleicht die Lösung! Am andern Tischende haderte der Kammerdiener-Spezialist des Josefstädter Theaters mit den Angehörigen der Kleinkunst-Gilde über des Lieds vom kleinen Österreicher objektive Qualitäten, welche von den Kleinkünstlern als mangelhaft bezeichnet wurden – nicht etwa aus künstlerischen oder politischen Gründen (da gingen sie, welch staunenswerter Fall, mit dem soignierten Butler konform), sondern ausschließlich deshalb, weil »der kleine Österreicher« die geläufige Spitzmarke für Dollfuß gewesen sei, und das hielten sie für eine fehlerhafte Unklarheit des Textes – bis endlich Baron Kusmansky den Streitfall dahin schlichtete, daß die befürchtete Verwechslung mit Dollfuß »mangels Anhängerschaft unter der Bevölkerung« schwerlich platzgreifen könnte. Ferry Liebreich mittlerweile, über Steffi Krahls flehentliches Kopfschütteln achtlos hinweg, ritt eine scharfe Boulevard-Attacke gegen die journalistischen Unzulänglichkeiten des »Neuen Wiener Tagblatt«, gegen die langweilige Art zumal, in der sie dort die größten Sensationen brächten, die wären ja, höhnte er zu Toni hinüber, die wären ja imstande, die heutige Schuschniggrede als gewöhnliche Borgis-Notiz aufzumachen, in der Rubrik »Lokales« und unter dem Titel »Verkehrsstauung vor dem Parlamentsgebäude« – eine Insinuation, auf die Toni Drexler mit der nicht weniger berechtigten Vermutung reagierte, daß anderseits das »Echo« in seiner vielspaltigen Titelzeile die Anzahl der konsumierten Maroni und die gesteigerten Stundenhotelfrequenzen hervorheben würde, um solcherart Österreichs Lebenswillen darzutun.

Und indessen Tagblatt nun und Echo, indessen Josefstadt und Saurer Apfel einander voll prinzipieller Übereinstimmung in den Haaren lagen, indessen Baron Kusmansky dem unentwegten Kopfschütteln Professor Bachrachs durch wirre Gebärdensprache vergebens auf den Grund zu kommen suchte, indessen die knallrote Gymnastikerin sich endgültig zu schaurig-schönem Zweck des unmotivierten Psychoanalytikers bemächtigt hatte und überhaupt das insgesamte Bild einer verwegenen Apotheose entgegentrieb –: saß Martin, längst schweigsam geworden, nah an Carolas Seite und ihrem Antlitz nah, sie tranken in kleinen Schlucken abwechselnd aus derselben Tasse den heißen türkischen Kaffee, sie sahen manchmal nur einander an und nickten manchmal nur einander zu, aufwärts nickten sie, aufwärts und lächelnd, und mehr als dieses Nickens, mehr als dieses Lächelns brauchte es nicht – und nach einer Weile bedeutete es, daß sie nun gehen wollten, daß Martin zuerst und dann Carola sich sacht von ihren Plätzen stahlen, Martin zuerst, damit dann schon alles erledigt und vorbereitet wäre, er stand dann schon draußen im Garderoben-raum und legte ihr rasch den Mantel um die Schultern, den schweren Mantel um die nackten, schmalen Schultern, innig und sorglich und nah, ganz nah, plötzlich von drinnen her drang wieder Stille durch die Portie-ren, klang wieder das Lied vom kleinen Österreicher, nun wurde der Re-frain gleich beim ersten Mal von allen mitgesungen, es summte ihn auch die dicke Kleiderfrau, es summte ihn der Portier, und vielleicht würde ihn morgen auch schon der Taxichauffeur summen.

Da capo

Und da sitzen sie nun abermals beisammen, und abermals in solcher Hochstimmung, als wären sie seither noch gar nicht zu sich gekommen, als wäre dieses hier und heute nur Fortsetzung und Steigerung von gestern noch –: in Wahrheit liegen aber zwölf volle Tage dazwischen. Zwölf Tage abermals. Wie vom 12. Februar zum 24., von Berchtesgaden zum Wunder: so vom 24. Februar zum 9. März, vom Wunder zu seiner Bekräftigung, zu seiner Verankerung in der Wirklichkeit – von der einen Schuschnigg-Rede zu dieser zweiten heute abend, welche das Volk von Österreich aufrief, über seine Freiheit und Unabhängigkeit abzustimmen. Am nächsten Sonntag, am 13. März. Es ist die letzte Etappe, die letzte Spanne, das letzte Glied in der Kette, und dann ist Schluß. Das wird sich am 13. März so gewißlich zeigen, wie es sich heute gezeigt hat vom 24. Februar her, und am 24. Februar vom 12., so gewißlich und endgültig und ohne Zweifel. Wenn überhaupt noch jemand zweifeln kann, heute noch zweifeln kann, seit dem 24. Februar noch zweifeln kann.

Martin Hoffmann, wie er da heute wieder sitzt, im »Guckkasten« wieder und es sind wieder dieselben und einige fehlen und dafür sind andre dabei, so war das fast an jedem der zwölf Abende seither – Martin Hoffmann hegt keinerlei Zweifel, seit jenem 24. Februar nicht mehr. Vielleicht auch deshalb nicht, weil ihn die Zweifel zuvor so unsäglich gepeinigt und zermürbt haben; weil er um Glauben und Zuversicht, weil er um diese köstliche Zweifellosigkeit so schwer gelitten hat, daß er sie nicht wieder hergeben will. Er will nicht wieder von solchem Herzklopfen befallen werden wie damals während der ersten Rede. Er will nicht wieder wie damals an einem Baumstamm lehnen fassungslos und ohne recht zu verstehen, was ihm dies alles denn bedeutet. Er will nicht wieder über alle Stufen überwundner Pein und Bangigkeit langsam und mit schier versagender Kraft zur Fassung erst hinaufklimmen müssen und zum Verstehen endlich doch. Er ertrüge das nicht wieder, er will es nicht, geschehe was geschehen mag. Und wenn ihn schon Herzklopfen befallen soll: dann vor den Mördern. Wenn er schon fassungslos dastehen soll: dann vor der Katastrophe. Und wenn ihm die Kraft schon versagen soll: dann in den Untergang hinein. Mag der Blitz ihn treffen immerzu! Aber dann wenigstens aus heiterem Himmel ...

So hat, am 24. Februar, Martin Hoffmann recht eigentlich aufgehört, ein zurechnungsfähiger Mensch zu sein. Daß er dennoch und sogar erhöhten Anspruch darauf erhob, durfte eher als Bestätigung seines Zustands gelten. Betrunkene zum Beispiel pflegen ja mit Vorliebe zu behaupten, daß sie mitnichten betrunken seien. Und ähnlichermaßen behauptete also Martin Hoffmann, daß er die Situation noch nie zuvor so objektiv und nüchtern beurteilt hätte wie jetzt; daß seine Überzeugung vom guten Enden und Gelingen nicht etwa einem Wunschtraum entspränge, sondern dem denkbar klarsten Einblick in die Vorgänge; und daß, schließlich und endlich und dies könne er ruhig sagen: daß nichts so sehr für die günstige Entwicklung der Dinge spräche, wie daß er, Martin Hoffmann, an sie glaubte.

Nun gab es aber wirklich viele und feste Anhaltspunkte, und Toni Drexler, der sie ihm mindestens dreimal täglich vermittelte, konnte doch wirklich nicht als bedenkenloser Optimist und Schönfärber bezeichnet werden. Es wird schon etwas auf sich haben mit den neuen Ratschlägen der Westmächte, mit den neuen Zusicherungen Italiens. Sonst wäre es ja auch der nackte Wahnsinn, was der Kanzler Schuschnigg da unternimmt. Und das ist es doch eben nicht. Es besteht doch eben unausgesetzte Fühlung mit den Gesandten Englands und Frankreichs, es trifft doch eben fast täglich Sonderbotschaft aus Rom ein, durch eigens beauftragte Boten, die obendrein für ihre klare pro-österreichische Haltung bekannt sind. Gewiß: ein Gefecht auf Zeitgewinn. Aber es zeigt sich immer deutlicher, wer da die Zeit und wer da überhaupt gewinnt. Und das Plebiszit wird es mit endgültiger Deutlichkeit zeigen, Martin Hoffmann hegt keinerlei Zweifel daran, und er ist nicht der einzige.

Und wie er heute wieder im »Guckkasten« sitzt, mit all den andern zusammen –: unterscheidet es sich also nicht wesentlich von all den Abenden zuvor. Heute bildet zufällig die Josefstadt den Kern, und zwar ein paar ganz bestimmte Ensemble-Mitglieder, welche derzeit nicht im Abendrepertoire beschäftigt sind, sondern mit den Proben zur nächsten Premiere, zur Uraufführung des dreiaktigen Schauspiels »Die Träumerin« von Martin Hoffmann – dreiaktig, jawohl, es sind drei Akte geworden, nicht fünf – die große Schwierigkeit war der erste Akt, nicht der dritte – und war durch Einführung einer neuen Figur glatt zu bewältigen, erstaunlich glatt, wundersam glatt – aber da nun einmal die Zeit der Wunder war, da jenes andre und größere sich begeben hatte: warum sollte ihm tags darauf nicht dieses geringfügige glücken? Wahrhaftig tags darauf, an einem einzigen Tag! und zwei weitere Tage später, mit Durchschlägen und allerletzten Korrekturen, war schon die Abschrift fertig – Frau Pekarek, die treffliche, die Graue Korpulenz, hatte ihm die für »Gewaltmärsche« spezialisierte Verlagssekretärin beigegeben, die noch mit einer eigenen Hilfskraft erschien, vor der jedoch sie ihrerseits alsbald zur Hilfskraft schrumpfte –: es war ein toller Rausch und es war am Nachmittag des dritten Tages vollbracht, im abendlichen Telefongespräch mit Paris machte die Graue Korpulenz Herrn Sovary bereits Mitteilung davon (und da Herr Sovary ohnehin Auftrag gab, sein Zimmer im Grand Hotel zu reservieren, er käme jetzt für ein paar Tage nach Wien: sah es auch noch so aus, als käme er Martins wegen). Martin hatte in diesen drei Tagen insgesamt acht oder neun Stunden geschlafen, und dennoch war es nachher Carola, die vor Müdigkeit umfiel, nicht er, er hatte ja gearbeitet, indessen Carola nur dabeisaß und zuhörte, stumm und atemlos, und lächelnd wenn er sie ansah (und er sah sie häufig an), zwischendurch mußte sie harte Abwehrkämpfe gegen Frau Schostal bestehen, die unter immer schrillerem »Jessasmarandjooosef!!« zu retten suchte was an regelmäßiger Mahlzeit zu retten war, es war aber wenig und in der Hauptsache schwarzer Kaffee –: und dann also sank Carola endlich ins Bett und er ging allein zu Nehsler in die Wohnung, am Abend dieses dritten Tags. Sollnau und Professor Merz hörten die Vorlesung mit an, eine halbe Stunde darauf stand die Besetzung bis ins letzte fest, der Probenbeginn desgleichen, und sogar das Datum der Premiere kämpfte Martin noch durch, ehe er nachhause fuhr. Es war sein schönster Heimweg, es war seine schönste Heimkunft – denn wirklich: Carola hatte auf ihn gewartet! wirklich: sie lag wach und aufgeregt da! wirklich: sie weinte beinahe vor Freude, und Martin beinahe auch, und begannen schließlich beide mordsmörderisch zu fluchen über einen Zustand und eine Zeit, in der man beinahe weinen mußte vor Glück und Aufregung, weil ein Stück, das doch seit Monaten schon alle Gebühren besaß, endlich fertiggestellt und ins Repertoire eingeteilt zu werden, nun endlich fertiggestellt und ins Repertoire eingeteilt war, ein geradezu alltäglicher Vorgang, eine simple Selbstverständlichkeit – oder was hast du sonst geglaubt? vielleicht daß die Nazi kommen werden?

»Nein.« Carola sagte es sehr entschieden, allzu entschieden. »Nein, das nicht. Das hab ich eigentlich nie geglaubt. Nur –«

»Was denn? Was: nur?«

»Nichts«, flüsterte sie und senkte in leisem Erschauern den Kopf. »Ich hab halt Angst gehabt.« Mit einem beschämten Lächeln fast, und achselzuckend, als begriffe sie es nicht mehr.

Aber sie begriff es auch jetzt noch, und Martin ebenso, und sie bargen sich tief ineinander –

»Martin, es war so schrecklich.« Noch in das satte, sanfte Schwingen ihrer Stimme zitterte untergründig die Angst hinein, die er doch nicht völlig verstand. »Du hast ja keine Ahnung, wie schrecklich es war. Manchmal hab ich geglaubt, daß du überhaupt nichts von mir weißt. Als ob ich für dich nicht mehr da gewesen wäre. Als ob es auf der ganzen Welt nichts mehr gegeben hätte als diese – als die Türken. ja, *jetzt* ist das komisch – aber merk es dir, Martin. Für deine Arbeit geb ich dich her. Für etwas andres *nicht*, hörst du? Und wenn das vielleicht wieder – wenn ich dich wieder an die Türken verlieren muß, noch bevor sie da sind – dann geh ich auf und davon. Sofort. Dann wart ich gar nicht erst, ob sie wirklich kommen oder nicht.«

»Aber Kind – aber Cary – wovon sprichst du denn –!« Er sagte es wirklich so, wie man einem Kind Gespenster verscheucht – Gespenster, an die man beinahe selbst geglaubt hat, und das Kind hat beinahe recht. »Die kommen jetzt nicht mehr, Cary. Die sind gar nicht mehr da. Nur du bist noch da, nichts andres.« Und schmiegte seine Wange über ihr Haar, halb nah und auf und ab. »Nur du – Cary – Kind – Geliebte –« Und wie ihm nun endlich und vollends innewird, daß es für sie wahrhaftig erst heute und jetzt vorbei war, daß es für sie die ganze Zeit um *ihn* gegangen ist, um seine Arbeit, um seine Liebe, um sein Da-Sein mit ihr – wie ihm das innewird und wie es ihn schamvoll übermannt, indessen friedlich schon ihr Haupt zur Seite glitt: da war ihm zum Weinen anders als vorher, und er wandte sich ab und schluckte; und mußte das noch ein paar Mal tun in den folgenden Tagen, wenn er Carola ansah und wenn sie über ihrer Rolle saß, über der Rolle in seinem Stück, mit heißen Wangen und vielleicht mit dem gleichen Herzklopfen, wie er es während jener Rede verspürt hatte, die ihm als Wunder galt: aber für Carola war das Stück ein viel größeres Wunder, denn das Stück war von ihm und jene Rede nicht. –

Nun sind die Proben zur »Träumerin« schon in vollem Gang, und sind heute schon bis ans Ende des zweiten Aktes gelangt, in dem neben Carola vor allem Walter Kressold beschäftigt ist, der jugendliche Held und manchmal Liebhaber, sowie Johannes Wildenberg, welcher statt des üblichen Butlers diesmal einen alten Bankier darstellt (er tat es jedoch zum Verwechseln ähnlich – nicht etwa, indem er den alten Bankier wie einen Butler spielte, sondern es erwies sich endgültig, daß er seine Butler mit der Soigniertheit alter Bankiers auszustatten pflegte).

Kressold also und Wildenberg sind mit in den »Guckkasten« gekommen, Sollnau natürlich auch, er läßt Carola überhaupt nicht aus den Augen und möchte sie am liebsten über Nacht in ihrer Garderobe einsperren, um sie den verderblichen Einflüsterungen des Dichter-Gemahls zu entziehen. Ferner ist heute, den raren Braten einer Uraufführung schnuppernd und von Anbeginn auf sein prominentes Plätzchen zwischen den Hauptbeteiligten bedacht, Herr Direktor Siegfried Hebenstein erschienen, als öffentlicher Auchdabei Nr. 1 nun wieder in voller Tätigkeit, nachdem die wirren Zeitläufte ihn einige Wochen hindurch in unauffälligem Hintergrund festgehalten hatten, vielleicht sogar im Ausland, vielleicht auf Reisen hin und her, bei vermögenden Leuten war das neuerdings häufig zu beobachten. Freilich verliert Direktor Hebenstein kein Wort darüber, er spricht auch nicht von der bevorstehenden Volksabstimmung, er spricht fast ausschließlich von Theaterdingen, und tut überhaupt so normal und unbefangen, daß die Devisenpolizei ihn allein daraufhin verhaften könnte. Da ist Herr Robert Sovary denn doch von andrem Kaliber! Herr Sovary verhehlt in keiner Weise, daß er nach der Berchtesgadener Zusammenkunft aus Angst und Mißtrauen das Land verlassen hat, daß er diese Angst und dieses Mißtrauen immer noch empfindet, und daß er nur ein paar unaufschiebbarer Dringlichkeiten wegen zurückkam – nach deren Erledigung er ursprünglich sofort wieder wegfahren wollte, spätestens Freitag. Aber Herr Sovary beweist jetzt wieder einmal die gleiche Grandezza, die sich schon in unvermuteten Rosensträußen geäußert hat wie in unvermutet generösen Liquidierungen, die gleiche Grandezza ist es, obschon er sie lediglich als eine Art geschäftlicher Korrektheit präsentiert:

Österreich hätte sich doch immer anständig zu ihm benommen – hätte ihm nach dem Krieg die Staatsbürgerschaft zuerkannt – es wäre ihm hier immer gut gegangen – er hätte hier seinen Verlag großgemacht, Erfolge gehabt, Geld verdient –: und jetzt sei eben die Verzinsung fällig. »Also bleib ich schön bis Sonntag da«, sagt er auf Ferry Liebreichs angelegentliche Erkundigung, »geb schön mein Stimmzettel ab – und dann hab ich sowieso wieder in London zu tun. Aber ich war wenigstens ein kulanter Mensch.« Dies sagt Herr Sovary, hebt seinen Kognak gegen das Licht, kneift ein Auge zusammen, und blinzelt mit dem andern so intensiv in das Glas hinein, als wollte er dort ein Bild der kommenden Dinge erspähen; und als wäre ihm das trotz größter Anstrengung nicht gelungen, setzt er nach einer Weile das Glas wieder hin und sagt, nochmals: »Aber ich war wenigstens ein kulanter Mensch.« Dann, übergangslos und mit einem Eifer, der fast nach Entschuldigung aussieht, beteiligt er sich an der sehr heftigen Debatte, die um den zwiespaltsträchtigen Anlaß eines Szenen-Übergangs im zweiten Akt entstanden ist, zwischen Sollnau und Walter Kressold, und wobei der jugendliche Held die Unterstützung des Butlerbankiers findet, der Regisseur hingegen, was ja nicht anders zu erwarten war, die Unterstützung der Hauptdarstellerin, indessen der Autor (was nun vollends als Selbstverständlichkeit gelten muß) sämtliche Meinungen und Auffassungen für indiskutabel hält – eine Selbstverständlichkeit, wie gesagt, die aber von der Hauptdarstellerin dennoch nicht anerkannt wird, was sich desgleichen von selbst versteht, es ist alles so beglückend selbstverständlich, es ist alles ganz genau so wie damals vor der Litfaß-Säule, er lächelt und schmunzelt über der Vergegenwärtigung nun, alles da, alles in Ordnung, Sollnau führt Regie, Nehsler, weil er Direktor ist, will kürzen, Merz, weil er Professor und der Älteste ist, redet drein, ich, weil ich der Autor bin, lasse mir nichts gefallen, Carola, weil sie meine Frau ist, gibt den andern recht, es ist alles so gekommen, es gehen noch Visionen in Erfüllung, und werden sich weiter erfüllen und immer weiter, bis alles wieder gut sein wird – völlig gut, alles – sind nicht seit Tagen schon die Arbeiter wieder auf der Straße mit sichtbaren drei Pfeilen, mit hörbarem Gruß, mit »Freundschaft!« und »Freiheit!« – ist nicht auch hier eine Vision in Erfüllung gegangen – und ganz genau so wie sie geträumt war – fast kindisch traum- und wunschgemäß – »Wir kommen wieder!« stand damals nach dem Februar auf den ersten illegalen Flugzetteln, Martin erinnert sich ge-

nau an den blassen notdürftigen Gummidruck:»Wir kommen wieder!«
und die drei Pfeile darunter – und nun sind sie wahrhaftig wiedergekommen, mit ihrem alten Zeichen und ihrem alten Gruß – nun ist alles gekommen wie es kommen soll – alles – hat ein Stück Premiere im März – was
sagt da Sollnau:

»Dann werden wir höchstens ein paar Tage länger probieren, und verschieben die Premiere auf Anfang April!«

»Sie sind wohl toll geworden!« ruft Martin.»Man labe diesen Irren!
Herr Ober! Herr Ober!« Und

»Warum denn, Martin?« fragt Carola, flugs auf der Gegenseite, natürlicher und wundersamer Weise,»– das kann dir doch nur recht sein, wenn
wir länger probieren?« Und

»Cary, um Himmels willen!« stöhnt Martin in heller, jauchzender Verzweiflung,»– du weißt ja nicht was du redest! Das Stück *muß* noch im
März heraus, unbedingt, verstehst du das denn nicht?« Und

»Nein!« antwortet offenherzig Carola, und

»Das ist doch wirklich –!« sekundiert ihr Sollnau – ob es jetzt am sechsundzwanzigsten März oder am –»Und

»Warten Sie!» ruft Liebreich dazwischen.»Ich erklär's Ihnen! Weil für
den siebenundzwanzigsten doch der ›Deutsche Tag‹ angesetzt ist, in Linz,
nicht wahr! Und wer weiß, was da passiert! Und da glaubt der Hoffmann
wahrscheinlich: wenn das Stück nicht am sechsundzwanzigsten herauskommt, dann kommt es vielleicht überhaupt –« Und

»*Noch* ein Wahnsinniger!!« schluchzt Martin auf,»Sie glauben doch
nicht im Ernst, daß dieser ›Deutsche Tag‹ noch stattfinden wird?! Wo sind
denn am siebenundzwanzigsten März die Nazi?!« Und

»In Linz!« beharrt Liebreich mit übertriebener Sachlichkeit, und

»Im Oasch!« läßt jach frohlockend Toni Drexler sich vernehmen, völlig
im Tonfall des Faktors Dembitzky, von dem er das ja auch täglich auf die
Nazi gemünzt hört, Toni Drexler, und er hat, seit er hier sitzt, noch gar
nichts andres gemacht als getrunken, und knallt die flache Hand vor Liebreich auf den Tisch:

»Jetzt hör' schon endlich auf mit diesem jüdischen Defaitismus, du
Boulevardschlieferl!« Und

»Du demokratisches Organ!« höhnt Liebreich zurück.»Du hast es notwendig – du mit deiner offiziösen Zurückhaltung!« Und

»Aber meine Herren!« übertönt Sollnaus turbulenzerprobte Stimme das Gewirr, »meine Herren! Wir wollen doch nicht –« Und

»Wir wollen!« rufen Toni Drexler und Ferry Liebreich so vollkommen gleichzeitig, daß sie einander sofort darauf in die Arme fallen müssen in zärtlich gerührter Liebkosung, die von fühllosem Gelächter quittiert wird, nur Steffi Krahl faltet unter stummem Kopfschütteln die Hände, und

»Da soll noch jemand behaupten, daß unsere öffentliche Meinung nicht geschlossen hinter der Regierung steht!« sagt Direktor Hebenstein, und es war, obwohl er es gar nicht sehr laut gesagt hat, dennoch zu hören – sonderbar – nein, gar nicht sonderbar: der Lärm im Lokal ist plötzlich abgeebbt – nicht gänzlich, nicht zu richtiger Stille, er schwillt auch schon wieder auf – aber wenn man genauer hinhorcht, so ist vom Podium her, wo Teddy Lewitt am Flügel sitzt, durch die Fetzen gedämpften Geräusches hindurch der Text seines Lieds zu vernehmen, das Lied vom kleinen Österreicher, durch Geräusch und Gespräch, durch Lachen und Lärm, durch Klirren und Kichern hindurch – ich bin ein kleiner Österreicher und will nur meine Ruh – es klang und paßte nicht so recht zu diesem Gegenteil von »Ruh« – es war wohl nicht richtig gebracht, nicht richtig angebracht – er hätte es konferieren müssen, der Pianist Lewitt – oder leiser singen und nur für die Nächstsitzenden – denn so, in diesem halbschlächtigen Rumoren, das aus Verlegenheit nicht gänzlich verstummen wollte und aus Verlegenheit nicht wieder zur früheren Lautstärke anwachsen und eine verlegene Mitte hielt: so wirkte auch das Lied verlegen – ein bißchen komisch wirkte es sogar – für wen sang er es denn eigentlich, der Pianist Lewitt, der kleine dunkelhaarige mit seiner schwarzen Hornbrille, für wen? für sich allein vielleicht? um sich selbst in Stimmung zu bringen? oder für die Leute da unten, die sich nicht entscheiden konnten zwischen richtigem Zuhören und richtigem Weghören – die nun den rettungslos versäumten Übergang jeder auf seine Weise einzubringen suchten, weiter sprachen und lachten, mit den Gläsern anstießen und tranken, und schließlich alle so taten, als schnappten sie zufällig gerade ein Stückchen des Refrains mit auf und summten gerade zufällig ein paar Takte mit – ich bin ein kleiner Österreicher und schau am liebsten zu, summten oder sangen, nebenher und weil es sich gerade traf – ich will ein'n Platz beim Heurigen und keinen an der Sonne – sehr gut, hehe, man müßte wieder einmal zum Heurigen gehn, das ist halt doch das Wahre, schrecklicher Gedanke daß dort einmal die Nazi sich breitmachen könnten, in Uniformen womöglich, brrr, da muß man sich ja schütteln, rasch einen Kognak noch und rasch den Refrain zum zweiten Mal jetzt lauter mitgesungen – und will nur meine Ruh – haha, sehr gut – und schau am liebsten zu – na also, nun singen sie ja auch am Nebentisch schon mit und am zweiten und dritten auch – dazwischen aber, verworren und blechern, geht Geräusch und Gespräch, geht Lachen und Lärm, geht Klirren und Kichern weiter – ein Glas Nußberger, jawohl, ein Glas und keine Donne, jetzt singen doch fast alle – und es ist trotzdem nicht ruhig geworden – und es hat auch Herr Teddy Lewitt am Flügel seine Stimme um nichts gehoben, singt absichtslos und für wen denn – vielleicht ist er beschämt darüber, daß er keine Ruhe zustandegebracht hat – vielleicht ist er stolz darauf, daß trotzdem das ganze Lokal schon mitsingt – und will sich nichts anmerken lassen von beidem, er nicht und die da mitsingen auch nicht – eigentlich ein verdammt komischer Anblick: diese erwachsenen Menschen, die nicht ernst genug sind um kindisch zu sein, nicht kindisch genug um ernst zu sein – komisch und unerquicklich und was soll denn das Ganze überhaupt – das geht doch nicht, das ist ja zum Lachen – nein, wirklich: da kann man nur lachen, da *muß* man lachen – sonst wäre es allzu beschämend, allzu peinlich, sonst könnte man das wohl nicht ertragen – wohl keine Minute länger ertragen – dann sagt der kleine Österreicher: nicht weiter als bis her! – nein, nicht weiter bitte – dann setzt der kleine Österreicher sich endlich doch zur Wehr – es ist auch schon der letzte Refrain – und noch bevor er zu Ende war, noch in den Gesang hinein, geschah das qualvoll Unausbleibliche, und hätte auf jederlei Art geschehen können, und nun geschah es so:

»Er setzt sich zur Wehr! Er! Teddy Lewitt!«

Mit einem schallenden, dröhnenden, stöhnenden Gelächter hat Ferry Liebreich losgeprustet, er biegt sich, er deutet verkrümmt nach dem Podium in seinem Rücken, die andern schauen gar nicht erst hin, sie wissen ja was er meint, sie wissen wie komisch das ist, und sie lachen, sie lachen alle.

An den andern Tischen merkt man es gar nicht recht. Der Refrain hat nochmals eingesetzt, der Chor nimmt ihn nochmals auf. Ich bin ein kleiner Österreicher.

Da, einer zuerst, dann die andern, beginnen auch sie wieder mitzusingen. Und lachen aber dazwischen. Und singen. Mitten in ihrem Lachen singen sie, mitten in ihrem Singen lachen sie, vom einen retten sie sich ins andre, und es ist keine Rettung, es ist aussichtslos, von einer krampfhaft uneingestandenen Aussichtslosigkeit, alles. Ich bin ein kleiner Österreicher.

Abermals hat als erster Ferry Liebreich innegehalten, so jählings und unvermittelt, daß sein Gesicht im gleichen Augenblick erstarrt war, grotesk erstarrt. Der offene Ansatz eines nicht zu Ende gesungenen Taktes lag noch auf seinen Lippen, und in den Falten seiner Wangen noch der schiefe Rest eines nicht zu Ende gelachten Lachens – nein: das war ja gar kein Lachen mehr, jetzt sah man es genau. Vor einer halben Minute vielleicht hätte man es noch nicht so genau sehen können und hätte es vielleicht noch vom Lachen hergerührt. Jetzt nicht mehr. Jetzt, da die Tränen schon über sein Gesicht hinabzulaufen begannen, starre Tränen über die starre Grimasse seines Gesichts. Als wäre es gar nicht er selbst, der da weinte. Als wären von irgendwo Tränen in dieses Gesicht geraten, und liefen nun eben die Wangen hinab, weil sie keinen Halt fanden.

Das Lied vom kleinen Österreicher war zu Ende. Bleich, mit angstvollem Atem, beugte sich Steffi Krahl gegen den immer noch Starren, blickte um Hilfe sich um – aber da saßen so alle und starrten so vor sich hin, daß sie ihren Blick zurücknahm und senkte. Jemand räusperte sich, jemandes Seufzer brach ab.

»Na aber –«, sagte Toni Drexler und machte eine halbe Bewegung zu Martin hin.

Der sah es gar nicht. Er hielt Carolas Kopf an seine Schulter geschmiegt, und über Stirn und Augen lag ihm Carolas Hand.

Immer noch saßen sie reglos, und man merkte es rings so wenig wie ihr Lachen zuvor. Rings ging es laut und schallend zu, nun hatte der Lärm sich wieder zu voller, ungehemmter Stärke entfaltet, Gläser wurden aneinandergestoßen und geleert und heftig wieder hingestellt. Eines, in einer entlegenen Ecke, zerbrach klirrend. »Zahlen!« Scharf auf und heiser kippte Sollnaus Stimme. »Himmelherrgott, zahlen!!«

Über den Tisch hinaus mochte es kaum vernehmbar gewesen sein. Aber die am Tisch schraken zusammen, begannen sich klamm zu regen, wandten sich, nippten von abgestandenen Überbleibseln – nur Sovary hatte sein Kognakglas wieder gegen das Licht gehoben, blinzelte, und stellte es unberührt auf den Tisch.

»Ja«, sagte er; als hätte er diesmal wirklich etwas erspäht. »Zahlen, bitte!!« Zwischen unausgesetzt aneinandernagenden Lippen keuchte es Sollnau aufs neue hervor.

»Wenn Sie erlauben – es ist mir ein Vergnügen –« murmelte Direktor Hebenstein und verschwand.

Auch Ferry Liebreich stand auf, hob schlaff die Hände, setzte zum Reden an – da klopfte ihm Toni Drexler ein paarmal auf die Schulter, nickte ihm zu, und nickte nochmals, als Steffi Krahl an der Ausgangstür mit einem schnellen, dankbaren Lächeln sich umwandte.

»Mna –«, machte er dann, unter heftigem Saugen an der längst erloschenen Pfeife. »Mna –. Nur ein Glück, daß am Sonntag nicht mit den Nerven abgestimmt wird.«

Auf der Gasse draußen, eine Weile später, hielten Martin und Carola vergebens nach einem Taxi Ausschau. Kalter Wind strich ihnen entgegen. Sie fröstelten.

»Wir werden zum nächsten Standplatz gehn müssen, Cary. Oder willst du noch warten?«

»Warten Sie *nicht*.« Halblaut hinter ihnen klang Sovarys Stimme auf. »Fahren Sie!«

»Wir haben von einem Taxi gesprochen, Herr Sovary.« Martin sagte das unbeherrscht scharf. Er war überzeugt, daß Sovary es ohnehin wußte.

»Eben«, bestätigte Sovary. »Ich habe von *keinem* Taxi gesprochen.«

»Hm. Haben Sie sich's vielleicht überlegt? fahren Sie vielleicht auch?«

Sovary kam langsam nach vorn und schüttelte langsam den Kopf.

»Na also. Warum erteilen Sie dann solche Ratschläge.« Immer noch vermochte Martin seine Gereiztheit nicht zu unterdrücken, und er hätte es doch gerne gewollt. »Wirklich: warum? Weil uns da drinnen plötzlich die gute Laune vergangen ist? Davon hängt es ja Gott sei Dank nicht ab. Es gibt ja Gott sei Dank einen Vertrag mit Italien und Garantien von den Westmächten.«

»Zeigen –« murmelte der Verleger Sovary, grub seine Hände in die Manteltaschen und wandte sich grußlos zum Gehn.

Danse macabre

Stellprobe

Lobet und preiset die Selbstüberschätzung! Lobet und preiset, die da befangen sind im Bezirk ihres eigenen Wirkens so sehr, daß sie gar nicht darüber hinauszusehn vermögen, daß es sie gar nicht interessiert, was außerhalb etwa vorgeht! Lobet und preiset sie, wo immer ihr sie findet! Und wahrlich: ihr findet sie häufig. Ihr findet sie in den unterschiedlichsten Gebieten irdischer Betätigung, ihr werdet diesen beglückend vollkommenen Defekt ebensogut an einem Schachspieler feststellen können, welcher auf die Möglichkeit einer Variante der erstmals von Aljechin im St. Petersburger Turnier 1914 verwendeten Eröffnung gestoßen ist, wie an einem Kurzstreckenläufer, welchem sein Trainer für den bevorstehenden Meisterschaftskampf eine neue, den sicheren Gewinn zweier Zehntelsekunden verheißende Starttechnik beigebracht hat; ebensogut an einem Assyrologen, welchem zwecks Deutung und Entzifferung bislang noch unbekannter Hieroglyphen die dritte Zeile einer kürzlich entdeckten Grabinschrift übergeben wurde, wie an einem Philatelisten, welchem die schräggestellte Ziffer auf der hellblauen Zwei-Kreuzer-Venetien-Emission untrüglich als Fehldruck erkennbar geworden ist. Lobet darum und preiset sie alle, denen so herrlich gering und nicht vorhanden gilt das sämtliche übrige Geschehen! Lobet, preiset und beneidet sie! Denn ihrer ist das Himmelreich auf Erden.

Und da sie doch alle, wie abseitig ihr Tun und Trachten auch erscheinen mag, wie verschroben der Schachspieler dem Kurzstreckenläufer, der Assyrologe dem Philatelisten, jeder jedem und alle den andern – da sie dennoch auf ihre Weise die Welt in Anspruch nehmen, und da die Welt sich willig von ihnen in Anspruch nehmen läßt: um wie viel beneidenswerter ist vollends jener, dem solcher Anspruch unmittelbar erfüllt wird; in dessen Tun und Trachten die öffentliche Anteilnahme organisch beschlossen liegt; der ihrer gewiß sein darf und gewiß sein muß, weil sonst sein Tun und Trachten hinfällig würde und sinnlos –: der Schauspieler! Um wie viel beneidenswerter ist doch erst er! Und um wie viel sicherer ist ihm das

Himmelreich auf Erden! Selbst wenn es ringsumher weit eher nach Hölle aussieht. Selbst wenn es den Anschein hat, als krümmte und böge sich eine ganze Stadt unter kaum noch erträglichem Druck. Als wollte aus vielen kleinen Ventilen schon jetzt der heiße Dampf ihrer Erregung hervorzischen, der doch erst Sonntag in eine mächtige Säule sich erlösen soll (denn daß sie mächtig sein wird und die Erlösung: daran besteht nun vollends gar kein Zweifel mehr). Als könnte die Luft über ihr, die zum Bersten gespannte, dem Aufbrodeln nicht mehr standhalten, und das Aufbrodeln nicht der dumpf herniederlastenden Luft. Als müßte sie, die Stadt, jetzt und jetzt aus ihren Fugen splittern: wie da die Werbeautos hin- und hersausen und das Pflaster mit Flugzetteln übersäen und unaufhaltsam unaufhörlich toller Wirbel im Gang ist, Passanten und Polizei, Sprech-Chöre und Megaphon-Parolen, Aufmarsch und Abzug, Brandung und Zusammenstoß aus Menschen und Lärm – ach, es ist wohl im Grund das gleiche, was man seit Wochen gewohnt war: nur eben dem Ende, dem Abschluß, der Entscheidung näher und immer näher, so verwirrend schon nahe wie das Leben dem Tod, wie das Fegefeuer der Hölle – oder dem Himmel, wer weiß es, dies eben hat sich ja zu entscheiden – nur ihrer, der grandiosen Selbstüberschätzer, der herrlich im eigenen Wirken Befangenen, ihrer ist das Himmelreich schon jetzt und unter allen Umständen und genau wie immer. Ihnen, den Anspruchsgeblähten, den Anteilsgewissen, kann nichts widerfahren. Und höchstens so weit reicht ihr Interesse ins Außerhalb hinaus, daß sie sich leicht verwundern: warum denn die großen Plakate den 13. März, den Tag der Volksabstimmung kundtun, und nicht lieber den 26., den Tag der Premiere? Warum denn ins Straßenpflaster mit Teer und Farbe die Losung »Österreich!« eingelassen ist und nicht lieber die Losung »Josefstadt!«? die Aufforderung mit Ja zu stimmen, und nicht lieber die Aufforderung, Billette zur »Träumerin« zu erstehen? der Kopf des Bundeskanzlers und nicht lieber die Köpfe der Hauptdarsteller?

Indessen und immerhin: eine gewisse Wechselbeziehung läßt sich nicht gänzlich hintanhalten, und bisweilen wirkt jenes verwunderliche Geschehen da draußen doch ein wenig in die Stellprobe des dritten Aktes hinein, es ist nicht zu leugnen:

»Halt!« ruft Sollnau vom grünlich matt erleuchteten Regiepult auf die Bühne hinauf. »Herr Kressold – entwickeln Sie Ihre Lebensauffassung etwas unpathetischer! Sie machen ja keine Abstimmungs-Propaganda, nichtwahr. Bitte ganz einfach, ohne jede Gestik – meinetwegen können Sie dabei zum Fenster hinausschauen. – Noch einmal. Fräulein Hell zurück nach rechts, Herr Wildenberg ab. Bitte!«

Es ist nicht zu leugnen, daß zu einem andern Zeitpunkt der Regisseur Sollnau wohl kaum auf den Vergleich mit der Abstimmungspropaganda verfallen wäre – aber damit hat es auch sein Bewenden, das ist auch alles, was an aktuellen Zusammenhängen sich bemerkbar macht. Denn wie nun der Darsteller Walter Kressold noch einmal die Szene beginnt –»Man muß sich auch seine Träume erkämpfen«, sagt er leise und eindringlich – und wie er dabei an der Darstellerin Carola Hell vorbei und zu einem noch nicht vorhandenen Fenster hinaussieht: sind Blick und Stimme ihm und dem Regisseur Sollnau schon wieder viel wichtiger als alles, was irgend von draußen her zum Vergleich herangezogen werden könnte. Und genau so verhält es sich mit der Darstellerin Carola Hell, die nach rechts zurückgegangen ist, mit dem Darsteller Johannes Wildenberg, der hinter der Szene sein Stichwort erwartet. Ja sogar der seitlich ins Dunkel des Parketts gekauerte Autor Martin Hoffmann fände es höchst unpassend, wenn irgendjemand ihm jetzt Interesse für irgendetwas andres abfordern wollte als für den noch einmal beginnenden Auftritt, für Blick und Stimme des Darstellers Walter Kressold, für Standort und Haltung der Darstellerin Carola Hell, und für die Art, wie der Regisseur Gustav Sollnau dies alles in Gang setzt – in vortrefflichen Gang übrigens, stellt heimlich der Autor Martin Hoffmann fest, in einen ganz überraschend vortrefflichen Gang! Wobei die Überraschung nicht so sehr vom Wirken des Regisseurs herrührt (denn daß es ein guter Regisseur ist, war ihm ja bekannt); und nicht so sehr vom Wirken der Schauspieler (denn daß es gute Schauspieler sind, war ihm ja bekannt): sondern es überraschte ihn sein eigenes Stück und überraschte ihn jenseits von »gut« oder »schlecht«. Das konnte er schon längst nicht mehr abschätzen: ob es ein gutes Stück war oder ein schlechtes. Er sah nur, daß es ein Theaterstück war. Er hörte nur, daß die Worte, die er geschrieben hatte, von lebendigen Menschen gesprochen wurden und lebendige Worte waren, voll eines Lebens, das mitunter ganz anders geriet als er es geplant hatte – wie Leben nun einmal anders gerät als Planung, und dadurch ja eben zum Leben wird. Dies also war es, was ihn überraschte, aufs neue wieder überraschte – obgleich er doch auch auf solche Überraschung schon hätte gefaßt sein dürfen von manchem Mal zuvor. Aber auch darin bewies und bestätigte sich die Selbstherrlichkeit des Lebens: daß es immer wieder eine gänzlich neue Überraschung war, fremd und vertraut zugleich, hochstaplerisch und wahrhaftig, lächerlich und stark, tückisch und rührend ... Leben, Leben, Leben.

Martin Hoffmann, hingekauert nahe dem grünlichen Pult, entgegenstaunend dem anders geratenden Leben, entsann sich lächelnd und fernhin, wie sehr es zusammenhing mit dem Leben da draußen, wie sehr es in Wechselbeziehung stand mit dem Ablauf der äußeren Geschehnisse, und wie sehr er von dieser Wechselbeziehung abhängig war durch Monate und Monate. Fast hätte er gewünscht, daß sie auch jetzt noch Gültigkeit behielte, weiter und bis zum guten Schluß. Daß der Tag des Plebiszits zusammenfiele mit dem Tag der Premiere. Daß jenes äußeren Geschehens heiß erregte Atmosphäre fortdauern und sich steigern sollte in immer gleichem Maß: bis zum zweifachen Höhepunkt des Fiebers, zum zweifachen Höhepunkt und zur zweifachen Erlösung ... Freilich konnte Martin Hoffmann, weil er doch bei der Stellprobe seines dritten Aktes saß, diesen lächelnd und fernhin auftauchenden Gedanken nicht fester fassen und ließ ihn alsbald wieder fahren; und ersparte sich solcherart die Erkenntnis, daß also auch er, Martin Hoffmann, trotz aller Einsicht in die beiden Abläufe, trotz allem Bewußtsein ihrer Verquickung – daß er sich dennoch nicht wesentlich unterschied von den Schauspielern, welche insgeheim verwundert waren, draußen auf den Straßen nicht ihr eigenes Konterfei ins Pflaster eingelassen zu finden. Und als nach einigen Stunden Martin Hoffmann die Probe verließ, als er aus dem verdunkelten Zuschauerraum in den Nachmittag hinaustrat und sich zurechtblinzelte in Helligkeit und Lärm; und als er dann merken mußte, daß der ganze Wirbel immer noch anhielt und herrschte, als wäre nichts geschehn, als wären nicht inzwischen zwei weitere Szenen des dritten Aktes gestellt und geprobt und durchgesprochen worden –: da fühlte er sich tatsächlich auf eine ganz persönliche Art gekränkt und beleidigt.

In der unmittelbaren Umgebung des Theaters blieben Gewühl und Geschrei noch auf ein übliches Maß beschränkt, auf Flugzettel und Werbeautos und Lautsprecher. Aber gegen den Ring zu, und vollends in der Nähe der Oper, wurde es immer unerträglicher, tauchten immer größere Züge unter immer lauteren Sprech-Chören auf, behinderten immer öfter regellose Gruppen von Halbwüchsigen den Verkehr. Martin, mit gefurchter

Stirn und trotzig vorwärtsgesenktem Kopf, bahnte sich mitten hindurch seinen Weg. Wohin dieser Weg ihn führen sollte, hatte er vergessen. Er erwog, zu Toni in die Redaktion zu gehen – aber das dünkte ihm dann ein feiger Tribut an die Straße, er ließ es bleiben, kämpfte sich ziellos verbissen vorwärts. An der nächsten Kreuzung half ihm die finsterste Entschlossenheit nichts mehr, zwei Demonstrationszüge standen auf beiden Straßenseiten einander gegenüber, brüllten Parolen in die Luft, sonderbar unbeteiligt, in pflichtgemäßer Erledigung irgendeines Programms, dessen Sinn und Absicht ihnen wohl ebenso gleichgültig und unverständlich war, wie der Wortlaut ihrer Sprüche den Zuhörern. In der Mitte der Straße hielt ein Kordon von Wachleuten sich aufgepflanzt, desgleichen unbeteiligt und offenbar in keiner Weise damit rechnend, daß die gegnerischen Züge etwa handgemein werden könnten. Ohne Unterlaß von allen Seiten drängten Menschen heran, Fahrzeuge stauten sich zu Schlangen, ein Überfallsauto stak mittendrin. Mit einem Mal war die eine Querpassage freigegeben, schon quoll ein Teil der Angesammelten dorthin ab, schon sausten Autos los und wurden die Lautsprecher wieder deutlicher hörbar und flatterten Bündel von Flugzetteln durch die Luft, fast war das bedrohlicher jetzt als die feindselig festgekeilte Enge vorher – die in der andern Richtung sich noch nicht gelockert hatte, man konnte da noch immer nicht weiter und die beiden Formationen standen noch immer da, in ratlos untätiger Sammlung, vermutlich würden sie jetzt ihren Text von vorn beginnen. Martin retirierte zur Fahrbahn hin, dicht neben ihm, in einem vergeblichen Ausfallsversuch, bremste kreischend ein Taxi, und da es leer war, öffnete er den Schlag. Erst als er saß und als es ein Fahrtziel anzugeben galt, fiel ihm ein, daß er die Probe doch aus einem ganz bestimmten Grund verlassen hatte: weil er aufs Amerikanische Konsulat bestellt war, für heute noch, der Sekretär des Konsuls hatte ihn am frühen Vormittag eigens angerufen. Natürlich. Jetzt, wo er gar nicht mehr neugierig darauf ist, jetzt klappt es natürlich. Er nannte die Adresse, sah wieder auf die Straße hinaus – draußen die Angepferchten waren in jäh verworrene Bewegung geraten, mit erhobenen Gummiknüppeln drang Polizei auf den einen der beiden Züge ein, auf die Weißbestrumpften, jetzt zeigte es sich, der andre Zug, immer noch quer postiert, brüllte aufs neue seine Parolen hinterher, irgendetwas mit Prinz Eugen, dem edlen Ritter, reimte sich in zweifellos abfälliger Weise auf Adolf Hitler, die Weißstrümpfe stoben rückwärts auseinander, suchten die Seitengassen zu erreichen – plötzlich, von verschiedenen Richtungen her, verriegelten ihnen zwei Überfallsautos den Weg, Miliz in Stahlhelmen sprang ab – da aber hatte, mit geschickter Wendung, der Chauffeur sich schon einer langsam nach rechts abrollenden Fahrzeugkette eingegliedert, die nochmals abgelenkt wurde und noch ein zweites Mal: und als der Wagen dann endlich freie Fahrt gewann, war es in der Richtung zur Josefstadt. Martin fühlte sich heftig versucht, zur Probe zurückzufahren. Dies alles, was er da jetzt gesehn hatte, erschien ihm plötzlich wie ein böser und lächerlicher Spuk, gespenstisch und unwirklich, und dennoch von hartnäckigem Arrangement reguliert – wie eine Theaterszene, jawohl, wie etwas Gestelltes: aber falsch und schlecht gestellt, es war kein Leben darin. Das wahre und wirkliche Leben geschähe viel eher wohl dort, im Theater, von der halberleuchteten Bühne herab in den dunklen Zuschauerraum und wieder zurück und immer so hin und her, in einer holderen und gültigeren Wechselwirkung, als sie sich jetzt noch herstellen ließ zwischen dem Ablauf dort drin und dem Ablauf hier draußen.

Er sah nach der Uhr. Wenn er die Freundlichkeit des Sekretärs nicht arg mißbrauchen wollte, so hatte er höchste Zeit, aufs Konsulat zu kommen. Und da bog auch das Auto schon nach links.

Das Leben indessen, in seinen beiderlei Abläufen, das Leben ging weiter, und immer schwerer wäre zu unterscheiden gewesen, welches das wahre und wirkliche war und welches nach künstlich gestelltem Plan sich vollzog.

»Willst du nicht aufhören, Hell?« flüstert Johannes Wildenberg besorgt zur Partnerin seines Auftritts hinüber, die nun schon zum dritten oder vierten Mal den Kopf schwer atmend hat sinken lassen und mit so bleichem Gesicht sich wieder aufgerichtet hat, daß es selbst in der matten Beleuchtung deutlich erkennbar war.

»Eingeschlafen da oben? Bitte weiter!« ruft Sollnau zur Bühne hinauf. »Wir wollen doch endlich fertig werden!«

»Ich glaube, die Hell fühlt sich nicht wohl, Herr Sollnau.«

»Was denn, was denn!« Mit ein paar raschen Sprüngen ist Sollnau zur Stelle. »Was haben Sie denn, Hell?« Und dreht sie behutsam gegen die Rampe.

»Nichts – danke –«. Carola schüttelt den Kopf, versucht ein kleines Lächeln. »Es ist schon vorbei. Ich war nur ein bißchen müde.«

»Du kommst mir überhaupt sehr abgespannt vor, mein Kind.« Wildenberg spielt sich unauffällig in das Père-noble-Fach hinüber und legt seine Hand auf Carolas Stirne. »Na, das ist ja auch kein Wunder, heute.«

»Warum gerade heute, Herr Wildenberg? Wie meinen Sie das?« Eine befremdlich scharfe Stimme sprang aus dem Kreis der Umstehenden. Sie gehörte einem jüngeren Mitglied des Ensembles, Kurt Brandt. Und Kurt Brandt ist einer von jenen, deren Antlitz sich damals im Verlauf der großen Schuschnigg-Rede betont national umdüstert hatte.

Wildenberg, nun schon zu heldenväterlicher Größe aufgereckt, dreht sich langsam ihm zu:

»Ich meine, daß man von den politischen Vorgängen ein wenig enerviert wird, Herr Brandt. Oder finden Sie nicht?«

»Bitte Ruhe!« Sollnau fährt grob dazwischen. »Was die Herren meinen und finden, können Sie sich außerhalb des Theaters sagen. Hier wird nicht politisiert. – Wenn Sie wollen, Hell, dann machen wir natürlich Schluß. Aber es wäre jetzt ohnehin das letzte Mal gewesen. Vielleicht geht's noch?«

»Sofort«, sagt Carola und strafft sich zurecht. »Ich möchte nur zwei Minuten lang ruhig sitzen, darf ich? Damit ich euch dann nicht wieder aufhalten muß. Sag einmal, Brandt –«, fragt sie unvermittelt, und strahlend vor heiterer Direktheit, »– bist du vielleicht ein Nazi?«

Es klang so von Herzen naiv und neugierig, daß auch das Gelächter ringsum ein herzliches ist und gar nicht verlegen. Und eigentlich – denn Carolas Frage war doch wohl schon als Pointe und Schlußeffekt gedacht – eigentlich weckt es Verwunderung, daß Kurt Brandt dennoch und in der Tat zu einer Antwort sich bemüßigt fühlt.

»Wenn es dich so sehr interessiert, liebe Hell –«, sagt er mit schmallippigem Entgegenkommen, »– ich stehe allerdings auf dem Boden der nationalsozialistischen Weltanschauung.«

»Na –«, macht Carola – und nickt. »Da stehst du ja auf etwas Schönem!«

Neues Gelächter sprudelt auf, stockt, und versickert. Kurt Brandt steht schmallippig immer noch, aber nicht mehr höflich vorgeneigt – sondern wendet mit hohem Kinn sich in die Runde, und mit eiskalt bemeisterter Stimme:

»Ich würde dir, und einigen andern Kollegen, dringend raten –«

»Auf die Plätze zu gehen, nicht wahr?« Sollnau ist bleich vor Ärger, er zittert, er nagt an seiner Oberlippe. »Wissen Sie, Hell«, zischt er dann seitlich zu Carola hin, indessen die andern sich langsam zerstreuen, »– daß jetzt auch Sie schon anfangen, ist ein böses Zeichen! Noch dazu, wo es doch *Ihr* Stück ist! Es ist doch *Ihr* Stück!«

»Ich bitte um Entschuldigung!« Sie bittet wirklich, und so sanft sie kann. »Es hat mich nur interessiert –«

»Genug jetzt!!« brüllt Sollnau unbeherrscht, er stampft sogar auf. »Ich lasse mir die Probenarbeit nicht versauen! Nicht von Ihnen, Fräulein Hell, und nicht von Herrn Brandt mitsamt seiner Weltanschauung!«

Das Schweigen, das jetzt entsteht, ist ein richtig peinliches, ein auswegloses Schweigen, niemand kann absehen, wie es enden und in etwas andres übergehen soll. Von Sollnau ist eine entschlossene Umkehr wohl kaum zu erwarten, eher das Gegenteil, auf und zu krampfen sich seine Hände, immer heftiger nagt er an seiner Oberlippe – da dehnt sich, aus der Kulisse hervor, in dieses Schweigen wieder die kalte Stimme Kurt Brandts: »Versauen? Sie sollten etwas vorsichtiger sein, Herr Sollnau!« Sollnau, mit jählings aufgerissenem Mund, wendet sich um, die Finger an seinen schlaff herabgesunkenen Händen spreizen sich noch einmal –

»Danke«, keucht er mühsam. »Schluß für heute.« Und verläßt mit einem Ruck die Bühne.

Es war nicht ganz klar, ob er dann auf Carola gewartet hatte oder ob dieses Zusammentreffen im unteren Korridor zufällig sich ergab. Carola jedenfalls beeilte sich, es auszunützen.

»Nicht bös sein, Sollnau!« Sie sprach noch sanfter als vorhin, und es müßte doch, dachte sie, es müßte doch toll zugehn, wenn ich ihn jetzt nicht herumkriege. »Das konnte ich ja nicht ahnen, daß es so enden wird!«

»Ich auch nicht«, sagte tonlos und abwesend Sollnau, mehr an ihr vorbei als zu ihr.

»Na, na, was ist denn?« Beinahe erschrocken berührte Carola seinen Arm.

»Wie? Nichts.« Jetzt erst sah er sie richtig an, seine Lippen gerieten wieder ins Nagen. »Das eine kann ich Ihnen sagen, Hell: wenn Ihnen nächstens wieder nur deshalb schlecht wird, damit Sie besser Unfug treiben können, dann schick ich Sie in die Schule zurück. Wie alt sind Sie eigentlich?«

»Mir war aber wirklich schlecht«, flüsterte Carola und lächelte dazu. Und Sollnau nahm ihr Lächeln als eine Bestätigung dafür, daß es sich da um eine schülerhafte Ausrede handelte.

Es war keine Ausrede. Es hatte etwas andres zu bedeuten, dieses Lächeln, oh etwas gänzlich andres. Und Carola behielt es noch lange auf den Lippen, auch als sie dann schon im Taxi saß, und war so innig diesem Lächeln hingegeben, daß sie des üblen Zwischenfalls bald nicht mehr dachte, und kaum noch an die Probe, ja kaum noch an das Stück, welches doch »ihr Stück« war.

Döblinger Idylle

Es ist fünf Uhr am Nachmittag, als Martin die sanfte Steigung zum Heiligenstädter Pfarrplatz hinan geht, langsamer als er müßte: schon dadurch kennzeichnet sich der Übertritt von einer Welt in die andre. Denn es sind ja wirklich zwei Welten, es wird ja hier mit jedem Schritt unstädtischer und abgeschiedener. Vollends auf dem alten Pfarrplatz ist man mitten im Dorf. Der Eingang zur Kirche, der Brunnen davor, das Wirtshaus mit den derben Holztischen draußen –: kein Tag und keine Heimkehr, da Martin nicht anhielte, um für Sekunden sich einzufügen dem ganz und gar verträumten Bild, dem in die Wirklichkeit verirrten wie aus dem Schaufenster einer Kunsthandlung, wie die Vorlage eines jener Altwiener Stiche, deren zartes Pastell so zauberischen Atem hat, daß noch die vordergründigen Gestalten, die sich daselbst in hauchstarr bewegter Pose übers Pflaster verteilen, von diesem Zauber etwas abbekommen, graziös geschnitzte Figurinen eines gebrechlich edlen Puppenspiels …

Noch nie war Martin Hoffmann der abgedichteten Stille des Heiligenstädter Pfarrplatzes so erlöst und andächtig hingegeben wie heute: da ein paar Straßenzüge dahinter die Werbeautos hin- und hersausen und das Pflaster mit Flugzetteln übersäen und der ganze tolle Wirbel weitergeht, Passanten und Polizei, Sprech-Chöre und Megaphon-Parolen, Aufmarsch und Abzug, Brandung und Zusammenstoß aus Menschen und Lärm. Es will so gar nicht zueinander passen. Nicht bloß zum Heiligenstädter Pfarrplatz – es paßt auch zu den Straßen nicht, in denen es sich begibt. Es ist ihnen nicht gemäß. Es gehört nicht zu ihnen. Es gehört nicht zu Wien. Es ist – wie so vieles, was dieses Regime schon unternommen hat – eine Stillosigkeit.

Na, aber hoffentlich die letzte. Und die war eben noch notwendig, damit wir das alles dann um so sicherer und endgültiger los sind. Jetzt geht es eben, ein letztes und entscheidendes Mal, um andre Dinge als um innere Gemäßheiten, um wichtigere als um Fragen des Stils!

Wie denn? Was denn? Bleibt innere Gemäßheit denn nicht *immer* das

Entscheidende? Geht es denn zum Schluß nicht *immer* um Stilfragen? Immer und überall? Und wenn, zur Rettung des Stils und der inneren Gemäßheit, Stilloses unternommen wird und Ungemäßes: was soll dann überhaupt noch gerettet werden? und läßt es sich dann überhaupt noch retten? ist dann nicht schon alles verloren?! Wenn man gegen Lawinengefahr keinen andern Schutz mehr weiß, als sich mit Schnee zu bedecken: ist dann nicht schon alles verloren?!

Einen Herzschlag lang fühlt Martin kalt sein Blut stocken, und es wird ihm schwarz vor den Augen. Alles verloren.

Unsinn. Blödsinn. Und weil wir schon dabei sind: Erfrorene werden bekanntlich mit Schnee eingerieben. So ist das, und es ist ganz in Ordnung.

Aber dieser leere Herzschlag vorhin und diese jähe Finsternis – das war also gar nicht gemütlich, nein, gar nicht. Martin beschleunigt seine nächsten Schritte, als könnte er so dem allen rascher entgehen. Und sicherlich lag es an dieser Eile, daß sein Herz von neuem zu klopfen begann; es hörte auch bald wieder auf.

Da bog er schon in die Eroicagasse, als ihm einfiel, daß Carola früher als er nachhause gekommen sein könnte. Abermals, und nun aus Schuldbewußtsein, trieb er sich zu größerer Eile an, hastete vorwärts, sein Atem flog, es wollte ihm plötzlich alles gute Glücken und Enden davon abhängen, ob Carola schon zuhause wäre, ein kindischer Aberglaube war das, willkürlich und gewalttätig geübt in Kindertagen einst – wenn die Laternen in dieser Gasse eine gerade Zahl ergeben – wenn ich den Atem so und so lange anhalten kann – Martin zählt bis zum Haustor acht Laternen, Martin hält bis zur Wohnungstür den Atem an, und Carola ist zuhause.

Carola ist zuhause, aber sie läßt ihm keinerlei Empfang zuteil werden. Kommt nicht ins Vorzimmer gestürzt zu turbulenter Begrüßung, schier fassungslos vor Freude, als wäre er, längst schon totgeglaubt, nun doch vom Himalaya zurückgekehrt – so ist es nämlich die Gepflogenheit, um deren komödiantischen Überschwang sie beide lächelnd wissen (und daß er dazu dient, der echten Freude Ausmaß zu verschleiern). Carola ist zuhause und zeigt sich nicht.

Vielleicht weil sie müde ist? Oder fühlt sie sich am Ende nicht wohl? Es erleichtert ihn beinahe, seine kleine, unwürdige Enttäuschung in dieser Besorgnis aufgehen zu lassen. Vielleicht schläft sie?

Behutsam öffnet er die Tür zu ihrem Zimmer. Tatsächlich:

Carola, im matten Lichtschein der nicht verlöschten Stehlampe, liegt angekleidet auf der Couch, rücklings hingestreckt – aber sie blickt ihm wach entgegen und hebt die Hand und winkt ihm:

»Liebling«, sagt sie dazu mit einer seltsamen Stimme, überhell, und viel zu lebhaft für die Schlaffheit ihres Daliegens.

Sie ist also krank. Martin stellt das ganz ruhig fest, als hätte er sich schon seit Stunden damit vertraut gemacht. Arme Cary. Liebe, kleine, kranke Cary. Daß dir gerade jetzt sowas Dummes dazwischenkommen muß. Aber ich hab's ja gewußt. Du natürlich, du wirst jetzt gleich zu outrieren beginnen vor strahlender Gesundheit. Wird dir aber gar nichts nützen. In diesen Dingen versteh ich keinen Spaß.

»Ja Cary –!« gurgelt er möglichst sonor und vorwurfsvoll, und setzt sich in den Fauteuil zur andern Seite des Telefontischchens; da kann er besser den Gekränkten spielen, und Carola kann ruhig liegenbleiben. »Sag einmal, Cary – ist das eine Begrüßung für einen heimgekehrten Himalayaforscher?«

»Liebling«, sagt Carola. Und nochmals, ganz leise: »Liebling.«

Martin schluckt. Und es kostet ihn bittere Mühe, sich jetzt rasch etwas Bärbeißiges zurechtzudenken. Verflucht! denkt er endlich, verflucht und zu dumm, daß das Telefon in ihrem Zimmer steht! Wie soll ich da den Arzt anrufen?

»Hat die Probe sehr lang gedauert? Wann bist du denn nachhaus gekommen?« Nur hübsch langsam, und nur nichts Direktes fragen.

»Vor einer halben Stunde vielleicht. Das Taxi hat einen Riesenumweg machen müssen.«

»Bei den Riesen gibt's keine Umwege, Cary. Und jetzt erzähl, wie die Probe war.«

»Liebling«, sagt Carola aufs neue und singt es nun schon fast zu ihm hinauf. »Mein Geliebter. Mein Mann.« Und hebt die Arme ihm entgegen, daß die Ärmel zurückgleiten und daß es rührende Kinderarme sind.

Wie aber Martin neben der Couch sich hinkniet und seinen Kopf an ihre Schulter schmiegt, kommt er mit dem Schlucken nicht mehr ganz zurecht, und es entwischt ihm nun also doch: »Müde –?«

»Mhm.« Carola nickt, sie hält seinen Kopf fest an sich gepreßt – das muß ihr doch wehtun! denkt Martin erschrocken und beginnt sich vorsichtig loszulösen und richtet sich auf: »Sehr müde?« fragt er mit strengem Zeigefinger. »Furchtbar müde?«

»Sehr und furchtbar. Ich lieb dich.«

»Ausgezeichnet. Müde Hauptdarstellerinnen mag ich besonders. Bei der Premiere hab ich sie am liebsten ohnmächtig. Vorher infolge Aufregung, nachher infolge Erschöpfung.« Und wie er sich nun von neuem an sie schmiegt, überkommt ihn die Wehmut auf eine fast schon friedliche, fast schon befreiende Art, so daß er tief und ohne Hemmnis ein- und ausatmen kann. Es ist gut. Der Traum von der Premiere ist vorüber, und es ist gut. Ich will mich jetzt ein wenig neben ihrem Kopf zurechtbetten, ein wenig so liegenbleiben, atmen und ihren Atem spüren. Und dann nachdenken, wie ich sie am besten aus dem Zimmer hinauslocken und den Doktor anrufen könnte. Aber sie darf gar nichts merken. »Wirklich, Cary. Ich bin eigentlich froh, daß du müde bist.« Er spricht sehr leise, und in die Dämmerbucht an ihrer Schulter hinein. »Wir werden einen großen Erfolg haben.«

»Ja«, sagt Carola. »Und noch etwas. Das weißt du noch garnicht.«

»Was denn?«

»Ein Kind.« Glasdünn und klingend steht ihre Stimme über ihnen still. »Martin – wir werden ein Kind haben. Ein kleines Kind. Ein Baby. Oh Martin –« Und preßt ihn an sich in feierlicher Kraft und Übermächtigung – die aber jählings innehält und zu unendlicher Zartheit erschauert: als wäre, den sie da an sich preßt, als wäre er selbst schon das Kind.

Er ist es ja auch. Er war es ja immer. Nun trat es eben zutage aus dem brunnendunklen Geheimnis ihrer Durchdringung und Verwechslung. Oh Frau und Geliebte, oh Mutter und Braut. Brunnendunkel, und schon von obenher durchdämmert, wie an deiner Schulter die Bucht. Kühl und feucht, warm und feucht, vielleicht von Tränen feucht, deine Tränen und meine, Kindertränen, die letzten Tränen unsrer eignen Kinderzeit, die nächsten weint schon unser Kind, jetzt will ich aber noch liegenbleiben und will sie selber weinen –

Das erste, was Martin dann wieder denken konnte – zum Sprechen brauchte es noch längere Weile –, geriet ihm ziemlich durcheinander und stand erst nur zur Hälfte unter seiner Kontrolle: Oh ich Schwein! dachte er inbrünstig, ich letztklassiges Schwein! Da hab ich mir schon den Kopf zerbrochen, wie ich den Doktor anrufen könnte – als ob das wirklich meine größte Sorge gewesen wäre. Ich Schwein. Todunglücklich wäre ich gewesen, wenn man die Premiere verschoben hätte, todunglücklich! Und jetzt bin ich glücklich. Ich Schwein.

»Warum bist du plötzlich so stumm geworden, Martin?« Geworden, hm. Da muß ich ja vorher – hm. Und jetzt – ich Schwein. Arme ahnungslose Cary! Wenn du wüßtest –

»Weil ich ein Schwein bin, Cary.«

»Weil du glücklich bist.«

Um Gottes willen – sie ist ja gar nicht so ahnungslos?! Oder doch. Sie lächelt. Oh Cary.

»Ja, weil ich glücklich bin. Nein, nicht so – deshalb bin ich nämlich ein Schwein. Verstehst du wieder nicht. Ein glückliches Schwein, damit du's weißt. Ein Glücksschwein. Wenn du brav bist, kriegst du mich zu Sylvester geschenkt. Was machen wir zu Sylvester, Cary? Du hast gar keine Einteilung!«

»Selber Einteilung! Zu Sylvester heiraten wir, und noch vor der Premiere haben wir ein Baby. Stimmt's?«

»Stimmt. Wenn es ein Mädel ist, dann heißt er Julius. Weil wir uns im März kennengelernt haben.«

»Herr Vorsitzender!« wimmert Carola und stützt sich mühsam hoch. »Ich beschwöre Sie: verschonen Sie mich mit diesen Fangfragen!« Dann läßt sie sich zurückplumpsen und kehrt sich halb zur Wand. »Nein wirklich, Martin. Das darfst du heute mit mir nicht machen.«

»Bist du denn noch so müde?«

»Gar nicht mehr so. Viel mehr.«

»Jetzt hast aber du angefangen! Ich verbiete dir in meiner Eigenschaft als Gatte und Großvater –«

»Im Ernst, Martin.« Sie wendet ihm wieder ihr Gesicht zu, es ist ein süßes, himmelbleiches Gesicht, in eine selige Mattigkeit entspannt, und die braunen Augenmandeln blinzeln schon um ein deutliches schmaler. »Jetzt ist es doch ganz gut, daß wir noch vor der Premiere heiraten.«

»Sehr gut sogar. Und jetzt wirst du schlafen geschickt.«

»Ich will aber gar nicht schlafen.«

»Bitte, Cary. Du kannst doch kaum die Augen offenhalten.«

»Gut, dann mach ich sie zu. Aber schlafen will ich nicht. Ich will reden, Martin. Reden, reden –«

Das hatte sie schon geflüstert, und schon mit geschlossenen Augen, mit leicht im Nacken zurückgebeugtem Kopf, daß sich das matte Ebenmaß ihres Gesichts ein wenig aufwärts hob, aus dem Lichtkegel der großen Stehlampe hinaus, und Martin drückte den Schirm noch tiefer zurecht. Nun war es ganz ruhig und abgedunkelt um Carolas Antlitz, und um Martin auch, und um sie beide.

»Also, Martin. Reden wir. Erzähl mir, wie alles sein wird.« Wie alles sein wird – oh Cary, Geliebte. Es wird so herrlich sein, daß ich gar nicht weiß wo ich anfangen soll –

Wirklich, er wußte es nicht. Und es kam dann auch nicht mehr dazu. Nicht daß er's wußte, nicht daß er's sagte, nicht daß es wurde.

»Es wird herrlich sein, Cary« – dies war ihm noch zu sagen verstattet, so durfte er noch anheben. Er tat es mit geheimnisvoll gedämpfter Stimme, daß es fast wie ein Märchen klang – nur begann es eben nicht mit »Es war einmal«, das Märchen, sondern mit »Es wird einmal sein.« Und war doch schon in diesem Augenblick ein Märchen ganz und gar, hieß schon in diesem Augenblick »Es war einmal« – ein Märchen aus lang vergangener Zeit, es war einmal, und wer weiß ob es je wieder sein wird.

»Es wird herrlich sein, Cary«, hatte er noch gesagt. Und hatte noch, als gehörte dies wirklich zum Anbeginn der Herrlichkeit, die er jetzt ausmalen wollte – hatte mit der gleichen geheimnisvoll gedämpften Stimme noch fortgesetzt: »Zuallererst, weißt du, lassen wir uns einen Zauberschlüssel machen, mit dem man das Telefon abstellen kann!« – denn in diesem Augenblick gerade hatte es zu läuten begonnen, und läutete ein zweites und drittes Mal ohne daß Martin abhob, er traf auch keinerlei Anstalten dazu, ja er behielt sogar seine Stimme bei als er fortfuhr: »Solange wir aber diesen Zauberschlüssel nicht haben –« (und er drückte Carola sanft auf die Couch zurück, nach dem vierten Läuten jetzt) »– solange müssen wir uns eben mit einem andern Zauberkunststück behelfen – es ist eines der ältesten, die es gibt und es gelingt fast immer – siehst du?«

Der Apparat war verstummt.

»Hat schon gewirkt. Hokus-pokus-eins-zwei-drei – wir sind nicht zuhause!«

Da aber schrillte ein neues Signal, und nun – Carola, in plötzlicher Nervosität, gab ihm einen kleinen Puff in die Hüfte und hatte sich schon auf- und neben ihn gesetzt – nun also mußte Martin doch den Hörer abheben.

Und hören: »Halloh Martin?«

»Ja?« Es war eine hastige, krampfhaft verhängte Stimme, die er nicht gleich erkannte.

»Gott sei Dank. Hier ist Toni. Hör zu, Martin –«

»Ja servus, Toni! Toni, wir kriegen ein Kind!«

»Laß mich reden, es ist keine Zeit jetzt. Schuschnigg hat demissioniert.«

»Eins-eins. Wir kriegen aber wirklich –«

»Halt's Maul, zum Teufel. Weißt du denn noch garnichts?«

»Nein, um Himmels willen –!«

Klang das schon so irr, daß Carola sich vorschnellen mußte und ihn anstarren und hart seinen Arm umklammern:»Was gibt's?« – und daß er nur stumm den Kopf schütteln kann und Carola an sich reißen, und hält den Hörer knapp auswärtsgekehrt – indessen Tonis Stimme schon weiterdrängt:

»Das Plebiszit ist abgesagt – Schuschnigg hat demissioniert – es ist ein deutsches Ultimatum da. Du mußt schaun, daß du verschwindest. Aber rasch, rasch. Pack deine Sachen zusammen, die wichtigsten, wir treffen uns in einer Stunde. Ich ruf dich noch an und sag dir, wo. Servus. – Halloh! Hast du verstanden?«

Es ist sekundenlang, daß Martin in die Muschel hineinglotzt – und es hätte wohl noch länger gedauert und Toni hätte noch dreimal fragen können: aber da ist Carola mit jähem Ruck aufgestanden und da schrickt Martin zusammen und sagt:

»Ja – ja – natürlich –«

»Also. Dann mach schon.«

»Toni!« schreit Martin, »Toni! Ist das wahr?«

»Es kommt gleich im Radio – ich such dich schon seit einer Stunde wie ein Wahnsinniger. Halloh, noch was. Ist die Hell bei dir?«

»Ja.«

»Sag ihr nichts, vorläufig. Ich möchte erst –«

»Sie hat es gehört. – Wo bist du denn jetzt, Toni?«

»In der Redaktion, und ich muß schon aufhören. In einer halben Stunde ruf ich wieder an.«

»Ja, Toni.« Und »Danke, Toni« sagt er noch in den Apparat, obwohl es schon abgeknackst hat sagt er's, und behält sogar den Hörer noch eine Weile in der Hand.

Aber nicht etwa sinnlos und mechanisch, mit leerem Hirn und gelähmt.

Die Lähmung ist schon vorbei, und wenn Martin noch sitzenbleibt, so tut er das nur deshalb, weil er seine rasenden Überlegungen zu Ende führen wollte – ehe er aufsteht und ins Nebenzimmer geht und noch sekundenlang einer kleinen, wehmütig süßen Rührung sich hingibt, als er Carola zwischen Wäscheschrank und Handkoffer herumhantieren sieht, zwischen seinem Wäscheschrank und seinem Handkoffer –:

Denn natürlich hat sie vor allem *ihre* Koffer zu packen aus *ihrem* Schrank.

Denn natürlich muß vor allem sie in Sicherheit sein. Sie, und das Kind.

Kleine Nachtmusik

Es war die halbe Stunde der Agonie, es waren die letzten Minuten, und sie lagen außerhalb jeglichen Ablaufs. Sie waren – wie es mitunter »Niemandsland« gibt zwischen zwei Grenzen –: Niemandszeit. Vielleicht waren sie auch, was bei menschlichem Sterben in eine letzte Sekunde sich zusammendrängt, in jene letzte Sekunde, die vor dem Auge des Sterbenden sein ganzes bisheriges Leben vorüberziehen läßt,»blitzschnell« oder »kaleidoskopartig«. Und gälte das nicht bloß für Menschenwesen, sondern für Staatswesen auch – dann müßte, als Österreich starb, wohl ein buntes und wildes Kaleidoskop entstanden sein und ein herrlicher, strahlender Blitz. Was alles von diesem Blitz erhellt ward, was alles in diesem Kaleidoskop sich aufrollte – das mag, wer danach verlangt, in der Biographie des ehrwürdigen Toten nachlesen, in der Biographie, welche »Geschichte« heißt. Und vielleicht wird uns über den vermeintlich letzten Lebensabschnitt noch sehr ungewöhnlicher Aufschluß zuteil; vielleicht wird das Archiv der interessanten Fälle, da Scheintote von jener letzten Sekunde erzählen, um einen interessanten Fall vermehrt.

Bei einem sterbenden Staat braucht es freilich länger als bei einem sterbenden Menschen. Als Österreich starb, brauchte es eine halbe Stunde. Bleiern und reglos lag sie über der Stadt, sie lief nicht ab, sie lag da, fremd, verloren, der Vergangenheit nicht mehr gehörig und der Zukunft noch nicht. Planlos verirrt blinkten Signale und Geräusche durch ihre fahl verhangne Dämmerung, in jäher Leere glotzten und klafften Straßen und Plätze, Flugzettel grau wie ungeheure Mengen von Heuschreckenkadavern bedeckten das Pflaster, kein Wind bewegte sie, die Luft stand still, und gelbe Totenlichter brannten. Hin und wieder geschah noch ein letztes Zucken, kam noch ein letzter Trupp mit letztem Ruf herangezogen, streute ein letztes Werbe-Auto noch seine letzten papiernen Bündel um sich, erklangen aus unsichtbarem Schlund die letzten Parolen … dann war auch das Allerletzte schon hineingestorben in die Stille, verschluckt von ihr und begraben, versunken tief und tot in dieser halben Stunde, die da abge-

blockt lag zwischen Nichtmehr und Nochnicht, in einem rätselhaften, un-
heimlichen Stillstand –

– bis sie krachend aus der Zeit hervorbrach, und krachend brach die
Zeit dann los, brach über die Stadt herein und war eine andre Zeit:
Unterm rasenden Zugriff ihrer entfesselten Faust bäumte die Stadt sich
auf, flammten Signale und Geräusche durch höllisch erleuchtetes Dunkel,
in jäher Fülle strotzten und barsten Straßen und Plätze, von massigem
Tritt gefegt raschelten die Flugzettel, Wind heulte, und großes Geschrei er-
schütterte die Luft, durch welche der Schall sich geschwinde bewegt, ach
geschwinde, längst im Äther verweht waren die letzten Worte des letzten
österreichischen Kanzlers – aber noch immer jetzt und schon wieder, vom
gleichen Radiosender, indessen die ersten Pyramiden-Autos die Stadt
durchsausten, Hakenkreuzwimpel zuoberst; indessen die ersten Kolon-
nen loszutrampeln begannen, Hakenkreuzfahne voran; indessen tobsüch-
tige Meute an den alten Emblemen sich gütlich tat und Wachleute
schmunzelnd es sahen, Hakenkreuzbinden am Arm; indessen ringsum
besinnungslos das heisere Männergebrüll mit dem gellen Gekreisch der
Weiber sich mischte zu scheußlich orgastischem Zusammenklang –: tön-
te vom gleichen Radiosender die »Kleine Nachtmusik« von Wolfgang
Amadeus Mozart durch die gleiche Luft, und wer da irgendwo gerade seinen Apparat auf diese Welle eingestellt hatte, der durfte wahrhaftig glauben, daß in Wien Mozarts »Kleine Nachtmusik« gespielt wurde.

Um halb neun Uhr verließen Martin und Carola ihre Wohnung in der
Eroicagasse. Kurz zuvor hatte Toni Drexler angerufen, diesmal schon ganz
ruhig, gab den Treffpunkt an und die Zeit: zwischen neun und halb zehn
in dem kleinen Kaffeehaus nahe beim Josefstädter Theater. (Mit guter Absicht war eine uninteressante Gegend gewählt, die sich sowohl von Döbling wie vom Fleischmarkt auf vielfachen Wegen erreichen ließ.)
Martin trägt die beiden Handkoffer, schwungvoll und leicht, überhaupt
ist er leichten und frohen Muts, er möchte am liebsten pfeifen. Jetzt sind
sie also richtig da, die Nazi! stellt er fest. Jetzt wären wir so weit! Na fein. –
Und es erfüllt ihn geradezu mit Genugtuung, daß er es also so weit gebracht hat.
Eroicagasse und Pfarrplatz bieten sich leer und friedlich dar, nicht anders als sonst. Allerdings: wenn man soeben fünf verschiedene Taxistand-

plätze vergebens angerufen hat, dann ist man leicht geneigt, diese Leere als eine ungewöhnliche und verdächtige zu empfinden, eher an »ausgestorben« zu denken als an »friedlich«. Und das tut Martin denn auch, und sagt, obenhin und heiter:

»Mir scheint, die SA-Standarte Döbling ist komplett ausgerückt! Die haben's aber eilig!«

Carola gibt keine Antwort. Sie geht mit sonderbar kleinen, energischen Schritten neben ihm her, die gar nicht recht zu ihr passen, es sind zornige Schritte, und sie geht nicht sondern sie stapft. Und sie gibt keine Antwort.

»Wie –?« Martin legt den Kopf schief. »Hast du was gesagt?«

»Nein«, macht Carola. »Du?«

»Ich auch nicht, bitte.« Seine Stimme klingt auf vorbildliche Weise kleinlaut, und damit entlockt er Carola endlich ein Lächeln. »Na siehst du«, belobt er sie hiefür. »Und weil du brav warst, kriegen wir auch schon ein Taxi. – Halloh, Herr Automobil! Ja, Sie!«

Das Taxi hält, der Chauffeur steigt ab, öffnet den Schlag, beginnt die Koffer zu verstauen.

Da schau her! denkt Martin und wiegt den Kopf. Es ist ja gar nicht so arg. Man behandelt mich ja noch ganz höflich.

Denn in der Tat: so weit und bis ins kleinste reicht die völlige Umstellung, die sich in Martins Denk- und Betrachtungsweise mittlerweile vollzogen hat; er ist in der Tat ein wenig überrascht, daß er die Folgen der neuen Lage nicht sofort zu merken und zu spüren bekommt; daß also der Chauffeur zum Beispiel kein Hakenkreuz trägt und sich nicht weigert, einen Saujuden als Fahrgast zu nehmen; ja wenn es restlos korrekt zuginge, müßte er ihn sogar der nächsten SA-Kaserne einliefern.

Dem Chauffeur jedoch, ganz offenbar, liegt solcherlei völlig fern. Er hat die Koffer sorgfältig untergebracht, nun wendet er sein Gesicht (von dem in der Halbdunkelheit nur der mächtige Schnauzbart zu sehen ist), fragt freundlich nach dem Ziel, bestätigt es mit kräftigem »Jawohl bitte!«, und fährt los.

Bis zur Gürtel-Linie geht die Fahrt glatt vonstatten. Ein paar vereinzelte Gruppen, in eiliger Bewegung, künden vom Losbruch der neuen Zeit, sonst nichts. Was sollte denn auch in Döbling groß zu sehen sein.

Unvermittelt hinter den Gürtel-Viadukten ändert sich das Bild: Licht und Lärm, der noch durch die geschlossenen Wagenfenster hörbar wird,

Menschen in wirrer Menge, Gruppen und Züge aus allen Richtungen, von rechts gar einer mit Fackeln, es grölt und strömt ineinander, nur in kleinen Rucken kommt das Auto vorwärts, hat endlich doch den schlimmsten Wirbel durchquert, gerät auf der Nußdorferstraße wieder in rascheres Tempo – und ist plötzlich von zwei Motorrädern flankiert – rechts und links je eines.

Ungläubig zwinkert Martin, weil da nun gar so Vorstellungsgemäßes sich begeben soll – gar so abenteuerlich Vorstellungsgemäßes – das kann doch wohl nicht sein – das wäre ja – nein, wirklich: es sind zwei SA-Leute auf zwei Motorrädern, sie halten genau die gleiche Höhe und die gleiche Schnelligkeit, sie werfen keinen Blick ins Innere des Wagens: als gedächten sie noch rechtzeitig zu erfahren, wer da also drinsitzt, als wären sie ihrer Beute vollkommen sicher. Sie haben den Wagen in die Mitte genommen und werden ihn so begleiten bis ans Ziel. Und was dann –? Martin, bevor er sich darüber klar zu werden versucht, schielt kurz nach Carola hin. Hat sie etwas bemerkt? Weiß sie, was es bedeuten soll?

Carola sitzt unbewegt schräg in ihre Ecke gelehnt, ein wenig zusammengesunken, den Blick in ihren Schoß.

Wie Martin sie aber so dasitzen sieht, den Blick in ihren Schoß, hat er alles, alles andre vergessen, es verschwimmt und verschwindet ihm vor diesem Anblick und Gedanken, es ist nichts mehr da als sie und ihr Schoß, der mütterliche, nichts mehr da als sie und das Kind – und er wüßte nur eines so gern: ob auch Carola jetzt an das Gleiche denkt, an Schoß und Kind, wie er.

Sein Blick, nun ohne Hemmung schon, wandert an ihr entlang, vom bleich ins Dunkle geneigten Gesicht hinab und wieder zurück, ein voller, sehnsüchtiger Blick. Fast glaubt er den Duft und Atem ihres Körpers zu spüren aus dem Dunkel hervor, wie sonst wenn im Dunkel sein Blick sie umfing, aus großer Nähe und aus einer andern, wachen Welt. Fast glaubt er eine leise, verschlafene Bewegung ihres Kopfes wahrzunehmen, fast glaubt er, daß sie schläft. Und möchte sich behutsam an sie heranregen und sie zurechtbetten, denn sicherlich: so kann sie nicht gut schlafen, sie liegt nicht bequem genug, vielleicht ist ihr kalt und sie weiß es bloß nicht, aber dann, mitten im Schlaf, mitten im Traum, wird plötzlich ein kühler Hauch sie überfrösteln und sie wird zusammenschauern und aufwachen … zusammenschauern und aufwachen. Woran denkt sie jetzt, Carola? An

Schoß und Kind? an die zwei Uniformierten draußen auf den Motor-
rädern? an das Ende, das dies alles nehmen soll? Und was dann?
»Mach was du willst, Martin, aber ich rühr mich nicht von dir weg.
Nicht einen Schritt!«

Jetzt mag es schon eine Stunde her sein, seit Carola ihm das zum ersten
Mal gesagt hat, und bald darauf wiederholt, als letzte und einzige Entgegnung auf all seinen Zuspruch, auf all seine klaren, geduldigen Ausführ-
lichkeiten: daß es doch ganz falsch wäre, sich in solchen Vorsatz zu verren-
nen; daß sie doch kühlen Kopf bewahren müßten, beide, und auf alles gefaßt sein – dann nämlich, und nur dann, würde wohl gar nichts geschehn
und würde wohl alles gut ablaufen – mit Gewalt und Eigensinn aber wäre
weder ihr noch ihm geholfen – und sie wollte ihm doch hoffentlich helfen,
nicht wahr, helfen und nicht ihn behindern – na also, dann sollte sie ihn
nur machen lassen –: ja, bitte, mach was du willst, aber ich rühr mich keinen Schritt von dir weg.

Er hat da noch etwas erwidern wollen, etwas wie: gegen eine Über-
macht hat man nicht heldenhaft zu sein, sondern geschickt! oder dergleichen – aber das wäre ja wieder nur vernünftig gewesen, und Vernunft, so
viel stand fest, hatte bei Carola bis auf weiteres ausgespielt. Die Türken waren da, die Janitscharen, die Mongolen – was wollte man ihr jetzt noch erzählen? worauf wollte man sie jetzt noch vorbereiten? was hat es für einen
Sinn, jetzt noch auf irgendetwas »gefaßt« zu sein?

Vielleicht hat es wirklich keinen Sinn, denkt Martin achselzuckend und
in fremder Müdigkeit. Es hilft ja doch nichts. Die beiden Motorräder flan-
kieren das Auto immer noch von beiden Seiten. Jetzt muß es wieder langsamer fahren, vielleicht wird es auch anhalten müssen, jetzt schon –

»Cary!« flüstert er, und sein Blick irrt ab und wieder durchs Fenster
hinaus. »Cary –«

»Hm?« Sie schaut auf, wendet den Kopf, um seinem Blick zu folgen –
und macht eine Handbewegung von so unsagbarer und endgültiger Geringschätzung, daß Martin beinahe auflachen muß. »*Die* meinst du –?«
fragt sie, wie zur Sicherheit, und lehnt sich dann richtig gelangweilt in ihre
Ecke zurück.

»Ich *hab* sie gemeint. Und –« Er spricht nicht weiter. Er schämt sich. Er
hat sich noch nie so geschämt wie jetzt, und er war noch nie so glücklich.
Weil Carola recht hat. Weil eine einzige Handbewegung Carolas mehr gilt,

mehr zustandebringt, mehr wert ist als alles was er sich irgend zurechtdenken könnte. Weil Carola recht hat. Und ganz bestimmt hat sie auch recht mit ihrem starren Vorsatz, sich keinen Schritt von ihm wegzurühren. Und da er das nun weiß, wird er auch ganz bestimmt verhindern, daß eine solche Möglichkeit sich überhaupt ergibt. Es ist gar nicht wahr, daß man auf alles gefaßt sein muß. Vielleicht kommt manches Unheil nur daher, daß man es kommen sah; nämlich: daß man sich eingebildet hat, es kommen zu sehen.

»Du hast vollkommen recht, Cary.«

»Natürlich hab ich recht.« So prompt und selbstverständlich war das gesagt, als hätte sie seine Gedanken mitverfolgt. »Wenn du's nur einsiehst!« Und sie nickt ihm aus ihrer Ecke aufmunternd zu.

Kind! denkt sie dabei, Kind – aber sie meint nicht das Kind, das sie trägt, ihn meint sie, den Mann, der ihr mit diesem Kind viel heftiger eins ist als sie es ahnte; den Mann, ohne den sie das Kind nicht zu denken vermag, das Kind nicht, sich selbst nicht, das Leben nicht, und nichts. Beinahe erschrickt sie vor ihrer eisigen Entschlossenheit, um nichts in der Welt auf diesen Mann zu verzichten, aber auf alles zu verzichten für ihn, auf alles – wenn es anginge: auch auf das Kind. Und beinahe graut ihr vor der nüchternen Entscheidung, in die sie sich – als Martin um das Kind so sehr besorgt war – zurückgezogen und verschlossen hatte: ein Kind kann ich von dir wieder haben, aber von keinem Kind wieder dich! Sie hat es nicht ausgesprochen, aus Furcht daß er es nicht begriffe und ertrüge; daß er sie anstarren würde fassungslos und vielleicht weggehen von ihr. Sie hat es nicht ausgesprochen. Dennoch ist es so und sie fühlt es so, und hat sich ratlos gefragt, ob eine Mutter denn so fühlen dürfe? ob sie denn Mutter werden könne je im Leben, da sie so fühlt? ob sie nicht schlecht sei und elend, viel zu elend um Mutter zu sein und wer weiß: Geliebte und Frau? denn wer weiß wie sehr sie ihn nun schon liebt um des Kindes willen – hat sich wirr und ratlos nach dem allen gefragt, und hat keine Antwort gefunden als immer die eine: ich liebe ihn, ich liebe ihn. Ach, es ist anders nun, ganz anders als sie es jemals bedacht und befürchtet hat, die Türken sind da, die Janitscharen, die Mongolen – und es ist kein Albtraum der nun wahr geworden wäre, es ist nichts wovon sie schon etwas verspürt hätte, keine schon erfahrene Bedrohung, keine schon vorgestellte Wirklichkeit, es hat nichts mit Nazi zu tun und mit dem Bewußtsein was da nun vorgeht, sie hat dieses Bewußtsein nicht, sie hat nur das eine: ich liebe ihn! und nur die eine Angst: ich könnte ihn verlieren! Und vermag dem allen nur mit dem einen Entschluß beizukommen: daß sie sich nicht von seiner Seite rühren wird, nicht einen Schritt. Weil sie ihn sonst verlieren könnte. Verlieren, wirklich, im unfaßbar fremden Gewühl, verlieren, wahrhaftig, wie man ein Kind verliert, Kind! denkt sie, Kind – und ahnt nicht wie sehr sie es selber ist, wie sehr und hilflos sie selbst, die Mutter, die Frau, die Geliebte.

»Wenn du nur einsiehst, daß ich recht hab!« sagt sie noch einmal, und mußte sich aber vorher räuspern, damit es nachdrücklicher klänge.

»Du hast *immer* recht«, sagt Martin überzeugt und hat auch gar nicht schlucken müssen. »Ich hingegen hab meinen Rasierpinsel vergessen. Es ist also eine ganz normale Abreise.«

Er lächelt vor sich hin, und freilich: es gerät ein wenig trüb, dieses Lächeln. Es kostet ihn ein wenig Anstrengung, zu lächeln und zu schweigen; nicht einmal im Scherz den Ansatz fortzuspinnen, was alles an dieser Abreise nicht »normal« ist. Aber es hat sich nun schon, stillschweigend desgleichen, die Übereinkunft solchen Schweigens ergeben, und Martin wird jetzt so wenig von seiner Premiere sprechen wie Carola von ihrer Mutter, Martin so wenig von seinen Büchern wie Carola von ihren Kleidern, Martin so wenig wie Carola von all dem vielen, vielen, das da zusammenstürzt rätselhaft warum, das da zurückbleibt ungewiß wie lange – vielleicht, weil es doch ungewiß ist, vielleicht also gar nicht so lange. Vielleicht wird die alte Dame bald nachkommen können, wenn sich erst klärt woran man ist, oder vielleicht klärt es sich dahin, daß sie dann gar nicht mehr nachkommen will. Vielleicht wird sehr bald und noch in dieser Saison die »Träumerin« in Prag oder in Zürich aufgeführt werden, mit Carola Hell in der Titelrolle, und in Anwesenheit des Autors, eine ganz normale Uraufführung. Und Bücher und Kleider kann man nachschicken, und heiraten kann man überall, und die amerikanischen Visa sind ohnehin schon gesichert, und dies und jenes kann man vom Ausland aus regeln, dies und jenes an Ort und Stelle regeln lassen – es wird viel zu besprechen geben mit Toni Drexler, aber dazu ist er ja da und dazu treffen sie einander ja zwei Stunden vor Abgang des Zugs, und am Ende wird alles nur halb so schlimm sein, am Ende gar alles gut, oder vielleicht noch viel besser. Dergleichen soll sich ja mitunter schon ereignet haben. Die Anzahl derer, denen Herr Hitler auf solche Art noch einen Dienst erwiesen hat, ist zwar verschwindend gering, aber es gibt sie, das läßt sich nicht leugnen; und wenn ihrer nur ein Dutzend wäre, so wären es immer noch um zwölf mehr, als ihm, Herrn Hitler, recht sein kann. Das ist immerhin ein erfreulicher Gedanke.

»Na? Was sagst du jetzt?« fragt plötzlich Carola und deutet zum Fenster hinaus.

Martin blickt durch die Glasscheiben, er weiß nicht recht was es da zu sehen gäbe, es ist eine schmale, halbdunkle Gasse, durch die sie fahren –

»Weg«, sagt Carola. »Beide.«

Richtig ja: die Motorradfahrer! Die sind also weg. Und das also, Martin erinnert sich vage, war dieses Schlenkern vorhin, diese vielen scharfen Kurven: da hat der Chauffeur, im raschen Ein- und Ausbiegen durch das winkelige Gewirr der Seitengassen, die beiden abgeschüttelt.

»Weg –«, sagt nun auch Martin, ein wenig blöde sagt er es vor sich hin – und dann beschließt er, sich keinen Zwang anzutun. und atmet tief, tief ein und aus, nun ja, es ist ein richtiges Seufzen der Erleichterung, und die Gebärde des Schweißabwischens hätte er gar nicht so übertrieben vollführen müssen: denn es stand ihm wirklich der kalte Schweiß auf der Stirn.

Ein paar Minuten später hielten sie vor dem kleinen Café.

Der Chauffeur erbot sich zu warten – Martins Mitteilung, daß es vielleicht auch eine Stunde dauern könnte, nahm er gleichmütig zur Kenntnis: dann bekäme er eben die Wartegebühr für eine Stunde. Das wäre ihm ohnehin lieber, als in dem Wirbel jetzt herumzufahren. Er parke also an der nächsten Ecke, rechts.

Ob man ihn denn eine Stunde lang so ruhig stehen ließe? fragte Martin. Ob man ihn nicht wegholen würde oder sonstwie belästigen?

»Mi?« Der mächtige Schädel des Chauffeurs reckte sich vor, und seine Schnauzbartenden sträubten sich verächtlich. »Mi?! Ja *wer* denn?! Vielleicht so zwei Rotzbuben wie vorhin auf der Nußdorferstraßen? Daß i net lach!« Und er lachte in der Tat kurz auf, ehe er es mit tiefer, langsamer Inbrunst wiederholte: »So zwei Rotzbuben –!!« Dann schob er seine Kappe zurecht, setzte sich breit an den Volant und begann unter Entwicklung heftiger Auspuffgase zu reversieren.

»Geh, schreib dir die Nummer auf, Martin!« Carola mußte ihn zweimal am Ärmel zupfen, so gebannt blickte Martin hinter dem Wagen her. Jetzt drehte er sich zu ihr, erstaunt: »Warum?«

»Wegen der Koffer, für alle Fälle.«

»Aber das ist doch nicht notwendig, bei dem!«

»Tu mir den Gefallen. Es beruhigt mich, weißt du.«

Und weder Martin, da er nun sein Notizbuch hervorzog, noch Carola, da sie sich leicht an seine Seite schmiegte – weder ihm noch ihr wurde im mindesten bewußt, wie grotesk es doch eigentlich war, aus solcher Vorsorge jetzt und hier Beruhigung zu beziehen. Tatsächlich: es sah immer mehr nach einer ganz normalen Abreise aus.

Es sah nicht mehr lange so aus.

Sie haben nach einer halben Stunde das kleine Café verlassen, nun schon zu dritt, und Martin hat alles, was zu besprechen war, mit Toni besprochen (Martin allein; Carola saß stumm und bleich daneben, kaum daß sie nickte, wenn Martin sie um irgendeine Zustimmung ansah, kaum daß sie die Achseln zuckte, als Toni sie nach irgendwelchen Aufträgen oder Wünschen fragte). Sie haben das Taxi bestiegen, das unbehelligt und mitsamt den Koffern an der Ecke stand, siehst du Cary, da hast du dir wieder einmal ganz überflüssige Sorgen gemacht – aber daß sie den Wagen hatten warten lassen, ist durchaus nicht überflüssig gewesen: in der Stadt herrschte um diese Zeit schon so wilde, fieberhafte Nachfrage nach jeder Art von Fahrzeugen, daß Toni – wohl auch zu Ablenkungs- und Zerstreuungszwecken – immer aufs neue sich begeistert zeigt über das verwegene Kunststück, ein Taxi jetzt eine halbe Stunde lang freizuhalten. Und ob der Herr Meisterchauffeur dann auch am Bahnhof warten möchte, um ihn wieder in die Stadt zurückzubringen? fragt er in einer Fahrtpause bald darauf – und wird vom Volant her prompt belehrt, daß gegen Bezahlung der Wartegebühr nichts leichter zu haben wäre als das, gleichmütig wie immer und selbstverständlich hat es der Schnauzbart gesagt, unberührt, als hätte draußen nicht abermals mit Fahnen und Gejohle Mob und Meute sich zusammengerottet (dies war auch der Anlaß der Fahrtpause jetzt), unberührt gibt er dann Gas und unberührt steuert er durch den gefährlichen Wirbel hindurch und weiter dem Ostbahnhof zu, es ist viertel elf, sie haben noch reichlich Zeit, erst um viertel zwölf geht der Zug, der Prager Schnellzug, der Prag-Berliner Schnellzug – mit dem vor undenklichen Zeiten einmal Carola abgereist ist – und es war, wenn man näher hinsieht, schon damals keine ganz normale Abreise – ja es war, wenn man noch näher hinsehen will, das Vorspiel nur und die Einleitung zu dieser hier, zu dieser ganz und gar nicht normalen.

Je näher sie dem Bahnhof kommen, desto langsamer wird die Fahrt – doch sind es nun keine Menschenkolonnen mehr – Autos stauen sich zuhauf und in Ketten – bis knapp dem Schnauzbart ein letzter Ausfall gelingt, in großem Bogen aus andrer Richtung strebt er dem Bahnhof zu, und bleibt immer noch weit genug vor der Abfahrtshalle stehn (freilich kann er hier auch gesicherter parken).

Toni, die »Nofretete« kalt zwischen den Zähnen, nickt über die Gegend hin:»Eine Autoauffahrt ... wie beim Opernball!«

Er ist eisern entschlossen, Toni Drexler, keinerlei Nervosität und womöglich keine schlechte Laune aufkommen zu lassen. Er hat diese Entschlossenheit auch schon mehrmals kundgetan, verhohlen und in der ausdrücklichen Form einer Bitte, deren Erfüllung man ihm noch als letzte Gunst gewähren möge. Und einzig bei diesen Worten ist *er* es gewesen, der sekundenlang doch Gedrücktheit verriet: denn gar so übertrieben, wie es klingen sollte, war es ja wirklich nicht; denn gar so sicher, ob hier nicht ein letzter Freundschaftsdienst sich vollzog, war ja weder Martin noch er. Er aber, Toni Drexler, will das zumindest nicht zeigen. Man müsse sich, meint er, die kurze Zeit zunutze machen, in der noch die Nazi selbst nervös und kopflos wären, man müsse sich an die groteske Seite des Schauspiels halten, an die hilflose Machtbesoffenheit der jähen Emporkömmlinge. Und spinnt den Faden von Oper und Schauspiel behaglich weiter (mit einem Behagen abermals, das auf rührende Weise pädagogisch gemeint ist, rührend wie seine Bemühung um ein Gleichnis aus vertrautem Gebiet), und ruft, als sie den Bahnhof betreten:

»Lauter Statisten! Lauter Statisten und kein Regisseur! So eine Mißwirtschaft!«

In unübersehbarem, unentwirrbarem Durcheinander bieten sich Hallen und Säle, Korridore und Verbindungsgänge dar. Zwischen ratlos Hastenden, ratlos Stehenden, ratlos sich Drängenden tauchen immer wieder, und wirklich wie aus einer andern Szene hieher verirrt, karabinerbewehrte Gestalten auf, in Gruppen zu mindestens dreien, die meisten von ihnen, Burschen und Bürschchen, haben noch keine kompletten Uniformen sondern bestenfalls Uniformteile: Breecheshosen und Wickelgamaschen, oder ein braunes Hemd, oder Schaftstiefel, oder eine Kappe. Aber Karabiner haben sie alle, und Hakenkreuzbinden um den Arm. Und obschon ihre Tätigkeit im wesentlichen aus bloßem Auf- und Ab-Patrouillieren besteht, aus wichtigtuerischem Postenfassen, aus lautem Grüßen mit erhobener Hand –: es genügt. Es erfüllt den Zweck, den sie verfolgen. Es liefert den Beweis, auf den es ihnen ankommt. Wir sind da! damit ihr's nur seht: wir sind da! (Und es macht tatsächlich den Eindruck, als wollten sie selbst sich dieses erstaunlichen Daseins vergewissern.)

»Also«, holt Toni aus und setzt geruhsam die »Nofretete« in Brand. »Dann übernehme also ich die Regie. Der Martin stellt sich um die Fahrkarten an, und ich schau mit der Hell herum, ob man irgendwo anders durchkann. Dort –« (und er deutet nach dem einen Perronzugang)» – dort ist es ja hoffnungslos.«

Vor dem Perronzugang lagert schwarz und stumm eine Menschenschlange, vollkommen reglos, nicht die allergeringsten Vorwärtsrucke werden merkbar.

»Ich möchte lieber hier warten«, sagt mit halber Stimme Carola, es sind ihre ersten Worte nach vielen, vielen Minuten.

»Aber Cary –« Martin umspannt ihren Arm. »Hier warten –. Du mußt beim Toni bleiben, Cary. Sonst gehst du mir am Ende noch verloren. Das wär' sowas –«

Und daß *du* vielleicht *mir* verlorengehn könntest, daran denkst du nicht? will Carola erwidern – aber sie schluckt es hinunter, zweidreimal schluckt sie, und sagt:

»Dann stell ich mich mit dir zusammen an.«

»Vielleicht braucht dich aber der Toni?!« Er flüstert es nah und wichtig ihr zu, wie einen geheimnisvollen Auftrag, indessen Toni sich angelegentlich mit seinem Tabaksbeutel beschäftigt. »Vielleicht will er mir durch dich eine Nachricht schicken?! Siehst du, daran hast du nicht gedacht. – Wenn ich die Karten bekomme, bevor ihr zurück seid«, setzt er dann lauter und schon für Toni hörbar hinzu, »so stell ich mich ans Ende der Schlange. – Bitte, Cary –« Und seine Stimme drängt wieder nah und leise an sie heran.

Carola hat die Lippen zusammengepreßt, jetzt lösen sie sich, stehen blutleer in ihrem bleichen Gesicht – dann nickt sie, langsam, mit starrem Blick, und wendet sich ab und geht, schlaff neben Toni einher, bald hat Martin sie endgültig aus den Augen verloren – und da überkommt ihn mit einem Mal eine würgende, pochende Bangigkeit: die beiden SA-Leute neben dem Taxi fallen ihm ein, und daß Carola rechthat, immer rechthat, und vielleicht hätte sie wirklich hier bei ihm bleiben und mit ihm sich anstellen sollen – wenn ihr nur jetzt nicht schlecht wird! denkt er (schon eingereiht in die Kette zum Schalter hin), sie war jetzt so fürchterlich blaß und sie hat sich doch schon nachmittag nicht wohl gefühlt, wenn ihr nur jetzt nicht schlecht wird ... Und ein wenig, wie nun die Kette sich immer beklemmender zusammenpreßt, ein wenig erleichtert ihn seine Besorgnis sogar: denn einem solchen Gedränge durfte Carola wahrhaftig nicht ausgesetzt werden, und es war gut, daß sie in Tonis Obhut blieb.

Die große Uhr steht jetzt genau auf dreiviertel elf. Also noch eine halbe Stunde. Vorausgesetzt, daß der Zug pünktlich abgeht – wie damals in jenen undenklichen Zeiten, als Carola noch nach Berlin fuhr – als er ihr noch nachfahren wollte – Martin lächelt: er erinnert sich der Redakteure Plohn und Winternitz, die wird er nun bald zu sehen bekommen, und »No also«, wird Winternitz sagen, »no schaun Sie! Also jetzt iebernachten Sie *doch* in Prag! Ganz scheen is da, was?« – und Martin lächelt aufs neue über die bloße Vorstellung –

»Etwas *sehr* gut aufgelegt sind Sie!« knurrt es da in verärgert jüdischem Tonfall neben ihm, ein kleiner, dicklicher Mensch stößt ihn an, mit offenem Mantel, den Hut ins Genick geschoben, die schütteren Haare darunter sind schweißverklebt.

Martin macht eine fragend erstaunte Gebärde.

»Ja, Sie!« Der Kleine wackelt erbost mit dem Kopf. »Warum Sie so gut aufgelegt sind! Vielleicht weil man die Preßburger Grenze schon gesperrt hat?!«

»Aber gehn Sie!« Martin tut überlegener als ihm zumut ist.

»Woher wissen Sie das?«

»Woher ich weiß?« Erregung und Gejüdel des Kleinen steigern sich in gleichem Maß. »Sehr gut! Woher ich weiß! Hss!« Dann, mit giftig stechendem Zeigefinger, als trüge Martin die Schuld daran: »Ich war nämlich vor einer Stunde noch dort, Herrleben! In Angern! Nix – aus – gesperrt – zurück – fertig – Schluß!« In unglaublich raschen Rucken hat er das hervorgebracht, holt tiefen Atem daraufhin, und es ist unklar, was ihm solche Erschöpfung verursacht: die ruckweise Rede jetzt, oder die überstandene Hetzjagd, von der er alsbald in gedämpfter Hast zu erzählen beginnt:

schon um neun sei die Eisenbahngrenze gesperrt worden und bald darauf auch die Autostraße, wahrscheinlich stünden die Wagen immer noch reihenweise dort, weil die meisten Flüchtlinge immer noch auf Einlaß hofften – aber seine Freunde und er hätten kurz entschlossen kehrt gemacht, jene wollten es über Znaim versuchen, er selbst mit der Bahn über Lundenburg, Gott sei Dank daß er noch zurechtgekommen ist, püh. Und er seufzt abermals erschöpft auf.

»Lachen möcht' ich, wenn Lundenburg *auch* schon gesperrt wär'!« läßt ein andrer sich dumpf vernehmen, und es klingt keineswegs so, als ob er lachen wollte. Er nicht, und niemand von den Umstehenden.

Und als ein paar Minuten später das Gerücht von einer Sperre der Lundenburger Grenze zu ihnen drang: da ahnte keiner, auch nicht der Schöpfer dieses Gerüchts, daß es hier seinen Ausgang genommen hatte. Sondern sie alle hörten es ernsthaft mit an und hielten es durchaus für möglich – wiewohl doch in den letzten Stunden gar kein Zug aus Österreich die Lundenburger Grenze passiert hatte – wiewohl sich also noch gar nicht gezeigt haben konnte, ob die Grenze dort gesperrt wäre –: sie alle glaubten es, und glaubten es doch wieder nicht. Und nahmen so auch die weiteren Schreck-enskunden entgegen, die in immer wachsender Zahl, in immer rascherer Folge auftauchten: es wären überhaupt sämtliche Grenzen gesperrt – man käme überhaupt nicht mehr aus Österreich hinaus – man käme überhaupt nur bis zur nächsten Station, dort stünde schon SA bereit, um alle jüdischen Passagiere zu verhaften – nein, schon hier, vor der Abfahrt, würden die Waggons geschlossen und von SA kontrolliert werden – nein, schon auf dem Bahnsteig draußen würden Streifen veranstaltet und Verhaftungen vorgenommen – nein – nein, schon bei der Gepäcks- und Paßrevision, der man sich diesmal schon vor dem Durchlaß auf den Perron unterziehen müsse, in einem eigenen Saal, im Gepäcksraum, im Restaurant, im Wartesaal zweiter, im Wartesaal dritter Klasse – nein, man würde schon bei der Sperre gefragt ob man Jude oder Nichtjude sei, und die Juden würden sofort ausgesondert und verhaftet – nein, schon jetzt, hier, wie sie da angestellt wären, stünde eine Razzia unmittelbar bevor, dort, diese drei, diese fünf, diese SA-Leute dort mit den Polizisten gemeinsam würden sich sogleich daranmachen –: sie glaubten es alle und glaubten es doch wieder nicht, sie wollten der Pein entgehn und wußten nicht wohin, sie waren überzeugt, daß sie da etwas Aussichtsloses unter-

nähmen, und blieben doch weiter angestellt und eingereiht und festge-
zwängt, duckten und drängten sich enger noch aneinander vor den halb-
uniformierten Patrouillen, manch einer der Männer, die da standen, war
älter als solcher Bürschchen drei zusammen, aber die trugen nun eben Karabiner und Hakenkreuzbinden, die hatten nun eben die Macht, und jene
mußten sich ducken und drängen, es war ihre einzige Möglichkeit und
ihre letzte Hoffnung, in kleinen Rucken schoben sie sich an den Schalter
heran, in qualvoll langsamen Rucken, es war bald elf, um elf Uhr fünfzehn
ging der Zug, wer weiß ob man überhaupt noch rechtzeitig die Karte bekäme, wer weiß was dann geschieht –

»Wir werden den Zug versäumen!« ruft einer sinnlos laut und reckt den
Hals hoch.

»No wenn schon!« Sein Vordermann dreht sich um, mit zuckenden
Lippen auch er, ungehemmt Stimme und Tonfall auch er. »Hast eine Mez-
zie, in *den* Zug hineinzukommen!« Und bleibt aber trotzdem stehn und
drängt zum Schalter.

»Machen Sie sich keine Deiges – Sie kommen gar nicht hinein. Wir werden schon am Perron verhaftet!« Doch rührt auch dieser jetzt sich nicht
von seinem Platz, und schwarz verbissen sie alle schieben sich weiter nach
vorn.

»Ich kann nicht mehr.« Eine Stimme keucht aus dem Rudel der Festgekeilten auf, haltlos, tonlos. »Lassen Sie mich weg. Es hat keinen Sinn.«

»Und weggehn *hat* einen Sinn?!« Das klang scharf und unwirsch, und
sollte doch beruhigend klingen, wohl auch für den Sprecher selbst, und:
»Verlieren Sie nicht die Nerven!« zischt ein zweiter und meint seine eigenen Nerven ebenso, und: »Eine größere Freude könnten Sie denen gar
nicht machen!« spricht in gekünstelter Ruhe ein dritter ihm zu, indessen
ein vierter ihn am Arm gefaßt hat – ach vergebens, es hilft doch nichts:
»Lassen Sie mich weg!« stöhnend aufs neue, und zitternde Fäuste erhoben. »Lassen Sie mich weg! Ich kann nicht mehr!«

Und hat sich losgerissen und hervorgedrängt aus dem Knäuel der ratlos
Zurückweichenden, mit verzerrtem Gesicht, macht ein paar hastige
Schritte nach rechts, bleibt stehn, kehrt um, wendet sich zur Halle hinaus,
immer schneller, ein Mann in mittlerem Alter, ein gutgekleideter Mann
von intelligentem Aussehen – kopfschüttelnd blickten einige ihm nach,
und andre senkten die Augen, und andre hatten den Vorfall gar nicht be-

merkt, hatten sich mittlerweile um zwei drei Rucke näher an den Schalter herangeschoben – und jener verschwand schon wer weiß wohin, wer weiß zu welchem Ende, er hat die Nerven verloren, er ist zusammengeklappt – und wird vielleicht der erste gewesen sein von den Hunderten und Tausenden, die in den nächsten Tagen, in den nächsten Wochen die Nerven verloren haben und zusammenklappen, der erste von den hunderten und tausenden Selbstmördern, wer weiß.

Martin hat Mühe, seine Gedanken wieder loszureißen und zu sammeln, als er endlich den Schalter verläßt. Martin, die beiden Fahrkarten in der Hand, steht da und hat den tiefen Vorhang überm Gesicht –

»Weitergehn!«

Drei Halbuniformierte stelzen vorbei, einer von ihnen fühlt sich zu forscher Ausübung seiner Befehlsgewalt verlockt. Das hat tatsächlich zur Folge, daß Martin wieder zu sich kommt. »Dankeschön«, sagt er freundlich, »ich geh schon!« Und fängt im Gehen noch die verdutzte Grimasse auf, mit der das Bürschchen hinter ihm herglotzt.

Ich geh schon, denkt er dann unablässig weiter, als hätte er Versäumtes nachzuholen. Ich geh schon, ich muß ja schon gehn, in einer Viertelstunde fahren wir ja schon. Natürlich fahren wir, warum denn nicht. Warum sollte denn die Grenze in Lundenburg gesperrt sein. So ein Unsinn. Und natürlich ist auch die Preßburger Grenze nicht gesperrt, natürlich hat sich der Kleine nur wichtigmachen wollen mit seiner Schreckensbotschaft. Alle wollen sich mit ihren Schreckensbotschaften nur wichtig machen. Das ist ihr Tribut an die Angst; ihr Versuch, sich gegen die immerhin bestehenden Möglichkeiten zu wappnen. Eine Art Vorbeugungsfluch. Ein sogenannter Kischew. Wir Juden, Meister Luttenfellner, sind ein abergläubisches Volk – so hat es doch Ferry Liebreich gesagt, vor einem halben Jahr, vor einem lächerlichen halben Jahr in Salzburg, im Café Tomaselli – ich hab das Gefühl, wir erleben das heuer zum letzten Mal – gut gut, kann schon sein: aber die Grenzen sind nicht gesperrt. Es wird allerdings eine verschärfte Grenzkontrolle geben, das allerdings, und möglicherweise auch eine Kontrolle noch hier am Perron. Aber die Grenzen sind nicht gesperrt. Lächerlich, sowas. Man müßte jedem, der mit solchen Tatarennachrichten daherkommt, sofort übers Maul fahren … Und Martin, wie er nun am Ende der Schlange anlangt, äugt kampflustig um sich: ob nicht vielleicht so ein Panikmacher schon dastünde.

Dumpf und stumpf noch immer lagert die Schlange vor dem Einlaß, sie hat sich vom Kopfende her noch nicht um das kleinste verkürzt, sie verlängert sich nur und quillt noch mehr in die Breite. Und es wird von Minute zu Minute unwahrscheinlicher, daß bis elf Uhr fünfzehn die Masse der Angestauten in den Zug gelangen könnte. Bis elf Uhr fünfzehn. Also in zehn Minuten. Vielleicht ist das so beabsichtigt – vielleicht *will* man sie gar nicht in den Zug lassen –? Dergleichen wäre dem Pack ja ohne weiters zuzutrauen: daß sie den Zug abfertigen vor den Augen der Wartenden, den Zug, den rettenden Zug. Oder vielleicht geben sie eine Minute vor der Abfahrt den Einlaß frei – und ergötzen sich dann an der panischen Eile der Fliehenden. Und man hätte womöglich noch froh zu sein, daß sie sich für keine schlimmere Quälerei entschieden haben –

Toni? Toni allein? Wo ist Carola?

Martin, in wilder Erwartung dem Herankommenden entgegengereckt, merkt erst jetzt, wie krampfhaft er sich bisher an andern Gedanken betäubt hat. Wo ist Carola? Wo ist sie?

»Wo ist sie?« Er schreit es laut über Meter hinweg.

Mit einer abdämpfenden Handbewegung winkt Toni ihn näher zu sich. »Schrei doch nicht so«, flüstert er scharf. »Es ist alles in Ordnung.« Und wischt erst den Schweiß von seiner Stirn, ehe er diese Ordnung darzustellen beginnt, knapp, hastig, leise:

Er hat sich beim Stationsvorstand als Journalist legitimiert, als arischer Journalist, und Carola als Schauspielerin, als arische Schauspielerin, die eine Gastspielverpflichtung in Prag zu erfüllen hat und unbedingt noch heute nacht abreisen muß. Das wurde ihm garantiert, und desgleichen wurden die Koffer, die Toni sämtlich als Carolas Handgepäck bezeichnet hat, bereits versorgt. Was nun ihn beträfe, Martin, so könnte es der Stationsvorstand zwar ermöglichen, daß die Kontrolle in seinem Amtszimmer durchgeführt würde, er hielte das aber wegen des damit verbundenen Aufsehens für wenig ratsam, und Martin sollte lieber versuchen, möglichst rasch die allgemeine Kontrolle zu passieren. Daß ihm dann bis zur Abfahrt nichts mehr zustieße, dafür wollte der Stationsvorstand schon Vorsorge treffen. Er sei bereit, ihnen ein Halbcoupé anzuweisen, und würde auch einen Schaffner entsprechend instruieren. Übrigens gehe der Zug keinesfalls fahrplanmäßig ab. Es wird noch eine zweite Garnitur zusammengestellt, und es ist noch Zeit genug.

»Eben«, sagt Martin. »Ich hab ja gewußt, daß die Leute nichts als Blödsinn reden.« Und weil sich das nun endgültig erwiesen hat, will ihm mit einem Mal auch alles andre selbstverständlich erscheinen – die Obsorge des Stationsvorstandes, die Erleichterungen für Carola, das Halbcoupé – schon gaukelt wieder das groteske Trugbild einer ganz normalen Abreise an ihn heran – er bedenkt gar nicht recht, was Toni Drexler da eigentlich geleistet hat, und er dankt ihm nicht einmal.

Darauf scheint Toni auch in keiner Weise erpicht zu sein.

Sondern er fragt:

»Was denn? Was für ein Blödsinn?«

»Blödsinn!« wiederholt Martin beharrlich. »Was da schon alles herumerzählt wird. Daß man die Juden gar nicht in den Zug hineinläßt – daß dann im Zug eine Razzia kommt – und solches Zeug. Sogar daß die Grenzen gesperrt sind. Blödsinn. – Die Cary ist schon eingestiegen?«

»Nein«, sagt Toni, abwesend und halb, als wäre es gar nicht so wichtig.

»Wo ist sie denn? Warum hast du sie nicht mitgebracht? So gib doch Antwort! Kann ich zu ihr? Ist ihr vielleicht nicht gut?« Immer erregter drängt er auf den wortlos Dastehenden ein.

»Wenn jetzt auch *du* noch nervös wirst –!« sagt Toni und schüttelt vorwurfsvoll den Kopf. »Sie sitzt beim Stationsvorstand, und ich hol sie gleich herunter.«

»Und –?«

»Und jetzt paß auf.« In Tonis Stimme kommt wieder die knappe, gedämpfte Hast von vorhin, als er von seinem Arrangement berichtet hat – aber diesmal ist es ein andres Arrangement, ein gänzlich andres. »Das ist leider gar kein Blödsinn, was die Leute erzählen. Man kommt wirklich nicht so glatt in den Zug, die Kontrolle ist sehr streng und willkürlich, es hat auch schon ein paar Verhaftungen gegeben.«

Toni hält jählings inne, als wollte er seinen Atem sammeln – dann preßt er schmal die Lippen aufeinander. »Und die Grenzen sind wirklich gesperrt«, holt er aus, raschrasch: »Ich hab vorhin mit der Redaktion telefoniert – von der Preßburger und von der Znaimer Strecke ist es schon bestätigt – von Hegyeshálom auch – wahrscheinlich lassen die Tschechen und die Ungarn überhaupt keine Flüchtlinge durch, nirgends. Das wäre ja nur logisch. Man wird die Leute ja nicht von der einen Station zurückschicken und zur andern hineinlassen. Du mußt also damit rechnen, daß du nicht durchkommst. Und vor allem: du mußt es unterwegs der Hell beibringen. Damit wenigstens sie durchkommt. Damit sie an der Grenze nicht hysterisch wird – sei mir nicht bös, sie schaut verdächtig danach aus. So. Und jetzt stell dich wieder hin und mach dich vorläufig nichts wissen. Erst wenn ihr im Zug sitzt!«

Damit hat Toni Drexler sich schon zum Gehen gewendet und ist schon verschwunden im wirbligen Hin und Her aus Gruppen und Knäueln und Karabinern und Helmen – und Martin müßte sich längst schon wieder der neuerlich aufgequollenen Menschenschlange eingereiht haben –: und steht doch immer noch da, ein wenig abseits und ein wenig verloren, zwei dreimal rennen Hastende in ihn hinein, stoßen ihn zur Seite, er merkt es nicht, er steht da, mit schiefgelegtem Kopf und das Gesicht hinter tiefem Vorhang wieder – logisch! denkt er, es wäre ja nur logisch! die Grenzen sind gesperrt und das wäre logisch ... aber das *ist* es ja auch! Jetzt endlich beginnt die Logik sich ins Werk zu setzen, die neue Logik der neuen Zeit – er war ja schon in Döbling darauf gefaßt, bei dem schnauzbärtigen Chauffeur – und hat sich eher gewundert, daß es damals noch nicht so weit war – jetzt also ist es so weit. Gültige Fahrkarten, von einem Juden gekauft, sind keine gültigen Fahrkarten mehr. Ein ordnungsgemäßer Reisepaß, von einem Juden vorgewiesen, berechtigt nicht mehr zum Grenzübertritt. Logisch, vollkommen logisch. Es gilt nur erst die Voraussetzung zu fassen – dann ist alles logisch und höchstens das Gegenteil verwunderlich. Die Grenzsperre ist logisch und logisch die willkürliche Kontrolle, logisch daß man sich als Arier legitimieren muß, was immer jetzt geschehen mag ist logisch, und nur was *nicht* geschähe wäre unlogisch, wäre ein Irrtum, eine Unterlassung, ein Relikt aus jener Zeit, da gültige Fahrkarten noch gegolten hatten.

Und Martin Hoffmann, seitwärts der Menschenschlange angedrückt, erwartete mit einer Sicherheit und einer Ruhe, die schon auf seine restlose Überzeugung vom logischen Ablauf der Dinge gestützt war, was nun also weiter geschehen würde.

Es geschah folgendes:

Carola kam mit Toni Drexler die Treppe herunter und auf ihn zu, er sah sie vom Gewühl verschluckt werden, sah sie neuerlich auftauchen und näherkommen, ihre Lippen standen blutleer im bleichen Gesicht und ihr Blick ging starr gradeaus – er erschrak, er winkte ihr, mußte noch zwei Mal winken ehe sie es merkte, ehe ihr Gesicht aufzuckte und purpurn übergossen war und gleich darauf noch tiefer erbleichte – er hätte am liebsten geheult, wie sie diesem Gesicht dann ein Lächeln abzwang und ihrer Stimme eine brüchige Leichtigkeit:

»Da bist du ja –!« sagte sie und es kippte ihr in der Kehle um, sodaß sie flüstern mußte:»Ich hab schon geglaubt –«, und weiter konnte sie nicht einmal mehr flüstern.

»Was denn – Cary?« Er zog sie nah an sich, hielt ihre Arme umfaßt mit beiden Händen, von beiden Seiten.»Cary – du mußt dich ein bißchen zusammennehmen – nur noch ein bißchen – Cary –«.

»Ja – jetzt!« Sie blickte auf, sie lächelte, jetzt fiel es ihr nicht mehr so schwer.»Jetzt geht's schon, weißt du. Wenn ich bei dir bin. Ich hab schon geglaubt: ich seh dich gar nicht mehr.«

»So eine dumme Cary! Warte nur, das erzähl ich deinem Kind!« Ganz ganz leise schmiegte er sich gegen ihren Leib, eine atemlose Sekunde lang. »Und jetzt sei nicht mehr nervös, es geht ja alles gut. – Wo sind die Koffer?« fragte er laut und mit besorgtem Interesse, absichtsvoll hinsteuernd zu irgendwelchen Sicherheiten, zu irgendetwas, das nach normaler Abreise aussähe.

»Die hat schon der Träger.« Toni gab wichtig Auskunft.»Vielleicht sind sie auch schon im Coupé. Ihr habt ja ein eigenes Halbcoupé. Das ist in Ordnung.«

»Na also«, bekräftigte Martin.»Na also. Und in einer halben Stunde sitzen wir schon im Zug.«

Mit behutsamer Hand hob er Carolas Gesicht sich zu, es hatte schon wieder ein wenig Farbe bekommen, auch ihre Augen lebten auf, die großen, braunen Augen, sie lächelten noch nicht, aber sie lebten – das muß sie schlimme Aufregung gekostet haben, dachte er reuevoll. Diese Minuten da oben allein, schlimme und abergläubische Aufregung, ich rühr mich keinen Schritt von dir weg – nun hast du dich doch von mir weggerührt, Geliebte, und bist nun doch wieder da, Geliebte, bei mir, Geliebte, und nun ist es viel besser noch: weil mir nichts geschehn ist und alles gut, in einer halben Stunde sitzen wir im Zug –

»Siehst du: es geht schon los!« Er zupfte sie am Ärmel, deutete nach vorn: dort war die Schlange endlich in Bewegung geraten, in unklare Bewegung noch –

»Jetzt bist du furchtbar erwachsen, Cary – ja? Jetzt spielst du einmal Frau und Mutter! Der Toni begleitet uns – und wenn ich zum Beispiel bei der Kontrolle länger aufgehalten werde als du, so läßt du dich von ihm ins Coupé bringen – da hast du für alle Fälle deine Karte – und ich komm euch dann sofort nach.«

Langsam wurde erkennbar, wie sich die Schlange bewegte – nicht vorwärts, jedenfalls – sie quoll aufs neue in die Breite – dreigeteilt in die Breite –: vom Kopfende her begannen zwei Ketten Halbuniformierter mit geschulterten Karabinern sie zu durchziehen – schon kam der eine Kordonführer nah, es ging jetzt schneller und schneller:

»Alles nach rechts! Alles nach rechts!« – heiser erregtes Kommando klang auf, dazwischen ein andres: »In der Mitte alles stehnbleiben!« – Oben ein dritter Kordon verriegelte quer den Einlaß, längsseitig der zweite war jetzt auf gleiche Höhe gelangt:

»Alles nach links da! Links! Links!« – Auflösung griff um sich und kreiselndes Gedränge, es wogte gegeneinander, brandete wieder zurück –

»Rechts! Dorthin! Nach rechts!« – das galt nun eindeutig ihnen dreien, vorne aus ihrer Reihe stoben vereinzelt Gestalten hervor, steuerten wild drauflos in die angegebene Richtung, stockten mit einem Mal – bis neues Kommando sie weitertrieb, dem Saaleingang zu, vor dem mit Helmen und Karabinern eine neue Sperre sich aufgepflanzt hatte –: die entscheidende offenbar, schon sah man auch wie sich das abspielte, schon verschwanden die ersten der Angelangten durch die Saaltüre, schon wurden andre auf den Perron hinausgedrängt, sehr schnell ging das alles nun, sehr schnell –

»Vor falschen Angaben wird gewarnt!« Da war nun die heisere Stimme von vorhin dicht neben Martins Ohr – doch hätte Martin dieser Warnung gar nicht bedurft, es kam ihm gar nicht in den Sinn, eine falsche Angabe zu machen – vielleicht, wenn es ihm nur in den Sinn gekommen wäre, vielleicht hätte er dann eine falsche Angabe gemacht – oder sie dann erst recht nicht gemacht – aber es kam ihm gar nicht in den Sinn, und er antwortete auf die Frage, mit der ihn der eine der bei den vorgeschobenen Posten empfing, auf die Frage:

»Arier?«

»Nein.«

»Zur Kontrolle!«

Dann hielt er inne, blickte sich um, Carola stand hinter ihm und Toni –

»Zur Kontrolle dahinein!«

Carola stand hinter ihm und ihr Gesicht war so kalkbleich, daß noch die blutleeren Lippen darin wie rote Male brannten –

»Vorwärts! Was ist denn?!«

»Ich bin auch keine Arierin.«

Carolas leise Stimme hinter ihm, Carolas zitternde Stimme, und kalkbleich ihr vorgerecktes Gesicht –

»*Was* wollen S' –?!«

»Ich bin auch keine Arierin.«

Ganz genau wie zuvor, starr genau so, um keine leiseste Regung anders, tödlich starr –

»Was –?«

Für einen Augenblick stockte die Zeit: für den mißtrauisch forschenden Blick aus den helmüberdunkelten Augen des Postens –

»Keine falschen Angaben!« – das klang noch ein wenig unsicher – aber dann:

»Keine Witze!!«, und das war schon so wütend gebrüllt, daß lüstern zwei andre Karabiner herzusprangen –

»Einen Augenblick!« Da drängte Toni sich ein, griff in die Tasche, um seine Karte zu ziehen. »Ich bin arischer Journalist, und –«

»Interessiert uns nicht«, schnarrte der eine Herzugesprungene. »Bitte nach links hinaus.«

»Aber ich möchte –« setzte Toni abermals an, und:

»Cary, das ist doch nur die Kontrolle!« hatte Martin schon hastig dazwischengeflüstert, und sah sie noch immer so stehn wie zuvor, grellrote Lippen im bleichen Gesicht, und dachte noch: so sieht sie doch gar nicht aus! und:

»Ich verbitte mir das!« schrie Toni jetzt drüber hinweg den zweiten Karabiner an, der ihn am Arm gepackt hielt. »Man wird doch vielleicht –«

»Halten S' die Goschen!« Mit ruhiger, mit beängstigend ruhiger Stimme. »Und wann S' ein Arier sind, dann schaun S' daß S' weiterkommen!« Und ließ ihn los, nach einem Wink zum nächsten hin, und wandte – indessen schon andre und neue herbeigedrängt kamen – zu den beiden Posten sich um:

»Weiter, weiter! Was sind denn das für G'schichten mit dem Juden da? Vorwärts!«

Der Höllenreigen

Verwandlung

Es ist nicht wahr. Augenblick –? Nein, nichts. Es ist nicht wahr.

Jählings aus einem harten, fremden Schlaf hat Martin Hoffmann sich hochgerissen – draußen schien es ihm gräßlich und verworren nach Lärm zu klingen, nah, näher, immer näher – nach gierigem, lechzendem Lärm – aber nein, da war nichts – nun hat er gehorcht und da war nichts: Licht fiel durchs Fenster, milchiges Morgenlicht und Stille, denn Morgenlicht ist milchig, die Eroicagasse ist still, und er ließ sich zurücksinken, mit geschlossenen Augen wieder. Es ist nicht wahr.

Langsam, langsam. Man muß langsam zu unterscheiden beginnen, was dennoch wahr sein könnte. Langsam, sonst gerät wieder alles durcheinander. Langsam, und die Augen nicht öffnen. Langsam, und nicht etwa »der Reihe nach«, weil es ja eine solche »Reihe« gar nicht gibt, weil es ja gar nicht wahr ist – immerhin könnte dies und jenes, an und für sich –

Carola. Carola zum Beispiel ist nicht da, soviel steht fest oder wäre doch sehr leicht möglich, ich weiß es noch nicht genau, ich schau dann gleich nach – zunächst einmal nehmen wir an, daß Carola nicht da ist. Jedenfalls ist sie nicht mit mir nachhause gekommen, ich hab sie verloren, am Bahnhof, im Gedränge, in einem ganz plötzlichen Gedränge, man hat mich – nein nein, so genau wollen wir das gar nicht wissen, so genau läßt sich das vorläufig auch gar nicht feststellen – wir sind da irgendwie auseinandergeraten und sie ist dann wahrscheinlich allein weggefahren – ich hab dann irgendwie den Zug versäumt und ein andrer ging nicht mehr ab, und kurzum: Carola ist nicht da.

Und? Was weiter? Nichts weiter. Warum sollte Carola denn da sein. Natürlich ist sie nicht da. Es steht zwar noch keineswegs fest und ich muß zwar erst nachschaun – aber angenommen, *daß* sie nicht da ist: so hätte das weiter nichts zu bedeuten. Sie war schon sehr oft nicht da. Und jetzt ist sie eben wieder einmal nicht da.

Das also, zum Beispiel, wäre immerhin möglich. Daß Carola nicht da ist, könnte immerhin wahr sein.

Hingegen ist es doch wohl ausgeschlossen, daß – nein, also das nicht. Das zum Beispiel nicht. Die Hakenkreuzfahne am Parlament, die Haken- kreuzfahne am Rathaus, der Rathausplatz umbenannt in Adolf-Hitler- Platz – nein, das denn doch nicht. Das wäre allzu plump erfunden, das wäre die überkomplette Verwirklichung eines Albtraumes, das gibt's ja gar nicht. Die Hakenkreuzfahne am Ballhaus-Palais, und ein völlig Unbe- kannter verliest vom Balkon herunter eine neue Regierungsliste, eine na- tionalsozialistische Regierungsliste – und unten stehen sie Kopf an Kopf und Hakenkreuz an Hakenkreuz, heben die Hände zum Hitlergruß, brül- len Heil! grölen Heil! heulen Heil! brüllen grölen heulen – das also, zum Beispiel, das kann also unmöglich wahr sein.

Aber Carola ist nicht da. Das schon. Natürlich. Sie *darf* gar nicht da sein. Sie hat weg zu sein, weggefahren, gestern nacht, mit dem Prager Schnell- zug. Daß ich für meine Person zu spät gekommen bin, wird schon einen Grund haben.

Freilich – *so* weit geht das wieder nicht. Das wäre ja der blanke Irrsinn. Warum sollte man plötzlich, aus einem großen Saal, von der Paß- und Ge- päckskontrolle weg – warum sollte man da plötzlich zwanzig oder dreißig Leute, beliebige Leute, die gerade zunächststehenden – warum sollte man sie plötzlich zusammenreihen und hinausführen und in ein Polizei-Auto verladen und aufs Kommissariat bringen, auf ein völlig unbekanntes Kommissariat in einer völlig fremden Gegend? und sie dort von neuem eine Stunde warten lassen? und ihnen dann die Pässe abnehmen? und sie dann wieder wegschicken? Das wäre ja der blanke Irrsinn. Das ist schon mehr als ein Albtraum, das kann sich niemand ausgedacht und vorgestellt haben, und das ist auch nicht wahr. Ich muß dann gleich einmal nach- schaun, wo ich den Paß hab – aber das ist nicht wahr.

Ich muß auch noch nachschaun, ob die Cary wirklich nicht da ist – ob sie wirklich weg ist, so wie ich es wünsche – denn sie *hat* ja wegzufahren gehabt, ich wünsche es so – ich, leider, hab mich ja dann verspätet, und der Zug war schon eine halbe Stunde zuvor abgefahren – der Prager, jawohl, vor einer halben Stunde – eigentlich, wenn sie also nicht da ist, wenn sie also mitgefahren ist: eigentlich könnte sie doch jetzt schon in Prag sein –?! Ich muß noch nachschaun, wie spät es ist – der Zug, glaube ich, kommt normalerweise gegen sieben in Prag an – na ja, diesmal wohl nicht, dies- mal vielleicht erst um acht – ich schau gleich nach, wie spät es ist. Vielleicht hat auch die Grenzrevision länger gedauert – macht wieder eine Stunde – also sagen wir: um neun. Ja. Das könnte stimmen. Hm. Also.

Ich schau gleich nach, wie spät es ist. Ich schau gleich nach, wo ich meinen Paß hab. Ich schau gleich nach, ob die Cary wirklich nicht da ist. Ich schau gleich nach, ob das alles wahr ist. Augenblick.

So. Das wäre zunächst einmal geklärt. Es ist *nicht* wahr. Die Eroicagasse ist die Eroicagasse, sie steht wie sie stand, ganz genau so, keine Veränderung, keine Hakenkreuzfahnen, keine Menschenmenge, kein Gebrüll, kein Hitlergruß – jetzt bin ich doch lange genug am Fenster geblieben –: es ist nicht wahr.

Weiter. Ich wünsche zwar, daß die Cary nicht da ist, aber ich möchte es zur Sicherheit auch kontrollieren.

Nein, sie ist wirklich nicht da. Nicht in diesem und nicht im andern Zimmer. Vielleicht –? Nein, sie ist nicht da. Natürlich nicht. Natürlich ist sie nicht da, sie ist ja weggefahren, mit dem Prager Schnellzug, vielleicht ist sie sogar schon in Prag, einen Augenblick – halb neun. Da könnte sie vielleicht schon in Prag sein.

Und jetzt –: nein. Das ist vollkommen uninteressant. Wozu.

Da sich bereits geklärt hat, daß alles nicht wahr ist, brauch ich gar nicht erst nach meinem Paß zu schauen. Wozu. Es ist ja nicht wahr. Natürlich ist es nicht wahr. Genau so, wie die Cary natürlich nicht da ist.

Ich möchte nur wissen, warum ich eigentlich die ganze Nacht in Kleidern auf der Couch – warum eigentlich die Couch –

»Frau Schostal!« Hm. »Frau Scho–«

Au. Hjjj. Pfui Teufel. Was war denn das. Seit wann, wenn man sich ein bißchen schärfer zur Tür hinausbeugt – seit wann spürt man da so einen blödsinnigen Schmerz im Hinterkopf? So ein blödsinniges Ziehen in der Kopfhaut?

Eine Beule. Auweh. Das ist ja eine ganz richtige Beule. Ich hab zwar noch nie ein Taubenei gesehn, aber Beulen sind gewöhnlich so groß wie ein Taubenei. Eine taubeneigroße Beule. Eine runde Geschwulst, wie von einem –

Oh – das ist entsetzlich –!! Oh wie entsetzlich das ist: sich daran erinnern zu müssen! Nicht an den Schlag, nein – an den Anblick der schlagbereit grinsenden Fratze – der nochmals schlagbereiten Fratze nach dem ersten Schlag – nach dem Umdrehn die Fratze im Rücken – die erhobene

Faust mit dem Schlagring – und dieses teuflische Grinsen zwischen Kappenschild und Kinnschnalle – dieses teuflische Gelächter hinterher – wer schafft dir denn am Ballhausplatz umeinandstehn, Saujud – hastegesehn der Schuschniggleben is ja nix mehr da – hohoho – oh wie entsetzlich das war, wie entsetzlich das ist.

Der Paß – wo ist mein Paß?! Ich hab meinen Paß doch immer in der rechten Innentasche gehabt, und jetzt –

Die haben mir den Paß weggenommen. Auf diesem völlig unbekannten Kommissariat in dieser völlig fremden Gegend haben sie mir den Paß weggenommen.

Es ist alles wahr. Und die Cary ist nicht da, es geht auf neun, jetzt könnte sie schon in Prag sein und könnte doch schon –

Toni. Um Himmels willen rasch. Ist das die richtige Nummer? Wieso weiß ich die Nummer nicht auswendig – und wie das im Hinterkopf zerrt und hämmert – doch nicht deshalb? Ich bin doch nicht verrückt geworden?

Weil es seine Privatnummer ist. Und weil ich ihn sonst immer in der Redaktion anrufe. Deshalb. Aber jetzt ist er bestimmt noch zuhause. Und da hab ich auch die Nummer.

Er ist nicht zuhause. Es meldet sich überhaupt niemand. – Nein, niemand.

Ich Tepp. Ich Hornochs. Als ob ich nichts vom Journalismus wüßte. Heute, an so einem Tag, muß er doch schon längst in der Redaktion sein. Und die Redaktionsnummer weiß ich auch auswendig. Na also.

Besetzt. – Besetzt. Alle Linien besetzt, wie in der Nacht.

Jawohl, wie in der Nacht. Und bevor ich mich dann bis zum Fleischmarkt durchgedrückt hatte, war schon alles gesperrt. Und die alte Dame konnte ich doch so spät nicht mehr anrufen – nein, aber jetzt. Rasch.

»Halloh? Ist die gnädige Frau zuhause?« Die gnädige Frau ist vor einer Stunde weggegangen. »Wann kommt sie denn wieder?« Sie hat nichts gesagt. Wer spricht bitte. »Hoffmann. Ist vielleicht irgendeine Nachricht von Fräulein Cary gekommen? Ein Telegramm, oder ein Anruf?« Nein, eben nicht. Die Gnädige ist so furchtbar aufgeregt, Herr Hoffmann. »So. Also Sie wissen nichts?« Wegen der Fräulein Cary? Nein bitte. Wo ist sie denn? Halloh! Halloh, Herr Hoffmann – soll ich der Gnädigen was ausrichten? »Nein, nichts. Sagen Sie ihr auch nicht, daß ich angerufen hab.

Ich probier's dann zu Mittag wieder. Da wird ja auch der Herr Oberst da sein, nicht wahr? Also dankeschön. Adieu.«

Die Redaktion ist immer noch besetzt. – Aber das Theater.

»Halloh Josefstadt? Haben Sie vielleicht eine Nachricht von Fräulein Hell?« Wie bitte? »Ob Sie wissen, wo Fräulein Hell ist!« Bedaure, wir dürfen private Anfragen nach unsern Mitgliedern – »Hören Sie: hier spricht Hoffmann. Martin Hoffmann. Ich wollte wissen, ob –« Wer dort? (Das war eine andre Stimme, eine Männerstimme, amtlich, unwirsch, wichtig.) »Martin Hoffmann. Wer ist am Apparat bitte?« Hier Theater in der Josefstadt. »Ja, aber *wer* denn? Wer spricht?« Sie wünschen? »Eine Auskunft, wenn das nicht zu viel verlangt ist! Ob Sie eine Nachricht von Fräulein Hell haben! Hier Hoffmann!« Bedaure. –

Abgehängt. Sind die verhext? Sind die vertrottelt?

Oder war das vielleicht schon Absicht? Das möchte ich doch –

»Halloh. Hier ist Martin Hoffmann. Bitte –« Ja ja, Herr Hoffmann, ich habe gehört. (Noch schärfer amtlich, gebläht von Amtlichkeit geradezu. Von funkelfrischer Amtlichkeit. Es ist Absicht.) »Wir haben *keine* Nachricht von Fräulein Hell, und nehmen Sie gefälligst zur Kenntnis, daß wir keine Auskunftei sind.«

Abgehängt. Diese Stimme – wem gehört denn diese Stimme –?

Ich muß doch draufkommen, wem diese Stimme gehört –! Na, aber nicht jetzt. (Sie gehörte dem Schauspieler Kurt Brandt, welcher als Obmann der illegalen Nazi-Zelle die kommissarische Leitung des Theaters übernommen hatte.)

Die Redaktion – endlich.

»Bitte Herrn Drexler.« Halloh Redaktion. »Herrn Drexler.« Moment bitte. Halloh? Herr Drexler ist noch nicht im Haus. »Wann kommt er denn?« Müßt eigentlich schon da sein. »Bitte sagen Sie ihm, er soll sofort bei Hoffmann anrufen, ja? Danke.«

Na, na, na. Was denn, was denn. Doch nicht – doch nicht weinen? Nein, das nicht. Es wäre auch nicht gut möglich. Da ist alles noch zu trocken und festgekrampft. Vielleicht später, vielleicht wenn endlich Nachricht kommt, wenn ich endlich weiß, wo die Cary ist, Cary – lieber Gott – bitte, lieber Gott: die Cary soll in Prag sein, und gesund, und soll gesund bleiben, und das Kind – lieber Gott, lieber Gott – aahh! jetzt alle viere von sich strecken und sich hinfallen lassen –

Au. Hjjj. Verflucht, diese Beule. Und eigentlich ein Glück, daß es sie gibt. Sonst wäre ich jetzt wieder eingeschlafen – eigentlich ein Glück. Ein bißchen Wasser auf das Glück, kaltes Wasser, das wird vielleicht gut sein. Ins Badezimmer.

Einsam von der Seite des gläsernen Toilettenregals, einsam an seiner Schlinge hängt der vergessene Rasierpinsel, einsam und verloren, rund um den Ansatz am Griff noch ein wenig vertrockneter Seifenschaum, Schaum noch vom gestrigen Tag, Schaum aus vergangener Zeit, spröd unter zittrigen Fingerspitzen blättert er ab und dahin.

Jetzt hab ich den Pinsel, und hab weder Seife noch Klinge. Da wäre es fast besser, Seife und Klingen zu haben, und keinen – wieso. Auch nicht. Aber der Selbstrasierer in einer solchen Situation ist noch keine so tragische Erscheinung, wie der Raucher in einer ähnlichen. Es müßte endlich entschieden werden, was fataler ist: in garantierter Einsamkeit Zigaretten zu haben und keine Zündhölzer, oder Zündhölzer und keine Zigarette. Das müßte endlich einmal entschieden –

Au. Zum Teufel, jetzt wird's mir schon zu blöd. Oweh oweh, das schmerzt. Hier kann ich also den Kopf *nicht* unter die Wasserleitung halten. Zu niedrig. Vielleicht in der Küche.

Frau Schostal. Da ist ja die Frau Schostal.

»Guten Morgen, Frau Schostal.«

»Guten Morgen«, sagt die Frau Schostal. Aber was wirtschaftet sie denn da herum. Sie ist ja ganz verstört, die Frau Schostal. »No alsdann«, sagt sie, immer noch abgewendet. »Jetzt'n haben wir's. Jetzt'n sein's da, die Türken. No alsdann.«

Das ist lieb von der Frau Schostal, daß sie verstört ist. Ja, Frau Schostal, jetzt haben wir's. Nein, Frau Schostal, ich weiß noch nichts. So so, deutsche Truppen. Schon in Wien? So so, in Salzburg.

In Salzburg sind deutsche Truppen einmarschiert. Cary, denk dir nur: in Salzburg.

»Soll ich's Frühstück machen?« fragt jetzt die Frau Schostal. Und: »Wo ist denn die Gnäfrau?« fragt die Frau Schostal.

»Die Gnäfrau? Die ist schon weggefahren.« Natürlich. Sie ist weggefahren. Nach Prag. »Nach Prag. Gestern abend. Sie ist gestern abend nach Prag gefahren.«

»Nach Prag«, sagt die Frau Schostal. »Zlata Praha. Maucta. Povidali. –

No, und da werden S' ja der Gnäfrau bald nachfahren, net wahr? Is eh das G'scheit'ste. G'schwind Ordnung machen, und weg.«

»Ja ja.« Weg. Ich weiß nicht einmal wo mein Paß ist. Und wo dieses Kommissariat liegt. Ich find vielleicht gar nicht hin. Aber man kann's ja versuchen.

»No – und i – i muß halt schaun –« Jetzt hat sie aber gewaltig aufge-schnupft, die Frau Schostal. Und daraufhin wird sie natürlich grob: »Als-dann was is mit'n Frühstück?! Kernweich die Eier? Oder im Glas?« Und jetzt schreit sie sogar. »Jessasmarandjoosef!!« schreit sie. »Wie schaun S' denn aus, da hinten?! Marandanna, Herr Hoffmann! Ihnen blu-tet's ja aus'n Schädel!«

»Sehn Sie – da wollt ich mir eigentlich kaltes Wasser draufgeben. Danke.«

»Was Ihnen nicht einfallt.« Rette sich jetzt vor Frau Schostal wer kann.

»Kalt's Wasser! Legen S' Ihna hin, und ich mach Ihnen ein Wasser heiß – das muß man ja zuerscht auswaschen – sowas – na, sowas –«

Also schön, dann eben heißes Wasser. Inzwischen wird ja der Toni schon in der Redaktion sein.

Halloh? Bitte Herrn Drexler. So, noch immer nicht. Danke. Oder die alte Frau Hell vielleicht schon zu Hause.

Ja. Gottlob.

»Hier spricht Hoffmann, gnädige Frau – ich hab schon einmal –«

»Ja ja ja – schicken Sie mir die Cary zum Apparat.«

»Gnädige Frau –«

»Was denn – wo ist sie denn?«

»Ich nehme an, daß sie in Prag ist. Und ich wollte eben bei Ihnen anfra-gen –«

»Was – wieso – um Gottes willen – wieso in Prag? und was heißt das: Sie nehmen an? wissen Sie es denn nicht bestimmt? was heißt das alles?!«

»Bitte lassen Sie mich aussprechen, gnädige Frau. Wir –«

»Ich will wissen, wo mein Kind ist! Sagen Sie mir sofort, wo mein Kind ist! So reden Sie doch!«

»Bitte sehr. Wir wollten also gestern mit dem Nachtschnellzug nach Prag fahren, und –«

»Warum? Was heißt das: wir wollten?«

»Gnädige Frau – Sie dürfen mich nicht immer unterbrechen. Ich bin nämlich *auch* ein bißchen nervös. Und ich mach mir mindestens so viel

Sorge um die Cary wie Sie, das können Sie mir glauben. Also. Wir waren also zusammen an der Bahn, und ich wurde vor Abgang des Zugs verhaftet. Das heißt – nicht verhaftet, ich bin ja auch schon wieder zuhause –« Was ist denn das. Die heult ja. Warum heult sie denn. Sie ist alt und sie versteht das nicht, die Arme, aber deshalb braucht sie doch nicht gleich –

»Wa-was haben Sie da getan, Sie Verbrecher! Sie haben mein Kind unglücklich gemacht – und mich auch – unterstehn Sie sich nicht, mir vor die Augen zu treten – sonst lasse ich Sie einsperren –« Wenn Sie mich doch lieber reden ließe, um Gottes willen. Sie soll doch nicht so heulen und wimmern, das erträgt ja kein Mensch. Sie soll doch – Schluß.

Was macht man da. Vielleicht ein paar Minuten warten, und dann noch einmal – nein, sofort.

»Halloh? Halloh, gnädige Frau. Bitte, hören Sie –«

»Sie –! Ich will von Ihnen nichts wissen! Ich will mein Kind von Ihnen zurückhaben! Sonst –«

So. Schluß. Diesmal hab aber *ich* mir gestattet. Mein Kind! Und meine *Frau*? Und *mein* Kind? Lieber Gott –

Nein – nach hinten fallen und die Glieder von sich strecken – nein –: aber mit der Stirn auf die Tischplatte: das geht. Aahh.

Das ist jetzt die Frau Schostal mit dem heißen Wasser – und das schmerzt, das schmerzt fürchterlich – so fürchterlich, daß man es gar nicht mehr spürt – gar nichts mehr spürt –

»Sehn S'! Das is, weil Sie Ihnen nicht niederg'legt hab'n! Sehn S'!« Sie triumphiert ja geradezu, die Frau Schostal. Aber jetzt lieg ich doch ohnehin? Wieso lieg ich denn eigentlich? Und jetzt steh ich sogar schon auf.

»Dankeschön, Frau Schostal. Sie sind sehr lieb.«

Da ist schon das Frühstück, und da führt sie mich schon zum Tisch, die Frau Schostal. Obwohl ich doch ganz gut allein gehen könnte.

»Wo haben S' denn das her?« fragt sie unvermittelt.

»Was?«

»No – dahinten – am Kopf.«

»Ach so. Das hab ich von einem Türken, Frau Schostal. Von einem ganz echten, eingeborenen Türken. Mit einem Schlagring.«

»Ja aber – für was denn? Was haben S' denn ang'stellt?«

»Nichts, Frau Schostal. Nur so. Gestern nacht, auf der Gasse. Von hinten. Es hat ihn halt gefreut, den Türken.«

»Jesus Maria«, murmelt Frau Schostal, sonderbar hochdeutsch, und wirklich mit gefalteten Händen, leise wie im Gebet: »Jesus Maria. Des san ja keine Leut mehr, die Leut. Des san ja Viecher. – Herr Hoffmann!« sagt sie plötzlich, aus einem merklichen Entschluß. »Vielleicht haben S' *doch* was ang'stellt – und die suchen Ihnen vielleicht – ich weiß ja, wie das mit mein' Mann g'wesen is, damals im Feber – der hat auch nix ang'stellt g'habt – halt ein Roter war er – no, und Sie san halt ein Jud, entschuldigen schon – alsdann Herr Hoffmann: wann S' vielleicht nicht wissen, wo S' schlafen sollen oder so – kommen S' zu uns nach Floridsdorf. Ich schreib Ihnen dann die Adressen auf.«

»Danke, Frau Schostal. Dankeschön. Danke, Frau Schostal.« Sie kann es leider nicht hören, weil sie sofort zur Tür draußen war … Dankeschön, Frau Schostal … Das war aber wirklich rührend … Und Sie san halt ein Jud – nicht nur rührend, sondern auch sehr vernünftig. Die hat ja vollkommen recht, die Frau Schostal. Daß mir das jetzt erst einfällt! In Berlin – wie ich damals nach Berlin fahren wollte – wegen der Cary – ach ja. Aber hier in Wien, wo mich eine ganze Menge Leute kennt, und wer weiß wie viele davon Nazi sind: hier ist doch die Gefahr noch viel größer. Ein toller, ein unfaßlicher Gedanke. Daß es in Wien für mich gefährlicher sein soll als in Berlin. Es ist aber so. Vielleicht haben S' doch was ang'stellt – allerdings. Es würde zwar vollkommen genügen, daß ich halt ein Jud bin, alles andre sind Fleißaufgaben – aber solche Fleißaufgaben hab ich eben gemacht. Und seit Berlin noch um einige mehr. Und in der letzten Zeit war ich gar noch für Schuschnigg, als besondere Fleißaufgabe. Und ein Rassenschänder bin ich ja auch. Hm. Vielleicht hat dieser amtlich Geblähte in der Josefstadt schon –

»Halloh? Bitte Herrn Drexler. – Noch immer nicht? So. – Danke.«

Und jetzt kommt diese hysterische Alte dazu, der ist ja alles zuzutrauen. Sie könnte sich aber inzwischen auch schon beruhigt haben.

»Halloh, bitte ist die gnädige Frau zu sprechen? – Hoffmann. – So. Danke.«

Nein, sie hat sich noch nicht beruhigt. Nein, sie war nicht zu sprechen. Und nein, man soll eine wildgewordene Mutter nicht unterschätzen.

Die Cary ist nicht da und ich kann nichts über sie erfahren.

Der Toni ist nicht zuhause und nicht in der Redaktion. Mein Paß ist weg und ich weiß nicht wo.

Es ist alles wahr, alles.

Vielleicht suchen sie mich schon. Vielleicht hat die Alte mich wirklich schon angezeigt und es sucht mich auch noch die Polizei. Vielleicht hat der und jener nur auf diesen Tag gewartet, um mir etwas auszuwischen, einer vom Bau, einer vom Theater, vom Verlag, von einer Zeitung, einer von früher her, einer, den ich garnicht kenne – ich weiß es nicht, es wäre auch überflüssig, eine Fleißaufgabe von der andern Seite –: genug, daß die Türken da sind. Vielleicht suchen sie mich schon. Ich kann keine Stunde länger in dieser Wohnung bleiben.

Die Beule schmerzt gar nicht mehr.

Auf der Treppe, und er trug nur ein kleines Suit-Case mit den nötigsten Toilettesachen und den wichtigsten Schriften, er wollte nochmals zurückkommen, es war alles mit Frau Schostal besprochen – auf der Treppe begegnete ihm Herr Kemmeter, der Hausbesorger, welcher im übrigen nicht »Hausbesorger« genannt zu werden wünschte, auch nicht »Hausmeister« und nicht »Portier«, sondern »Hauswart«; so stand es auf seinem Türschild und auf allen Affichen, Alois Kemmeter, Hauswart, und als Martin einmal in irgendeiner läppischen Auseinandersetzung äußerte, dies und jenes wäre eben Sache des Hausbesorgers, wurde er von Herrn Kemmeter scharf korrigiert: »Des Hauswarts, wollen Sie sagen.« Weiter war er mit Herrn Kemmeter nicht in Berührung gekommen (zum Beispiel hatte Herr Kemmeter für das Neujahrsgeld, das ihm durch Frau Schostal überbracht worden war, gleichfalls nur durch Frau Schostal danken lassen). Und jetzt also kam Herr Kemmeter ihm auf der Treppe entgegen und blieb sogar stehn.

»Guten Tag«, sagte Martin.

Herr Kemmeter antwortete nicht. Er lehnte sich lässig ans Stiegengeländer, den Blick auf Martins Koffer geheftet.

»Aha«, machte er dann, und nickte. »Herr Hoffmann verreisen?« Seine Stimme quoll über von spöttischer Höflichkeit. »Oder wollen Herr Hoffmann vielleicht die Wohnung ganz aufgeben?«

Martin stutzte eine Sekunde lang, ehe er sich ab- und vorbei wandte, in halbwegs geglücktem Gleichmut:

»Das werden Sie rechtzeitig erfahren. Ich weiß es noch nicht.« Und ging langsam weiter.

Und hörte Herrn Kemmeters Stimme, ihm nach in offenem, hemmungslosem Hohn:

»Aber *ich* weiß es, Gott sei Dank! Herr Hoffmann werden *nicht* zurückkommen! Lieber nicht!«

Martin bemühte sich, seine Schritte nicht zu beschleunigen und nicht zu verlangsamen. Es gelang ihm.

Schade, dachte er. Ich wollte doch noch ein Mal in die Wohnung. Schade. Jetzt muß ich gleich der Frau Schostal telefonieren.

Ein letztes, leises Knarren – dann schloß sich die Haustüre hinter ihm.

•

Im Zeichen des Zeichens

Der große Höllenreigen war losgebrochen, nun dauerte er schon den zweiten Tag, und alles, alles fügte sich ihm ein. Nichts blieb ihm entzogen, nichts gab es, was vor ihm bestehen konnte in früherer Gestalt und Art. Alles war anders. Tot oder lebendig: alles war anders. Die Stadt war eine andre Stadt, die Menschen waren andre Menschen – und was diese andern Menschen in dieser andern Stadt vollführten, hatte mit Stadt und Menschen nichts mehr gemein. Der große Höllenreigen war losgebrochen. Er stand im Zeichen des Zeichens. So Unerhörtes geschah unter diesem Zeichen, so noch nicht Dagewesenes, als geschähe es einzig deshalb, um unerhört zu sein und noch nicht dagewesen. So restlose Aufhebung aller bisherigen Gültigkeiten geschah, daß es immer zwingender einer restlosen Ungültigkeit zustrebte, nichts sollte mehr gelten, nichts außer daß nichts mehr galt, vielleicht auch die Aufhebung nicht, vielleicht war sie schon ungültig da sie sich noch vollzog und würde im nächsten Augenblick sich selber aufheben. Es geschah die vollkommene Umkehrung, es kehrte sich alles um und um, in einem zuckenden, brüllenden Reigen, kehrte sich um, um sich umzukehren, der Höllenreigen an sich, zu keinem andern Zweck als dem der er selbst schon war, zum Zweck des eigenen Mittels, des Zeichens, in dem er stand, er stand im Zeichen des Zeichens.

Dieses Zeichen: was war es denn, was bedeutete es, was galt es? Wozu dienten diese Hakenkreuzbanner, diese Hakenkreuzfähnchen, diese Hakenkreuzabzeichen?

Sie dienten nicht. Sie herrschten. Es ging um *sie*, um sie und nicht um die Bedeutung, die sie etwa symbolisieren mochten. Es ging darum, daß man Hakenkreuzbanner flattern lassen durfte, Hakenkreuzfähnchen schwingen, Hakenkreuzabzeichen tragen. Darum ging es. Darum war der Höllenreigen losgebrochen, und darin bestand er.

Die sich ihm hingaben, zuckend und brüllend, merkten wohl gar nicht, wie er ihnen zum Selbstzweck erstumpfte; wie vor dem tollen Gefühl, daß sie teilhaben durften daran, alles andre dahinschwand. Dieses Gefühl nur berauschte sie, dieses Gefühl ihrer selbst, dieses Selbstgefühl. Sie fühlten sich. Oh, wie sie sich fühlten! Sie besahen das Hakenkreuz an ihrem Rockaufschlag: und fühlten sich. Sie erhoben die Hand, brüllten ihr Hitlerheil hervor: und fühlten sich. Oh, und wie oft sie die Hand erhoben! Sie fluteten durch die Straßen, wälzten sich über die Fahrdämme aufeinander zu und verquollen wirr ineinander: nur um wieder und wieder die Hand zu erheben. Und oh, wie laut sie brüllten! Jeder für sich und in Gruppen brüllten sie, regellos brüllten sie und in strengem Takt, und brüllten immer aufs neue, brüllten hinein in den Schritt und Tritt der einmarschierenden Truppen, in das Rattern der motorisierten, in das Getöse der Tanks und Panzerwagen überm bebenden Pflaster und in das Dröhnen der Propeller vom Himmel her, vom nahen Himmel her, denn die Flugzeuge fliegen ganz niedrig, hart über den Dächern weg, so groß zu sehen, daß selbst die schweren Bomber harmlos wirken in ihrer Greifbarkeit und mächtig nur durch den Lärm. Aber wir, wir machen ja *auch* Lärm. Hei was für Lärm wir machen, hei, heißah, heil, Siegheil, Heil Hitler, ein Volk ein Reich ein Führer, wir danken unserm Führer, Heil Hitler, heißah, hei. Solchen Lärm machen wir. Wenn einer mittendrin steht, hört er den Lärm der Flugzeuge gar nicht mehr, und wenn er vollends noch mitbrüllt, mag er fast glauben, daß er stärker sei als die Flugzeuge. So gewaltig ist der Lärm, so mächtig. Lärm ist Macht.

Oh, Macht! Die da lärmen, weil sie die Macht haben, sind von Macht durchtränkt in jeder Zuckung ihres Reigens, von Macht gehoben ist der Rausch ihres Selbstgefühls, Macht fließt und strömt, Macht, einzelweise gekeltert in jedes Einzelnen Rausch, auf Flaschen abgezogene Macht für Jedermann, da ist sie, da marschiert sie, da kommt sie angerattert und angedröhnt, die Macht, meine Macht, ich spüre sie, diese Macht, ich fühle sie in mir, ich fühle mich in ihr – und oh! ich hab mich schon als alles mögliche gefühlt: aber mächtig noch nie. Jetzt bin ich mächtig. Jetzt habe ich Tanks und Kanonen und Bombengeschwader, ich bin groß, ich grenze ans Meer, ich bin eine Weltmacht, eine siegreiche Weltmacht, ich habe ein Land erobert, ich habe mich selbst erobert, ich habe mich einverleibt, mir selber einverleibt, ich bin verdoppelt und bin über mich erhoben, ich habe und bin die Macht, ich brülle und stampfe vor Macht – und keiner von ihnen, wie sie da brüllen und stampfen, keiner von ihnen würde es wahrhaben wollen, daß in diesem Brüllen und Stampfen schon alle Teilhaberschaft an der Macht sich erschöpft. Oder was wäre es sonst? Haben sie wirklich teil? Haben sie mehr als sie hatten? Sie haben nicht mehr, und werden auch nicht mehr haben (sondern weniger). Sie haben nichts als das Hakenkreuz im Knopfloch. Es ist das Einzige, woran sie ihren Sieg erkennen, es ist ihr einziger Sieg und Gewinn: daß sie das Hakenkreuz tragen dürfen. Es ist das Einzige, wodurch sie unterschieden sind von den Verlierern, von jenen völligen und garantierten Verlierern, welche das Hakenkreuz *nicht* tragen dürfen, es ist das Einzige, wodurch sie erhoben sind über sich und über jene. Sie haben nichts. Sie sind. Was sind sie? Arier. Was ist das? Sie wissen es nicht. Selbst dies, selbst dieses ihr Eins und Alles und Gloria Viktoria, vermögen sie nur an der Verneinung zu fassen, nur daran, daß sie etwas *nicht* sind: sie sind keine Juden. Das genügt. Das bringen sie mit und das macht ihnen niemand nach, nicht einmal die Juden. Das sichert ihnen den Zutritt. Das sichert ihnen die Teilnahmsberechtigung und Teilhaberschaft, das hebt und erhebt sie vom nichtssagenden Anbeginn bis hoch über sich hinaus und bis in den Rausch und Taumel, bis daß sie brüllen und stampfen vor Macht, vor unwiderstehlicher unbegrenzter Macht, heute gehört uns Deutschland, morgen die ganze Welt.

»So!« sagt eine entschlossene Stimme, sagt ein dürftig aussehender Mann mit Zwicker und Regenschirm, ein Kleinbürger mittleren Alters, er trägt jedoch ein blechernes Hakenkreuz im Knopfloch und ein papiernes Fähnchen in der Hand. »So!« sagt er. »Und jetzt holen wir uns Deutschböhmen!«

Martin Hoffmann, dicht daneben stehend und Ohrenzeuge dieses beutegierigen Entschlusses, war drauf und dran, dem kümmerlichen Feldherrn gehörige Entgegnung zu erteilen – etwa daß mit den Tschechen nicht zu spaßen sei, daß außerdem so ein bequemes Gangsterstück kein zweites Mal gelänge, und überhaupt sollte jener gefälligst das Maul halten – wirklich, Martin Hoffmann hatte sich schon umgewandt, um dies oder dergleichen zu äußern. Erst in der letzten Sekunde besann er sich und schwieg.

Er schwieg aus Resignation, nicht aus Angst. Die war ihm nämlich im Lauf der Begebenheiten abhanden gekommen. Keineswegs hatte er sie bewußt und vorsätzlich unterdrückt – sie kam ihm ganz einfach abhanden im Wirbel der völlig neuen Empfindungen, denen er ausgesetzt war und deren es so unfaßbar viele gab, daß allgemach die Angst sich darunter verlor. Gestern vormittag, als in einer wenig belebten Gasse plötzlich ein geschlossener Zug SA auftauchte: da mochte Martin Hoffmann noch Angst verspürt haben, aus der wachen Erinnerung noch an den nächtlichen Schlagring, an die grinsende Fratze zwischen Mützenschild und Kinnschnalle – vielleicht hatten sie alle, die da mit Mützenschild und Kinnschnalle einherstampften, vielleicht hatten sie alle nichts andres im Sinn, als grinsend auf ihn einzuschlagen. Aber es zeigte sich, daß dem nicht so war, bei diesen hier nicht und nicht bei den nächsten die er sah, und bei keinem andern sonst – bis also nach und nach die Angst ihm abhanden kam, und auch jetzt, auf jene beutegierigen Worte dicht neben ihm, schwieg er nicht aus Angst. Sondern er schwieg, weil ihm die Sinnlosigkeit jeglicher Antwort und Rede bewußt wurde, er schwieg aus Resignation vor dieser Sinnlosigkeit, er schwieg und wandte sich ab und entstrebte rasch dem Gedränge.

Sinnlos! dachte er unablässig und immer aufs neue, sinnlos! Alles ist sinnlos, was seit gestern geschah, sinnlos und nicht zu verstehn. Es ist eine andre Welt, von einem Tag auf den andern. In Deutschland hat es doch Monate gebraucht, und manches sogar Jahre – hier zeigte sich alles in knappen vierundzwanzig Stunden, und es war eine Welt ...

Welche Verwirrung aber, daß just aus seiner eigenen, aus der ihm noch erinnerlichen, ihm noch verständlichen Welt das Unheilvollste ihm zugestoßen war! Oder sollte auch hier schon die andre, die neue, die unverständliche Welt herübergegriffen haben mit ihrem neuen Gesetz? Sollte Frau Hell, Frau Leopoldine Hell, Witwe nach einem österreichischen Ministerialbeamten – sollte sie nicht bloß als Mutter gedacht und gehandelt haben (also noch im Bereich des Verständlichen): sondern auch sie schon als »Arierin«? Es gab keine unzweideutigen Beweise dafür, gewiß nicht. Sie hat sich zu keiner Ausdrücklichkeit hinreißen lassen, nicht einmal zu einer Anspielung. Und dennoch: der Blick, mit dem sie ihn gemessen hatte auf und ab; die Stimme, mit der sie ihm nochmals und schneidend akzentuiert mitteilte, daß sie ihn nicht mehr zu sehen wünschte; und die Handbewegung, mit der sie ihm dann die Türe wies – nein nein, es hätte sich alles das, es hätte sich ganz genau das gleiche wohl dennoch anders abgespielt: wenn nicht seit gestern eben die Tatsache, daß es ein Jude war, mit dem sie sprach, zu solch maßlos umstürzlerischer Bedeutung gelangt wäre ... Indessen kam es da auf Nuancen wirklich nicht an. Übrig blieb, daß er von Carolas Mutter nichts mehr erfahren würde, nichts und in keinem Fall. Es mußte ihm schon genügen, daß sie wenigstens ihre ursprüngliche Drohung nicht verwirklichen und ihn nicht daran hindern wollte, vielleicht auf andern Wegen etwas zu erfahren.

Diese andern Wege blieben nach wie vor in Düsternis gehüllt. Bei einem neuerlichen Anruf im Theater hat Herr Kurt Brandt, der Inhaber jener amtlich geblähten Stimme, in seiner Eigenschaft als Kommissarischer Leiter jedes Gespräch mit Martin abgelehnt und nur noch hinzugefügt: »In Ihrer Situation, Herr Hoffmann, sollten Sie Ihr Interesse an Fräulein Hell etwas weniger auffallend bekunden. Heil Hitler.« Und Direktor Nehsler war nicht mehr in Wien oder nicht mehr in seiner Wohnung, verreist, verzogen, Adresse unbekannt. Und Professor Merz begann verzweifelt zu stottern, er fürchtete offenbar, daß sein Telefon unter Kontrolle stünde und daß ein derartiges Gespräch ihn um Freiheit und Leben bringen könnte – Martin hängte rasch ab, sonst hätte er den verängstigten Alten noch grob angefahren. Endlich mit Sollnau konnte er wenigstens reden. Von Carola wußte Sollnau zwar auch nichts, aber er traf eine halbe Stunde später mit Martin zusammen, fragte, vermutete, faßte Entschlüsse und Pläne, kam auch auf Martins Lage zu sprechen und bot ihm für die zwei Tage, die er selbst noch in Wien bliebe, sofort Quartier an – es war immerhin ein Ergebnis und ein dankenswertes dazu. Aber das gewünschte und erstrebte war es nicht. Das brachte er auch weiterhin nicht zustande. Denn da er mit der Wohnung am Arenbergring nun keinen Kontakt mehr unterhielt, wußte er auch den Oberst von Jovanovic nicht zu erreichen, und was Toni Drexler betraf – nun, das eben hatte ihm den Rest gegeben, das war es, woran seine Kraft und Aktivität vollends erlahmte: daß er auch mit Toni Drexler nicht in Verbindung kam. Weder telefonisch noch persönlich, weder in der Wohnung noch in der Redaktion, und er entdeckte auch keine Spur und keinen Anhaltspunkt. Daß Toni nicht zuhause war, besagte ja noch gar nichts: es soll bisweilen vorkommen, daß jemand unvermittelt rasch seine Wohnung verlassen muß. Und daß Toni sich auch in der Redaktion nicht aufzuhalten schien, konnte desgleichen die belanglosesten Gründe haben – aber jetzt war es bereits unmöglich, ihnen an Ort und Stelle nachzuspüren: als Martin gestern nachmittag das Verlagsgebäude betreten wollte, sah er im Toreingang noch rechtzeitig zwei SA-

Posten stehn und sah, wie sie einem andern Besucher Legitimierung abforderten.

Seither hat Martin nichts unternommen; es war das letzte, wozu ihm Vorsatz und Entschluß noch ausreichten. Ach nein, er ist nicht »zusammengebrochen«, er ist in keinerlei bedenklichen Zustand geraten, in keine Angst und Panik und Verzweiflung. Er geht, für seine Person, sehr ruhig und mit durchaus wachen Augen, mit durchaus hellen Sinnen einher, mit überhellen sogar, er ist fast völlig intakt geblieben, Martin Hoffmann – nur eben in diesem einen Zusammenhang nicht; nur eben im Zusammenhang mit Carola versagen ihm Kraft und Blicke, versagen Sinne und Nerven ihm den gewohnten Dienst. Er kann sich da zu keinem Tun und Denken mehr aufraffen, er kann nicht, er will nicht, es führte zu nichts. Er würde, was immer geschehen sein mag – ob Carola heil über die Grenze kam und nach Prag – ob Toni sich in Wien verborgen hält oder was sonst mit ihm los ist –: er würde das alles noch erfahren; und so viel Vertrauen mußte er in Carola und in Toni doch setzen können, daß sie ihn bei der ersten Gelegenheit und auf jedem erdenklichen Weg benachrichtigen würden. Er mußte warten. Und vor allem: er durfte nichts tun, was dann vielleicht ihn selbst außerstand setzte, die Nachricht entgegenzunehmen und sich nach ihr zu richten.

Dies wiederum war Martin Hoffmanns letzte, halbwegs klare Überlegung. Keine sehr systematische und erschöpfende Überlegung, und es hätten auch hundert andre sich anstellen lassen. »Vernünftigere«, sozusagen. Aber ihre Erfolgsaussichten wären deshalb um nichts größer gewesen. Was hieß denn jetzt noch »Vernunft«, in dieser neuen Welt mit ihren neuen Gesetzen? Vernunft bot da keine Gewißheit – und auch Unvernunft bot sie nicht: weil das ja wieder einer Logik entsprochen hätte, die nicht mehr galt. Jetzt ließen Vernunft oder Zweckmäßigkeit einer Überlegung sich erst nachher erweisen: wenn der Zweck schon erreicht war. Und dies, einzig dies, war auch der neuen Logik gemäß.

Es gab nicht wenige, die vernünftig überlegten und dennoch mit Erfolg. Sie machten Möglichkeiten ausfindig, bestiegen einen Eisenbahnzug oder ein Flugzeug – und die Rettung gelang ihnen, sie kamen über die Grenze, sie waren in Sicherheit. Solche gab es. Und es gab andre, die auf Grund genau der gleichen vernünftigen Überlegungen genau das Gleiche versuchten – und sie bekamen im Flugzeug keinen Platz, oder es widerfuhr ihnen am Bahnhof irgendein Mißgeschick – oder erst im Zug, oder erst unterwegs – sie gerieten an eine gesperrte Grenze – an eine noch nicht gesperrte durch die man sie trotzdem nicht passieren ließ – sie wurden zurückgeschickt, sie büßten ihre Dokumente ein, sie wurden verhaftet und wieder freigelassen, sie wurden verhaftet und in Haft behalten, wie es gerade kam –: es hätte auch anders kommen können, nun war es eben so gekommen, und die Rettung gelang ihnen nicht. Auch solche gab es.

Es gab andre, die zwar die wiederum gleichen Überlegungen anstellten mit wiederum gleichem Ergebnis – und sie konnten sich nicht zur Durchführung entschließen, aus allen möglichen Gründen: aus den sauberen und menschlichen einer rasch noch zu leistenden Hilfe; aus den besitzängstlichen eines rasch noch zu wahrenden Vorteils; aus der aberwitzigen Hoffnung, daß es vielleicht »nicht so schlimm« käme wie sie gefürchtet hatten; aus dem pedantischen Wunsch, noch dies und jenes »in Ordnung zu bringen«; aus einem tiefen, vielleicht schon von bitterer Erfahrung gestützten Widerwillen gegen die Zukunft, die ihnen nun bevorstünde, gegen das Elend der Emigration, dem sie sich nicht preisgeben wollten solange es irgend anging; und noch aus vielen andern und allen möglichen Gründen –: sie konnten sich nicht entschließen. Auch solche gab es.

Es gab andre, die zwar die wiederum gleichen Überlegungen anstellten – und nicht mit dem gleichen Ergebnis. Sie wußten zwar, daß sie außer Landes müßten, aber sie waren von vornherein überzeugt, daß es ihnen nicht glücken würde, auf diese Weise nicht, auf jene auch nicht, heute nicht, morgen auch nicht, vielleicht übermorgen, vielleicht in einer Woche, vielleicht wenn der erste Wirbel sich gelegt hat, vielleicht warteten sie auf ein himmlisches Wunder, auf einen Fingerzeig, auf einen Zufall, der ihnen den richtigen, den unfehlbar und garantiert sicheren Weg wiese, vielleicht wollten sie ihrerseits alle Sicherungen vorkehren –: und sie blieben noch im Land. Auch solche gab es.

Es gab andre – und die vermochten erst gar nicht zu überlegen. Die waren von einer bleiernen Lähmung befallen, die konnten noch gar nicht fassen, was da geschah, konnten noch gar nicht fassen, daß es sie nun wirklich und wahrhaftig betroffen hatte, die waren sich noch gar nicht klar darüber, daß es nun rasch und auf Leben oder Tod zu handeln galt, und sie vermochten erst gar nicht zu überlegen. Auch solche gab es.

Es gab andre – und die verzichteten bewußt auf jede Überlegung. Sie fügten sich in ihr Schicksal, irgendwie würde es schon enden, irgendetwas würde schon geschehn, oder vielleicht auch nichts, sie würden es noch merken, und sie verzichteten auf jede Überlegung. Auch solche gab es. Es gab andre – und die überlegten zwar, doch gingen ihre Überlegungen von andrem Ursprung zu andrem Ende. Sie überlegten: ob es sich denn wohl noch lohnte, unter solchen Umständen zu überlegen, zu denken, zu planen, zu handeln, zu leben. Sie fühlten sich von großer Müdigkeit umfangen und von Enttäuschung ganz unterhöhlt, sie sahen ihren letzten Halt zusammenbrechen, sie sahen die letzte Hoffnung, die sie noch genährt, die letzte Zuversicht, an die sie sich noch geklammert, die letzte Karte, auf die sie noch gesetzt hatten, alles gesetzt – und wer weiß wie viele erst vor zwei Wochen, wer weiß wie viele erst vor zwei Tagen –: sie sahen ihr Letztes dahinsinken und weggefegt werden. Sie sahen nichts andres, keinen Ausweg und nichts. Sie hatten keine Kraft mehr. Sie hatten keine Lust mehr. Es ekelte sie. Es graute ihnen. Sie überlegten, ob es sich noch zu leben lohnte, und sie kamen zu dem Ergebnis: nein, es lohnte sich nicht. Und sie töteten sich. Auch solche gab es.

Solche gab es und andre, in hundertfältiger Art und Abart, alle möglichen gab es in jedem erdenklichen Zustand, sie unternahmen nach sorgfältig bedachtem Plan das offenbar Richtigste: und es mißlang; sie unternahmen blindlings drauflos das offenbar Falscheste: und es glückte; sie zauderten mit der Ausführung schon gefaßter Entschlüsse: und sahen sich plötzlich dem kalten Nichts gegenüber; sie zauderten überhaupt einen Entschluß zu fassen: und sahen sich plötzlich gerettet; sie dampften von Betriebsamkeit und sie starrten gelähmt vor sich hin, sie behielten den Kopf oben und sie verloren die Nerven, sie waren wilder als je zum Leben entschlossen und sie hatten das Leben satt –: alle möglichen gab es in jedem erdenklichen Zustand, und einer von ihnen war Martin Hoffmann, und sein Zustand war von sorgfältig bedachtem Planen oder gar von Betriebsamkeit ungefähr so weit entfernt wie von Gelähmtheit oder gar von Lebensüberdruß, seine Überlegungen waren nicht sehr systematisch und erschöpfend, doch hatte er ebensowenig den Mut verloren oder den Kopf, er ist fast völlig intakt, Martin Hoffmann, er geht mit wachen Augen und hellen Sinnen einher, mit überhellen sogar – und nur was den einen Punkt, nur was Carola betraf, hatte jene unselige Verwirrung ihn befallen, von der so viele andre in so vielen andern Zusammenhängen befallen waren, und mit noch viel verhängnisvolleren Konsequenzen. Denn zu verhängnisvollem Tun, immerhin, hat Martin Hoffmann sich ja von aller Verwirrung noch nicht treiben lassen (dies war erst das nächste und freilich das unabwendbar nächste Stadium). Er ist, wenn schon von keinem sorgfältig bedachten Plan, so doch von einem krampfhaft befolgten Vorsatz geleitet: nämlich seiner Verwirrung Herr zu bleiben, nämlich wenn schon nichts Zielbewußtes so doch nichts Zielloses zu tun. Sehr möglich, daß eine rest- und rechenschaftlose Hingabe an diese seine Verwirrung ihn wohlig erleichtert, Sinne und Nerven barmherzig ihm übertäubt, ja am Ende jene heroische Genugtuung ihm verschafft hätte, die er damals, mit seiner Berliner Reise, sich zu erholen schon im Begriffe war. Sehr möglich auch, daß er die Folgenschwere solcher Hingabe überschätzte, daß noch so wirres Drauflos nichts sonderlich Gefährliches heraufbeschworen hätte, und vollends nichts Heroisches. In jedem Fall, und wie immer dem dann gewesen wäre –: so, wie es jetzt also war, wie Martin jetzt sich zu warten zwang, bedeutete es ganz und gar keine Erleichterung für ihn, wirkte es auf seine Sinne und Nerven ganz und gar nicht wohltätig, und vollends mit Genugtuung hatte es nichts zu schaffen.

Nicht einmal zu der einen und wahrhaftig spärlichen Genugtuung reichte es: daß es ihm in der Tat gelungen wäre, seinen sinnlos verwirrten Gedanken an Carola zu entgehen. Er dachte doch immer wieder an sie, hob immer wieder doch an, ihr mögliches Geschick sich auszumalen und wie er da etwa eingreifen könnte – und vermeinte, wenn er sich dann doch zurückriß, von Mal zu Mal es heftiger an seinen Nervensträngen zu spüren, immer knapper vor dem endgültigen Kopfüberkippen in die endgültige Verwirrung, mit immer keuchenderer Mühe und immer härter zusammengebissenen Zähnen, daß es krachte und malmte.

Ach, und es gab doch nicht so kindisch einfache, so naheliegende Wege, die sich ihm nicht entdeckten; er hätte doch, beispielsweise, nach Prag telefonieren können, an die Redaktion des »Prager Tagblatt« oder an die Direktion des Neuen Deutschen Theaters – sicherlich wüßte man dort etwas von Carolas Aufenthalt. (Aber es war dann doch wieder gut, daß er nicht nach Prag telefonierte; daß Sollnau, der dies aus eigenem Antrieb und wohl auch zur eigenen Beruhigung unternahm, daß Sollnau und nicht er die Antwort erhielt, an beiden Stellen: nein, man wüßte nichts.)

Betäubung

Der große Höllenreigen wirbelte und kreiselte und kreißte, gebar sich scheußlich immer wieder aus sich selbst, und trächtig von ihm die Stadt gebar vertausendfacht das Zeichen, in dem er stand. Unübersehbar ihren Poren entsproß es, wuchs auf und quoll, wucherte über die Straßen und Häuser, haftete in allen Gewändern, setzte aus allen Händen sich fort, rankte an Masten und Türmen sich hoch, zog sich in Bändern quer durch die Luft, lagerte riesenhaft auf eigens ihm zubereiteten Flächen, sprang schwarz aus dem weißen Kreis der Fahnen hervor, der blutroten Fahnen, welche die Stadt übermächtigt hielten ganz und gar. Eingebettet in Fahnen, niedergeschlungen von Fahnen, nur für die Fahnen da: nicht war die Stadt mit Fahnen geschmückt, sondern die Fahnen schmückten sich mit der Stadt, nicht wehten die Fahnen im Wind, sondern es wehte der Wind in den Fahnen, die Fahnen waren das Eigentliche, das wahrhaft Vorhandene. Die Fahnen bestanden und geschahen. Was immer sonst geschah, konnte nur aus den Fahnen bestehn.

Und es geschah des großen Höllenreigens letzte Steigerung.

Er überschlug sich seinem Gipfel zu, kippte noch ein Mal schrill empor, in einer rasenden Begier sich selbst zu übertreffen, hinauszutorkeln über sich um eines endlich erkennbaren, endlich sichtbaren Sinnes willen: der Herr und Meister erschien, der Leibhaftige hielt seinen Einzug.

Sie krümmten sich und zuckten ihm entgegen, völlig entfesselt, völlig außer Rand und Band, völlig außer sich – aber weil sie vorher doch nie so richtig gefesselt waren, vermochten sie Rand und Band und Spalier zu halten, vermochten sie regelrecht außer sich zu geraten, in ein streng schon und herrisch bemessenes Übermaß, von fremden Herren bemessen, von fremden Büttln schon überwacht. Sie tobten und brüllten ihm zu, mit der letzten Kraft ihrer heiseren Kehlen – aber weil sie doch genau so gut jedem andern zugebrüllt hätten, der ihnen nun erschienen wäre, ließen sie willig und erleichtert ihr Gebrüll in vorgeschriebene Texte lenken, in Sprüche und Chöre von erprobtem Wortlaut, und brüllten so diesem Einen zu, als gäbe es wirklich keinen andern, nur ihn, den Führer, den Meister, den Heilbringer, den Hitler, den, der gemeint war, wenn man Heil Hitler brüllte, heil, Siegheil, Heilhitler, wir danken unsrem Führer, wir wollen unseren Führer sehn, lieber Führer sei so nett und zeige dich am Fensterbrett, Heilhitler, Siegheil, heil ...

Dem Haus, das die Tollen umheulten, dem Tollhaus schräg gegenüber lag ein andres von sonst ähnlicher Beschaffenheit, ein großes Hotel desgleichen. Auch dieses hätte zum Tollhaus erkoren sein können und jenes in seiner allgemeinen Beschaffenheit verbleiben – (ach alles hätte auch umgekehrt sein können, alles) –, nun also war das Hotel Imperial das toll verwandelte, und schräg gegenüber das Grand Hotel lag da als ein großes Hotel auf der Ringstraße, zwar dem Brennpunkt der Tollheit zunächst, aber nicht in ihren Bannkreis gehörig, ausgeschieden, abgeschieden beinahe.

Wahrhaftig: der Eindruck von Abgeschiedenheit und Stille ist so zwingend, daß Martin Hoffmann, als er die Halle betritt, für ein paar Sekunden verwirrt innehält. Erst als von draußen her ein neues, taktmäßiges Aufheulen hörbar wird, gedämpft hörbar, begibt er sich weiter und tiefer in die Stille hinein, wie in einen verbotenen Zaubergarten, nicht wissend, auf welche Weise er denn hiehergeraten ist.

Nach Plan oder Absicht wohl kaum. Was an Plan oder Absicht in ihm gesteckt hat, ist erledigt und erschöpft: es betraf Carola. Carola also doch, Carola immer wieder, da half nichts. Keine noch so keuchende Mühe half, kein noch so krampfhafter Vorsatz, zu warten zu warten zu warten. Nichts half, er hat es ja gewußt. Er hat gewußt, daß er es nicht ertrüge, daß er etwas tun müßte, tun, nur tun, hoffentlich Vernünftiges und Systematisches tun – und mochte es dann auch unvernünftig gewesen sein oder von falschem, unbrauchbarem System: es hat doch nichts geschadet, sieh da. Zwar hat es nichts genützt und nichts erbracht, aber es hat doch auch nichts geschadet. Es ist doch nichts geschehn. Morgen versuch ich's von neuern, morgen versuch ich's wieder anders, es wird auch morgen nichts schaden – nur heute kann ich nicht mehr. Für heute ist, was an Plan und Absicht in ihm gesteckt hat, erledigt und erschöpft.

Im übrigen und in der Tat ist es nicht ganz so unvernünftig und unsystematisch gewesen. Freilich hätte es deshalb noch keineswegs glatt ablaufen müssen, freilich hätte es schaden können und gefährden. Soviel verstand sich ja bereits von selbst: daß auf Schritt und Tritt etwas geschehen konnte. Es war aber nichts geschehn. Im Café Herrenhof der Oberkellner Alois hat sich nicht als alter Nazi entpuppt oder als neuer gebärdet (und eines von beiden taten mindestens drei Viertel der Kellnerschaft). Er befeixte das Hakenkreuz, das er laut Dienstbefehl trug, mit unmißverständlicher Grimasse, würzte das kurze Gespräch mit einer ansehnlichen Zahl von Flüchen, berichtete knurrend, daß die Tafel mit dem Judenverbot, die an den meisten andern Lokalen schon angebracht war, morgen auch vor dem Café Herrenhof hängen würde und daß er somit vom weiteren Besuch abraten müsse – etwaige Nachrichten wollte er aber selbstverständlich wie bisher übernehmen. Leider läge bis jetzt noch nichts dergleichen vor, ja ja, er wisse schon, und er würde das auch mit der nötigen Vorsicht behandeln. Und der Herr Hoffmann sollte sich nur keine Sorgen machen. Sicherlich wäre die Gnädige schon längst in Prag, und hätte nur eben noch nicht die Möglichkeit gefunden, ihn zu verständigen. Kein Wunder, es ginge ja alles drunter und drüber, Sauwirtschaft übereinand', no, und jetzt nehmen S' Platz, Herr Hoffmann, Kanne Mokka und Zeitungen bring ich sofort – und noch ehe Martin dieser Einladung folgen konnte, stutzte der Kellner Alois plötzlich hinterwärts, äugte dem ersten Saal und der Drehtüre zu, in der nun auch Martin eine Uniform auftauchen sah, was das bedeutete wußte er freilich nicht – aber da hatte der Kellner Alois ihn schon am Arm gefaßt, drängte ihn in wortloser Hast durch das Hinterzimmer einem Seitenausgang zu, dort erst flüsterte er:»G'schwind, g'schwind, die kommen heut schon zum zweiten Mal, die jüdischen Gäst' herausholen!« – und entließ ihn mit einem kurzen, schmerzlich kurzen Nicken ins Freie. – Es war aber nichts geschehn.

Es geschah auch nichts, als Martin hernach Frau Katharina Schostal aufsuchte, wohnhaft Wien XXI., Am Spitz, sofort vom Café Herrenhof fuhr er zu ihr hinaus. Sie hatten zwar vereinbart, daß Frau Schostal jede Nachricht sofort an den Kellner Alois gelangen lassen sollte (denn sie selbst besaß kein Telefon und Martin konnte nicht immer nach Floridsdorf hinausfahren) – nun, vielleicht war mittlerweile *doch* eine Nachricht da, und es hatte aus irgendwelchen Gründen nicht geklappt. Dies traf auch ungefähr zu – allerdings handelte es sich um eine andre Nachricht, als Martin erwartete. Frau Schostal, soeben erst nachhause zurückgekehrt, berichtete ihm nämlich noch brühwarm, daß die Wohnung in der Eroicagasse seit gestern versperrt und versiegelt sei, Herr Kemmeter habe ihr das schon im Stiegenhaus triumphierend mitgeteilt, am späten Abend wäre die Gestapo dagewesen, um unter Herrn Kemmeters bereitwilliger Beihilfe und Assistenz, ja vielleicht gar auf Herrn Kemmeters Anregung, eine Hausdurchsuchung zu veranstalten; sie hätten auch wirklich Verschiedenes beschlagnahmt und mitgenommen – das Diebsgesindel, das verfluchte, die Pülcher, die verdächtigen – plötzlich und mittendrin, fast wie zuvor der Kellner Alois, stockte auch Frau Schostal. Und fast aus dem gleichen Anlaß: es öffnete sich die Tür und ein SA-Mann trat ein, eigentlich war es jetzt das erste Mal, daß Martin einen richtigen, komplett uniformierten SA-Mann vor sich sah, aus nächster Nähe und in Ruhe sah, tatsächlich in Ruhe betrachtete er ihn, ruhig und neugierig – doch klang da schon Frau Schostals mürrische Stimme auf: »Was suchst denn? Siehst net, daß i mit ein' Herrn red'? Das is der Herr, bei dem was i bis jetzt in Dienst war!« fügte sie rasch hinzu, offenbar hielt sie eine Erklärung des ungewöhnlichen Besuchs für ratsam, und: »Das is nämlich mein Bub, der Franzl«, wandte sie sich sodann an Martin, indessen ihr Bub, der Franzl, wortlos wieder die Stube verließ. »I hab net schlecht g'schaut, wie der auf einmal mit der Uniform daherkommt ... nicht einmal vom eigenen Kind weiß man was, heutzutag ... « – und zweifellos hätte Frau Schostal noch mehr über dieses Heutzutage geäußert, wenn Martin sich nicht zum Fortgehen angeschickt hätte. Zu vereinbaren gab es ja nun nicht mehr viel. Frau Schostal wollte nochmals in der Eroicagasse Nachschau halten (Martins Warnung vor Herrn Kemmeter schlug sie mit schwieliger Hand in den Wind), und sie würde im gegebenen Fall zum Kellner Alois Nachricht geben. Mit dem Schlafen hier, leider, wäre es ja also ein bisserl schwer, sie hätte halt doch Angst, daß ihr Bub, der Franzl, etwas anstellen könnte – aber sonst, Herr Hoffmann, wann S' vielleicht sonst was brauchen – und einen schönen Gruß an die Gnäfrau! rief sie ihm noch im Hausflur nach. – Und es war abermals nichts geschehn.

Es geschah auch im folgenden nichts. Nur daß die Genugtuung, die Martin darüber empfand, nun immer geringer zu wiegen begann, nur daß er immer schwerer an diesen bleigewichtigen Ergebnislosigkeiten trug, schwerer von Mal zu Mal. Und als Frau Leopoldine Hell die kettengesicherte Türe, die nur zu schmalem Spalt sich öffnete, wortlos zum zweiten Mal vor ihm zuschlug; als er zum vierten Mal erfolglos nach Toni Drexler telefoniert hatte, in der Wohnung kam überhaupt niemand und in der Redaktion nur die längst schon gewohnte Auskunft, daß Herr Drexler nicht zu sprechen sei –: da war nun also alles, was für heute an Plan und Absicht in Martin gesteckt hat, erledigt und erschöpft. Da glitt und sank es wieder ab, um ein neuerliches tiefer ab, in tiefere Müdigkeit als bisher. Knapp rechtzeitig langte er noch in Sollnaus Wohnung ein, um seine Sachen abzuholen (die Sollnau ungeduldig schon verpackt hatte), knapp konnte er, befragt wo Nachrichten über Carola ihn erreichten – knapp konnte er da noch Professor Bachrachs Adresse angeben, weil er sich knapp noch besann, daß er nun also die nächsten Tage dort zubringen wollte, er wurde ja schon erwartet, seit Mittag, seit er dort angerufen hat, aus Floridsdorf noch, sogleich nach seinem Besuch bei Frau Schostal, er erinnert sich daran wie an eine erstaunlich zielbewußte Handlung, die ein guter Freund von ihm unternommen hätte und den er nun also ablösen würde, er nahm seinen Koffer, bedankte sich kaum bei Sollnau (der immer nervöser an seiner Oberlippe kaute und schließlich wütend das Taxi bestieg, allein), er ging eine kleine Strecke zu Fuß, dann fuhr er mit der Straßenbahn in den neunten Bezirk, fuhr zwei Stationen über Professor Bachrachs Wohnhaus in der Liechtensteinstraße hinaus, ging zurück, fand es ganz in der Ordnung, daß der Professor über einem Schachproblem saß und keinerlei Aufhebens von diesem Logierbesuch machte, kein Wort über die immerhin vierstündige Verspätung verlor, und vollends kein Wort über die Umstände und Ereignisse – ganz in der Ordnung fand Martin das alles, und was ihn erstaunte war höchstens die Tatsache, daß das verhutzelte Geschöpf im Vorzimmer draußen und jetzt im Zimmer drin sich als Professor Bachrachs leibliche Schwester namens Emma erwies, von deren Vorhandensein hatte Martin doch gar nichts gewußt, wo kam denn die plötzlich her, merkwürdig war das und selbstverständlich zugleich: daß der Professor sie bisher so völlig verborgen gehalten hatte – oder vielleicht war sie erst jetzt zu ihm gekommen, hatte in diesen wirren letzten Tagen zum Bruder sich geflüchtet, vielleicht aber wohnt sie auch schon seit geraumer Zeit bei ihm, ich war ja schon so lange nicht hier oben, wohl schon seit Monaten nicht, seit ich mit Carola – nun ja, nun eben, also dankeschön Herr Professor, ich komm dann am Abend nachhaus, das ist der Haustorschlüssel und das der Wohnungsschlüssel, dankeschön gnädige Frau – und da geht nun also, erledigt und erschöpft, da geht nun also Martin Hoffmann durch Straßen und Gassen egal wohin, und da ist er nun, noch ohne vom Bannkreis aus Lärm und Spalier miteinbezogen zu sein, da ist er auf die Ringstraße geraten und ins Grand Hotel, er weiß nicht wie, er hat nur ein paar Sekunden verwirrt vor der Stille innegehalten, vor dem verbotenen Zaubergarten – dann aber ist er weitergegangen und eingetreten.

Und läßt sich jetzt in einen der niedrigen, weichen, hochlehnigen Stühle nieder, an einem kleinen leeren Tisch in einer Ecke.

Schanghai. Unvermittelt muß er an Schanghai denken. Er ist niemals dort gewesen – aber so stellt er sich die Halle eines großen Hotels in der Internationalen Konzession von Schanghai vor. Es kann auch Hongkong sein oder Peking, darauf soll's ihm nicht ankommen. Schließlich macht es ja auch keinen solchen Unterschied, ob die Japaner eingebrochen sind oder die Janitscharen.

Aber hier, die hier sitzen, nun merkt er sie – die haben gar nichts Janitscharenhaftes an sich, gar nichts von Einbruch und Barbarei, und vom Tosen, das sie empfing, erst recht nichts. Sehr ruhig sitzen sie da, hohe Reichswehroffiziere, und sehen aus, wie eben hohe Offiziere aussehn. Sie haben das Gesicht ihrer Clique und Kaste, welches in aller Welt (wie sonst nur noch das priesterliche) ein uniformes Gesicht ist, das Offiziersgesicht. So sehen sie aus und so sitzen sie da, sehr ruhig, betont ruhig, auffallend ruhig und vornehm. Als wären sie leicht degoutiert von dem Lärm und Wirbel dort draußen, der bisweilen doch unüberhörbar hieherdringt. Als wäre es ihnen peinlich, mit dem allen in Zusammenhang zu stehen, in so innigem Zusammenhang gar. Denn schließlich sind es ja sie, die diesen Einmarsch geführt und befehligt haben, dieses brutale Aufgebot, diesen Eroberungszug, der gar keiner war, dieses verlogene Einhertrumpfen, dies alles – klägliche Tröpfe. Jämmerliche Handlanger, die ihr seid. Erbärmlich und lächerlich zugleich, wie nur verratene Verräter. Hohe Militärs? Offiziersgesicht? Clique und Kaste? Gerade daß ihr noch anständig ausseht und in einer Hotelhalle anständig dasitzen könnt. Und desto schlimmer, desto entwürdigender für euch, wenn so ein Restchen Überbleibsel eurer Clique und Kaste schon angenehm auffällt, schon in erlösendem Gegensatz steht zu den Janitscharen, die ihr hiehergeführt habt und die euch hiehergeführt haben, die Janitscharen samt ihrem Häuptling –

»Bringen Sie diesem Herrn einen Kognak. Und mir auch. – Guten Abend, Hoffmann.«

Es ist unklar, ob Herr Robert Sovary erst jetzt in dem leeren Stuhl daneben Platz genommen hat, oder ob das schon früher geschah. Jedenfalls sitzt er sehr bequem und sehr selbstverständlich da – wie eben ein großer internationaler Verleger in der Halle eines großen internationalen Hotels zu sitzen pflegt, was ein Reichswehroffizier kann, kann ein Verleger noch lange –, und sichtlich findet Herr Sovary so ganz und gar nichts Erstaunliches daran, daß nun auch Martin ohne besonderen Aufwand ihm zunickt: »Guten Abend.« Und nickt allerdings noch ein paar Mal trübselig hinterher.

»Na?« Sovary zieht seine Tabatiere hervor, bietet Martin eine Zigarette an, reicht ihm Feuer. »Schöner Tag heute, was?« Ganz kurz noch und in einer letzten Pause blinzelt Martin auf. »Ja«, sagt er dann. »Sehr schöner Tag. Es wird Frühling.«

»Eben. Mitte März, nichtwahr. – Wie geht's denn immer, Hoffmann? Wo ist die Frau Gemahlin?«

»Danke. Die ist seit ein paar Tagen verreist. Nach Prag.«

»Ah? Sehr gut. Unterhandlungen wegen eines Gastspiels, vermute ich.«

»Hm-m. Darüber kann ich nichts sagen ... «

»Verstehe, verstehe. Na, hoffentlich klappt's. Das wäre ja sehr schön, wenn wir die ›Träumerin‹ noch rasch in Prag herausbringen könnten! Ich hätte gar nichts dagegen. Sie doch auch nicht, wie?«

»Nein, gar nichts. Im Gegenteil. Die haben ja dort ein ausgezeichnetes Ensemble. Damals der ›Fremdling‹ – Sie erinnern sich doch – das war tadellos gemacht. Hätte nirgend besser sein können.«

»Ganz richtig. Ein ausgezeichnetes Theater.«

Der Kognak kam. Warum sollte denn auch der Kognak nicht kommen. Auf höflichen Sohlen brachte ein elegant befrackter Kellner zwei Kognakgläser an den Tisch, stellte sie mit routinierter Behutsamkeit hin, verbeugte sich, entfernte sich, warum auch nicht. Für ein paar Sekunden war das Gespräch unterbrochen, das Gespräch zwischen dem Verleger Robert Sovary und seinem Autor Martin Hoffmann, dessen kürzlich beendetes Schauspiel »Die Träumerin« nun also möglicherweise in Prag zur Uraufführung käme, warum auch nicht. Es war immerhin möglich. Es war möglich wie dieses ganze Gespräch, in dem sie doch nichts, nicht ein einziges Wort noch gesagt haben, das mit der Wirklichkeit unvereinbar wäre. Und nun geht das Gespräch also weiter, warum auch nicht, und Sovary behält das Kognakglas in der Hand, an dem er erst flüchtig genippt hat:

»Obzwar – Zürich wäre vielleicht *noch* besser, was meinen Sie? Na, aber wenn jetzt die Hell schon einmal in Prag ist –«

»Das denk ich mir auch. Bleiben wir schon bei Prag.«

»Also prost, Hoffmann!«

»Prost!«

Sie hoben die Gläser einander zu, sie trinken, und Martin stellt das Glas wieder hin, indessen Sovary das seine in der Hand behält und es bisweilen leise hin und her schwenkt zwischen den Sätzen und Pausen des Gesprächs; nur einmal, als wieder auf die Prager Premiere die Rede kommt und als Sovary vermutet: die würde doch wohl in Anwesenheit des Autors stattfinden? und Martin darauf: aber hoffentlich auch in Anwesenheit des Verlegers? – nur dieses eine Mal hebt Sovary sein Glas gegen das matte Deckenlicht und blickt eine lange Weile hinein, mit forschend zusammengekniffenen Augen.

»Tja –«, macht er dann. »Hm. Das ist noch unbestimmt.« Ganz ernsthaft klang das, und so als wäre nicht alles, was sie da besprochen und erwogen hatten: als wäre nicht auch alles andre unbestimmt, gelinde gesagt unbestimmt. Aber gerade durch die Ernsthaftigkeit, mit der Herr Sovary dies eine Nebensächliche für unbestimmt erklärte, schien alles andre an Bestimmtheit zu gewinnen, an Wahrscheinlichkeit zumindest und an Möglichkeit, es war immerhin möglich, warum auch nicht.

Als Herr Sovary bald darauf sich erhob (er erwartete ein interurbanes Gespräch und müßte jetzt auf sein Zimmer, vielleicht träfe er Martin nachher noch in der Halle an, und andernfalls also adieu) – da hatte Martin Hoffmann der Vorstellung jenes immerhin Möglichen so innig schon sich hingegeben, da schaukelte er schon in solch wohliger Benommenheit zuhöchst auf ihren Wogenkämmen: daß er beinahe schon glaubte, das Grand Hotel nur zum Zweck dieser Unterredung aufgesucht zu haben. Denn das mußte doch schließlich besprochen werden, und das war nun also in Ordnung. Die Uraufführung würde also in Prag stattfinden. Warum auch nicht.

Lächelnd blieb Martin sitzen, lächelnd betrachtete er Bild und Bewegung ringsum, spähte wie durch freundlich abgetönte Gazeschleier in die anhaltend perfekte Gedämpftheit, in die Halle des großen Hotels – und hatte bald abermals ein ihm bekanntes Gesicht gewahrt, und diesmal eben *er* als erster von beiden. Und mit abermals gesteigerter Selbstverständlichkeit fügte es sich in Ablauf und Rahmen, daß es der Maler Andreas Lutten-fellner war, jawohl und natürlich war er's, und natürlich hatte er wieder so ein unverschämtes Prachtstück von Frau bei sich, groß und starkzähnig, man sah es an ihrem Lachen jetzt, und Luttenfellner lachte mit, er gähnte keineswegs, sondern er lachte mit, also konnte er höchstens seit drei Tagen mit ihr beisammen sein, vielleicht hat er noch gar nicht mit ihr geschlafen, und da geh ich also lieber nicht hin! beschloß Martin, da würde ich wohl noch stören. Doch hatte in diesem Augenblick Andreas Luttenfellner ihn schon erspäht, winkte erfreut zu ihm herüber, erhob sich, kam auf ihn zu, schleppte ihn mit an seinen Tisch und stellte ihn der Starkzähnigen auf englisch vor, es stimmte also komplett, die war sogar eine Engländerin – vor ein paar Tagen erst, erläuterte Andy, hätte er sie vom Arlberg her-untergeschleift um ihr Wien zu zeigen – und wäre gerade zurechtgekom-men zu dieser Bescherung da jetzt: über die er sich, jählings in urtümlich-ste Muttersprache verfallend, sogleich in abfälligster Weise äußerte; wen-n's nach ihm ginge, wären sie ja sofort wieder weggefahren, leider jedoch ginge es augenblicklich nicht nach ihm sondern nach ihr, und sie, da kann man halt nix machen, sie fände das alles sogar sehr interessant. Worauf die Unterhaltung wieder englisch weiterplätscherte und andern Themen zu, Andy jedenfalls, aus Rücksicht auf Martin vielleicht, vielleicht auch aus ei-genem Widerstreben, wußte geschickt um jedwede Aktualität herumzu-steuern, und was immer er sagte, ward seiner Arlberg-Partnerin zum will-kommenen Anlaß, um unter dunklem Lachen mit Augen und Zähnen ihn anzublinken.

Ob er ihn nach Döbling bringen dürfe? fragte Andy beim Aufbruch. Er hätte seinen Wagen da, und es wäre ihm ein Vergnügen.

Sehr freundlich – danke sehr – er wohne momentan nicht in Döbling, brachte Martin hervor, mühsamer als er es merkte.

Aber Luttenfellner merkte es und visierte ihn fragend ein paar Sekun-den lang:

»Höh, Sie! Was haben S' denn?«

»Nichts nichts«, versteifte sich Martin. »Gar nichts. Ich hab mich nur für ein paar Tage bei einem Bekannten einquartiert – in der Liechtenstein-straße – Sie kennen ihn übrigens, Andy – es ist dieser komische Professor, den wir damals in Salzburg getroffen haben, erinnern Sie sich? Bei dem wohn ich jetzt!« Immer hastiger hat er drauflosgesprochen, dunkle Furcht vor einer Preisgabe hält ihn umklommen, vor einer Preisgabe all des immerhin Möglichen – nur jetzt nicht, nur jetzt noch nicht – nur nicht fragen soll Andy jetzt, nach nichts und niemandem –

»Alsdann!« sagt Luttenfellner und wendet sich entschlossen zum Gehn. »Dann bring ich Sie halt in die Liechtensteinstraße, wenn's Ihnen recht ist.«

Tatsächlich: er fragt nicht weiter, er macht sich nichts wissen! tatsächlich: es ist geglückt! Und kindisch beseligt tritt Martin mit den beiden ins Freie hinaus, kindisch beseligt geht er neben ihnen her, labt sich an Andys neuerlichem Fluchen über den g'schissenen Kirtag, den diese wildgewordenen Teppen da veranstalten, nicht zum Durchkommen, in der Krugerstraße hätte er parken müssen, sowas, und lassen S' mir den Professor schön grüßen, gelt? Er ist ein Engel, dieser Luttenfellner, ein saftiger, kerniger Engel, und das soll er jetzt bitte, bitte noch *ein* Mal ganz laut sagen: daß ihn die alle im Arsch lecken können – es ist eine Erlösung es zu hören –

»Pst, Andy! Nicht so laut!« sagt Martin, und:

»Was?« sagt Luttenfellner. »Warum? Im Arsch lecken können s' mich, alle!«

Und es dreht sich zwar der und jener um – dreht sich jedoch wieder weg, ohne Anstoß genommen zu haben: denn das bekäme wohl keinem, und gegen den Maler Andreas Luttenfellner kann wohl keiner aufkommen, sondern den können sie alle. Es ist eine Erlösung.

Wenige Minuten hernach, und das wußte Martin nicht mehr, hielt an einem Seitenausgang des Grand Hotel ein Rettungswagen. Er kam zu spät. Der Verleger Robert Sovary war schon tot.

Untergang

Der große Höllenreigen stockte und gerann. Wie wenn ein Film im Ablauf jählings innehält, inmitten des bewegten Bilds – es ist noch alles da, was dazugehört, es ist noch alles so, als bewegte es sich – und bewegt sich doch nicht, sondern steht – und steht doch auch nicht, sondern ist nur in unterbrochener Bewegung, gespenstisch und grotesk und atemlos –: so stockte und gerann der große Höllenreigen. Es war noch alles da was dazugehörte, es war noch alles so, als dauerte er fort und wäre nur unterbrochen und würde im nächsten Augenblick wieder anheben –: aber er hob nicht wieder an, er konnte nicht mehr weiter: weil es ein Mehr und Weiter nicht gab. Und er konnte auch nicht zurück: denn wohin er etwa zurückgekonnt hätte, das gab es auch nicht mehr. Denn mittlerweile war alles anders geworden.

Über eine Spanne Zeit hinweg, gespenstisch und grotesk und atemlos, hielt sich das Höllische noch gestockt und geronnen. Dann begann es sich aufzulösen, schlammig und weich zerquoll es von oben her, zähe von allen Seiten floß es und drang es ein, Dreck und Spülicht schwemmten sich hoch von zuunterst – bis gänzlich die Stadt darinnen versunken war und verwandelt: eine andre Stadt.

Ach, das lag nun nicht mehr an den Fahnen und Zeichen, an den Affichen und Emblemen, welche ihr Bild entstellten: das war ja entstellt schon seit langem; und mochten Fahnen und Zeichen, mochten Affichen und Embleme jetzt auch teuflisch andres bedeuten – man könnte, dahinter und durch sie hindurch, doch wie zuvor die Stadt noch sehn und erkennen. Aber man sieht sie nicht mehr, und sie ist nicht zu erkennen. Ach, und das Fremde in ihr, die vielen fremden Soldaten, die vielen fremden Autos und fremde Polizisten sogar – dem allen müßte sie doch, wenn es die Stadt noch wäre, desto unverkennbarer sich entgegenheben, desto beharrlicher widerstehn, stumm und starr und steinern. Aber sie widersteht nicht. Sie gibt nach. Sie gibt sich preis und gibt sich hin. Ihre Weichheit, ihre geliebte Weichheit, trieft von schmiegsamer, willfähriger Bereitschaft. Sie ist zu haben, die Stadt, sie ist zu allem zu haben. Dieses Getriebe und Geschiebe in ihren Straßen, schale Reste des großen Rausches noch, schäbig abgestandene Posen des großen Reigens, dieses gewaltsame Nachzucken, Schritt und Tritt, Hei und Geschrei, dieses Aufblöken immer von neuem, vereinzelt und quer aneinander, bei jeder Gelegenheit, jeder für sich und laut damit man's nur merke, damit es nur ja ein jeder merke, heil Hitler heil Hitler, da, dort, Passanten um ein Bild, Passanten um ein Plakat, heil Hitler, Passanten um ein Auto, Passanten um Uniformen, heil Hitler, und Straßenverkäufer schrill, Hakenkreuzfahnen zehn Groschen, Hakenkreuzabzeichen zwanzig Groschen, das Bildnis des Führers dreißig Groschen, der lächelnde Führer dreißig Groschen, der Führer in Linz, der Führer in Wien, der Führer der Führer der Führer, der Völkische Beobachter, das Schwarze Korps, der Stürmer, die Juden sind unser Unglück, Volksgenossen kauft nicht beim Juden, Wien muß judenrein werden, der Stürmer der Führer heil Hitler, zehn Groschen zwanzig Groschen heil Hitler, Uniformen grau Uniformen braun heil Hitler, Uniformen schwarz Uniformen braun heil Hitler – ach, es war keineswegs so, daß dies alles sich bloß hätte aufpfropfen wollen und abgeglitten wäre, ach nein. Sondern es war eingedrungen in die Stadt und die Stadt nahm es auf, schmiegsam und willfährig, und versank darin, und war eine andre Stadt.

Martin Hoffmann, fremd schwer erwacht im trüben Zwielicht des Märzmorgens, erinnert sich fernher noch an ein barmherziges Traumbild von gestern, an eine selbstverständliche Hotelhalle, perfekt ins Normale verzaubert, an eine Rück- und Kehrseite der Wirklichkeit, die immerhin möglich war, warum auch nicht … doch hat sich alsbald schon wieder die Vorderseite ihm zugekehrt, unbarmherzig und gegenständlich: einer fremden Wohnung fremder Geruch, ein verschmutztes Hemd, und kein Wäscheschrank zu prüferischer Auswahl, sondern ein kleiner Koffer mit Wäsche noch knapp für zwei Tage. Und wenig später hat die Wirklichkeit sich gänzlich aus jenen freundlich abgetönten Gazeschleiern hervorgeschält und bietet sich dar in gewohnter, in fast schon vertrauter Gestalt: Toni ist nicht zu erreichen, nicht zuhause und nicht in der Redaktion, der Kellner Alois hat keine Nachricht, nicht von Frau Schostal noch sonsteine, das ist sie nun wieder, die Wirklichkeit, da ist sie nun und so sieht sie aus.

Und ist eine andre, gefährlichere Wirklichkeit als gestern noch – Martin vermeint es spüren und greifen zu können, als er die Straße betritt. Andre, gefährlichere Blicke heften sich ihm entgegen aus andern, gefährlicheren Gesichtern. Tatsächlich: es sind andre Gesichter. Tatsächlich: es sind andre Menschen. Nicht bloß veränderte, nicht bloß verwandelte, nein: andre. Und nicht bloß jene, deren Fremdheit schon äußerlich sich kundtut, durch Gewand und Gehaben und Sprache – nein, auch die unverkennbar der Stadt Entstammten. Andre Gesichter, neue Gesichter, Gesichter, wie er sie hier und in solcher Menge noch nie gesehen hat. Und er kennt doch die Gegend hier. Sie ist ihm so innig vertraut wie keine sonst auf der Welt, hier ist er geboren und aufgewachsen, hier ist das Geviert seiner Kindheit, es sind doch *seine* Gassen hier, es ist doch *seine* Gegend. Und nicht anders als Gassen und Plätze, nicht anders als Häuser und Gärten, nicht anders als Tore und Pflastersteine kennt er doch auch die Gesichter (und selbst die unbekannten), die zu der Gegend hier gehören. Diese neuen und fremden Gesichter jetzt gehörten nicht hieher und nicht dazu, und wären sonst wohl auch niemals hiehergekommen. Jetzt aber waren sie da und sahen sich um, gefährliche Gesichter, frech und ordinär. Hämisch grinsten und lauerten sie, lüstern dampfte ihnen der Atem aus schiefem Maul, prüfenden Blicks umfaßten sie das Revier ihrer Beute, in gierigem Auslug, in sprungbereiter Witterung – Martin, da wieder so ein Gesicht ihm ins Blickfeld gerät, glaubt seinem Träger schon ein angespanntes Geducktsein anzumerken – und plötzlich will ihm scheinen, als hätte er es schon irgendwo gesehn, nur war es da anders geduckt – zwar auf Auslug und Witterung desgleichen, aber nicht in forderisch einbekannter Gier – sondern bescheiden – sondern beflissen – sondern servil und unterwürfig–: ein Türlschnapper, jetzt weiß er's. Es sind lauter Türlschnapper-Gesichter, jetzt weiß er's. Lauter Gesichter wie jenes, das auf der Ringstraße damals vor ihm aufgetaucht ist, an jenem zwiespältig regnerischen Sonntag Vormittag, am Sonntag nach Berchtesgaden; lauter Gestalten wie jene, die ihm damals den Weg vertreten und dann in bösartig übertriebener Devotion sich wieder weggebuckelt hat von ihm. Lauter solche Gesichter. Lauter solche Gestalten. Lauter Türlschnapper. Die eilfertig sonst bereitstanden und spähten, ob sie nicht einen Wagenschlag öffnen könnten und dafür ein Trinkgeld beanspruchen – jetzt sind sie ihres Anspruchs gewiß, jetzt hat ihre plumpe, plebejische Servilität sich in ein plumpes, plebejisches Gegenteil verkehrt, jetzt warten sie nicht darauf, eine ungebetene Dienstleistung anzubringen, sondern sie schweifen umher und bestimmen sich selbst ihre Beute, suchen sich selbst ihre

Opfer aus, jetzt ist ihr Geducktsein kein dienstbereites mehr sondern ein räuberisches, frech zur Schau tragen sie ihr Recht auf den Raub, und werden es anmelden wann es ihnen beliebt – ach nicht bei allen, welche im Auto fahren, ach nein, das wäre ja noch gut, das wäre ja noch eine echte Revolution, ach nein, so ist es nicht. Und vor denen, die zum Autofahren ein Hakenkreuz tragen, stehen sie nach wie vor und jetzt erst recht servil und unterwürfig. Aber auf die, denen das Hakenkreuz fehlt: auf diese stürzen sie sich und melden ihr Recht an. Vor denen sind sie keine Trinkgeldempfänger mehr, sondern Herren und Hakenkreuzträger.

Die Türlschnapper haben Revolution gemacht. Es ist die Revolution der Türlschnapper.

Jählings, wie Martin das nächste dieser Gesichter, den nächsten Blick, die nächste Gestalt auf sich zukommen sieht, erschrickt er und schaudert zusammen: er hat wahrhaftig geglaubt, daß es jener Eine wäre, er hat ihn wahrhaftig schon zu erkennen geglaubt – und wahrhaftig: der grinst ja! wahrhaftig: der heftet die Augen auf ihn! und fragt, wahrhaftig: »Was schaun S' denn so?«, genau wie es jener gefragt hat – erst Schritte später atmet Martin sich frei, seine Pulse pochen und hämmern, von kleinen Schweißperlen dicht besät ist seine Stirn, er zittert, die Zähne schlagen ihm gegeneinander, vielleicht ist das ein Schüttelfrost, vielleicht nur Angst, Angst wie er sie bisher noch niemals empfand, lähmende Angst, die ihm von der Herzgrube kalt an die Kehle greift und wieder hinab in die Knie, daß er kaum seine Glieder noch fühlt und nur noch ganz knapp gegen ein Haustor sich lehnen kann, gegen ein hakenkreuzüberflaggtes Haustor – weg! denkt er als erstes dann wieder, weg! ich muß weg! Jetzt ist es genug. Ich muß weg.

Aber wie. Aber wohin. Aber Carola.

So. Ich werde also verrückt? Auch gut. Auch das ist eine Möglichkeit. Hiemit werde ich verrückt. Ich stelle fest, daß ich hiemit verrückt werde.

Ganz recht geschieht mir. Was hab ich denn hier zu suchen.

Wozu soll das denn gut sein. Ich habe ganz andres zu tun, vernünftig und systematisch zu tun. Mag es hernach auch unvernünftig gewesen sein und von falschem, unbrauchbarem System – es schadet doch nichts, soviel hat sich bereits mehrfach gezeigt. Es wird vielleicht nichts nützen und nichts erbringen – aber es wird auch nichts schaden. Es wird schon nichts geschehn. Also.

Also habe ich, weil ich doch wegfahren muß, mir zuerst einmal meinen Paß zu verschaffen, denn ohne Paß kann man bekanntlich nicht wegfahren, und ich will doch –

Aber wohin – aber Carola – ich werde – nein, ich werde *nicht* verrückt, just nicht.

Und es wird schon nichts geschehn.

Es geschieht auch wirklich nichts. Beinahe und fernher gewinnt sogar die träumerische Erinnerung, mit der Martin heute erwacht ist, zaghaft wieder Gestalt. Beinahe schimmert jene betörende Gaukelei, die sich ihm in der großen Hotelhalle darbot, jene betörende Kehrseite der Wirklichkeit, jenes selbstverständliche Bild eines normalen Verlaufs, eines immerhin möglichen normalen Verlaufs, warum auch nicht –: beinahe schimmert es wieder hindurch und hervor. Denn als Martin auf dem Magistratischen Bezirksamt Wien III., Landstraße-Hauptstraße, nach der Adresse des Oberst Jovanovic sich erkundigt: da wird ihm die Auskunft mürrisch zwar und widerwillig erteilt – doch entspricht das durchaus dem magistratischen Brauch, es ist eine ganz normale Auskunftserteilung, und es wird ganz normal amtiert. Nicht etwa demonstrativ, nicht in beabsichtigter Resistenz gegen das ringsum Anormale, sondern so, als gäbe es gar kein anormales Ringsum. Ganz normal und selbstverständlich. Jovanovic, Alexander Nikolaus von, Pensionist, wohnt Wien III., Dapontegasse 7, II. Stock, Tür 6, dankeschön, und das ist ja nicht weit von hier, das ist ja nahe beim Arenbergring, da geh ich jetzt gleich hinauf. Ganz normal.

Ach, es war gar nicht so viel, gar nichts so Wundersames. Eine Adresse bloß, erfragt beim zuständigen Amt. Aber es war das erste Mal, daß nicht bloß »nichts geschehn« ist, daß es nicht bloß »nichts geschadet« hat – sondern etwas genützt und erbracht.

Eben. Man darf nur nicht verrückt werden. Und wenn die Welt voll Türlschnappern wär' (und sie ist es). Man muß sich nur vernünftig und systematisch ans Werk machen, dann geht's schon. Ganz normal.

Und ganz normal auch das nächste: Herr von Jovanovic ist zwar nicht zuhause, aber er hat eine alte Wirtschafterin, und die weiß und sagt, wann er am Nachmittag zuhause ist, und die wird ihm auch ausrichten, daß Herr Hoffmann da war und wiederkommen wird. Ganz normal. Eben.

Und nun auf den Ostbahnhof weiter, es geht schon, man wird sich dort schon irgendwie nach dem »nächsten Polizeikommissariat« erkundigen können, nach jenem nächtlich fremden in der unbekannten Gegend, auf gut Glück, vielleicht ist es das richtige. Bitte, wo liegt denn da das nächste Polizeikommissariat – ganz einfach, ganz normal – dieser Träger hier, dieser ganz normal an der Zufahrtsrampe stehende Träger, könnte es vielleicht wissen. Leider, er weiß es nicht. Aber er fragt zu einer Gruppe von andern Trägern hinüber, die ganz normal danebenstehn, und einer von denen weiß es, und beschreibt sogar noch den Weg. Ganz normal. Am gleichen Bahnhof wo es begann, wo gültige Fahrkarten plötzlich nicht mehr galten, wo man plötzlich weggeführt wurde und in ein Auto verladen und dann ohne Paß – aber den hol ich mir jetzt, den Paß – den bekomm ich jetzt zurück, den Paß – natürlich bekomm ich ihn zurück, ganz normal – warum sollte ich ihn nicht zurückbekommen – warum auch nicht –

Das hier? Das kann es doch nicht sein. Das sieht ja wieder ganz anders aus als damals in der Nacht, wieder ganz anders fremd. »Guten Tag.«

»Heil Hitler.«

Hm. Warum Heil Hitler? Am Magistrat hat kein Mensch – richtig: der Beamte dort ist hinter einem Schalter gesessen und hat mich zuerst gefragt, gegrüßt wurde überhaupt nicht. Aber der da sitzt hinter einem Tisch, und ich hab gegrüßt. Und eine Hakenkreuzbinde trägt er auch. Hm.

»Also –?«

»Bitte würden Sie mir –«

»Heil Hitler!«

Ach so. So meint der das. Da kann ich aber leider nicht dienen. »Ich bin Jude.«

»Ah –?« Grinsend mit gefletschtem Gebiß, und jetzt lacht er noch durch die Nase. Wahrscheinlich hat er das nur hören wollen, von mir hören, ohne Aufforderung. Sozusagen freiwillig. Hat sich wahrscheinlich vorgestellt, daß ich herumstottern würde, oder sowas. Nun, damit war's also nichts. 1:0 für mich.

»Jude. Und?«

»Ich wollte fragen, ob hier das Kommissariat ist, wo in der Nacht von Freitag auf Samstag –«

»Schon wieder einer!« Und wieder das Lachen durch die Nase. »Man dürft' rein *nur* für die Herren Juden da sein, was? So wie früher, was?« Und jetzt trommeln seine Finger auf die Tischplatte, jetzt legt er den Kopf schief, mit schmalen Lippen, mit wütend schmalen Lippen, oweh, das hab ich nicht bedacht. 1:1. Nein, 2:1 für ihn, 10:1 für ihn, 100:1 für ihn. Es braucht ihm jetzt bloß die Galle überzulaufen, es braucht ihm jetzt bloß einzufallen, daß er mich ja ganz einfach und ganz nach seinem Belieben – »Ich hab's heut schon zehnmal gesagt –« (und haut dazu mit den Knöcheln auf) »– beschlagnahmte Pässe erliegen auf der Polizeidirektion Schottenring und werden dem Inhaber wieder ausgefolgt, falls gegen ihn nichts vorliegt. Genügt?«

Allerdings. Falls gegen ihn nichts vorliegt. Das war ja scharf genug betont, und das genügt allerdings. »Ja. Danke.«

Und was sagt man jetzt noch? Grüßt man? Eher wohl nicht. »Man grüßt, wenn man einen Amtsraum verläßt!«

»Guten Tag.«

»Heil Hitler!«

Hinaus. Rasch hinaus. Und weg, rasch weg! Wieder, als Martin das Freie gewinnt, wieder stehen ihm kleine Schweißperlen dicht auf der Stirn, hämmern ihm wild die Pulse, fühlt er sich hohl und schwach von der Kehle hinab übers Herz und bis in die zittrigen Knie – nur daß es ihn diesmal nicht mehr so fremd und jäh übermannt: denn daß er wegmuß, hat er ja schon gewußt. Rasch weg, nur rasch. Das war ja ein Irrsinn, überhaupt hieherzukommen. Und wenn die sich am Schottenring für die nicht abgeholten Pässe interessieren – wenn sie draufkommen, daß der Inhaber dieses einen Passes identisch ist mit dem Inhaber einer versiegelten Wohnung – wenn *die* erst einmal System in die Sache bringen – weg, rasch weg – aber wie – aber wohin – aber Carola – nein, ich bin *nicht* verrückt und ich habe auch nicht die Absicht, es zu werden, nein. Ich stelle fest, daß ich hiemit nicht die Absicht habe, verrückt zu werden. Ich stelle fest, daß ich so rasch wie möglich von hier wegmuß. Ich werde jetzt noch einmal alles versuchen was es gibt, Toni zuhause, Toni in der Redaktion, Frau Schostal, Alois, das Theater, Frau Hell, der Oberst – und was, wenn auch der Oberst nichts weiß? oder mir nichts sagen will? oder gar nicht zuhause ist? – ich werde noch einmal alles versuchen, und wenn alles nichts nützt, wenn ich bis heute abend weder mit Carola noch mit Toni in Kontakt komme, wenn ich auch heute nichts über Carola erfahre –: dann muß ich eben weg. Dann verschwinde ich, irgendwie, irgendwohin. So. Das wäre also erledigt. Morgen bin ich nicht mehr hier. Ich muß es dann eben draußen weiter versuchen, vielleicht ist das sogar leichter, im Ausland und vom Ausland her. Oder vielleicht ist es dann gar nicht mehr nötig, weil sich dann alles sofort aufklärt, morgen schon. So. Sehr gut. Was ist denn das überhaupt für ein Tag, morgen? Der wievielte ist das eigentlich? Augenblick, ich schau gleich nach – Augenblick –

Aber was ist denn *das*?

Martin steht immer noch da und hält seinen Vormerkkalender immer noch in der Hand, starrt angestrengt auf die leeren weißen Blätter, die blaulinierten, die rot in je vier Felder geteilten, für vier Tage links, und rechts für drei Tage sowie »Notizen«. Und in einem dieser Notiz-Felder, auf zwei sonst leeren weißen Blättern – denn Martin benützt den Kalender fast nie, er trägt ihn eher des »Anhangs« wegen bei sich, welcher die Posttarife enthält und Maße und Gewichte und vielerlei Aufschlußreiches noch – in einem der Notiz-Felder also hat er plötzlich Ziffern erspäht, 25.468, eine Zahl, eine Nummer – eine Autonummer –: die Nummer des Taxi, mit dem sie damals zur Bahn gefahren sind, natürlich.

Und jetzt, lieber Gott, jetzt ein Mal noch Vernunft und System! jetzt ein Mal noch einen halbwegs normalen Verlauf! ein Mal noch jene betörende Kehrseite der Wirklichkeit, jenes immerhin Mögliche! Denn wenn irgend und überhaupt, dann muß ich doch von dem Chauffeur, der damals auf Toni gewartet hat, dann muß ich doch jetzt und hier etwas erfahren.

Von der zweiten der »Autotaxi-Unternehmungen«, die Martin anruft, bekommt er Bescheid. Der Citroënwagen A 25.468 hat seinen Standplatz beim »Auge Gottes«, Ecke Nußdorferstraße und Gürtel.

Das ist kein Angstschweiß jetzt, der kalt und nadelkopfdicht ihm auf der Stirne stünde – das ist der wohlige, warme, ungehemmt strömende Schweiß der Anstrengung, einer geglückten Anstrengung, und die Schwäche in seinen Knien ist die Schwäche hoffnungsheißer Erwartung, er zittert vor Hoffnung und Ungeduld, er winkt einem Taxi, einem ganz und gar gleichgültigen Taxi, welches ihn an den Standplatz des einzig echten und bedeutungsvollen bringen wird, des einzigen Taxi überhaupt – vergebens sucht er, schon in den Fond gelehnt und die knieschwachen Beine weit von sich gestreckt, vergebens sucht er Reihe und Regel in seine Erwartung zu bringen – vergebens sucht er sich zurechtzulegen, *was* er da nun erfahren könnte und *was* es etwa zu bedeuten hätte – wenn Toni allein zurückgekommen ist: was dann weiter geschah, vielleicht auch was vorher mit Carola geschehen ist – oder wenn vielleicht beide zurückgekommen sind: warum, und wie ging es dann weiter – vielleicht ist Carola, vielleicht sind sie beide dann mit dem Schnauzbart an die Grenze gefahren, an irgendeine Grenze – das wäre sogar das Vernünftigste gewesen – hoffentlich ist es geglückt – Hotel und Restaurant »Zum Auge Gottes«. So. Danke. Und noch ein bißchen stehnbleiben, bis der abfährt.

Herzklopfen hab ich. Herzklopfen wie bei einem ersten Rendezvous, und jetzt soll ich's also erfahren. Heute, ganz bestimmt. Heute, jetzt, hier. So, das dürfte genügen. Und um die Ecke ist der Standplatz. Drei Citroën – ein Steyr – irgendein alter Kasten – dann wieder zwei Citroën – und alle Citroën-Taxi sehen gleich aus – aber ich hab ja die Nummer! ich hab ja – um Himmels willen: vielleicht ist er gar nicht da? vielleicht ist er unterwegs? vielleicht –

»Taxi –?«

Oweh, da hat jetzt ein Chauffeur geglaubt, daß ich einen Wagen haben will – natürlich – ich schau ja auch so blöd herum – und jetzt wird er sich ärgern – man dürfe rein nur für die Herren Juden da sein – heil Hitler –

»Nein, dankeschön – entschuldigen Sie bitte: ich such nämlich den Wagen Nummer fünfundzwanzig-vier-achtundsechzig – können Sie mir vielleicht –«

»Schaun S' halt.«

Er ärgert sich, und er hat nichteinmal unrecht. Ich schau halt. Und jetzt weiß ich endlich, wie einem Losgewinner zumut ist!

So, genau so muß das sein. Zuerst die ganze Zahl, dann die Augen zusammenkneifen, dann einzeln jede Ziffer, eine nach der andern – stimmt – stimmt – stimmt: A 25.468. Als vorletzter in der Reihe.

Aber der Chauffeur – um Himmels willen: wenn jetzt der Wagen da ist, und der Chauffeur nicht? vielleicht hat der Wagen jetzt überhaupt einen andern Chauffeur? vielleicht ist es einer von den beiden links daneben –

»Taxi –?«

»Nein – danke – entschuldigen Sie – ich such den Chauffeur von dem Wagen da –«

»Den Pichler? Warten S' – der is in der Schwemme. Moment.«

Der Chauffeur Pichler muß sein Glas in Eile geleert haben –: als er aus der Gasthaustüre hervortritt, wischt er sich noch über den feuchten Schnauzbart. Er ist es.

»Guten Tag!« sagt Martin laut und erlöst, mit einem großen Schritt auf ihn zu – und hält inne, verlegen, fast ein wenig verschreckt: weil er »Guten Tag« gesagt hat. Und weil man doch jetzt sehr übel ankommen kann, wenn man –

»Habedjehre«, sagt der Chauffeur Pichler, ein fragender Unterton schwingt mit, und ein fragender Blick erwidert Martins Lächeln.

»Sie erkennen mich wahrscheinlich nicht.«

»Nein –?«

»Na ja – es war ja damals auch finster. Freitag in der Nacht. Döbling – Josefstadt – Ostbahn.«

»Ah Sie san des! Natürlich, jetz'n erinner ich mich … Sie san des.« Es klang verwundert und befriedigt zugleich. »Des hätt' i gar net 'glaubt. – Siebzehne fuchzig.«

»Wie bitte?«

»Siebzehn Schilling fünfzig macht's aus. Die Tax.«

»Welche Taxe?«

»Ja – aber –?« Nicht gerade unfreundlich war das gesagt, nur wieder ein wenig fragend und mißtrauisch. »Von dem andern Herrn, der was mi an der Bahn hat warten lassen. Der is ja nimmer z'ruck'kommen, net wahr. Und da hab i jetzt'n 'glaubt, daß Sie's zahlen wollen –?«

»Ach so – gewiß – wieviel macht's?«

»Siebzehn fünfzig. – Aber bittschön – wann S' nix davon wissen –«

»Nein nein – nehmen Sie nur. Danke, es ist schon recht.« Martin hat eine Zwanzigschillingnote ihm eingehändigt und steht nun da und starrt: denn *damit* hat er nicht gerechnet. Daß weder Toni noch Carola zum Taxi zurückgekommen wären: damit hat er in seinen klarsten, in seinen verwirrtesten Gedanken nicht gerechnet. Mit dieser wahrhaftig naheliegenden Möglichkeit nicht. Und es betäubt ihn bis zur Fassungslosigkeit, daß da jemand es seit Tagen schon weiß, seit Tagen es als schlichte Tatsache verbucht hält.

»Fehlt Ihna was?« Teilnahmsvoll beugt der Chauffeur Pichler sich zu ihm vor.

»Nein – danke – garnichts.« Aber er steht noch immer und starrt, fassungslos immer noch, betäubt immer noch – fassungslos und betäubt von der jähen Gewißheit: daß also Toni mit Carola zusammen weggefahren ist! daß sie beide in Prag sind, beide – Carola unter Tonis Schutz und Obsorge – so ist das, natürlich ist das so – und jetzt klärt sich auch alles zurecht – natürlich konnte ich ihn dann in Wien nicht finden, in Wien nicht, Gottlob –

»Eigentlich –«, läßt die gedämpfte Stimme des Chauffeurs Pichler sich da aufs neue vernehmen,»– mir is damals so vor'kommen, daß Sie hab'n wegfahren wollen?«

Martin blickt auf und dem Chauffeur Pichler ins Gesicht, und sein Blick bleibt haften, sekundenlang forschend verwirrt – in andrer Verwirrung jetzt – als widerführe es ihm jetzt ein zweites Mal – als wäre auch dieses Gesicht ihm längst bekannt und geläufig, länger und besser bekannt als jenes andre, das rings die Straßen beherrscht: das Gesicht des Türlschnappers – länger bekannt und von besserer Erfahrung her: das Gesicht des Chauffeurs – ach wie lange das schon zurückliegt, allzu lange vielleicht – es ist vielleicht schon zu lange her, daß ihm solche Gesichter vertraut waren, daß es sie überhaupt gab, in Scharen auf der Straße, reihenweise in Sälen – es ist vielleicht schon zu lange her, daß Vortragsabende in Arbeiterheimen stattfanden –

»Wollen hätt' ich schon, Herr Pichler. Aber man hat mich nicht lassen.«

Sein Blick hängt weiter an dem schnauzbärtigen Gesicht.»Man hat mir sogar den Paß weggenommen. Und mittlerweile hat man mir auch noch die Wohnung versiegelt, und –« Er schweigt. Er schweigt, und sein Blick hängt am Gesicht des Chauffeurs Pichler. Und ist ein hilfesuchender Blick.

»Politisch?« Mit unbewegter Stimme, mit unbewegten Lippen, beinahe streng, beinahe als wäre es ein Verhör.

»Auch politisch. So halb und halb.«

»Vaterländische Front?« Es ist ein Verhör. Ein so vorschriftsmäßiges sogar, daß Martin mit einem kleinen Lächeln fragt:

»Warum wollen Sie das so genau wissen, Herr Pichler?«

»Weil –«, antwortet der Chauffeur Pichler und hebt die Stimme, was er nämlich ohneweiters tun darf und was er sich nicht entgehen lassen will: »– weil die von der VF hab i net gern. Die was zuerscht umeinandschrein: rotweißrot bis zum Tod!, und nachher pallisieren – die hab i net gern!«

Worauf der Chauffeur Pichler seine Stimme wieder senkt und mit bedächtigen Schritten auf ein Seitengäßchen zusteuert.»Alsdann was hab'n denn die Rotzbuben gegen Ihnen?«

»Alles mögliche«, sagt Martin.»Schon von früher.« Er könnte es vielleicht genauer sagen, er könnte ganz bestimmte Zeitschriften erwähnen, für die er geschrieben – noch besser: ganz bestimmte Säle, in denen er gelesen hat – aber das ist vielleicht schon allzu lange her –

»Was san S' denn von Beruf?«

»Schriftsteller.«

»Uijeh –!« macht der Chauffeur Pichler.

»Und ein Jud auch noch.«

»Das brauchen S' gar net dazusagen!« Mit einem breiten Lachen unterm Schnauzbart hervor, er meint es nicht bös, und läßt sogleich die ausdrückliche Feststellung folgen: »Das is mir nämlich wurscht, lieber Herr!«

»Aber denen nicht. Außerdem hab ich eine arische Frau.«

»Das war die Frau Gemahlin? Wo is sie denn hin?«

»Nach Prag, hoffentlich.«

»No alsdann. Dann fahren S' doch zu ihr!«

»Ich hab ja keinen Paß, Herr Pichler!«

Das Gesicht, mit dem sich der Chauffeur Pichler ihm zukehrt, und die Handbewegung, die er dabei vollführt, strotzen von Verwunderung: »Für was brauchen S' denn einen Paß?! Wegen der Identität vielleicht? Damit S' zu einem jeden sagen können: *i* bin's, Bruder?!« Und er nickte stumm vor sich hin, mit tadelnd zugeklappten Augenlidern.

Aber als er dann ein paar Minuten später nochmals die Augen schloß und nochmals nickte: da hatte es keinen Tadel zu bedeuten, sondern Einverständnis. Gutes, kräftiges Einverständnis, gut und kräftig wie sein Händedruck zum Abschied.

Und nochmals besann sich Martin, hielt inne und wandte sich zurück: was es denn kosten würde, für alle Fälle?

Herr Pichler, vollkommen wieder und lediglich Chauffeur des Citroen-Taxi A 25.468, zuckte die Achseln.

»Die Tax«, sagte er gleichgültig. »Halt ein Hunderter wird's werden, von da bis zur Grenze.«

»Und das andre –?«

»Was: und das andre?!« Jetzt war Herr Pichler sogar ein grober Taxichauffeur, und befliß sich giftig hochdeutscher Redeweise. »Verlangen *Sie* ein Geld, wann Sie wem einen Weg zeigen?!«

Indessen hat auch dieser Rüffler, den Martin in der Tat errötend einsteckte, seiner Stimmung nichts anzuhaben vermocht, seiner königlichen Stimmung, und Martin, wie er nun schwingenden Schritts entschreitet, macht sich ein königliches Behagen daraus, sie immer wieder auf ihre Grundlagen zu untersuchen, sie zu zerlegen und zu tranchieren, Wildpret auf königlicher Tafel. Es ist nicht allein die Botschaft und Klärung, die ihm nun zuteil wurde nach qualvoll tagelanger Vergeblichkeit. Und es ist nicht allein das Versprechen des Chauffeurs Pichler, ihn morgen bei Einbruch der Dunkelheit an die Grenze zu bringen, zu einem sicheren Übertritt in die Tschechoslowakei – es ist nicht allein, daß er also morgen wirklich das Land verlassen wird. Sondern es kommt noch hinzu, daß dies ohne Paß und auf Schleichwegen, daß es auf verbotene Weise geschehen wird. Es kommt die Entdeckung hinzu, die königliche Entdeckung: daß aufgehobenes Gesetz und aufgehobene Logik – daß Ordnung, wenn sie durchbrochen und zerstört ist, auch *gegen* ihre Zerstörer sich durchbrechen läßt. Nicht nur *von* ihnen – auch *gegen* sie.

Das hat er nicht gewußt, er, der für seine Person noch in abendlich menschenleerer Gasse auf die Ordnung sich berufen wollte. Nun weiß er es und wird davon Gebrauch machen, er, der für seine Person wohl niemals auf solchen Einfall gekommen wäre (und gewiß nicht zu solchem Beschluß). Nun ist ihm königlich zumut, und sie alle, wie sie da mit ihren Hakenkreuzen um ihn herum stolzieren und streichen – sie alle wollen ihm nun fast komisch erscheinen. Toni ist nicht zurückgekommen, Toni ist mit Carola in Prag, und morgen abend bin auch ich –

Wieder ist Martin stehngeblieben und steht und starrt, von einer neuen Möglichkeit betäubt, von einer fürchterlichen Möglichkeit; und nun ist es auch wieder der nadeldünne, stechende Schweiß, der ihm die Stirne besät.

Toni ist nicht zurückgekommen, Toni und Carola sind nicht zurückgekommen: weil man sie beide verhaftet hat. Sie sind nicht in Prag, sondern sie sind verhaftet. So ist das. Und so ist es auch zu erklären, daß ich noch nichts von ihnen gehört habe. Nur so. Weil sie verhaftet sind.

Aber dann hätte ich doch, um Himmels willen, dann hätte ich doch wenigstens *das* erfahren müssen! Soetwas erfährt man doch! Ob die Schauspielerin Carola Hell, Mitglied des Theaters in der Josefstadt, und der Redakteur Drexler vom Neuen Wiener Tagblatt verhaftet sind – das wüßte man doch!

Wer? Warum? Warum sollte man gerade *das* wissen und erfahren? Man weiß doch gar nichts jetzt, von niemandem. (Ich muß endlich in ein Kaffeehaus gehn und Zeitungen lesen, befällt es ihn sinnlos mittenhinein. Ich hab schon seit Tagen keine Zeitung gelesen. Ich weiß überhaupt nicht, was vorgeht.)

Carola und Toni sind damals am Bahnhof verhaftet worden, gleich nach ihm. Sie wollten ihn aus diesem Saal herausholen, sie haben interveniert und haben schon dadurch sich verdächtig gemacht, dann sind sie in ihrer Erregung auch noch ausfällig geworden: und wurden verhaftet. Er glaubt vor sich zu sehn, wie es geschah, er glaubt Carola vor sich zu sehn, blutleer und starr, grellrote Lippen im bleichen Gesicht – Carola ist verhaftet worden, seinetwegen verhaftet.

Vielleicht, und so klärt sich auch *das*, vielleicht hat man ihre Mutter davon verständigt, vielleicht weiß es ihre Mutter schon. Und das wäre dann allerdings ein Grund, warum sie mich nicht empfangen will. Das wäre sogar noch für manches andre ein Grund.

So. Jetzt ist es halb drei, das trifft sich ausgezeichnet, jetzt fahr ich noch in die Dapontegasse, damit es mir der Oberst noch ganz genau sagt. Vorausgesetzt, daß er nicht auf dem gleichen Standpunkt steht wie die alte Dame und mich *auch* nicht empfängt. Oder vielleicht geht der Herr Oberst noch forscher ins Zeug, und wenn er mich erst einmal in seiner Wohnung hat, dann – nun, das wird sich ja zeigen. Das wird sich ja sehr bald zeigen.

Es waren die längsten Minuten an diesem überlangen Tag: die zehn Minuten Fahrt bis in den dritten Bezirk. Es war die längste Spanne regelloser Pein und irrsinnsträchtiger Ungewißheit. Die längste und die letzte – und wie regellos, wie irrsinnsträchtig es da bei ihm schon zugegangen war, meinte er kopfschüttelnd erst hernach zu erfassen (und erfaßte es selbst dann noch nicht, und erfaßte es nie mehr).

Zunächst schien von ferne wieder jene traumgauklerisch normale Kehrseite in die Wirklichkeit hereinzublinken, verwirrender als je. So verwirrend, daß Martin stutzte und glotzte. Denn nicht bloß war der Oberst zuhause, ganz normal; nicht bloß trug die Wirtschafterin ihm sogleich Martins Karte ins Zimmer, ganz normal – sondern als Martin dann eintritt, da stutzt er eben und glotzt: vom Schreibtisch her kommt der Oberst auf ihn zu, der Oberst wirklich, in voller Uniform, in den schwarzen Hosen mit den roten Lampassen, im dunkelblauen Waffenrock, halb schon verschwärzt die silbernen Intarsien am Kragen und matt das Dreieck der

Sterne, es ist der Waffenrock der alten Armee (nicht der, den verlebt und verlegen die neue Armee wieder eingeführt hat), der alte Waffenrock, und an der linken Brustseite hängen und baumeln die alten Orden und Auszeichnungen – so steht er da, der Oberst von Jovanovic, Oberst Jovanovic vom k. und k. Infanterie-Regiment »Hoch- und Deutschmeister« Nr. 4, so steht er vor ihm und schüttelt ihm die Hand:

»Servus, junger Mann«, sagt er. »Freut mich, Sie zu sehen. Freut mich, freut mich.«

Man hätte ihn jetzt eigentlich mit »Respekt, Herr Oberst« zu begrüßen – Martin, noch aus Kriegszeiten her, aus den Gesprächen und Erzählungen die er damals gehört hat, erinnert sich dieser saloppen Grußform, und lächelt, und steht und schaut.

»Bitte – hat nichts zu sagen.« Mit einer knappen Geste deutet der Oberst an sich hinab. »Es ist nur für alle Fälle. Wenn die Herrschaften vielleicht noch einmal das Bedürfnis haben. Einmal sind sie nämlich bei mir schon hinausgeflogen. Und damit sie nächstens halt wissen, warum.« Er ist bei jedem Satz in heftigeres Keuchen geraten, der alte Oberst, er schnauft und schnaubt und stapft ein paarmal hin und her – bis er sich unvermittelt besinnt und umwendet: »Aber so nehmen S' doch Platz! G'scheit, daß Sie endlich kommen – am Telefon erwischt man Sie ja nicht. Ich hab da einen Brief von der Cary gekriegt, und ich soll Ihnen etwas ausrichten. Moment.« Er geht zum Schreibtisch, er setzt seine Brille auf, er stöbert in den Papieren, jetzt hat er eines entfaltet, jetzt blickt er noch kurz hinein – »Wissen S' was«, sagt er, »es ist vielleicht einfacher, wenn Sie's gleich selber lesen. Hier, bitte.«

Ja, das ist wirklich einfacher. So einfach ist das, so schlagend einfach, daß man nur die Wahl hat: erschlagen zu sein – oder es ganz einfach hinzunehmen. Ein Brief von der Cary, ganz einfach, und da ist er nun. Da ist Carolas große, schräge Handschrift, da sind auf den ersten Blick schon die vielen Unterstreichungen und die vielen Gedankenstriche zu sehn, sie war wohl sehr nervös, als sie den Brief geschrieben hat, und jetzt les ich ihn selber, ganz einfach:

»Mein lieber Alexander«, geht der Brief, der von gestern aus Prag datiert ist, »ich schreibe jetzt an Dich – weil ich mit Mama nicht mehr auskommen kann. Sie war heute am Telefon schon derart unmöglich, daß ich ernstlich Angst gekriegt hab, ob sie mir nicht verrückt wird. Ich kann ja alles verstehn – aber auf diese Weise geht es jetzt nicht mehr weiter. Ich bitte Dich, Alexander: bring sie zur Vernunft! Du hast ja den nötigen Einfluß auf sie. Ich leider nicht. Also mußt *Du* ihr beibringen, daß ich kein kleines Kind mehr bin – dem man noch sagen kann: ›Ich wünsche, daß du diesen Verkehr aufgibst‹ – oder ›du hast sofort nach Hause zu kommen‹ – und solches Zeugs. Über mein evtl. Kommen lasse ich überhaupt erst dann mit mir reden, wenn Martin draußen ist, *nicht früher.* Es liegt also auch in *ihrem* Interesse, daß sie *alles* dazutut – sag ihr das, bitte. Und sie soll sich danach richten, wenn er sich das nächste Mal meldet. Oder vielleicht kannst Du ihn schon vorher irgendwie auftreiben. Ich bete zu Gott, daß ihm inzwischen nichts zustößt – er wird ja auch ganz bestimmt vorsichtig sein, schon meinetwegen – aber man darf ihm doch um Gottes willen keine künstlichen Schwierigkeiten machen! Es ist ohnehin alles schwer genug. Es ist ohnehin alles so furchtbar, Alexander. Ich hab gar nicht gewußt, daß es das gibt – vielleicht war ich bis jetzt wirklich ein kleines Kind – ich seh erst jetzt, was ich alles falsch gemacht hab – was jeder von uns falsch gemacht hat. Eben deshalb muß man versuchen, es wieder gut zu machen – mit aller Kraft. Sonst steht es gar nicht dafür zu leben.

Daß wir heiraten wollten, weißt Du ja schon – und auch *das* mußt Du der Mama beibringen: daß ich ihn jetzt natürlich *erst recht* heiraten werde. Und damit Du alles weißt, Alexander: ich trage ein Kind von ihm. Das habe ich der Mama noch nicht gesagt. Sag's Du ihr – ich kann jetzt nicht.

Seit heute wohne ich privat, bei einer sehr netten Kollegin vom Deutschen Theater – überhaupt sind die Leute hier reizend zu mir. Ich werde wahrscheinlich bald ein Gastspiel haben – vielleicht sogar mit Martins Stück – sag ihm das bitte *sofort*, wenn Du ihn siehst!!

Lieber guter Alexander – ich weiß, daß Du alles in Ordnung bringen wirst, und ich danke Dir schon jetzt aus ganzem Herzen. Du antwortest mir sofort, nicht wahr? In alter Liebe – Carola.«

Ganz einfach. Oder man wäre erschlagen, müßte zu lallen beginnen, zu lachen, zu weinen – nein. Nur der Schweiß muß weg, der warme, wohlige Schweiß von der Stirn. So, und jetzt ist es ganz einfach, und:

»Dankeschön«, sagt Martin, und: »Das ist mir sehr wertvoll« – weil es ihm ja wirklich sehr wertvoll war, und: »Verzeihen Sie – was mich jetzt noch interessieren würde – wissen Sie auch etwas von meinem Freund Drexler?« sagt er dann – weil es ihn jetzt wirklich noch interessieren würde, über Carola weiß er ja nun Bescheid, und jetzt interessiert ihn noch, was mit Toni los ist, ganz einfach.

»Der hat die Cary begleitet, so viel ich weiß –?« sagt der Oberst mit leichter Gegenfrage, hörbar bereit, sich von Martin anders belehren zu lassen, wenn Martin es anders weiß. Aber Martin weiß es ja gar nicht anders, wie sollte es auch anders sein, und:

»Natürlich«, sagt Martin. »Ich dachte nur – vielleicht hat er – oder die Cary – also nochmals vielen Dank, Herr Oberst!«

Und erhebt sich, weil ja nun nichts mehr zu reden ist, nun weiß er ja auch über Toni Bescheid – natürlich ist Toni in Prag – und deshalb ist auch keine Post an mich gekommen und keine direkte Nachricht, denn Toni hält das natürlich und mit Recht für riskant, Toni, Gottlob, kennt sich aus, rechnet mit Briefzensur und Beobachtung und plötzlichen Denunzianten – will keine Aufmerksamkeit auf mich lenken, will mich nicht gefährden – und morgen bin ich schon draußen, morgen –

»Und für wann darf ich Sie denn am Arenbergring anmelden?« fragt jetzt der Oberst. »Sie können ruhig kommen – ich hab der lieben Leopoldin' schon den Kopf zurechtgesetzt. Sie war halt ein bisserl gereizt, nicht wahr. Das dürfen S' ihr nicht übelnehmen!«, und:

»Nein nein – woher denn!« bekräftigt Martin, ehe er in breitem Zweifel die Schultern hebt: »– aber mit dem Hinaufkommen – hm – ich fahr nämlich morgen schon weg, Herr Oberst, und ich hab vorher noch eine Menge zu tun!« sagt er, und käme in die größte Verlegenheit, wenn der Oberst ihn genauer danach fragte: denn es fiele ihm wahrhaftig nichts andres ein, als daß er ins Kaffeehaus gehen will und Zeitungen lesen – aber bevor man abreist, hat man eben noch eine Menge zu tun, das klingt ganz natürlich und das sagt sich ganz einfach.

»Also – wie Sie wünschen.« Der Oberst geleitet ihn zur Tür, er fragt nicht weiter, seine Mission ist erledigt. »Ich hab mich sehr über Ihren Besuch gefreut. Alles Gute, junger Mann. Alles Gute.«

»Danke«, sagt Martin. »Danke, gleichfalls.« Und: »Empfehlen Sie mich bitte der gnädigen Frau«, fügt er dann noch hinzu, weil auch das ganz natürlich klingt und sich ganz einfach sagt.

Und da geht er nun, Martin Hoffmann, geht wie er seit Tagen schon nicht mehr ging, ja er kann sich kaum erinnern, jemals überhaupt so gegangen zu sein. Er möchte am liebsten nichts andres machen als immer so gehn, und am liebsten bis zum Gürtel hinaus, dem Chauffeur Pichler die Kunde bringen, daß Carola also in Prag ist und daß er also morgen bei ihr sein wird – aber das wäre ja dem Chauffeur Pichler gar nichts Neues, weder das eine noch das andre, und höchstens »No sehn S'«, würde der Chauffeur Pichler äußern, »die Frau Gemahlin wird Ihnen auch ohne Paß erkennen! Alsdann morgen!« – und das muß ich der Frau Gemahlin jetzt telegrafieren, folglich gehe ich nicht auf den Gürtel, sondern gleich hier auf die Post, bitte ein Blankett, anita roedel fuer hell krakovska 17 praha praha praha, bitte noch ein Blankett, und jetzt schreiben wir praha doch lieber nur einmal, alles in ordnung stop nach ruecksprache alexander abreise morgen prag stop kuesse kuesse kuesse, wenigstens das kann man dreimal schreiben, so, hier, danke, adieu – und was wollte ich denn jetzt noch machen? wohin wollte ich denn jetzt noch gehn? richtig: ins Kaffeehaus, Zeitungen lesen. Im Kaffeehaus sitzen, Mokka trinken, und Zeitungen lesen: das hab ich schon lang nicht gemacht, das wird gut sein.

Hm. »Nur arische Gäste erwünscht.« Groß und breit an der Tür, und hinter den Fensterscheiben. Hm.

Dann vielleicht – hm. »Juden ist der Eintritt verboten.« Schon wieder.

Na, das war ja schließlich zu erwarten. Das hat mir ja schon der Alois – richtig, den Alois muß ich noch anrufen und muß ihm sagen, daß ich morgen nach Prag fahre. Damit er mich nicht länger in Evidenz hält, der Brave. Auch die Frau Schostal muß ich noch verständigen. Überhaupt habe ich sehr viel zu tun. Wie das eben vor einer Abreise ist.

Ich geh jetzt einmal nachhause – also nämlich: in die Liechtensteinstraße – zum Beispiel muß ich ja auch mit dem Professor noch Verschiedenes besprechen – ich geh jetzt nachhause und bring das alles in Ordnung. Dann kann ich noch immer in ein Kaffeehaus gehn. Es wird sich schon eines finden. Und wenn nicht, macht's auch nichts. Morgen bin ich in Prag, morgen kann ich Zeitungen lesen soviel ich will.

Und mit einem nahezu arroganten Lächeln schreitet Martin die Front des nächsten Kaffeehauses entlang, das an Tür und Fenstern wieder die Tafel mit dem Judenverbot aufweist. Morgen bin ich in Prag, morgen –

Jetzt aber – das hier –: gibt es das wirklich? Auch das schon? Vor einem Seiteneingang des Stadtparks, den Martin mittlerweile erreicht hat, ist eine Tafel angebracht, gleichen Inhalts und drohender noch: »Juden betreten diesen Park auf eigene Gefahr.«

Nein, da hilft nun kein trostreich verspielter Hohn: daß er sich dieser Gefahr gar nicht auszusetzen gedenkt, daß er ja morgen schon in Prag ist und morgen mit Carola durch jeden beliebigen Park gehen wird – nein, das hilft ihm nicht mehr. Vor den Kaffeehäusern – vielleicht weil es so grotesk war, sich die Wiener Kaffeehäuser ohne Juden vorzustellen – vielleicht weil die jauchzende Eile des Verbots fast den Anschein erweckte, als wäre Wien nur um der Kaffeehäuser willen erobert worden – gleichviel, und wie schmählich es auch sein mochte: vor den Kaffeehäusern hatte dieses Verbot noch einen komischen Beigeschmack. Aber vor einem Park es aufzupflanzen, das Betreten eines Parks unter solche Drohung zu stellen – das war mehr als schmählich, das war eine eisige Teufelei, es hätten die Beete und Blumen daran erfrieren müssen.

Sie erfroren nicht. Über den Zaun hinweg, in einem letzten, widerwilligen Rückblick, sah Martin drinnen im Park vereinzelte Gestalten promenieren – Türlschnapper, stellte er fest, lauter Türlschnapper. Die Türlschnapper lustwandeln und warten auf Beute. Wenn einer jene Warnung übersieht und ihnen ins Gehege kommt, dann werden sie ihn umstellen und werden Jagd auf ihn machen, mit Horridoh und Heil. Eigentlich nett von ihnen, daß sie überhaupt warnen. Aber vielleicht entdecken sie noch, daß man die Tafel auch wegnehmen kann und trotzdem Jagd machen.

Martin – und er weiß nicht genau, ob die Vorstellung solcher Jagd es bewirkt, oder die Anstrengung all der Stunden bisher, vielleicht wirkt auch die Dämmerung mit, in die sich der Nachmittag träg zu verfärben beginnt – Martin, mit einem Mal, fühlt sich bleischwer von Erschöpfung überkommen, von grenzenloser Schlaffheit und Schläfrigkeit, es ist ein ungefähres Dösen, in das er langsameren Schritts verfällt, ein unentschiedenes Schwanken zwischen Erkenntnis und Entschluß, er wird sich zwar klar darüber, daß er keinesfalls zu Fuß bis in die Liechtensteinstraße gehen will – aber ein Taxi zu nehmen kommt ihm nicht mehr klar genug in den Sinn, und da er jetzt auf den Stephansplatz hinaustritt, scheint es ihm durchaus das Gegebene, den nächsten Autobus zu benützen. Und er reiht sich unter die Wartenden ein, in einem Dusel zu dünn zum Träumen, und dennoch Blick und Sinn leicht überschleiert, so steht er da, macht ab und zu ein paar Schritte, schaut dann und wann nach dem Autobus aus, dann und wann ziellos umher – und merkt nun zum zweiten, zum dritten Mal schon, daß die Leute rings an der Haltestelle desgleichen nach etwas schauen, rasch und verstohlen, mit aufwärts gerichteten Blicken –:

Auf der Spitze des Stephansturms, schlapp vom schräge eingesteckten Schaft hinab, hängt eine Hakenkreuzfahne.

Der Stephansturm ist ein Kirchturm. Da hängt eine Hakenkreuzfahne auf einer Kirche.

Hoffmann, was weißt du über den Stephansdom?

Der Stephansdom ist das Wahrzeichen Wiens. Mit seinem Bau wurde unter der Herrschaft Rudolfs II. von Habsburg begonnen, und an seine Entstehung knüpfen sich zahlreiche Legenden. Der 138 m hohe Stephansturm ist einer der höchsten Kirchtürme Europas.

Ist das alles, was du weißt?

Nein, bitte. Auf der Spitze des Stephansturms hängt eine Hakenkreuzfahne.

Was redest du da für Unsinn?

Bitte Herr Lehrer, das ist kein Unsinn. Ich hab's bitte selber gesehn. Eine Hakenkreuzfahne auf dem Stephansturm. Auf dem Stephansturm eine Hakenkreuzfahne. Auf dem Wahrzeichen Wiens – aber darum geht es ja gar nicht. Das wäre längst kein Grund mehr, daß Martins Kiefer aneinandermalmen in hilfloser Empörung. Er hat ja schon auf allen möglichen Wahrzeichen Wiens die Hakenkreuzfahne gesehn, auf dem Rathausturm, auf dem Parlament, auf dem Ballhaus-Palais, und da, und dort; hat ingrimmig immer wieder, bei jedem betroffenen Gebäude, seine Schulbildung mobilisiert: hier, bitte, der 1726 von Fischer von Erlach im Barockstil erbaute Trakt der Hofburg ist nunmehr durch eine Hakenkreuzfahne verschandelt. Ebenso bitte hier, das Tor des Renaissance-Traktes. Und hier, und hier: verschandelt. Jetzt hätte er also die Verschandelung des Stephansturms festzustellen und ingrimmig abzutun – und vermag es nicht. Sein Ingrimm erstirbt. Es wird ihm zum ersten Mal vor einer Hakenkreuzfahne unheimlich. Vielleicht müßte man jetzt beten – aber er kann auch nicht beten. Ach nicht, weil es sein Gott nicht ist, der in diesem Gotteshaus wohnt – wenn Belsazar aufersteht, verhöhnt er Jehovah in jedem – ach nein, nicht deshalb. Sondern ihm graut vor der Kläglichkeit des Gebets. Vor der Gewißheit: daß auch dann nichts geschähe. Hohn über Gottes Haus: und nichts geschieht. Jetzt hab ich noch einmal hinaufgeschaut: die Hakenkreuzfahne hängt da, und nichts geschieht.

Einst wollte – und dies ist der einzige Trost – und zahlreich sind die Legenden, welche sich knüpfen – einst wollte der Teufel selber den Dombaumeister von Sankt Stephan versuchen, und ist zuschanden geworden an Gott.

Vielleicht wird auch dieses hier: wie Gott selber zuschanden geworden ist am Teufel – vielleicht wird auch dieses dereinst nur eine Legende sein, eine der zahlreichen Legenden um den Dom von Sankt Stephan, eine Geschichte im Lesebuch, vom Ministerium für Kultus und Unterricht allgemein approbiert für die III. Klasse der öffentlichen Volksschulen, Zweiter Abschnitt, Aus Heimat und Vergangenheit, Lesestück Nummer 7, wir kommen heute zur Legende vom Hakenkreuz auf dem Stephansturm – aufgezeigt, bitte – was willst du denn, Hoffmann – bitte Herr Lehrer, der Großpapa hat gesagt, daß ihm sein Großpapa noch erzählt hat, wie das Hakenkreuz am Stephansturm gehangen ist – schon gut, mein Kind, setz dich wieder hin und gib schön acht – bitte Herr Lehrer, der Großpapa vom Großpapa hats aber wirklich gesehn, mit eigenen Augen – wahrhaftig, er hat es gesehn. Er sieht es noch immer. Er hat nochmals hinaufgeschaut und hat es nochmals gesehn.

Aber jetzt, da er seine Blicke wieder umherschweifen läßt, sieht er noch etwas andres. Er sieht, daß im Rudel der Wartenden jähe Unruhe entsteht und Bewegung – und es kommt doch gar kein Autobus jetzt – und sieht schon den und jenen mit hastigen Schritten enteilen – jetzt stieben auch andre los und auch auf der drübern Seite – in die Seitengassen oder in Häuser hinein und manche zum Taxistandplatz – wirr durcheinander und dennoch alle in gleicher Richtung, nämlich von gleicher Richtung weg – ob vielleicht doch der Stephansturm einstürzt? oder warum – aber da sieht er vom Graben her einen seltsam durchwürfelten Trupp einherkommen, ungeordnet von SA eskortierte Passanten – Passanten: denn es wird schon wieder einer angehalten und vom Trottoir geholt – knapp noch zurecht schrickt Martin aus seinem Halbdusel auf, und weil es Juden sind, die er rings um sich fliehn sieht: so flieht nun auch er – springt in ein Taxi und fährt schon, nennt die Liechtensteinstraße als Ziel, fährt und weiß immer noch nicht, was das alles bedeutet hat. Eine Jagd offenbar, eine Treibjagd. Den Türlschnappern ist das Warten zu fad geworden. Die Türlschnapper haben beschlossen, ihr Jagdrevier zu erweitern. Ohne Warnungstafel.

Das Auto hält vor dem Haus. Rasch zahlen und rasch hinein. Obwohl es hier ganz ruhig scheint: rasch.

Nur die Luft – die Luft drückt so sonderbar, so dämmerschwer. Verwandelt sich auch die Luft? Nicht nur die Stadt und die Menschen – verwandelt sich auch die Luft? Und im Hausflur drinnen: wie kalt. Wie fremd es da riecht und wie kalt. Ganz anders, als fremde Stiegenhäuser sonst riechen, als dieses hier gestern noch gerochen hat.

Na – hoppla. Was ist denn. Warum bleibt denn die Tür – ach ja. Von innen ist die Kette vorgelegt. Da muß man eben läuten.

Nochmals, und stärker. Warum macht man mir denn nicht auf. Es muß doch jemand zuhause sein, sonst wäre ja die Kette nicht vorgelegt. Nochmals, noch stärker – aber das könnte die alten Leute vielleicht erschrecken, also lieber klopfen, nicht zu stark –

Und gerade auf dieses Klopfen kommt Antwort, nah hinter der Tür: ein dünnes, hohes Wimmern, ein Frauenwimmern, und zittert in die weinerliche Frage aus:»Wer ist da?«

»Ich bin's. Machen Sie ruhig auf.« Er kann nur ganz leise sprechen – nicht aus Vorsicht, sondern weil ihm die Stimme versagt.»Hoffmann. Martin Hoffmann. Ihr Gast.«

Ein Wimmern abermals, ehe die Kette zurückgeschoben wird – dann steht, mit ängstlich gegen die Brust gedrückten Händen, Professor Bachrachs Schwester vor ihm, die Schwester namens Emma, von der man gar nicht gewußt hat, daß sie lebt, vielleicht hat sie selbst es kaum gewußt – und nun steht sie da, und ihr verhutzelter Leib zittert in jedes neue Aufwimmern mit.

»Was ist denn geschehn, um Gottes willen?« Martin schließt rasch die Tür hinter sich.»Wo ist der Professor?«

»Er ist – man hat – sie haben ihn abgeholt – lieber Gott, lieber Gott.« In kleinen mühsamen Rucken, und wimmernd immer dazwischen. Sie hat keine Tränen mehr, nur rote Augen.

»Wer hat ihn abgeholt? Wann?«

»Vor – vielleicht vor einer Stunde – die Bösen – ich weiß es nicht. Lieber Gott.«

Jetzt spürt aber Martin selbst, wie es ihm heiß in die Augen steigt –:»die Bösen.« Weil sie »die Bösen« gesagt hat, wird ihm beinahe zum Heulen. Weil sie nichts weiß, als daß es »die Bösen« sind.

»Im ganzen Haus.« Sie schluckt und atmet, ihre Stimme befreit sich ein wenig. »Alle Juden im ganzen Haus haben sie abgeholt. Die Dame von nebenan sagt: zum Reiben. Und daß ihnen nichts geschehn wird. Daß sie bald zurückkommen. Aber jetzt wart ich schon eine Stunde, und der Berti ist noch immer noch immer nicht da. Lieber Gott, lieber Gott.«

Der Berti. Die Bösen. Noch immer noch immer nicht. Die Bösen haben den Berti zum Reiben geholt – Martin, nach ein paar umwegigen Fragen, erfährt nun endlich und endgültig, was da vorgeht: man fängt die Juden zusammen, damit sie aus dem Straßenpflaster die eingeteerten Kruckenkreuze und die Schuschnigg-Parolen wegscheuern – auch der seltsame Trupp am Stephansplatz ist so eine Putzkolonne gewesen, er weiß es jetzt und es überrascht ihn nicht. Eher erstaunt ihn, wie spät diese gloriose Lösung auftaucht – das ist vielleicht die Lösung! wird der Professor Bachrach festgestellt haben, der Berti – was wollen sie denn von so einem alten Mann – dem können sie doch nichts tun –

»Es ist nicht so schlimm, gnädige Frau. Seien Sie unbesorgt. Es wird ihm schon nichts geschehn.«

»Nein?« In die trocken geröteten Augen kommt ein kleines Glimmen. »Die Dame von nebenan hat das auch gesagt!«

»Sehen Sie. Sie brauchen sich also nicht zu ängstigen. Wenn man ihm etwas tun wollte, dann hätte man ihn ja nicht zum Reiben geholt. Das ist mehr ein Witz, wissen Sie?«

»Ja? Ein Witz?« Vertrauensvoll, hoffnungsvoll, daß man sich schämen möchte und heulen aufs neue. »Der Berti hat ja auch niemandem etwas gemacht!«

»Eben. Und Sie werden sehen, daß er jetzt bald nachhaus kommt. Sie dürfen nur nicht ungeduldig werden und nicht nervös. Gut? Dann kommt er bestimmt.«

»Dankeschön!« flüstert es hinter ihm her, ehe die Türe sich schließt, er hört noch die Kette rasseln, glaubt sogar das Aufatmen der Verhutzelten zu hören – aber wie er nun selber aufatmen will, kann er es nicht und hält inne und stößt die Luft wieder aus, wie man eine ekle Speise wegspuckt, die Luft, die nicht mehr bloß fremd ist und kalt, sondern feindselig schon, die mit muffigem Geruch ihn anweht und um seine Brust sich legt, das ist ja gar keine Luft mehr, das ist ja Moder und Tod – die Jagd hat begonnen, die Jagd – und überall ist Revier – Juden sind unerwünscht – Juden betreten diesen Park auf eigene Gefahr – sie fangen uns auf den Straßen – sie holen uns aus letztem Unterschlupf hervor – die Jagd hat begonnen, die Luft weht Moder und Tod, das ist keine Luft mehr, auch draußen nicht, das ist nichts zum Atmen, das ist nichts Durchsichtiges mehr – das ist etwas Ungeheuerliches. Als hätte zum ersten Mal (und dann wohl zu feierlichem Anbeginn des Weltuntergangs) – als hätte sich's jetzt verwirklicht: daß etwas »in der Luft liegt«. Und wie es flimmert! Wie es in kleinen Pünktchen aus der Dämmerung hervorflimmert, unfaßbar und tückisch und drohend. Die Luft ist geladen, die Luft ist voll von allem Unheil, das es irgend gibt – du sollst an die Luft gehn, mein Kind, vielleicht in den Wertheimsteinpark – nur ein bißchen an die Luft – nein nein, du sollst nicht an die Luft gehn, es ist eine tödliche Luft – geh nicht an die Luft, mein Kind – und jetzt sind die flimmernden Pünktchen schon zu länglichen Strähnen ineinandergelaufen, hängen ihm wässerig vor den Augen, sind vielleicht um die Mutter geweint, um Kindheit und Glück und Leben –

»Jude?«

»Wie? Ja.«

»Ausländer?«

»Nein.«

»Alsdann –«

»Geh laß'n aus, Ferdl. Mir hab'n eh schon zu viel.«

»Schaun S' daß weiterkommen. Aber g'schwind.«

Erst Schritte später – im halb noch verhängten Aufblick sah er die Straßenecke umlagert von dichter Meute, und zwischendurch die knienden Gestalten das Pflaster scheuern, Braunhemdige in geringem Abstand postiert – erst Schritte später wird es ihm klar und bewußt, erst Schritte später beginnt das Herz ihm loszuhämmern, verfällt er in Eile und Flucht, in Flucht schon wieder – nur daß diesmal kein Taxi da ist – nur daß er diesmal gar nicht wüßte wohin –

Er ist in die Wipplingerstraße geraten, in die abendlich dürr belebte Wipplingerstraße, es dunkelt jetzt richtig, und in der Dunkelheit kann man sich wieder etwas sicherer fühlen. Morgen in der Dunkelheit bin ich schon an der Grenze, morgen um diese Zeit. Bis morgen muß ich noch kommen.

Martin, wie ihm das nun als eine ganz bestimmte Aufgabe innewird, als die einzige, die er noch hat, merkt seine Angst nun auch gänzlich darauf gerichtet. Er vermöchte nicht zu entscheiden, ob sie größer ist oder geringer als die vielerlei Arten von Angst, die er heute schon durchgekostet hat. Es ist eine andre Angst, eine völlig phantasielose, eine sachlich konzentrierte Angst, und duldet keine sonst neben sich. Also auch nicht die Angst vor Schmerz oder Unbill etwa, oder die Angst um Freiheit und Leben. Das scheint ihm gar nichts mehr damit zu tun zu haben, all diesen Ängsten ist er schon entrückt. Selbst die Todesangst hieße ihm nicht: daß er stirbt; sondern: daß er bis morgen nicht durch – und nicht nach Prag und nicht zu Carola kommt. Es ist seine einzige Angst. Die aber erfüllt ihn restlos. Eine Angst, die ein Ziel hat und keinen Weg. Eine absehbare und dennoch unendliche Angst.

Er blinzelt unter die Passanten, nimmt vag verworren ihr Hasten wahr, niemand will anecken, niemand will stehnbleiben müssen, niemand will mit niemandem zu schaffen haben. Etwas gemächlicher gehen nur die Reichswehrsoldaten, sie führen Mädchen am Arm, auffallend häßliche Mädchen. Als eines von diesen Mädchen ihn im Vorüberschlendern unverhohlen mustert, klappt er den Mantelkragen hoch und beschleunigt seinen Schritt.

Und sieht sich plötzlich auf gleicher Höhe mit einer Gestalt, die inmitten des Trottoirs einherschreitet, dunkel abgehoben aus der fahl versickernden Beleuchtung: ein alter polnischer Jude, in schwarzem Kaftan und schwarzem abgeflachten Hut, darunter zu beiden Seiten silberweiß die Schläfenlöckchen sich hervorringeln, und silberweiß wallt ihm der Bart, jetzt war es deutlich zu sehen.

Ein alter polnischer Jude: ist er denn wahnsinnig geworden, der Alte? Er soll doch da nicht so gehn, soll sich doch nicht so zur Schau tragen, es *muß* ihm doch etwas geschehen! Das werden die sich doch nicht nehmen lassen: dem da etwas anzutun, dem »Polischen«, der über die Wipplingerstraße geht als ob gar nichts los wäre! Er soll doch wenigstens in eine Seitengasse abbiegen, und rasch, um Gottes willen rasch, bevor es ein Unglück gibt – ich muß es ihm sagen. Ich werde mich jetzt an ihn heranpirschen und sag's ihm.

Martin, vom Rand des Gehsteigs her, schwenkt scharf nach rechts – und stößt wuchtig mit einem Passanten zusammen, der aus entgegengesetzter Richtung zwischen ihm und dem Alten hindurchwollte; ein Passant mit einem Hakenkreuz nebstbei, und er trägt es an so deutlich sichtbarer Stelle, daß Martin es sogar als das offizielle, als das Parteiabzeichen erkennen kann.

Weil es aber ein eiliger Passant war, vielleicht auch weil Martin ihn um Kopfeslänge überragt, entsteht keinerlei Weiterung. Nur der Alte ist jetzt um ein paar Schritte voraus.

Da Martin sich wieder auf den Weg macht, fällt ihm erst auf, wie merkwürdig das doch war. Der mit dem Hakenkreuz hätte doch – Martin schätzt die Entfernung ab, die Richtung, den Zwischenraum – ja: der hätte doch eigentlich direkt in den Alten hineinrennen müssen! Ganz abgesehen von der Verlockung solchen Hineinrennens, Hineinstoßens, und was dann eben noch nachgekommen wäre: der ist doch, ganz zweifellos und sonst hätte ich ihn ja früher bemerkt – der ist doch geradewegs auf den Alten zugekommen! Der hat doch, um nicht in ihn hineinzurennen, ganz richtig ausweichen müssen! Merkwürdig.

Vielleicht hat er nicht gesehen, wem er da ausweicht?

Diesen alten Kaftanjuden kann niemand übersehen. Erst recht nicht so einer, und hier, und heute.

Vielleicht ist er aus einem noch nicht ganz verschütteten Instinkt ausgewichen? aus einem unwillkürlichen, unbewußten Respekt vor dem Alter?

Martin kann sich nicht dazu verstehen, einem Nazi, noch dazu einem Nazi mit Parteiabzeichen, noch dazu in Wien, im März 1938, dergleichen menschliche Regungen zu konzedieren; erst recht nicht einem Kaftanjuden gegenüber, der in der Mitte des Trottoirs einhergeht.

Also ein bloßer Zufall vielleicht?

Auch das nicht. Nein, auch das nicht. Martin, immer noch um ein kleines zurück, hat den Alten ständig im Blick gehabt und die Entgegenkommenden desgleichen – und nein, da regiert kein Zufall; und kein Übersehen; und kein unwillkürlicher Respekt; und überhaupt keine von jenen naheliegenden Ursachen, die sich schlüssig erklären ließen.

Sondern man *kann* in den Alten nicht hineinstoßen. Man muß ihm ausweichen, ob man will oder nicht. Manche wollen nicht, es ist ganz unverkennbar. Sie steuern schon Meter zuvor auf den Alten los, sie nehmen geradezu Anlauf – und reißen sich dann doch noch zur Seite, ganz knapp, im letzten Moment. Aber sie streifen ihn nicht einmal.

Manche fassen ihn von weither ins Auge, lüstern, gierig, brutal – plötzlich bleiben sie stehn und lassen ihn so an sich vorüber.

Manche bleiben erst nachher stehn und sehen ihm nach. Und unberührt von alledem geht mittenwegs der Alte, unberührt, und hat es doch sichtlich nicht darauf angelegt, durch nichts, nicht durch Blick noch Gang noch Haltung. Er trägt den Kopf um keinen Millimeter in eine Höhe gereckt, die etwa »majestätisch« wirken könnte. Sein Blick heftet sich auf niemanden etwa um ihn zu »bannen«, sondern ist starr ins Leere gerichtet. Und sein Gang – das könnte es allenfalls sein: daß dieses Gehens unbeirrtes Regelmaß, daß die unbeteiligte, selbsttätige Sicherheit seiner Schritte (als lenkten die Schritte ihn, nicht umgekehrt) – es könnte sein, daß vor der rätselhaften Strenge seines Ausschreitens den andern gar nichts übrigbleibt als zur Seite zu weichen, daß es sie abzwingt von ihm, daß sie solcher Strenge sich fügen müssen.

Jetzt ist der Alte schon zum Kai hinunter eingebogen, und nichts ist ihm geschehn. Und jetzt steht er an einer Straßenbahnhaltestelle und wartet.

Eine dicke Frauensperson, Kleinbürgerin mit Einkaufstasche, tritt unter überdeutlichem Raumgreifen zur Seite, wodurch sie offenbar ihren Widerwillen zu bekunden wünscht – aber weiter bekundet sie nichts.

Zwei halbwüchsige Hakenkreuzträger deuten einander mit inhaltsvollem Aufwärtsnicken zu, der eine rückt sich sogar die Kappe zurecht, aktionsbereit – dann schneidet er eine schiefe Grimasse und dabei bleibt's.

Die übrigen schauen auf, bei manchen gerät es zu einem verlegenen Vorüberglotzen, bei manchen zu trotzigem Haften. Aber keiner tut oder sagt etwas.

Und mittendrin steht der Alte, unberührt wie er zuvor gegangen ist, steht und hat starr den Blick vor sich hin, starr und leer, auf eine sonderbar gesammelte, auf eine abgesperrte Weise leer, diesem Blick kann nichts in die Quere, nichts und niemand.

Auch Martin nicht. Er hat sich dem Alten schräg gegenüber gestellt, sieht ihn jetzt eigentlich zum ersten Mal: den silberweißen Bart, die silberweißen Schläfenlöckchen, ein Silberweiß wie er's noch nie gesehen hat, kein graues, kein vergilbtes Haar darunter, ein so vollkommenes Ebenmaß, daß es aus sich allein schon edel und erhaben wäre. Aber da ist noch das Gesicht; da sind die Falten und Furchen dieses Gesichts; die klar gekerbten Linien, kunstvolles Aderwerk, darin eine jede kleinste Verästelung ihr Gewicht hat und ihren Sinn; und da sind die Augen, hellblau und groß und starr unter den weißen Brauen, die Augen, denen nichts und niemand in die Quere kann, auch Martin nicht. Wie sehr er sich darum bemüht. Wie sehr er als Gefährte sich bekunden will. Nichts. Luft. Es ist Luft um diesen Alten, nichts als Luft.

Einen kleinen stechenden Schmerz verspürt Martin, einen dummen Kinderschmerz im Grund, als hätte man ihn nicht mitspielen lassen. Dennoch der Schmerz des Ausgestoßenseins, Martin merkt es mit Unmut. Natürlich, das mußte jetzt kommen. Das mußte ich jetzt noch rasch zu merken kriegen: daß ich nicht einmal ein Jud bin. Alles da, alles in Ordnung, alles wie sich's gehön.

Hat aber in Wahrheit nichts zu bedeuten. Warum sollte der Alte mich denn für einen Juden halten, woher sollte er's wissen. Für ihn seh ich aus wie alle andern, für ihn – komisch, verdammt komisch, aber das ist die jiddische Bezeichnung, sie nennen es so (und es hat verächtlich zu klingen) –: für ihn bin ich ein »Deutscher«. Eben im Gegensatz zu den »Polnischen« – die wieder für mich alle gleich aussehen. Hat aber in Wahrheit nichts zu bedeuten. Wenn ich ihn ansprache, wäre es im Augenblick geklärt.

Martin ist entschlossen, den Alten bei der nächsten Gelegenheit anzusprechen; vielleicht wird er's sogar mit den paar Brocken Jiddisch versuchen, die ihm halbwegs geläufig sind. Er war ja oft genug in den jiddischen Theatern der Leopoldstadt, er kennt ein paar jiddische Schriftsteller, es hat ihn eine Zeitlang interessiert und er hat sich manches beibringen lassen.

Als er sich umwendet, ist der Alte verschwunden. Einfach verschwunden und nirgends mehr zu sehn.

Dann eben nicht! denkt Martin trotzig in sich hinein. Dann geh ich jetzt eben allein in die Leopoldstadt.

Es überkommt ihn wie eine Erlösung: in die Leopoldstadt, wohin denn sonst! Er weiß nicht recht, was er sich eigentlich davon erwartet – denn er wird dort zugleich geborgener sein und in erhöhter Gefahr – aber beides, Gefahr wie Geborgenheit, ist dort wohl echter und dem Ursprung näher, man weiß dann wenigstens, woran man ist – er hat den Donaukanal überquert, dringt tiefer in regellos sich verwinkelnde Gassen ein, gerät dann wieder auf breitere Straßen hinaus – bis er plötzlich stehnbleibt und lächelt: sollte es *das* gewesen sein, was ihn hieher gelockt hat? Dieses Kaffeehaus da an der Ecke, das keine Verbotstafeln trägt?

Es ist ein kleines Kaffeehaus, ein »Tschoch«, typisch für diese Gegend.

Auf der Wieden sehen sie anders aus und in Ottakring wieder anders, das hier ist eben ein Leopoldstädter Tschoch. Und da sitzt er nun also. Der Ober tritt an den Tisch, ohne Gruß, ohne Frage. »Einen Mokka. Und Zeitungen, bitte.« Der Ober nickt wortlos und geht ab. Jemand hustet.

An diesem Husten erst merkt Martin die beklemmende Stille, die Leere des kleinen Lokals: um einen entfernten Ecktisch hocken drei Kartenspieler, ein buckliges Weib in einer Nische häkelt verbissen an einem dunklen Zeug, zwei einzelne Zeitungsleser, zwei Männer, die leise miteinander reden – ist das alles?

Martin dreht den Kopf ruckwärts und erschrickt: dicht hinter ihm steht ein Tisch, ein großer, runder Tisch in einer logenartigen Einbuchtung, die er beim Hereinkommen nicht bemerkt hat. Und um diesen Tisch sitzen fünf polnische Juden, und sitzen – das war die Ursache seines Erschreckens – so angespannt reglos, daß es fast scheint als lauerten sie. Aber sie lauern nicht. Sie sitzen nur da, schwarz und stumm, unangetastete Wassergläser vor sich, sie reden nicht und bewegen sich nicht, dunkle unheimliche Statuen, auf den ersten Blick nicht zu unterscheiden. Erst als Martin ein zweites Mal und länger hinsieht, erkennt er vier von ihnen als ungefähr gleichaltrig, mit schwarzen Bärten und beinahe straffen Gesichtern. Der fünfte aber, der auch um ein kleines tiefer in sich zusammengesunken sitzt – nein, Martin hätte nicht geglaubt, daß solches Alter sein und leben kann: steingrau der Bart, steingrau und eisig, das Silberweiß des Alten von vorhin will ihm in der Erinnerung nun beinahe jugendlich erscheinen, beinahe leuchtend; pergamenten die Haut, und so zerknittert, so zerfurcht, daß es fast wieder nach Glätte aussieht über den harten Knochen. Und mitten in der toten Karstlandschaft dieses Gesichts stehen die Augen. Hellblaue Augen, sehr ähnlich denen des Verschwundenen – aber sie sind nicht starr und nicht leer wie jene. Sie leben. Sie arbeiten, sie denken, von innerwärts scheint alles in sie eingeströmt, alles Leben, welches in diesem Greis noch ist, und leuchtet aus ihnen hervor, ein mattes Leuchten wer weiß wohin – seltsam, denkt Martin, seltsam und verwirrend: man stellt sich doch die Gesichter dieser alten Juden sonst immer als müde Gesichter vor, und sie sind es ja sonst auch wirklich, leidensmüde Gesichter, tausendjährige Gesichter. Aber die hier sind anders. Die sind lebendig vom Leid, nicht müde. Und ihre tausend Jahre sind ihnen eingekerbt so tief, als böten sie Emp-

fang und Platz der lächerlich geringen Spanne, die ihnen jetzt noch zuge-
fügt werden soll. Erwartungsvolle Gesichter sind es – nun hat er's gefunden, nun weiß er, was ihn verwirrt.

Steigt die Verwirrung ihm zu Kopf? Martin muß sich plötzlich zurück-
lehnen und die Augen schließen, kleine stechende Schweißtropfen treten
auf seine Stirn, sekundenlang fürchtet er bewußtlos zu werden. Er atmet
tief.

Die Reglosen in seinem Rücken, er spürt es, müssen etwas gemerkt haben. Oder vielleicht ist ihnen nur aufgefallen, wie lange er sie angestarrt
hat? Martin wendet sich wieder halb nach ihnen um.

Tatsächlich: einer von den Jüngeren blickt auf und zu ihm herüber, aus
tiefen, tiefen Augen – denen Martin standhalten muß ob er will oder nicht,
und er wollte doch nicht, er hat doch nichts dergleichen geplant, und fühlt
auch schon wieder die kleinen Schweißtropfen auf seiner Stirn und das
dumpfe Herzklopfen und will sich rasch abwenden solang er noch kann –

Da nickt der Dunkle drüben am Tisch, nickt ihm zu, sehr langsam, auf
und ab. Dann verliert sich sein Blick und verschwimmt.

Und immer noch kann Martin sich nicht zurückwenden. Eine große,
feierliche Betäubung hält ihn eingeklommen, wilder noch als zuvor klopft
sein Herz in einer schmerzlichen, in einer hilflosen Bedrängnis: irgendetwas zu tun, sich irgendwie zu bekunden und zu bewähren vor jenem, welcher ihn angeblickt hat und ihm zugenickt.

Aber da ist nichts zu tun, und was sollte denn er da vermögen. Auch haben die Dunklen ihn längst aus dem Kreis ihrer Kenntnisnahme ausgeschieden, sie sitzen wie sie vorher saßen, starr um den runden Tisch, mit
den Gesichtern lebendig vom Leid und erwartungsvoll.

Vielleicht warten sie wirklich auf jemanden. Auf eine Nachricht, auf
eine Botschaft, auf ein Wort vielleicht, das vielleicht der Steingraue sprechen soll –: mit Staunen stellt Martin die Nüchternheit fest, die ihm von
dieser Überlegung auszugehen scheint. Natürlich, so ist das. Die warten
ganz einfach auf jemanden. In ihren Häusern ist es ihnen nicht sicher genug, und wo sie sonst zusammenkommen, dort können sie jetzt nicht hin
– also warten sie hier. Wie man eben an solchen Orten wartet. Oder Mokka trinkt und Zeitungen liest. Ganz einfach. So.

Ganz so einfach ist es nicht. Es hat ihn harte Mühe gekostet, die Schale
an den Mund zu führen, zwei Schlucke zu nehmen, die Schale wieder hin-

zustellen. Und er muß sich erst den neu auf seine Stirne geperlten Schweiß abwischen, ehe er nach einer Zeitung greifen kann.

Die Nerven. Die Nerven, und es ist ja auch kein Wunder. Ich bin eben vollkommen fertig. Und müde bin ich. Und Hunger hab ich auch. Aber es ist nicht die Müdigkeit und es ist nicht der Hunger. Es sind die schwarzen Statuen hinter ihm. Es ist die fiebrige Starre in ihnen und um sie. Denn sie fiebern, da gibt es keinen Zweifel mehr. Sie fiebern, fiebern reglos vor sich hin, und ihre Reglosigkeit ist eine andere als zuvor. So kann das nicht mehr lange weitergehn.

In diesem Augenblick, mit einem leisen, kehligen Aufseufzen, richtet der Steingraue sich ein wenig empor und wendet den Kopf zur Tür. Die andern, deutlicher vorgebeugt, ängstlicher angespannt, folgen ihm mit den Blicken – und folgen ihm wieder zurück. Es hat sich nichts ereignet.

Diese hellblauen Augen – aber vielleicht sind sie nur blöde vom Alter? Nein nein. Sie leben zu sehr. Und ihre Ähnlichkeit mit den Augen des Alten von vorhin ist zu groß.

Wenn nun der Steingraue wirklich sein Vater wäre? Und hier auf den Erstgeborenen wartet? Und es hat der Vater jetzt um den Sohn geseufzt, wie Abraham mag um Isaak geseufzt haben auf dem Berge Horeb, leise, damit es nicht vernehmbar werde dem Ohr des Herrn, welcher das Opfer gefordert hat –

– nein. Das jetzt: das nicht. Ich hab Fieber. Jetzt hab auch ich Fieber. Oder ich ganz allein.

Aber warum? Warum soll, der da die Türe geöffnet hat und eingetreten ist – warum soll es nicht der Alte von vorhin sein, und nicht der Sohn des Steingrauen?

Er ist es, ganz gewiß ist er's. Und es steht auch ein Stuhl für ihn bereit, hinter dem Steingrauen, seitwärts und schräg.

Noch haben die andern sich nicht geregt, noch hat der Alte sich nicht hingesetzt. Nun aber sitzt er, und nun ist es klar, daß er zögert.

Da wendet der eine Schwarzbärtige sich um – Martin kann nicht mehr erkennen, ob es derselbe ist, der ihm zugenickt hat –, wendet sich voll zu Martin hin und mit einem knappen Blick an ihm vorbei und wieder dem Ankömmling zu. Dann senkt er leicht den Kopf, und seine Hand senkt sich leicht mit nieder, abtuerisch und beruhigend zugleich.

Das war das letzte, was Martin sah. Er hat in der nächsten Sekunde sein

Gesicht abgekehrt und seinen Kopf zur Brust niedergeneigt, vielleicht war das kein Neigen mehr, sondern schon das Vornübersinken – und hat von da an nur noch gehört. Vielerlei gehört, es waren bunte und betäubende Zusammenklänge, er dachte, daß es vielleicht das Brausen des Todes sei (aber dann war er bloß in Ohnmacht gefallen) – vielerlei und wirr und hing und klang doch alles zusammen: die feierlichen Synagogengesänge von längst vergangenen Festabenden – ein pathetisches Melodram aus einem jiddischen Schauspiel – die Stimme des alten Lehrers, der ihm zum dreizehnten Geburtstag mit unsagbar verächtlicher Geduld seinen Thora-Abschnitt eintrichterte – Marschtritt und Taktrufe mittenhinein, es klang wie »Juda verrecke!« und schien von draußen zu kommen (schien nicht bloß; es kam wirklich, aber erst später und er erfuhr es erst hernach) – jiddische Volkslieder, schwer und heiter zugleich, von heiterer Schwere, as Meschiach wet kummen, wir wellen singen, wir wellen tanzen gehn – eine Platte des Kantors Rosenblatt, das war ein Seelengebet für Verstorbene – und über alles hinweg die Stimme des Alten am Tisch hinter ihm, des Silberbärtigen, des Erstgeborenen, die er vernahm und hörte:

»Er hot es gesugt. Der Sadagurer hot es gesugt. Jidn, hobt nischt kejne moire –«

– mehr hörte er nicht und nahm er nicht mehr auf, aber dieses hatte er dankbar lächelnd noch verstanden, dankbar weil er es verstanden hatte, lächelnd weil so viel glaubensseliger Trost darin war, der Rabbi von Sadagora hat gesagt, daß die Juden keine Angst haben sollen, ich hab keine Angst, was immer da noch kommt und was da noch weiter geschehen wird: ich hab keine Angst –

Wie lange es gewährt hatte, wußte er nicht. Vielleicht eine Viertelstunde, vielleicht ein paar Minuten nur. Als er sich aufrichtete, stieß er mit den Füßen in einen Sessel vom Nebentisch: so weit hatten sie sich gestreckt, und der Schweiß auf seiner Stirne war feucht und kalt geronnen. Er blickte sich um – in ihrer Nische die Bucklige häkelte verbissen wie zuvor, sonst sah er niemanden. Und ohne daß er ihn gerufen hätte, stand plötzlich der Kellner vor seinem Tisch, wortlos ein paar Sekunden, dann sagte er:

» Jetzt können S' schon gehn. Die sind schon weg.«

Martin fragte nicht, wer da gemeint wäre, und fragte überhaupt nicht. Er zahlte, erhob sich, trat in den Abend hinaus.

Draußen, vom andern Ende der Taborstraße, aus der Richtung des Augartens her, klang entferntes Echo von Marschtritten und Taktrufen, bisweilen von einem kurzen Aufjohlen überhöht.

Er schlug den Weg zur Schwedenbrücke ein, sein Körper war sonderbar leicht, von innen her, ballonluftig fast. Auch sein Gang schien ihm etwas unwirklich Schwebendes zu haben, eine selbsttätige Sicherheit – als lenkten die Schritte ihn, nicht umgekehrt. Und seine Blicke waren starr ins Leere gerichtet, so daß ihnen nichts und niemand in die Quere kam. Er hatte keine Angst.

Er hatte keine Angst. Auch die letzte und einzige noch, die weglose und unendliche Angst: daß er nicht bis zur morgigen Dunkelheit, nicht nach Prag und nicht zu Carola käme – auch diese empfand er nicht mehr. Nicht aus Hoffart noch Dreistigkeit, nicht aus Demut noch Zuversicht – sondern jeglicher Anlaß, der ihm zu solcher Angst bestanden hätte, war seinem Begriffsvermögen entschwunden. Er wußte gar nicht, wovor er denn Angst haben sollte. Er hatte keine Angst – und wußte es nicht.

Er ging. Der schwanke Dusel, welcher zu dünn zum Träumen war und dennoch Blick und Sinn leicht überschleierte, hielt ihn umfangen ganz und gar. Er ging, und dachte nur noch von ungefähr und ins Ungefähre hinein. Er ging, der Schwedenbrücke zu, und wollte weitergehn –

– etwa die Rotenturmstraße hinauf und am Fleischmarkt vorbei, am Verlagsgebäude des »Neuen Wiener Tagblatt« – vor dessen Tor zwei SA-Posten standen, und er konnte nicht hinein, um nach Toni Drexler zu fragen – aber jetzt brauchte er das ja gar nicht mehr, Toni war ja in Prag –

– oder nach links und über den Ring ins Grand Hotel, um diese Stunde hat er dort kürzlich den Verleger Sovary getroffen, vielleicht trifft er ihn jetzt wieder –

– oder nach rechts und über den Kai in die Liechtensteinstraße, vielleicht ist der Professor Bachrach schon zuhause, vielleicht ist ihm wirklich nichts geschehn –

– er ging und wollte weitergehn, hierhin oder dorthin, und dies oder jenes erfahren – aber er erfuhr es nicht, weil er weder hierhin noch dorthin gelangte:

nicht mehr in die Liechtensteinstraße, und er erfuhr nicht mehr, daß der Professor Bachrach nachhause gekommen war – blutend aus Mund und Nase von einem Fußtritt ins Gesicht, und die Blutung wollte nicht aufhören, denn der Professor Bachrach schüttelte unausgesetzt den Kopf;

nicht mehr ins Grand Hotel, und er erfuhr nicht mehr, daß der Verleger Sovary Selbstmord begangen hatte und daß als amtliche Ursache, zu der auch die Hotelleitung angehalten war, geplanter und rechtzeitig verhinderter Devisenschmuggel genannt wurde (rechtzeitig verhindert durch die zweite Verlagssekretärin, die tüchtige, die erprobte, die noch vor wenigen Wochen das Manuskript der »Träumerin«, Schauspiel in drei Akten von Martin Hoffmann, zu Papier gebracht hatte – rechtzeitig verhindert durch Denunziation, und das war nur die amtliche Ursache – in Wahrheit hatte den Verleger Sovary übermächtiger Widerwille und Ekel erfaßt, übermächtig für einen kulanten Menschen);

und nicht die Rotenturmstraße hinauf und am Fleischmarkt vorbei, am Verlagsgebäude des »Neuen Wiener Tagblatt« – vor dessen Tor übrigens keine SA-Posten mehr standen und er hätte vielleicht hineinkönnen, hätte vielleicht sogar erfahren, daß Toni Drexler, sogleich am nächsten Tag damals zurückgekehrt (sogleich nachdem er Carola über die gesperrte Grenze gebracht hatte), beim Betreten der Redaktion verhaftet worden war, verhaftet wegen politischer Unzuverlässigkeit, verhaftet auf Geheiß des Faktors Dembitzky, welcher seit Jahren der NSDAP angehörte und den Posten eines Vertrauensmannes im Tagblatt-Betrieb versah – das hätte er vielleicht erfahren, raschrasch und ängstlich geflüstert vom Redaktionsdiener Selböck vielleicht, oder von einem Portier –:

aber er erfuhr es nicht, er erfuhr das alles nicht mehr, es kam nicht mehr dazu und er gelangte weder hierhin noch dorthin.

Sinnlos und zufällig, nicht anders als es schon oft an ihm vorbeigegangen war, sinnlos und zufällig trat es ihn jetzt an, beim Überqueren der Schwedenbrücke, er sah, zur rechten Hand, die dunkle Kuppe des Kahlenbergs vom abendlichen Himmel abgehoben, wie eh und je, er dachte an Sonntagsausflug und Schmetterlingsnetz und an die Zahnradbahn, die es nicht mehr gab, er stand ein wenig und ließ ein wenig den Blick dort ruhen, er ging und blickte wieder geradeaus, sah über Schritte hinweg den schwarz Uniformierten angeschlendert kommen, sah über Schritte hinweg sich von ihm ins Auge gefaßt –

»Was haben Sie hier herumzulungern?«

»Ich –?«

»Ihre Papiere.«

»Welche Papiere?«

»Ihren Paß, zum Teufel.«

»Ich habe keinen Paß.« Und ich brauch doch auch keinen Paß, dachte er vag noch hinzu, der Chauffeur Pichler will mich doch ohne Paß an die Grenze bringen, es wäre mir sehr unangenehm, wenn ich ihn enttäuschen müßte –

»Ah? Keinen Paß? Sie kommen mit.«

Jetzt dämmerte es ihm schwank aus den Schleiern hervor, jetzt schlug es grell hindurch, stand grell vor ihm, grellrote Lippen in bleichem Gesicht – er machte eine jähe Bewegung –

»Halt! Kommen Sie. – Nein, dorthin.«

Also nochmals über die Brücke zurück.

Und nochmals, nun zur linken Hand, die dunkle Kuppe des Kahlenbergs vom abendlichen Himmel abgehoben, wie eh und je.

Finis Libri

Nachwort von Edwin Hartl

Was mag sich Friedrich Torberg gedacht haben,

(fragt man sich), als er nicht mehr daran dachte, den Roman »Auch das war Wien« zu veröffentlichen, den er unter äußerst dramatischen Umständen und innerhalb kürzester Zeit geschrieben hatte? Die Zeitangabe am Ende des Typoskripts »Mai 1938 – Juni 1939 / in Prag, Zürich und Paris« besagt, daß der ganze Entwurf während der Flucht entstanden ist, unmittelbar nachdem Torberg seinen Wohnsitz in Wien verlassen hatte und verloren geben mußte, auf der hektischen Suche nach einem Ort, der Rettung, Sicherheit bieten und als Ersatz-Heimat dienen sollte, besser gesagt: als Heimat-Ersatz. Denn nichts im gesamten Œuvre dieses heimattreuen Schriftstellers (nicht einmal seine sehnsüchtig in Amerika entstandene Österreich-Lyrik) belegt deutlicher und überzeugender als dieser Roman, daß der teils in Wien und teils in Prag Aufgewachsene zum Urwiener herangereift war. Hier war er zu Hause: in den Straßen, Häusern und Kaffeehäusern, aber auch im Bewußtsein und im Unterbewußtsein der Einwohner und in ihren bis ins rätselhaft Unselige reichenden Seligkeiten.

Der sogenannte »Anschluß« in jener Nacht des 13. März 1938 machte binnen Stunden auch *scheinbar* Schluß mit allem, was seit jeher typisch gewesen war oder dafür gegolten hatte an Wien, überall angesehen als Metropole der Gemütlichkeit. Scheinbar:

Die meisten Beobachter nämlich, nicht alle, hatten eine Grundeigenschaft dieses aus der Diskrepanz eines Völkergemischs bestehenden Menschenschlages übersehen – die stets grassierende Stimmungs-Labilität. Das sprichwörtlich Goldene Wiener Herz berauschte sich immer gern am Extremen. Echte Nächstenliebe konnte vehement umschlagen in puren Nächstenhaß. Ohne weiters und oft genug passierte es, daß beim Heurigen wildfremde Menschen einander in die Arme fielen oder miteinander zu raufen begannen – beides spontan, für den Außenstehenden grundlos –, und im Kaffeehaus, der anderen ortsüblichen Traditionsstätte der Begegnung, konnte zwischen den ältesten Freunden beim Kartenspiel unvorhergesehen und unvorhersehbar ein wilder Streit entflammen und bis zur feindseligen Messerstecherei ausarten. Jawohl: »Auch das war Wien«.

Friedrich Torberg, der sowohl gebürtige als auch aus gelernte Wiener, Lokalpatriot vom Sportverein bis zum Literaten-Stammcafé, muß das unbewußt längst verstanden haben, ohne daß sein Verstand es ausdenken wollte. Anders wäre es kaum zu verstehen, daß der totale Umbruch in jener ominösen Nacht ihn bruchlos zum Ausbruch einer geradezu lückenlosen Beschreibung des (wie man meinen könnte) schlechthin Unbeschreiblichen zu befähigen vermochte. Der notorische Nachtarbeiter, der sich sonst übermäßig viel Zeit beim Schreiben zu lassen pflegte sowie erst recht beim wieder und wieder korrigierenden Umschreiben, all das übrigens nur in absoluter Ruhe und Stille, ebendarum nachts – konnte, nein, *mußte* in diesem einmaligen Fall, wenige Wochen nach dem Beginn der Katastrophe und noch während sie sich furchtbar auszuwirken anschickte, inmitten seines ersten und ärgsten Entsetzens also, das Unglaubliche glaubhaft zum Allerbesten geben, und das in einer Eile, Intensität und Qualität wie nie zuvor, aber auch nachher niemals wieder.

Nein, nein, dieses Nachwort will nicht literaturkritisch eine Rezension vorwegnehmen; es erlaubt sich nur und fühlt sich gedrängt, dem fassungslosen Staunen eines sehr alten Torberg-Lesers Ausdruck zu geben, der diesen guten Erzähler immer für einen noch besseren Essayisten gehalten hatte und nun erfährt, daß der ehrgeizige Autor einen Roman vergessen und hinterlassen hat, welcher in vollkommener Durchdringung beider literarischen Haltungen als verblüffend gelungene Einheit vorliegt: von beklemmendster Spannung, was den Fortgang der – historisch unheimlich gültigen – Begebenheiten betrifft, dabei im Berichten kritisch-subtil erwägend; es ist gleichsam der innere Monolog eines Augen- und Ohrenzeugen – gleichsam, denn das Ganze ist als reine »fiction« konzipiert, nicht im geringsten etwa autobiographisch, aber eben erlebt, miterlebt, nacherlebt.

Und nachher einfach vergessen; verdrängt müßte man sagen, doch verbietet sich das aus Pietät, weil Friedrich Torberg allen tiefenpsychologischen Deutungen mit beträchtlichem Mißtrauen gegenüberstand. Nicht einmal seine Ehefrau, die ihn vor rund vierzig Jahren in Amerika kennengelernt hat, wußte etwas von der Existenz des Manuskriptes. Es wurde vor kurzem im schriftlichen Nachlaß entdeckt: sorgfältig etikettiert, druckfertig gemacht und ungedruckt ad acta gelegt, um nie wieder erwähnt zu werden. Wieso, warum?

Allerdings fand sich in dem Konvolut ein »Begleitwort des Autors«, datiert mit »Los Angeles, im September 1941«, das des Rätsels Lösung zumindest nahelegt. »Nach einem nun bald einjährigen Aufenthalt in diesem Land«, liest man, »tritt der Autor aufs neue an seine Arbeit heran. Er will den Versuch unternehmen, die im vorliegenden Band begonnene Handlung, die Liebesgeschichte zwischen der arischen Schauspielerin Carola Hell und dem jüdischen Bühnenschriftsteller Martin Hoffmann weiterzuführen.« Geplant wurde jetzt eine »Trilogie des Untergangs« über den gewalttätig herbeigeführten Fall der Stationen Wien, Prag und Paris, ein literarischer Irrweg, den Torberg somit betreten wollte, aber wohlweislich doch nicht gegangen ist: aus dem atemraubenden Österreich-Drama wäre ein langatmig »historischer Roman« geworden, der uns – wie es andere Autoren getan haben – erzählt hätte, was wir sowieso wissen.

»Auch das war Wien« zeigt, möchte man sagen, die andere Seite des Mondes. Auf ihm lebte allzulange Torberg selbst vielleicht und jedenfalls eine Majorität seiner Landsleute. Sie schwärmte noch von schönen Mondnächten und merkte nicht, daß sie von einer handfesten Minorität systematisch majorisiert wurde und daß es dunkelste Nacht zu werden drohte. Das Buch beginnt daher im friedlich tuenden Salzburger Festspielsommer 1937 (mit geheimnisvollen Zwischenfällen freilich, denen man aber lieber nicht auf den Grund geht) mit einer orts-, zeit- und bei diesem Romancier damals üblichen Liebesaffaire (»– und glauben, es wäre die Liebe«, 1932), so hart wie möglich am Rande des herkömmlich Romantischen, bei allem Kulissenzauber einer Herzensangelegenheit, zusätzlich garniert mit kabarettistisch witzigen Szenen aus dem Büro eines ungarisch-jüdischen Wiener Bühnenverlegers. Die beiden Hauptfiguren wollen bald heiraten und richten sich bereits eine gemeinsame Wohnung ein, wie in der guten alten Zeit, ohne zu merken, daß sie in letalem Ausmaß veraltet ist. Doch nach dem ersten Viertel der Chronik eines paradox anachronistischen Landes-

und Einwohnerklimas geht die Romanze unversehens in eine Tragödie über. Unversehens: weder diese Helden auf der Bühne des Wiener Lebens noch die recht gemischte Komparserie wollten die bittere Wahrheit wahrhaben. Infolgedessen kommt sie dann jäh über alle wie ein vernichtendes Erdbeben, und unter dem gleichen Schock sollte auch der Leser erbeben: Der Erzähler mußte eine melodramatische Disposition riskieren, um sein Publikum mit der lebensgefährlich dramatischen Wendung zum Allerschlechtesten – so wie den, dem es passierte – aus jenen Wolken fallen zu lassen, die schon lange unbemerkt am politischen Himmel aufgezogen waren. Abrupt, wie die Hauptgestalt vom unerbittlichen Schicksal eingeholt wird, endet der Roman, indem ihr, tragikomisch und im unpassendsten Moment, die gutgläubigen Worte durch den Kopf gehen: »wie eh und je.«

Vorhang; nichts als Vorhang. Um Himmels (und der nun furchtbar in Kraft getretenen Hölle) willen: keine Fortsetzung! Die absolute Ungewißheit alles Künftigen, die soeben eingetreten und akut geworden ist, wird gültig und endgültig manifestiert mit dem vielsagend lakonischen Schlußvermerk: »FINIS LIBRI«. Durchaus; Finis Austriae, Ende des Buches vom Leben »wie eh und je«, Sturz in den Abgrund –, das allein ergibt die geschichtlich legitime Pointe der zu Ende erzählten Geschichte. Darüber hinaus zu berichten, »wie es weiterging«, könnte nur trivialster Leserneugier etwas bieten, müßte den artistischen Höhepunkt weit unterbieten.

Friedrich Torberg muß das gespürt haben. Es verschlug ihm die Rede für eine Fortsetzung. Die gibt es nicht, weil es keine geben kann und darf. Die Österreich-Tragödie als Akt einer Welt-Tragödie zu verstehen, ist völlig klar. Episch zusätzliche Klärung wäre so gut wie pleonastisch. Das Unsagbare war gesagt, jedes Wort mehr wäre zu viel gewesen. Hier liegt kein Fragment vor, sondern jener erschütternde Torso, der übrigblieb, als man Österreich seinen Namen abgehauen hatte: Die »Ostmark« erinnerte nachher jedermann derart an selige Zeiten, daß die vergebens altertümelnde Bezeichnung sehr bald, als behördlich unerwünscht, abgeschafft wurde.

Nochmals: Was mag sich Torberg gedacht haben? Zunächst: daß das Einzigartige nicht auf drei Teile verlängert werden kann. Wie er späterhin das Unvergeßliche komplett vergessen konnte, bleibt ein Geheimnis, das der Autor ins Grab mitgenommen hat.

Edwin Hartl

1906–1998, in Wien geboren. war einer der bekanntesten österreichischen Literatur-kritiker; 1980 wurde er mit dem Österreichischen Staatspreis für Kulturpublizistik ausgezeichnet.

OTTO BASIL BEI MILENA

Otto Basil
WENN DAS DER
FÜHRER WÜSSTE

Roman
Hardcover
ISBN 978-3-85286-197-5

Hitlers Armeen haben den Krieg gewonnen – und der Irrsinn geht erst richtig los! Otto Basil schrieb mit diesem Roman eine ungeheuerliche Satire auf das „Dritte Reich". Hitler hat gesiegt, die Atombombe fiel nicht auf Hiroshima, sondern auf London. Das Germanische Weltreich ist errichtet. Lediglich der großasiatische Raum wird von den Japanern beherrscht. Berlin ist die Hauptstadt der Macht, die Hauptstadt Deutschlands und damit der halben Welt. Der Papst und der Dalai-Lama werden in einer Kölner neurochirurgischen Klinik gefangen gehalten, von Irland bis zum Ural erheben sich die SS-Ordensburgen, die Zuchtmutterklöster, die Walhallen der Ariosophen, die Napolas und Untermenschenlager. Das ist die Kulisse, als Adolf Hitler stirbt und unter ungeheurem Pomp im Kyffhäuser bestattet wird. Sein Nachfolger heißt Ivo Köpfler (Heil Köpfler!). Der Tanz in den Untergang des Dritten Weltkrieges ist nicht mehr aufzuhalten und mittendrin der Parteigenosse Albin Totila Höllriegl, ein Österreicher, den ein gewaltiger Auftrag nach Berlin führt …

»Man legt diesen Roman mit Atemnot aus der Hand.« *ORF*

»Grotesk, großartig und ungeheuer!«
WIENER WOCHENAUSGABE

»Diese Wiederentdeckung ist zum Fürchten!«
PETER PISA, KURIER

»Dieser Text oszilliert, deliriert, denunziert alle nur erdenklichen Typen von Charakterschweinen, den Autor, im Zweifel, eingeschlossen. Anstrengend. X-Rated. Ein Skandal. Eine Wiederentdeckung.« *INMünchen*

ROBERT NEUMANN BEI MILENA

Robert Neumann
**DIE PUPPEN VON
POSHANSK**

Roman
Hardcover
ISBN 978-3-85286-228-6

In dieser bitterbösen Satire auf den Kalten Krieg tummeln sich im sibirischen Poshansk verzweifelte amerikanische Präsidentschaftskandidaten, sexsüchtige Stalinistinnen und brutale Nazischergen. Währenddessen proben unbeugsame Gulaghäftlinge den Aufstand gegen Stalin. Die Stunden der Diktatur scheinen gezählt.

Sibirische Goldbergwerke und Gulags bilden die Kulisse dieses 1952 erstmals veröffentlichten tragikomischen Romans, in dem das Grauen längst zum Normalzustand geworden ist. Neumann, Großmeister der literarischen Satire, erzählt die Geschichte des abgehalfterten US-amerikanischen Präsidentschaftskandidaten Walter Mayflower Watkins, der sich von seiner Good-Will-Reise durch die UdSSR politischen Aufwind verspricht. In Poshansk trifft er auf den Trotzkisten Toboggen, der aus der lebenslänglichen Verbannung hervorgeholt wurde, um die Greuelmärchen über Massenliquidierungen in der UdSSR zu widerlegen. Watkins verliert den eigentlichen Grund seiner Reise aus den Augen, verliebt sich in Ursula Toboggena, eine linientreue Dolmetscherin, und erkennt nicht, dass er durch eine Welt der Zwangsarbeitslager reist. Alle von Neumann in Poshansk versammelten Figuren – wie der Trotzkist Toboggen, dessen stalinistische Tochter, ein aus deutschen KZs geflüchteter Jude, amerikanische Finanzhyänen, ein Nazihenker, der sich in der sowjetischen Kriegsgefangenschaft als Spitzel angebiedert hat– sind wie Watkins selbst nichts anderes als Marionetten der politischen Systeme Kapitalismus und Kommunismus.

HUGO BETTAUER BEI MILENA

Hugo Bettauer
**DIE FREUDLOSE
GASSE**

Roman
Hardcover
ISBN 978-3-85286-216-3

Wien 1921. In der Melchiorgasse im 7. Wiener Gemeindebezirk liegen bittere Armut und Luxus nahe beieinander: Kuppler, erbarmungslose Geschäftemacher und Spekulanten verkehren hier ebenso wie durch die rasende Nachkriegsinflation verarmte Bürger, zur Pros-titution gezwungene junge Frauen und das Wiener Lumpenproletariat. Die Hoffnung auf ein besseres Leben scheint hier nur Schimäre.

Zwei besonders üble Gestalten in der freudlosen Gasse sind der Fleischermeister Geiringer und die Schneiderin Greifer, die einen Modesalon mit angeschlossenem Nachtklub betreibt. Geiringer erzwingt von zahlungsunfähigen Frauen sexuelle Dienste; Greifer schlägt als bösartige Kupplerin aus dem Unglück junger Frauen Kapital.

Auch die junge hübsche Büroangestellte Grete Rumfort lebt mit ihrer Familie in der Melchiorgasse. Sie wehrt sich seit langem gegen die sexuellen Avancen ihres Chefs, verliert deshalb ihre Anstellung und wird als Folge ihrer Schulden in die bösen Machenschaften Greifers verstrickt.

Werteverlust und eine korrumpierte Gesellschaft, Eifersucht und Hunger treiben die Menschen zu Verzweiflungstaten. Die Frage, ob es letztlich zu einer Rettung, einer Verbesserung der äußert kargen Lebensumstände kommen kann, beantwortet Hugo Bettauer auf eindringliche Weise.

G.W. Pabst verfilmte *Die freudlose Gasse* 1925 mit Greta Garbo, Asta Nielsen und Werner Kraus in den Hauptrollen.

RUDOLF BRUNNGRABER BEI MILENA

Rudolf Brunngraber
**KARL UND DAS
20. JAHRHUNDERT**

Roman
Hardcover
ISBN 978-3-85286-228-6

Wien, 1893: Karl Lakner erblickt das Licht der Welt. Die Mutter Dienstbotin, der Vater Maurergehilfe, die Welt wieder einmal vor dem Abgrund. Doch Karl wehrt sich, er will aus seinem Leben etwas machen, lernt fleißig, und schafft es tatsächlich auf die Lehrerbildungsanstalt – das Leben scheint sich zu bessern. Dann bricht der Erste Weltkrieg aus.

Karl Lakner – ein Menschen wie tausend andere Menschen, ein Leben, beliebig herausgegriffen aus Millionen anderer, denselben Zwängen und Bedingungen unterworfen: Kriege, Inflation, Wirtschaftskrise, Arbeitslosigkeit, Armut und Hunger.

Angeregt zu diesem Roman wurde der junge Arbeiterschriftsteller und Vagabund Rudolf Brunngraber durch den österreichischen Philosophen Otto Neurath, der in Hinblick auf die soziale Frage, das Massenelend und die Arbeiterschaft erstmals die Bedeutung statistischen Materials ins Blickfeld gerückt hatte. Das Resultat ist nicht nur in inhaltlicher und thematischer Hinsicht gewaltig, sondern erobert auch formal ein Terrain, wie es selbst andere Werke der sogenannten Neuen Sachlichkeit in solcher Konsequenz nie eroberten.

Ein Roman, der beispielhaft die bereits global wirkenden technischen und wirtschaftlichen Zwänge und Hemmnisse mit dem Leben eines einzelnen noch der alten Zeit entstammenden Menschen verschränkt. Beinahe jede Kategorie des Romans wird hier radikal gesprengt, der Bezug zur Wirklichkeit bleibt aber erhalten.

»›Karl und das 20. Jahrhundert‹ bewegt sich ästhetisch zwischen Brecht und Chaplins ›Modern Times‹: Es ist Zeit, den Sozialdemokraten Rudolf Brunngraber wieder zu lesen.«
FALTER

Umschlaggestaltung: Jörg Vogeltanz, www.vogeltanz.at
Druck und Bindung: CPI books GmbH, Leck

© 1984 LangenMüller in der F. A. Herbig Verlagsbuchhandlung GmbH, München
© dieser Ausgabe Milena Verlag 2013, REVISITED 12
2. Auflage, Milena Verlag 2015
A–1080 Wien, Wickenburggasse 21/1-2
ALLE RECHTE VORBEHALTEN
www.milena-verlag.at
ISBN 978-3-85286-240-8

Weitere wunderbare Titel der Reihe REVISITED und
unser Gesamtverzeichnis finden Sie auf
www.milena-verlag.at